新古典框架下数字经济的前沿热点与案例分析

张美涛　林　航 ● 编著

厦门大学出版社　国家一级出版社
XIAMEN UNIVERSITY PRESS　全国百佳图书出版单位

图书在版编目（CIP）数据

新古典框架下数字经济的前沿热点与案例分析 / 张
美涛，林航编著. -- 厦门：厦门大学出版社，2024.8
　　ISBN 978-7-5615-9358-5

Ⅰ. ①新… Ⅱ. ①张… ②林… Ⅲ. ①信息经济
Ⅳ. ①F49

中国国家版本馆CIP数据核字(2024)第084826号

责任编辑　施建岚
美术编辑　李嘉彬
技术编辑　朱　楷

出版发行　厦门大学出版社
社　　　址　厦门市软件园二期望海路 39 号
邮政编码　361008
总　　　机　0592-2181111　0592-2181406(传真)
营销中心　0592-2184458　0592-2181365
网　　　址　http://www.xmupress.com
邮　　　箱　xmup@xmupress.com
印　　　刷　厦门市竞成印刷有限公司

开本　787 mm×1 092 mm　1/16
印张　19
字数　450 千字
版次　2024 年 8 月第 1 版
印次　2024 年 8 月第 1 次印刷
定价　56.00 元

厦门大学出版社
微信二维码

厦门大学出版社
微博二维码

前　言

　　当前,以大数据、云计算和物联网为代表的新一代数字技术加速创新,日益融入经济社会发展的全过程,正在引发新一轮科技革命和产业变革,正在改变传统商科教育体系和模式。在全球数字经济的蓬勃发展中,涌现出大量新产业、新模式和新业态,并产生大量治理新问题,这些已成为新时期高校经济管理学科基础理论课程不可回避的教学话题。西方经济学课程是高校经济管理专业的基础性理论课程,在当前变革的时代,需要将数字经济融入高校西方经济学教学,建立起经济学知识与数字经济实践的连接,从而在底层的理论认知上培养学生准确把握数字经济运行规律的能力,这是当前中国高校理论经济学教师所面临的崭新课题。

　　首先,将数字经济融入高校西方经济学教学是基础理论教学回应现实经济挑战的需要。中国经济学界和教育学界的一代宗师陈岱孙主张"经济学是致用之学",必须理论联系实际搞教学,认为经济学产生于实际而又要应用于指导实际,经济学不能成为"不食人间烟火"、一无是处的学问,那样一来,经济学就失去了"存在的理由"。这一思想主张对当前处于经济转型时期的理论经济学教学仍然有巨大的启发意义。实体经济的不断数字化,已成为当前经济发展的常态特征;随着数字技术与实体经济的深度融合,各种新现象和新问题不断产生,它们急需理论经济学教师基于经典经济理论的基本原理和方法,运用多元的教学方法在课堂上予以必要的回应和探讨。事实上,关于数字经济的各种新生事物,其底层的理论思维逻辑仍未超出经典的经济学知识体系范畴。只要存在稀缺性问题,经济学的成本—收益、机会成本等分析方法仍然适用,经典经济学理论仍然具有旺盛的生命力,这需要教学人员坚持守正创新,在课堂上与时俱进地跟进并回应蓬勃发展的数字经济实践的挑战。新生代大学生是网络时代的原住民,他们与数字经济实践联系最为紧密,是网络支付、社交电商、元宇宙等数字创新业务的先行体验者和接受者。在教学中,学生会很自然地以自身的数字经济体验经历对经典经济学理论和观点进行验证并质疑。如果西方经济学课堂教学仍然大量引用工业经济时代的案例,而不能很好地回应学生的现实困惑,不能增进他们对数字经济问题的理论认知,则经济学教学必定会失去活力,沦为自说自话的填鸭式教学,从而影响课程的教学质量。

其次,将数字经济融入高校西方经济学教学是响应新时代新商科人才培养的需要。2019年教育部等13个部门联合启动的"六卓越一拔尖"计划2.0,提出了"新文科"的建设要求,旨在更好适应当前新科技革命与人文社会科学深入融合的全球性趋势,培养适应新时代国家经济社会发展需求的高素质复合型人才。作为新文科建设的主要部分,基于新商科的教育教学改革也势在必行。数字技术具有典型通用目的技术属性,其高创新性、强渗透性和广覆盖性,推动着各类资源要素快捷流动、各类市场主体加速融合,实现跨界竞争和发展,使传统产业边界日益模糊。这一特征反映在学科层面上,体现为多学科的融合性和学科边界的模糊性。在此背景下,数字思维和跨学科思维已成为新时代新商科人才培养所必须具备的基本素质。新时期高校应主动回应技术创新和社会变革,在培养学生的数字素养和跨学科能力方面加大力度,以适应商科教育的转型升级。数字经济问题的研究本身具有跨学科的特点,需要交叉融合经济学、管理学、大数据科学和计算机科学技术等多学科知识。将数字经济实践的前沿问题有机地融入西方经济学教学的各篇章主题中,并基于底层的经济学原理进行必要的理论回应和学术探讨,可以在潜移默化中培养商科学生的数字化思维和跨学科思维,这不但可以提升商科学生理论联系实际的能力,也可以实现教研内容的跨学科专业交叉融合,更能激发学生主动思考自身职业生涯规划和所学专业的发展趋势等前沿性问题。如在课堂上对经贸类专业学生讲授由科技进步所引发的"结构性失业"的知识点时,可以引用智能技术导致高速公路收费员中年失业的案例进行讲解,并进行专业的延伸性思考。此时,学生会自发联系未来5G技术将引发跨境直播电商等贸易新业态蓬勃发展的行业远景,主动思考个人的职业生涯规划,从而增强其在校学习的积极性和紧迫性,以更好地适应未来产业和行业的发展趋势。

最后,将数字经济融入高校西方经济学教学是树立构建数字经济学理论自觉的时代需要。从1776年亚当·斯密出版《国富论》至今,经济学经历了240多年的发展,已经形成一套较为完整的基于新古典经济学框架的理论知识体系,这一基于价格、竞争和垄断等基础概念的知识体系与工业经济时代的企业实践建立了较为稳定而直接的连接。当前世界正处于从工业经济时代进入数字经济时代的历史转型期,面对新兴数字技术引发的商业业态变革和转型,传统的经济学理论呈现一定的滞后性,因此,创建新时代的数字经济学正当其时。近半个世纪以来,科学技术的快速发展,推动着社会经济从信息经济时代,向网络经济时代,到如今的数字经济时代不断演进,学界对数字经济的认知体系仍处于动态演化阶段,也尚未形成统一的话语体系,难以对新兴的经济业态和商业模式进行充分的理论回应和解释。这需要学界在两个方面发力。一方面,如西方经济学这样的经济学基础课程,必须在基础理论层面对新兴的数字经济实践有所回应,坚持守正创新的理念,对数字经济实践中的新问题、新现象进行必要的学理分析,适当探讨数字技术特性是否改变了传统经济学的前提条件以及经典经济学理论的适用性等问题。另一方面,需要专门开设"数字经济学"课程,集中探讨当前尚在不断演化的数字经济实践领域的关键学术概念、经典理论问题和典型实践案例,尝试建立经济学知识与数字经济前沿实践的联系,以达到实践引领理论、理论指导实践的目的,从而实现对传统"网络经济学"课程教学的超越。其中,第一方面工作是第二方面工作的基础,没有基础理论教研的发力和数字经济意识的不断输入,就难以对"数字经济学"课程赋予必要的学理基础,从而难以实现最终构建可以逻辑自洽的"数字经济学"理论体系的目的。完善的"数字经济学"知识体系的构建,需要多课程和多学科的有益探索和协同发力。

客观地说,当前高校将数字经济融入西方经济学教学面临一些障碍。

一是师资结构单一。目前中国高校西方经济学课程的教学师资主要来源于理论经济学科,师资专业主要涉及西方经济学、政治经济学和经济思想史等专业,单一的师资专业背景决定了教师往往习惯于经典经济学命题的教学,沉醉于体系的完整性,忽视了问题导向的重要性,不太关心课堂教学是否真实反映经济现实,从而对一线的数字经济实践具有较强的陌生感——这种现象曾被经济学家罗纳德·哈里·科斯讥讽为"黑板经济学"。师资专业结构的单一性使得推动数字经济前沿问题融入高校西方经济学教学面临着较大障碍。而如电子商务方向的工商管理和管理科学工程等商科专业,对一线数字经济实践问题则较为敏感,但它们主要研究"怎么做"的管理学问题,较少深入到"为什么"的学理性探讨,难以在学理层面形成对数字经济认知的有效补充。例如,在数字经济的商业实践中普遍关注数字技术落地应用的"场景化"问题,与商业"场景化"应用对应的是商科领域知识和管理专业实践,它们具有独立的学科话语体系,与理论经济学科的话语体系存在显著差异。西方经济学教学师资专业结构的单一性,使得教师单纯依靠经济理论课无法有效提炼两种差异间的关键学术概念和共性理论元素,从而割裂了经济理论与数字经济商业实践之间的连接。

二是融入能力不足。当前中国特色社会主义进入新时代,新一轮科技革命正在重塑整个社会形态,在研究和实践中探索与学习,已成为高校新商科人才培养的重要模式。数字经济时代,教师的职能需要从以"教"为中心向以"学"为中心转变,理论课教师首先需要具备研究性学习的能力,才能不断跟进日新月异的数字经济实践。20世纪90年代"西方经济学"课程在中国高校逐渐开设以来,已经形成比较固定的讲授范式,积累了大量具有工业经济时代特征的案例;要让一些老教师放弃陈旧的教案资料,转换教学方法,打破教学的舒适圈,开展与时俱进的研学,存在一定的阻力。理论课教师面对新兴的数字经济实践,既需要有对典型案例的提炼能力和理论分析能力,能够将蕴含相应知识点的典型案例有机地融入相应主题章节的讲授中,还需要具有较强的跨学科教研能力。数字经济问题本身具有跨学科的特点,尤其是对于数字经济发展驱动的前瞻性、探索性问题,需要教师具备"经济＋管理＋技术＋人文"的复合型知识结构,而当前高校理论课师资专业结构的单一性导致教师跨学科的教研能力较弱。

三是融入意识薄弱。工业经济时代的大学教育,其学科、专业和课程的边界都较为清晰。经管专业在规划人才培养方案时,往往囿于单一的学科或专业门类界限进行课程设计,较少开展跨学科、跨专业的主题课程设计和开放选修课程。这种学科和课程之间的隔断和界限不利于新兴跨学科交叉的商科人才培养。相当部分的理论课教师在实际教学过程中,仍然以学科、专业和课程为边界自我画地为牢,甚至认为探讨数字经济问题是"网络经济"或"数字经济"课程的教学任务,融入意识较为薄弱。他们固守自己教学课程的一亩三分地,长期习惯用陈旧的教案资料和案例备课,有意回避新兴数字经济实践对传统经济理论的冲击,没有基于商业新业态和新模式进行必要的认知提升和基础理论创新,从而使课程的知识讲授越发陈旧,课堂的理论教学与活跃的经济实践越发疏离,最终影响新时期高校商科教育的转型发展。

新时期推动数字经济融入高校西方经济学教学,首先在师资建设上,需要跨专业充实高校西方经济学教研力量。针对高校西方经济学师资专业结构单一的问题,应该引进从事数字经济教研的跨专业师资,充实当前高校西方经济学的教研力量。高校最早从事数字经济教研的专业是以电子商务为主要方向的管理类学科,其学科的研究属性使其善于从商务一线实践中发现和解决新问题;而理论经济学教师则比较偏好于理论模型和学理逻辑的教研。两类师资各具优势,将部分管理类教师引入高校经济学教学队伍,有助于两者实现教研的优势互补和视野融合,使西方经济学理论课教学更接地气,这也符合21世纪经济学与管理学交叉融合的趋势。当前,数字经济蓬勃发展的现实越发要求所有与市场关联的学科取消其之间的知识壁垒,加速融合进程。数字化创新驱动的"商业新物种"不断涌现,导致学界对数字产业的认知体系也在不断变化,传统基于工业经济时代背景的西方经济学新古典范式正在被打破。在旧理论范式的引领力日渐式微、新理论范式尚未建立的认知过渡期,我们更要坚持经世致用的价值主张,坚持实践理性的问题导向和跨学科研究的治学态度,从实践中发现问题,解释和解决问题,不断增进对数字经济实践的学理理解,从而更好助力中国特色数字经济理论体系的发展与成熟。这就需要搭建平台,把研究数字经济的各学科优秀学者引进来,以突破现有理论课师资在本体论、认识论和方法论等方面的局限。本书正是福建商学院国际经贸学院从事理论经济学和电子商务教学的教师共同合作的产物。

其次,需要在第一课堂教学中,深入挖掘适合理论课教学的数字经济元素。要将数字经济融入高校西方经济学课堂教学中,必须深入挖掘适合理论课教学的数字经济元素,如相关文献资料、时事新闻和典型案例等,将它们有机融入西方经济学各主题章节的讲授中,达到数字经济元素如盐在水的境界,从而使得新商科人才培养在底层的理论思维层面深嵌数字文化的基因。数字经济学知识体系有三大组成部分:一是基于数字经济发展历史中已有定论的经济学研究话题,如数字经济的统计核算、价值测度、双边市场、平台经济、合作与兼容等;二是针对数字经济新问题、新现象的经济学分析,如零工经济、平台垄断、共享经济和隐私保护等,需要基于经典经济学原理对其成因、影响及其规制进行深度的学理分析;三是由数字经济发展驱动的前瞻性、探索性问题,如数字货币影响、数字税征收和数字资产定价等富有争议的前沿性话题。对于前两大部分,经典经济学原理的适用性较强,这两大部分是西方经济学课程的数字经济元素需要重点挖掘的领域。师资力量雄厚的高校,可以组织数字经济和理论经济教研人员基于当前主流的新古典经济学授课框架,深入挖掘契合各教学章节主题的数字经济元素,如本书《新古典框架下数字经济的前沿热点与案例分析》,就可以作为推动理论课教师将数字经济融入西方经济学教学的有力抓手,以解决教师单人授课存在的融入能力不足的问题。具体来说,在讲授垄断知识点时,可以将数字平台垄断话题有机融入;在讲授价格歧视内容时,可以穿插"大数据杀熟"等案例进行原理的应用分析;在讲授"公平与效率"理论时,可以将"数字税征收"话题作为课堂内容的延伸性探讨。

最后,需要在第二课堂广泛开展数字经济学术沙龙和赛事活动。数字经济发展驱动的前瞻性、探索性问题,往往是数字经济最新实践中尚未定性且富有争议的话题。它们在学界尚无定论和共识,有关这些话题的探讨在有限的课堂里难以充分展开,所以可通过开展数字经济征文比赛、专业辩论赛、沙龙读书会和讲座论坛等第二课堂活动,营造良好的学生学术创新氛围,鼓励学生在实践中发现问题、收集数据,并围绕问题开展研究。条件允许的高校可以成立学生学术社团,对接学生对数字经济前沿实践的认知需求,鼓励学生开展相关主题的赛事活动,以赛促学,锻炼学生的创新思维,激发学生跟进实践、在研究中学习的积极性和主动性。如 2019 年 5 月由清华大学智能法治研究院和法学院共同主办的第一届全国高校数字经济辩论赛,就围绕着数字经济的各项前沿热点话题展开,探讨新兴科技的利弊、善恶与取舍,为高校师生搭建了一个思维碰撞、向时代发声的平台,有效地提升了各高校参赛师生的数字经济认知水平。这一先行高校的赛事经验值得后继高校学习和仿效。2022 年 6 月和 12 月,依托本书提供的数字经济新鲜案例和问题,福建商学院首个学生学术社团——国贸学社成功主办了两届全校性的"数字经济认知大赛",也取得了良好的第二课堂的育人效果。我们希望本书的出版,可以更好地助力新时期高校理论经济学课程教学的高质量发展,更好地助力全国各地方高校新商科人才的培养,为构建中国特色数字经济理论体系作出自己的微薄贡献。

福建商学院国际经贸学院西方经济学教研团队

2023 年 12 月

目　录

导 论

一、西方经济学基本原理

西方经济学主要指 20 世纪 30 年代以来流行于西方国家并成为这些国家经济政策的理论基础的主流经济学。其理论体系一般包括两个部分:微观经济学和宏观经济学。微观经济学重点研究家庭、企业等个体经济单位的经济行为,旨在阐明各微观经济主体如何在市场机制调节下谋求效用或利润最大化的理性选择,也可以说它是关于市场的作用、价格决定、价格调节、稀缺资源配置和收入分配的理论。其核心是价格理论,价格是一只"看不见的手",是经济活动的晴雨表。宏观经济学重点研究社会的总体经济活动,着眼于国民经济的总量分析。国民经济总量主要包括总产量(总收入)、总就业量、物价水平等经济总量。宏观经济学是西方国家用来制定干预总体经济运行政策的理论基础。因此有经济学十大原理:人们面临权衡取舍;某种东西的成本是为了得到它所放弃的东西;理性人考虑边际量;人们会对激励做出反应;贸易可以使每个人的状况都变得更好;市场通常是组织经济活动的一种好方法;政府有时可以改善市场结果;一国的生活水平取决于它生产物品和劳务的能力;当政府发行了过多货币时,物价上升;社会面临通货膨胀与失业之间的短期权衡取舍。

西方经济理论的发展演变大体经历了重商主义(15 世纪至 17 世纪中叶)、古典经济学(17 世纪中叶至 19 世纪中后期)、新古典经济学(19 世纪后期至 20 世纪初期)、当代西方经济学(20 世纪 30 年代至今)四个大的发展阶段。其研究的起点是资源的稀缺性,研究的对象是在稀缺性条件下如何有效配置资源和分配财富。和马克思主义政治经济学不同,西方经济学把生产中人与物的关系作为研究对象,完全撇开了生产中人与人之间的关系,从而把经济学作为一门"超阶级""超历史"的科学。

西方经济学以唯心史观和形而上学方法论为基础,在当代,西方经济学的具体研究方法借用了数学和自然科学的新方法,形成了研究经济问题的一些有用工具。其研究的基本假设主要有完全理性假设、自利假设和均衡假设等。西方经济学主要按照均衡假设从局部均衡和一般均衡两个角度分析问题。局部均衡分析的特点是假定其他条件不变的情况下,分析某一时间、某一市场的某种产品或生产要素供给和生产要素供给与需求达到均衡时的价格决定。一般均衡分析的特点是在假定各种产品和生产要素的供给、需求、价格相互影响的条件下,分析所有产品和生产要素的供给和需求同时达到均衡时所有产品和要素价格的决定。其具体研究方法包括:演绎法、经济模型与数学分析;静态分析、比较静态分析与动态分析;实证分析和规范分析;边际分析。实证分析研究"是什么"的问题,研究不预设价值判断前提。规范分析研究"应该是什么"的问题,以一定的价值判断为前提。边际分析方法是微观经济学最常用的方法,即运用导数或微分的方法,研究经济运行中微小增量的变化所导致的结果,用以分析各经济变量之间的相互关系及变化过程。在研究各种经济关系的模型中,我们还需要确定哪些是自变量,哪些是因变量。

二、案例分析

(一)互联网大厂争抢经济学博士

案例内容

知乎上有一个提问:"本人经济学博士在读,即将毕业。手里有一些国内双一流大学的助理教授 offer,也有一些国内互联网大厂的 offer。请问该怎么选?"下面的回答很有意思:"相信我,大厂不相信经济学。"乍一听,似乎有道理。那些复杂的经济理论和模型好像跟互联网大厂的日常业务扯不上关系,一个经济学博士,去大厂能做什么呢? 但实际上,美国的互联网大厂正在展开新一轮抢人大战,这次的目标正是经济学博士。据英国《经济学人》杂志 2022 年的一期报道,全美排名前十的经济学院系博士应届毕业生,在 2018 年只有不到 1/20 去了科技公司;到 2022 年,这个数字增长为 1/7。其中,亚马逊一家就招揽了约 400 名全职经济学家,是一般研究型大学的几倍。优步(Uber)揽才力度更大,2021 年哈佛大学 1/5 的经济学博士应届毕业生去了优步。Meta 公司发放的博士研究生奖学金,旨在博士生在读期间就提前预订有潜力的学生,以往十多年其奖学金都只颁给计算机、工程、物理等专业的学生,而 2022 年则有经济学博士生进入了奖学金名单。

那么,互联网大厂为什么争抢经济学人才? 经济学人才在互联网大厂能干什么?

案例分析

经济学人才在互联网大厂能发挥什么作用呢? 他们到大厂可以做什么具体工作呢? 对互联网大厂来说,经济学家有三项绝活,有助于他们更好地决策和设计机制,这对互联网大厂的可持续经营及发现市场机会至关重要。

第一，基于市场均衡模型，为大厂制定更好的定价策略、竞价机制等。比如，美国网约车公司 Lyft 的经济学家，通过研究用户的乘车价格、等待时间等数据，来推测用户的时间价值。研究发现，Lyft 的用户认为自己的 1 小时值 19 美元。于是，Lyft 在打车高峰期推出一项名为"Wait & Save"的功能，乘客可以主动选择等待更长时间，以节约相应车费。这项功能实现了乘客决策自由，受到乘客的广泛欢迎，也使 Lyft 获得了良好的服务口碑。

第二，制定激励机制，提升经营效率。在经济学家看来，人是理性的，遵循"成本—收益"的行为原则，人会做出什么样的行为，取决于企业采取什么样的激励机制，经济学就是一门研究激励机制的学问。再加上近年来行为经济学助推理论的兴起，经济学家们可以用一整套理论工具来改变、塑造用户行为。如互联网产品设计的"上瘾"模型，就基于行为经济学的研究。

第三，识别变量之间的因果关系。这是目前互联网大厂对经济学人才最大的岗位需求因素。大数据只揭示变量之间的相关关系，不揭示因果关系。相关关系可以用于预测，比如，商超婴儿尿布与啤酒销量大概率呈正相关关系等。但是，相关关系是不能给出有效的政策措施建议的：总不能通过给婴儿尿布价格打折来刺激尿布销售，进而增加啤酒销量吧？这就需要借助变量间的因果关系了。经济学家是利用计量经济学方法来研究因果关系的高手。2021 年的诺贝尔经济学奖，就颁给了三位研究因果关系的学者。经济学家常用来研究因果关系的计量方法有断点回归、工具变量、双重差分等。这里主要介绍双重差分法，其他方法大家可以查找计量经济学的工具书进行学习。

双重差分法是 19 世纪的英国医生约翰·斯诺发明的方法。当时，伦敦暴发了一场持续几年的霍乱疫情，公众认为霍乱是靠空气传播的，而斯诺怀疑霍乱是通过受污染的水传播的。他发现，伦敦南部高死亡率地区主要由 A、B 两家自来水公司供水。1849 年，这两家公司都在伦敦市中心的泰晤士河段取水，这里水污染严重；三年后的 1852 年，A 公司把取水口改到了泰晤士河上游，上游水污染较少，而 B 公司取水口不变。斯诺观察到，在 A 公司改变取水口的前后共 5 年时间里，A 公司供水地区的霍乱死亡率持续下降，而 B 公司供水地区的霍乱死亡率持续上升。那么，该如何判断"A 公司改变取水口"这个单独因素对降低霍乱死亡率的影响呢？斯诺以 1852 年改变取水口这个时间点为界，把 A 公司供水地区 1852 年之后的死亡率减去 1852 年之前的死亡率，得到一个差值；同时，把 B 公司供水地区 1852 年之后的死亡率减去 1852 年之前的死亡率，得到另一个差值。最后，把这两个差值相减，就得到了改变取水口对霍乱死亡率的影响效果，从而剔除了供水设备、医疗条件等其他变量可能造成的偏误。这种方法要两次用到差值，所以叫"双重差分"。双重差分法是当前学界公认的检验变量因果关系的优越方法之一，可以很好地判断一项策略的实施效果。网络平台往往是面向整个社会提供服务，具有准公共服务性质，经济学家识别变量因果关系的本领有助于互联网大厂提升决策的科学水平。

过去，经济学家不愿离开高校，是因为不想放弃研究工作；而现在更多的经济学人才选择进大厂，反而可以更好地开展研究工作，大厂所拥有的丰富数据资源，是大数据时代研究工作深入开展所不可或缺的条件。① 著名经济学家熊彼特认为,理论、历史与统计是经济学家必须掌握的三种工具。这个论断仍然适合当前经济学人才的培养。同学们,不要畏惧科技进步带来的失业风险,学习好经济学理论,运用好马克思主义的唯物史观,掌握好经济统计分析工具,在当今数字经济深入发展的变革时代,一定会大有前途!

问题讨论

(1)在当今数字经济时代,你欠缺什么技能? 如何提升这些技能?

(2)数字经济时代给经济学家的工作带来了哪些便利和隐忧?

理论提示

(1)市场均衡

(2)激励机制

(3)变量因果关系

(二)从抖音发展看互联网流量的稀缺性

案例内容

近期,中国互联网平台企业经营形成从批量制造垂直类 App 到做大做强核心 App 的发展趋势。2022 年 5 月,字节跳动宣布"字节跳动(香港)有限公司"更名为"抖音集团(香港)有限公司",就是当前大型平台公司业务方法论转变的典型例子。纵观抖音过去 10 年的发展史,可以分为以下三个阶段。

第一个阶段(2012—2017 年),"今日头条时代"。在这一时期,这家公司一直以"今日头条"作为自己的对外主品牌名,其打造方法是以"今日头条"为主阵地,进行"藤蔓式扩张"。一旦发现"今日头条"上哪个栏目表现特别好,就将它独立出来运营,成为单独的App。比如把汽车频道独立出来做了"懂车帝",把问答社区拿出来做了"悟空问答",把头条视频拿出来做了"西瓜视频",等等。在每个细分领域内推行"赛马机制",即谁先跑出来,公司就集中资源投入流量发展它。从这套打法中跑出来的抖音成为现象级爆款,意味着这套爆款制造方法论的胜利。

第二个阶段(2018—2021 年),"字节跳动时代"。2018 年,公司宣布启用"字节跳动"作为品牌名称,代替"今日头条"代表公司的对外形象。公司不再拘泥于某一款爆品,而是要成为一家爆品 App 制造工厂。在这一时期,字节跳动的上新率非常高。2018 年推出了 5 款新 App,2019 年推出了 6 款,2020 年推出了 9 款。截至 2020 年年底,字节跳动旗下产品的全球月活跃用户达到了 19 亿。2021 年后,字节跳动上新 App 的速度明显慢下

---

① 徐玲,李方圆.互联网大厂为何争抢经济学家? [EB/OL].(2022-10-27)[2022-12-18].https://www.dedao.cn/share/course/article?id＝Ozpeyw8lG6QaXknQ8eJRd1ZoA75NLB.

来了，而关停的 App 在增多。2022 年，种草 App 可颂、互动社区派对岛、阅读 App 识区、社交 App 飞聊相继关停；2021 年年底才上线的电商 App 抖音盒子，也在第二年 9 月关停。

第三个阶段（2022 年至今），"抖音时代"。这一时期，公司开始把众多 App 收编，成为抖音的一个接入口。在各种细化功能 App 关停的同时，抖音 App 新增了相关业务的入口，容纳了越来越多的功能，生态日益完善，成为一个类似微信的超级 App。

从迷恋小而美的 App 矩阵，转变为直接往核心 App 上加功能，不只是抖音，更是平台大厂发展的共同趋势。腾讯的发展也从最初的赛马机制到放弃独立 App 思路，集中往微信上加功能，终于跑出了视频号这一爆款。从某种意义上可以说，微信正在"抖音化"，而抖音正在"微信化"，这些头部 App 正在相互渗透，长得越来越像。未来的大厂竞争，不是各自搞出一堆 App 来打群架，而是几个超级 App 之间的对决。放眼硅谷大厂，也能看到这种趋势。谷歌做起了社交，Facebook 做起了招聘，Snap 加入了小程序。马斯克甚至公开声称，Twitter 应该学习微信，从垂直类平台变成综合平台。

那么，为什么互联网平台企业出现从批量制造垂直类 App 到做大做强核心 App 的集体发展转型？其背后的理论逻辑是什么？

案例分析

经济世界总是存在资源的稀缺性，正是由于资源的稀缺性以及人们追求效率的愿望，社会必须对资源进行有效利用，从而使经济学成为一门重要的学科。资源的稀缺性，决定了人们不可能无代价地获取满足生存需要的物质资料，因此，人们必须在资源稀缺的条件下对各种有待满足的目标进行选择，即对资源进行有效配置，从而使社会资源有效满足人们的需要。具体来说，在微观层面上，使消费者达到效用最大化，生产者达到利润最大化；在宏观层面上，使社会达到整体福利最大化。

同样，互联网企业的经营也必须在资源的稀缺性这一局限条件之下进行决策。十年前，智能手机在中国刚刚兴起，使用手机的群体发展迅速，只要有实用功能的 App 面市，就会吸引不少的流量用户体验。彼时，对互联网大厂来说，流量几乎是免费的，大厂给自家 App 导流也不心疼，平台以赛马模式各自撒开了干，推出多款 App，也分流了流量。而现在，国内智能手机的普及度已接近极限，用户的业余触网时间已开发殆尽，大厂每新增一个 App，面对同类功能 App 的竞争，能分流的流量十分有限，反而减少了自身核心 App 的流量，削弱了其核心竞争力。每个 App 每新增一个用户，都要付出不小的边际成本，每一分流量都要精打细算，赛马机制对平台的发展就显得成本过高。此时，更好的方式是"把鸡蛋都放在一个篮子里"，把流量收归于一个超级 App，在核心 App 上整合各类 App 的实用功能，集中流量谋发展，这样反而会让强者更强，实现平台爆发性发展。

地理学家发现，地球寒武纪时代物种大爆发，主要源于地球上氧气的突然增多。当时，地球大气中的含氧量从原来的 0.2% 增加到 21%，增加了 100 倍，曾经稀缺的氧气资源变得无比丰饶,大量的物种就出现了。但是,当大量物种爆炸式生长,又导致了氧气资源的稀缺。与寒武纪物种大爆发同时或稍晚出现的,就是寒武纪物种大灭绝。同样的道理,如果把互联网流量看成氧气,在流量丰沛且廉价的时代,就会有大量 App 涌现,出现互联网的"寒武纪大爆发";但是,流量终究会变得稀缺,紧随其来的 App"寒武纪大灭绝"不可避免,战略性收缩成为互联网大厂的共同选择。[①] 所以,我们在分析经济现象时,千万不要忘记"资源稀缺性"这一前提。

问题讨论

(1)随着科技的进步,未来中国将进入物质高度丰裕的社会;届时,普通家庭是否还会存在"稀缺性问题"? 如何解决?

(2)未来面对超级综合平台的竞争,垂直类平台还有竞争优势吗?

理论提示

(1)资源的稀缺性

(2)边际成本

(三)互联网平台免费策略:免费换流量

案例内容

二十年前,我们打电话发短信需要付费,看新闻需要订报纸,看视频需要买 DVD(多用途数字光盘),基本是要花钱的。现在,我们使用的聊天通信工具是免费的,看新闻资讯是免费的,在视频网站上看的视频大部分也是免费的(如果能够忍受广告的话),免费成了互联网生活最重要的元素之一。我们对互联网的免费模式已习以为常,免费几乎成了所有互联网公司的商业模式。可以说,互联网平台大量服务免费,给消费者带来了福利水平的真实提高。但经济学有句名言——"天下没有免费的午餐",意思是世界上没有任何无需付出就可以获得利益的事情存在。即使有些事情在消费者看来是免费的,但实际上却要让消费者在某方面付出代价。它提示我们,做事的真正成本(机会成本),不是为做一件事已经付出了多少,而是为做它所必须放弃的那些东西。那么,互联网平台提供的免费服务,是否意味着消费者不需要付出代价呢?

案例分析

在传统市场经济条件下,买方支付货币换取卖方的产品或服务,卖方获得的是以货币

---

① 马慧,李方圆. 赛马时代结束,超级 App 登场[EB/OL]. (2022-11-03)[2022-12-18]. https://www.dedao.cn/share/course/article?id=R2Mo65zY4QZ3Vnm3LLKqEdNAa98jGB.

计量的收益。对于一个理性的个体而言,在不违背法律和道德的前提下,一件事情"该不该做"的经济学依据是将总成本(预期)与总收益(预期)进行比较。免费经济下的成本—收益结构与传统市场经济存在显著差别,需要在传统经济学认知基础上对成本—收益观念进行必要的更新并展开创造性的解读。

第一,买方支付的注意力成本成为卖方的流量收益。在互联网时代过剩信息背后,注意力成为一种稀缺资源。注意力即人们对一个行为、一个事件及各种信息关注的持久时间。"免费"的真实含义是没有以货币形态表示的价格,但仍然存在着买卖双方之间的"交易",即卖方向买方提供免费产品或服务的同时,换到了买方的注意力。进一步地,买方提供的注意力资源转化为卖方的流量收益,而流量在互联网时代具有极高的商业价值,可全面增强消费者的参与度。注意力价值不仅可以带来由第三方(广告商)付费行为、吸引潜在顾客而产生一定的预期财务收益,而且通过注意力积累的声誉效应还可以使得某些免费顾客升级为付费顾客,进而产生一定的收益。

第二,个人信息成本转化为卖方的数据收益。在互联网时代的免费经济领域,消费者往往需要让渡部分个人信息,换得卖方提供的免费产品和服务。在这一过程中,虽然产品和服务的货币价格是"0",但消费者为此支付了暴露个人信息而产生的成本,卖方获得了相应的数据收益,而这些数据收益对卖方参与市场竞争格外重要。通过掌握消费者的数据,卖方既可以转让或出售消费者数据获得收益,也可以更准确地把握消费者的偏好及市场分布,从而在市场上提供更有针对性的产品和服务。

从社会角度而言,互联网时代免费经济下的运输成本、储存成本、废弃产品回收成本等都趋近于0,但往往由于产品和服务免费,消费者容易产生过度消费行为,进而产生新的社会成本和资源浪费成本。这些成本的存在充分表明"天下没有免费的午餐",为实现资源的最优配置,有必要对免费经济的模式展开社会成本—社会收益分析,并在边际社会成本与边际社会收益比较的过程中确立最优的免费经济模式。当然,对这一最优模式的选择可能因行业、时间和空间而异。[①]

问题讨论

(1)什么是机会成本? 试举例说明。

(2)卖方转让或出售消费者数据获得收益时,是否意味着消费者的隐私被侵犯?

(3)你逛街遇上某些商家免费送富有吸引力的小礼品,但要求加微信或注册 App,你会同意吗? 为什么?

理论提示

(1)机会成本

(2)成本—收益分析

(3)边际分析法

---

①　伍世安,傅伟,杨青龙.互联网时代免费经济现象的经济学基础探析[J].价格月刊,2020(6):34-39.

第一章 需求、供给和均衡价格

一、基本原理与数字经济时代的适用性

（一）基本原理

微观经济以价格为市场信号运行，通过竞争不断地自行调整和平衡。均衡价格是在市场供求双方的竞争过程，也就是价格决定的过程中自发形成的。需要注意的是，均衡价格形成即价格的决定完全是自发的，如果有外力的干预（如垄断力量的存在或国家的干预），那么，这种价格就不是均衡价格。本章内容主要为需求、供给和均衡价格的决定。

1.需求

需求是指消费者在某一个特定的时期内，在各种价格水平下愿意而且能够购买的某种商品的数量。影响需求的主要因素有该商品自身价格、其他商品的价格、消费者的收入、消费者对未来收入或价格的预期，以及一些偶然因素等。在分析这些因素对需求的影响时，一般将其分为两大类，即商品自身价格和自身价格以外的因素。如果只考虑商品自身价格对商品需求的影响，则可以得到需求定律。需求定律是指其他条件不变的情况下，需求量随价格的上升而减少。当然，特殊商品除外，如吉芬商品、炫耀性商品、古董和其他珍藏品等。

2.供给

供给是指厂商在某一个特定的时期内，在各种价格水平下愿意而且能够供给的某种商品的数量。影响供给的因素包括该商品自身的价格、其他商品的价格、各种生产要素的价格、技术水平、政府税收、厂商对未来的预期和一些偶然因素等。同样地，供给定律是指在保持其他条件不变的情况下，供给量随价格上升而增加，当然劳动力、古董和土地的供给是例外。

3.均衡价格

所谓均衡是指经济事务中有关变量在一定条件的相互作用下所达到的一种相对静止状态。均衡价格是指一种商品需求量与供给量相等时的价格。当实现了市场供求均衡

时,该商品的需求价格与供给价格相等即为均衡价格,该商品的成交量(需求量与供给量)相等即为均衡数量。市场上需求量和供给量相等的状态,被称为市场出清的状态。

供给量与需求量的变动:供给量、需求量的变动是随着商品本身价格的变化,供给量或需求量沿着同一条需求曲线或供给曲线上下移动的情况。

供给的变动与需求的变动:在商品价格不变的条件下,其他因素变动而引起的该商品需求数量的变动称为需求变动,会引起需求曲线向左或者向右移动;商品价格不变,其他因素变动而引起的该商品供给数量的变动是供给变动,会引起供给曲线向左或者向右移动。

4.价格弹性

价格弹性分为需求弹性和供给弹性。需求价格弹性是指一定时期内,一种商品需求量变动对于该商品价格变动的反应程度。或者说,一定时期内,一种商品价格变化1%时,所引起的该商品需求量变化的百分比。影响需求价格弹性的因素:①商品的可替代性;②商品用途的广泛性;③商品对消费者生活的重要程度;④商品的消费支出在消费者预算总支出中所占比重;⑤所考察的消费者调节需求量的时间。

供给的价格弹性是指一定时期内,一种商品供给量的变动,对于该商品价格变动的反应程度。或者说,一定时期内,一种商品价格变化1%时,所引起的该商品的供给量变化的百分比。影响供给价格弹性的因素:①调整产量时间的长短(正相关);②生产成本的变化(正相关);③生产的难易程度(负相关);④所生产商品的性质,如资本密集型的商品价格,弹性小,劳动密集型的商品价格,弹性大;⑤生产周期的长短及生产规模,如周期短及规模大的供给弹性大,周期长及规模小的供给弹性小。

需求价格的交叉弹性:一定时期内,一种商品需求量的变动,对于它相关商品价格变动的反应程度。或者说,一定时期内,当一种商品的价格变化1%时,所引起的另一种商品的需求量变化的百分比。

需求的收入弹性:一定时期内,消费者对某种商品需求量的变动对于消费者收入量变动的反应程度。或者说,一定时期内,当消费者的收入变化1%时,所引起商品需求量变化的百分比。

关于弹性的概念,还需要注意这几个事实:第一,需求弹性系数一般为负值,供给弹性系数一般为正值,但是一般习惯于以其绝对值的大小来表示弹性的大小;第二,在需求或供给曲线上,弹性的大小既和曲线的斜率有关,也和位置有关,这从点弹性的导数定义可以得出;第三,一种商品的弹性并不是固定不变的,它会根据价格高低而有所不同,或者根据所处曲线的位置不同而发生变化。

（二）数字经济时代的适用性

需求是一个内涵极为丰富的名词,过去多用于经济学理论中,与供给相对应,是一个多重假设下的抽象概念,但是进入数字经济时代后,原本需求假设中被忽略的部分急剧扩大,使传统的基于需求的理论不再适用①。以数字技术赋能、数据为关键要素的数字经济,加快了经济系统内各要素的相互作用,推动了产业系统内的调整与变动,优化了各方面要素配置与组合方式,以使产业结构调整和经济增长的动力实现最大化。

1.真实需求可以由数据完美表达

人们的交易、社交、学习等较高层次需求满足的过程都可以通过结构化或半结构的数据进行记录,涉及心理类和行为类的经济学研究,不一定要借助问卷和实验研究。需求的多样性在高层次需求中表现得更加明显。在数据上表现为较低层次需求呈现强马太效应、弱长尾效应,例如在娱乐、教育等市场领域呈现多家企业并存,中小企业"百花齐放"的态势,用户的较高层次需求具有较强的定制化属性,个性化程度较高,因此需求的供给种类就相对多样,差异化程度也较高,数据的复制和转移成本及难度都相应提高。② 需求还呈现以下变化:①相同时间内要求满足的需求增加;②需求日趋多样化;③需求变动速度加快;④付出的成本结构发生变动。这些都给数字经济时代的需求赋予了更丰富的内涵和更值得研究的价值。

2.从需求角度来看,数字经济中生产者与消费者信息高度互联

消费者可以将个性化的需求、偏好反馈给生产者,甚至可以参与到企业生产、经营、管理等生产流程中,生产者可以利用大数据分析、人工智能等数字技术感知瞬息万变的消费者需求,实现按需生产与精准营销,进而实现供给与需求高水平的动态均衡。例如,红领集团借助大数据与物联网实现了服装系列个性化产品的流水线生产,改变了传统的生产模式与商业理念,满足细分市场中消费者个性化定制的需求。

3.从供给角度来看,解决了供需结构错配的突出矛盾

数字经济培育了新技术、新产业、新业态、新模式,极大地丰富了产品种类与市场供给主体。数字经济下产品的供需更加均衡,极大地解决了供需结构错配的突出矛盾。数据要素的价值不断被放大,供给与需求在数量和结构上实现高度衔接。数据要素的使用打通了各环节的信息壁垒,极大地畅通了国内外生产要素循环体系,提高了资源配置效率与供需匹配的市场化水平与精准度,有助于化解生产要素在区域间不协调、不平衡的结构性矛盾。需求侧和供给侧理论基于数据基础观的变革,两者通过数据这一要素打破了过去相互割裂、各自为政的存在形式,以一种互为表里、相互依存、相互联系的状态演变为更加契合数字经济时代的管理理论。

4.数字经济对传统的定价模型带来冲击

以"数据+算力+算法"为主题的数字技术和以"数据+连接+赋能"为主题的数字经

---

① YE G, PRIEM R L, ALSHWER A A. Achieving demand-side synergy from strategic diversification: how combining mundane assets can leverage consumer utilities[J].Organization science,2012,23(1):207-224.

② 宋立丰,郭海,杨主恩.数字化情景下的传统管理理论变革:数据基础观话语体系的构建[J].科技管理研究,2020(8):228-236.

济,正在动摇西方经济学的经典"定价模型"。在数字经济中,整个社会都形成一个网络经济和无量平台,经济活动在虚拟和现实空间交替和转换。数字技术的跨越性、互通性、渗透性,突破了地理空间的分割性。数字信息的全息性与传播的即时性,减少了信息的约束;大数据带来理性预期的增强,对等匹配在数据计算中的效率初显。经济人的"有限理性"在大数据中变得可以掌控,理性在技术中接近完美。

新古典定价是基于价格总量变化及其供求因素进行分析的,而数字平台定价是基于价格结构分析的,价格结构取决于平台双边性所带来的网络效应的结果。总量分析是基于市场供求平衡的一组方程式,是对"看不见的手"的数学描述,是供求双方的数量平衡,一般通过市场调节达到均衡,是市场自发的调节过程。而结构分析是基于平台双边用户数的相互依存关系,不仅仅是供求之间的数量平衡,还涉及双边用户的网络外部性所带来的影响,价格形成超越自发过程,数据运行可以自主匹配市场供求,价值的产生不仅源于交易的增值,也来自用户的数量增加。

二、案例分析

(一)数字鸿沟隔断的不是老年人,而是需求

案例内容

步入数字化时代,我们的生活已经被互联网包围了,但是,在看不见的角落,仍然有这些事在发生:一位老人家的手机无法打开健康码,被公交车拒载;因为要激活社保卡,一名94岁老人被银行工作人员抱着进行人脸识别……

数字化这趟列车承载着整个社会高速前进的同时,却在身后留下了一道深深的"数字鸿沟"。很长一段时间以来,互联网高速发展所建立的社会生态让一部分人,特别是"银发"一族手足无措。好像整个社会都忽略了这种现象的存在,只有当这些新闻频频出现在我们眼前的时候,我们才恍然回过神来。我们这群人在享受互联网带来便利的同时,好像也忘记了被数字化时代抛在身后的那些老年人,以及正在形成的那道长长的"数字鸿沟"。

案例分析

数字鸿沟,究竟是怎么来的呢?数字鸿沟的出现,并非互联网的过错,也不是某个群体的问题,而是时代发展与用户需求脱节的现象。用户需求背后是个人的发展,每个人的发展都有一条类似抛物线的曲线。在青壮年时期人们精力很旺盛,对新事物充满了学习

的动力,接受新事物的效率也非常高,发展曲线随之陡峭。但是人在老了之后,无论在主观能动性还是客观的可行性上,对于新事物的接受度都处于很低的水平,所以,老年人的发展曲线基本是平坦的。

进入数字化时代,整个社会像是被按下了快进键,每时每刻都有新事物出现,新的生活方式正在取代旧的生活方式。整个社会的学习曲线开始变得陡峭,这就与个体的发展曲线出现了错位,而这种"错位",就是"数字鸿沟"出现的原因。同时,纵观全社会的供需市场,正在加剧的"数字鸿沟"不断扩大。

在高速发展的时代,效率意味着一切。像企业和政府这种服务提供方,都愿意追求高效率。因为高效率意味着低成本,意味着打通复杂的条块分割系统,把购物、买菜、水电费、社保缴纳等都放在一个手机终端上实现,符合绝大多数消费群体的需求,即青壮年人。他们不光是消费的主力军,也是整个社会参与的生力军。在快节奏生活中,他们当然乐于接受一切能为他们节约时间、提供方便的服务,也能快速接受数字化时代所带来的生活方式改变。这种朴素的供需关系,催促着整个社会的方方面面都在加速数字化。

科技进步带来的"鸿沟",在每个时代都存在。只是当下改变得太快,"数字鸿沟"就显得越发难以跨越。互联网的发展快到大家眼中只有成功者的赢家通吃,只有颠覆,只有创新。我们在为效率欢呼、为成功者送上掌声的同时,却忽略了另一部分人群——老龄人口——的需求。随着我国老龄化比率不断提高,老龄人口庞大的需求不容忽视,适老性产品已经成为新的蓝海。

2021年11月24日,国务院印发了《关于切实解决老年人运用智能技术困难的实施方案》。该方案中"协同"这个字眼反复出现,而这个词背后就是"银发"需求。虽然老年人的学习曲线几乎是平坦的,但这并不代表他们没有需求。在互联网经济发展如此成熟的今天,增量开始放缓,存量厮杀正在进行。老年人这个尚未被充分发掘的价值洼地,在政策的支持下,会逐渐成为企业下一个要追逐的高地。据不完全统计,截至2020年全球老年用品有6万多种,中国仅有2000多种,涉及面也特别狭窄,大部分集中在线下。"银发经济"既是"夕阳事业",也是"朝阳产业"。在数字化对社会的消费生产产生不可逆转的改变之后,未来的"银发经济"也不可避免地要和数字化接轨。谁能帮助老年人跨越这道"数字鸿沟",谁就能拥有挖掘这块蓝海市场的主动权和优势。

没有不能被教育的用户,只有还未重视、尚未发掘的需求。京东大数据研究院曾发布《聚焦银发经济——2019中老年线上消费趋势报告》,在互联网向中高龄人群持续渗透的大背景下,线上中老年消费市场面临发展的重大机遇。从2019年至2021年,老年适用商品数量以年均39%的增速增长。随着老年人消费理念的更新,老年人在线上服务、家居日用、厨具、家具各种家庭消费方面的支出明显增长。我们并不缺失人文关怀,"数字鸿沟"也并非互联网的罪过。当需求得到重视,假以时日,"数字鸿沟"也将自然而然地不复存在。

数字化给社会带来的改变是彻底的,现实中也远不止老人在面临"数字鸿沟",很多传统企业同样面临着数字化转型的鸿沟。手机巨头诺基亚倒在了智能手机时代,胶卷行业的王者柯达错失了数码相机的时代,英国老牌唱片零售商、曾经全球最大的娱乐连锁企业HMV没有抓住互联网媒体时代的机遇,美国最大的出租车公司Yellow Cab在网约车时代到来之前也黯然破产。我们必须明白,老年群体的需求是有价值的,他们也需要人文关怀,值得整个社会放慢脚步等一等。可是,对于企业而言,商场中奉行彻头彻尾的"丛林法则",如果我们不去改变,没有哪一个客户的需求愿意等待我们。科技成果最令人着迷的,莫过于它与人文关怀紧紧联系在一起的那一刻。而企业最成功的时刻,也莫过于它恰到好处满足了用户需求的那一刻。

问题讨论

(1)与传统经济时代相比,数字经济时代市场需求的影响因素有哪些改变?

(2)数字经济如何影响老龄群体需求曲线的移动?

(3)如何帮助老年人跨越"数字鸿沟"?

理论提示

(1)需求理论

(2)需求的变动与需求量的变动

(二)淘宝特价版：数据赋能制造业升级

案例内容

客流骤减,线下停滞,业绩大幅下滑……突如其来的新冠疫情,让诸多行业遭遇前所未有的挑战。但凛冬之下,C2M(用户直连制造)模式的兴起,犹如一盏明灯给予企业新的方向和希望。

淘宝特价版(改名淘特)是阿里C2M战略布局的核心。2020年3月,淘宝特价版App正式发布,与"超级工厂计划""百亿产区计划"共同构成了阿里C2M战略生态。2020年9月,淘宝特价版与阿里1688实现打通,阿里C2M生态得到进一步完善。淘宝特价版的定位是C2M电商平台,其作为C端的入口在界面上和淘宝较为相似,但内部销售的商品大部分是直接来自制造商、产地的低价普通品质商品。"超级工厂计划"依托阿里数字化能力,以数据赋能制造业,助力制造业企业升级。

在2020年的新冠疫情期间,广东肇庆一家专门生产汽车内饰清洁用品的企业正是通过淘宝C2M的智能数据中台发现喷雾酒精的搜索数据急剧上升,决定复工并转产气雾酒精,同时通过数字化工具在3个小时内完成产品研发并迅速上市。2020年3月这家工厂的气雾酒精日产销量达到17.6万支,实现了逆势增长。新晋日化品牌"萃植轩",借助淘宝C2M模式和数字工厂保障,快速了解到了用户对皂液洗衣液需求的三个层次:最需要的、次需要的、无关紧要的。由此,不仅产品准确击中了用户的痛点,更是降低了15%的生产成本,所以才能够做到"两公斤九块九包邮"的超低价。有了这样的"优质优价",其在淘宝上创下日销 10 万件的销售记录也就不足为怪了。

淘宝特价版负责打通需求端,当时计划在 2021 年到 2023 年给产业带创造 100 亿笔新订单;而"超级工厂计划"和"百亿产区计划"则从供应链上游支撑特价版的供给,"超级工厂"计划通过数字化改造,3 年帮助 1000 个产业带工厂升级为产值超过 1 亿的"超级工厂";"百亿产区"计划将加速 5G(第 5 代移动通信技术)、工业互联网在产业带落地,2021 年到 2023 年,在全国范围内打造 10 个过百亿的数字化产业带集群。

案例分析

C2M 又称"短路经济",简单来说,即消费者直达工厂,强调的是制造业与消费者的直接衔接。在 C2M 模式下,消费者直接通过平台下单,工厂接受消费者的个性化需求订单,然后根据需求设计、采购、生产、发货,去掉了品牌商、代理商和商场等中间渠道环节,使产品几乎可以批发价出售给消费者。C2M 模式的建立涉及对整个产业链的重塑,仅凭制造商无法单独实现,需要平台型企业和大数据分析等外部力量去疏通各个环节,同时帮助制造商打造柔性制造能力。新型互联网电商平台、工业互联网平台等成熟的平台型企业具备主导建设 C2M 模式的能力:一是能够为制造商提供连接消费者的渠道;二是能够对制造商进行数字化赋能,帮助其对生产线进行柔性改造;三是能够为制造商配套地实施咨询服务。同时平台型企业会通过给制造商提供渠道和服务进行收费,以此形成完整的商业闭环。

在传统经济学中,影响市场供给的因素主要有商品自身价格、其他商品的价格、各种生产要素的价格、技术水平、政府税收、厂商对未来的预期等;除自身价格外,其他影响因素中最主要的是各种要素的价格和生产技术。供给和需求主要是以价格信号或市场机制作为分析参照来展开的,工业化背景下的理论都是把科技因素作为影响或决定供给和需求的外生变量。然而,随着大数据、互联网和人工智能等的全面融合,厂商可以运用云平台和人工智能等手段,对大众的消费偏好、体验、认知、效用期望等进行"算法"处理,并在此基础上决定投资什么、投资多少、生产什么、生产多少和怎样生产。供给是建立在大量消费者数据的分析和预测基础上的,基于数据智能化的网络协同架构能够帮助厂商最大限度地去库存,使供给能够高效匹配社会的有效需求,社会总供给和总需求会逐步趋于平衡,这个过程也是供给侧结构性重塑的过程。随着数字经济的进一步深化和全面展开,这种由大数据、互联网和人工智能等全面融合所构造的投资经营格局,可以进一步优化以价格信号为代表的市场机制决定的投资经营格局。当前,我国经济正处在经济结构转型的关键期,数字化经济形态是中国实现高质量增长的重要推动力。数字经济领域的发展已陆续进入瓶颈期,需要推动供给侧改革,才能取得实体经济和数字经济的融合发展。

而电商平台更容易赋能制造商,构建 C2M 模式,主要基于以下四个优势。

(1)渠道。电商平台天生具有跳过品牌商,直达终端消费者的能力,可以为制造商提供连通消费者的渠道,并将制造商作为品牌方直接面向消费者进行销售;同时平台也能够收集消费者的需求,向工厂实时反馈。

(2)数据。电商平台汇聚了海量消费者的数据,能够对消费者的行为、需求、偏好进行分析,以大数据赋能制造商。

(3)规则。电商平台在 C2M 模式的建立中可以更好地扮演规则的制定者,平台通过确立公开透明的制造商准入机制和商业准则,能够对制造商进行指引,更高效地实现C2M 模式。

(4)服务。数字化赋能及配套的实施服务实际上并不是互联网电商的长处,但近年来阿里等巨头也在着重补强自身 B2B(business-to-business)服务的能力,可以推测,未来传统电商在数字化赋能方面的能力也会逐步得到增强。

问题讨论

(1)除了电商平台,还有什么渠道可以提供对 C2M 模式的有力支撑?

(2)数字经济时代影响供给的因素主要有哪些?

(3)数字经济下,厂商的供给和需求均衡会发生什么变化?

理论提示

(1)供给理论

(2)均衡价格理论

（三）"双十一"购物节背后的经济学原理

案例内容

如今的 11 月 11 日早已不是以前网友用来调侃的"光棍节"。在以阿里巴巴旗下的淘宝、天猫为主力军,京东、苏宁易购、当当、亚马逊等为配角的电商们的大力推广下,"光棍节"俨然成为全民公认的"消费节"。事实上,早在 2009 年,淘宝就率先发起了所谓的"11.11 购物狂欢节",2009 年 11 月 11 日淘宝网当天的销售额达到 1 亿元。次年,淘宝延续上一年的营销方式,在 11 日当天收获了 9.36 亿元的销售额。2011 年淘宝和天猫的销售额再次急剧飙升,达到了 53 亿元,其中天猫 33.6 亿元,淘宝 19.4 亿元。直至 2016 年,"11.11 购物狂欢节"又一次刷新了其历史纪录,据统计,截至 11 月 12 日 00:00,阿里巴巴集团"双十一"促销的总销售额达到了 1207 亿元,并且据支付宝统计,支付宝的支付峰值已经达到了每秒 12 万笔,是 2015 年的 1.4 倍,刷新了 2015 年创下的峰值纪录。2017—2021 年淘宝天猫"双十一"的成交额还是呈快速增长态势,总额分别为 1682 亿元、2135 亿元、2684 亿元、4982 亿元和 5403 亿元,同比增长 39.35%、26.93%、25.71%、85.62% 和8.45%。这些数据让人们在乍一眼看到时惊讶得合不拢嘴,而回过头想想却又不得不承认,自己也的确曾为这些骄傲的业绩做出过小小的贡献。"双十一"当天,很多网店的商品折扣低至五折、三折甚至一折,我们也许会感到疑惑:他们真的能赚钱吗? 还是不惜亏本也要随促销的大流呢?

案例分析

十几年来,淘宝天猫"双十一"的成交额快速增长的原因何在?

1.刺激了非理性需求

从经济学的角度来说,激励是引起一个人做出某种行为的某种东西,诸如惩罚或奖励的预期。理性人通过比较成本与利益做出决策,因此,他们会对激励做出反应。利用节日做促销其实是一个比较老套的营销手段。元旦、中秋、国庆、圣诞,只要是个节日,我们都能看到商场里五花八门的打折促销。但是,"双十一"促销之所以比历史上的任何一个节日促销都成功,就是因为电商们不仅仅采用了传统的价格激励,还非常巧妙地运用了心理激励。首先,11月11日最原始的意义是光棍节。而这一意义也被精通心理学的营销者们运用到了促销理念中:"光棍节,我们除了购物还能做什么""把谈恋爱的钱用来给自己买件像样的衣服""趁着还没有另一半的时候尽情虐待自己的钱包"。很多单身男女并不是受到价格的吸引,而是本身就带有较强消费情绪倾向。其次,大多数人在决定自己的行为时都有一种从众心理,或者是攀比心理,即在社会群体的无形压力下,有意识或无意识地与大多数人保持一致。原本电商们就有一大群忠实的消费群体,即使没有所谓的"购物狂欢节",他们也习惯了网上购物。平日常常要买的商品突然间铺天盖地地打折,这使得他们成了最先受到激励的一批人。在他们"状若癫狂"行为的影响下,周围很多原先并不了解这个活动的人,甚至网盲群体也不知不觉受到"双十一"消费狂潮的引导。很多消费者在这种强有力的激励下会失去消费理性,造成大量的过度消费,如"光棍节妻子疯狂消费,导致婚姻危机""一女子光棍节狂拍一万多元,用光全部积蓄"等标题的新闻层出不穷。这也证明了,在全民消费的激励之下,很多人在光棍节当日的消费是超出了自己预算约束的。

2.需求弹性理论

需求定理说明在其他因素不变的条件下,对一般商品而言,商品的价格和需求量成反比。经济学把价格变动对需求量变动的影响程度称为需求价格弹性,如果一种商品的需求量对价格的变动反应很敏感,那么这种商品就是富有弹性的商品,反之就是缺乏弹性的商品。从该理论可以得出,生活必需品都是缺乏弹性的商品,价格变化对其需求量变化影响不大。但是"双十一"打折促销的大部分是服装、鞋包等非生活必需品,它们都属于富有弹性的商品,其需求量很容易受到价格的影响。当价格变动时,这类商品的需求量变动的比例将大于价格变动的比例,即需求价格弹性大于1。而对于厂商而言,针对这些富有弹性的商品,降价无疑可以大幅度增加其销售量,从而达到增加收益的目的。这也正好解释了为什么衣服、饰品、化妆品、家具等购买决策易受价格影响,这些商品会是"双十一"当天折扣最大的商品。

"双十一"购物节是互联网时代的一个巨大商业模式的创新,其突飞猛进的发展对于促进经济健康发展以及增加消费者福祉有一定的优势,它改变了中国传统实体零售一统天下的历史,也积极有效促进了中国实体零售商重视电子商务新技术,实现新变革、新发展。另外,以"双十一"购物节为代表性活动的电子商务在近年来快速发展的同时也存在着一系列问题。在消费者层面,出现了包括冲动消费后的退货浪潮、消费预支后消费低迷等一系列网络消费问题。在厂商层面,出现了包括核心竞争力不强,为了获得客户、维持市场份额采取价格恶性竞争等问题,其结果又对中国商业生态环境造成了某种负面影响,使制造业和零售业发展陷入一种不良循环,进而影响到整体商业生态环境的发展乃至中国电子商务扩展国际市场的进程。

问题讨论

(1)试用需求价格弹性理论比较当前正在兴起的抖音直播带货引发的消费需求和淘宝"双十一"引发的消费需求的异同。

(2)试析抖音直播带货和淘宝"双十一"商家销售价格产生的机制。

(3)比较商家"双十一"定价策略与传统线下销售价格制定策略的异同。

理论提示

(1)需求价格弹性

(2)弹性与销售收入之间的关系

(3)需求函数与需求曲线

(4)均衡价格理论

（四）细数被共享经济改变的这五年[①]

案例内容

作为新兴经济模式,共享经济不知不觉间完成了"从无到有,从有到少不了"的跃迁,当下已经融入人们日常生活的方方面面。五年里,共享改变着人们的出行——从上锁的自行车到扫码即骑的共享单车;从在马路边挥手等待的士,到坐在办公室查看网约车距离;从单一的酒店,到多元的民宿;从电子产品没电的窘境,到如今满街都是街电的便捷……可以说,五年前浪潮初起,又历经火热与回归理性后,共享经济切实与消费者一同重新定义着"出行"。

网约车不需"招手"不再"新手"

2020 年 10 月,交通运输部数据显示,全国各地已发放网约车驾驶员证 250 万张,网

---

① 傅春荣.细数被共享经济改变的这五年［EB/OL］.（2021-05-14）［2023-12-17］.https://m.gmw.cn/baijia/2021-05/14/1302292325.html.

约车日均订单量超 2100 万单。放在五年前,这是难以想象的。作为网约车行业头部企业,滴滴出行的快车业务于 2015 年 5 月上线,正式改变了人们传统的打车体验。在此之前,无论雨天还是酷暑,几乎所有的消费者都得站在马路边等待出租车。但网约车的出现,让"招手停车"变为"一键叫车",消费者只需要坐在室内,就可以享受共享出行带来的叫车、沟通地点与支付等便捷服务。共享经济在打车方面大显身手。2015 年发布的《中国智能出行 2015 大数据报告》显示,网约车以近 90% 的平均打车成功率,远超路边 30% 的传统打车成功率。《2017 年中国共享出行发展研究报告》的结论显示,"共享出行是人们出行的必然选择"。经过五年飞速发展,网约车行业经历了火热与理性的回归,安全、规范成为关注重心,一键报警、行程报备等服务随之而生。而新智能也正在与网约车对接,像苏州最近探索的 RoboTaxi 无人驾驶项目,或许就是一次大胆而又面向时代的尝试。

共享用电:无处不在的安全感

"五年来很多东西变了,就是手机电池没变。"这是苹果用户的自嘲。"充电宝简直就是苹果手机的标配附件。"不过这五年来让人称道的是,共享充电宝行业的发展让人们鲜少再面临"手机没电"的窘境。根据易观《中国充电宝行业洞察 2020》,共享充电行业顺利进入盈利阶段,市场规模有望在 2024 年达 500 亿元。以共享充电头部企业聚美旗下街电为例,高达 95% 的城市覆盖率,与吃住行游购娱一体化的全场景布局,能够让消费者在需要的时候可以"随用随取、随借随还",体验更加快捷、方便的充电服务。"原先出门必须带一个充电宝,又厚又重。"有消费者吐槽道,"更令人生气的是,有一次单位春游组织爬山,背充电宝简直像背了块砖。"不过,有了街电这样全场景覆盖的快捷服务,现在人们不需要再感受原先的"电量恐慌"了。共享充电的脚步还没停止。近日,陈欧执掌的街电还与北京西站达成了合作,在北京西站候车室、站内公共区、南北广场等核心区域搭建起了 230 余台街电的"暖心电网",每个出行的游客,都可以轻松获得满满的续航保障。随着 5G 风口即将到来,手机进入"屏幕高刷时代",共享充电行业的下个五年,还将更加精彩。今年政府工作报告指出,将增加停车场、充电桩、换电站等设施,加快建设动力电池回收利用体系,而这说不定将是共享出行的下一个生机。

共享住宿"个性专属"

共享住宿行业的巨头 Airbnb(爱彼迎)曾在 2018 年定下一个"十年小目标":到 2028 年实现平台每年接待房客超 10 亿人次。在 2020 年,"共享住宿"首次写入政府文件,共享住宿的发展,也同样改变着整个行业的格局。"原先住连锁酒店,现在就想挑个性民宿。"许多网友在网上评论称。从微博、小红书等社交平台分享的旅游攻略来看,推荐民宿成为一种时尚主流。在五年之前,共享住宿处于一种鲜为人知的处境。彼时人们出行,还是选择酒店住宿,千篇一律的风格、布置、服务带来单一的体验。而共享住宿对准年轻群体,以个性化、多元化迅速获得"80 后""90 后"的青睐,实现"双向互动"——以"80 后""90 后"为主的房东跟同样年轻的房客一拍即合。《2018 中国共享住宿发展报告》称,2017 年国内共享住宿房客达 7600 万人,年轻化特征明显,18~30 岁房客占比超 70%,相对地,共享住宿房东也具有年轻化、高学历特点。年轻化带来的独特活力为共享住宿业带来蓬勃春天。

"我喜欢共享住宿的一点在于房东跟房客之间的交流很舒适,""95后"消费者陈娅留言道,"比起酒店,共享住宿多了人情味。"以精简营销、保障安全服务顺利度过疫情严冬的共享住宿行业,正在等待即将到来的旅游热,再添一次行业高温。

案例分析

共享经济是依托互联网的高速发展而出现的一种新的经济形态。互联网平台以其分布式的供给特点保证了共享经济中资源提供者的数目足够多,且其进入和退出容易,收益也可观。共享经济涉及的是在不影响某种物品所有权的情况下,对使用权的分享。资源只有被使用才能发挥其价值,共享经济就是将私人手中闲置的资源,通过其所有权和使用权的短暂分离参与到市场经济活动中,实现最大化的利用效率,而这种效率不仅体现在资源本身的高效利用上,还体现在能让更多的人也能参与到高效率的使用上。

从供给角度来看,假设供给量由产品自身的价格 P、成本 P_1、生产相关产品的价格 P_r、可获得的技术水平 T、厂商对产品未来的预期 P_e、市场中同类厂家的数目 F 等 6 个方面决定,用函数表示如下

$$Q_s = f(P, P_1, P_r, T, P_e, F)$$

为了研究的方便,在保持 P_1,P_r,T,P_e,F 不变的前提下,研究供给量 Q_s 与价格 P 的关系,可以得到

$$Q_s = f(P, P_1, P_r, T, P_e, F) = f(P)$$

由于共享经济带来的资源共享,先进的生产技术和管理技术会导致商家生产的边际成本下降。商家提供产品或服务的边际成本下降,必然引起供给曲线向右移动,如图 1-1 所示。即同样的价格,商家愿意提供更多的产品或者服务,或者说同样的产量,可以接受更低的价格。

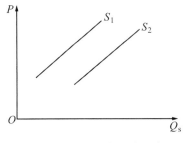

图 1-1 供给曲线及其移动

从需求角度来看,一般情况下,对需求影响比较大的因素可以归纳为:产品或服务的价格 P、消费者的收入 I、相关产品或服务的价格 P_r、消费者的偏好 T、产品的预期价格 P_e、市场中消费者的数量 N 等。广义需求函数可以表示为

$$Q_d = f(P, I, P_r, T, P_e, N)$$

同样地,在保持 I, P_r, T, P_e, N 不变的前提下,研究需求量 Q_d 与价格 P 的关系,就可以得到

$$Q_d = f(P, I, P_r, T, P_e, N) = f(P)$$

由于共享经济带来的资源有效共享,可以通过租赁而不是购买的方式获得,消费者消费相应商品或服务的价格下降,相当于消费者的实际收入增加。消费者的收入增加后,会引起需求曲线向右移动,如图 1-2 所示。即同样的价格,消费者的需求增加或者说消费者愿意花更高的价格享受同样的需求量。

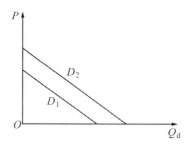

图 1-2　需求曲线及其移动

共享经济下,资源的共享使得商家生产的边际成本下降和整个社会消费者收入增加,会引起供给需求平衡点向右移动,整体的均衡价格下降,均衡数量上升,达到新的均衡,如图 1-3 所示。随着资源的进一步共享和国民收入的增加,市场需求会进一步扩大。市场需求扩大和均衡价格的下降又会进一步刺激消费,形成市场的良性互动。

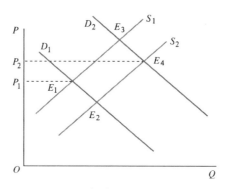

图 1-3　均衡价格形成及其移动

P 表示商品价格,Q 表示商品数量。S_1 和 D_1 表示共享前的供给和需求曲线,E_1 表示共享前的供给需求平衡点。资源共享使得 S_1 向右移动到 S_2,达到新的均衡点 E_2,随着进一步共享和国民收入增加,市场需求进一步扩大使 D_1 向右移动到 D_2,形成新的均衡点 E_4。

问题讨论

(1)试用供需理论解释共享产品是如何提高使用效益的。如果你是创业者,可否设计出几个适合做共享产品的项目?

（2）共享产品的定价是否一定比非共享的产品更低？为什么？

（3）试讨论，推动中国共享经济发展的障碍有哪些？

理论提示

（1）均衡价格理论

（2）供求理论

（五）按章付费阅读：中国网络小说繁荣发展的秘诀

案例内容

根据中国社科院发布的《2021 中国网络文学发展研究报告》，2021 年中国网文市场规模超过 300 亿，网文读者达到 5.02 亿人，即在中国 10 亿网民中，有一半的人阅读网络小说。网文作者人数也快速增长。以起点中文网所属的阅文集团为例，光是 2021 年，就新增了 70 万位新作者，一年新增 120 万部作品，新增总字数超过 360 亿字。中国网络小说创作生态之繁荣，市场供需两旺，可以说在全世界是独一无二的。

细品中国网络小说繁荣发展的秘诀在哪里？这不得不归功于起点中文网开创的按章付费阅读的商业模式。起点中文网是国内成立时间最早、用户最活跃的网络小说平台。在其创立的 2002 年，中国互联网上几乎一切都是免费的。但是网络小说行业要实现可持续发展，需要良好的商业变现方案，如此才能有效刺激作家持续创作。为此，起点中文网曾经探索了三种商业模式：第一种是广告模式，即如新浪网一样内容免费，靠广告收入维持网站运营；第二种是代理出版模式，即将网站上发表的小说版权签到手，拿到其他发达地区出版，网站赚一点中介费；第三种是售卖电子书模式，即待小说完更后，排版成完整电子书进行售卖。这几种方案都相继失败。比如广告和代理出版模式，很大程度上依赖外部收入，一旦广告主砍预算，那网站就难以支撑。而售卖电子书模式也因港台地区的快速盗版而折戟沉沙。最终，起点中文网站设计出消费者按章付费阅读的模式，竟然获得巨大的商业成功，其他网络小说平台也纷纷效仿。从此，按章付费阅读成为中国网文平台的标准商业模式。那么，中国网络小说按章阅读付费的商业模式为什么可行呢？

案例分析

中国网络小说按章付费阅读的商业模式为什么可以取得成功？原因在于这种模式可以有效地激活网络小说市场的需求和供给。按照经济学的定义，一种商品（或服务）的需求起源于消费者的欲望，表现为消费者对该商品有需要且有支付能力，即"有效需求＝消费意愿＋支付能力"。在传统出版时代，类型小说在欧美市场非常发达，而中国的出版单位和创作单位基本是国营的，小说出版的数量有限，那时读者往往从书店大量借阅金庸的武侠小说和琼瑶的言情小说。这表明,在传统出版时代,中国存在类型小说的市场空缺,那时读者对类型小说有强烈的消费意愿,但本土类型小说的创作供给却跟不上。

按章付费阅读模式的出现,首先激活了中国网络小说的需求端。经济学上的"有效需求"包括消费意愿和支付能力两大因素。在传统出版时代,中国消费者的收入水平较低,且受互联网免费消费的影响,消费往往存在支付能力的短板。因此,网站付费标准必须降到用户心理门槛的最低极限,才能激活普通大众有效的阅读需求。最终起点中文网把价格定在了一章一毛钱,当时一章小说大概五千字,按每千字两分钱收费。这个价位正好在绝大多数读者可以承受的范围内,因此弥补了普通大众支付能力的短板。其次,按章付费阅读模式也极大增强了作者创作的欲望。在广告和代理出版模式下,网文作者的收入是不稳定且难预期的,作者只能"用爱发电",没办法进行持续的、职业化的创作。只有真正地让用户(粉丝)给作家钱,作家才能持续不断创作出满足用户需求的文学作品。网络的无边界性连通大量读者,大量读者的有效需求汇集而成的市场规模足够为优秀作者的创作付费,实现网文作者生产创作的规模经济效益,从而激活供给端的创作活力。当时起点网站只有6本书,这种模式推出的第一个月就收到了3000多名用户的汇款;当月收入最高的作者,就有1000多元稿费,相当于当时工薪阶层一个月的工资。在这种激励模式下,作者才有动力当天创作,当天上线,用户如果想看,就当天付费。这种更新节奏和竞争激烈程度都史无前例,一下子就把中国网络类型小说推到了一个新的高度。这样的更新速度也是对盗版活动的有力制约。对网站平台来说,增加一位用户阅读的边际成本几乎为零,即使阅读价格定得较低,网站也能营利。

美国前总统林肯曾经评价专利制度是"给天才之火添加利益之油"。事实上,数字经济时代的网文按章付费阅读的模式,与工业经济时代的专利制度一样,用利益将多方关系绑定,用户、网站和作者三方实现"滚雪球"式的共赢。中国网络小说的付费机制,一开始就把读者当成消费者,通过以消费者为中心的经营模式,成就了自己,吃到了中国类型小说出版业最大的商业蛋糕。如今,网络小说虽然有了影视剧改编等更多的变现渠道,但付费阅读的核心模式仍然没有改变。

问题讨论

(1)为什么现在许多应用软件都从免费模式走向收费模式?

(2)如果当初网文平台使用新闻网站的免费模式,还会达到今天的成就吗? 为什么?

理论提示

(1)有效需求

(2)边际成本

(3)规模经济

（六）新冠疫情之下二手奢侈品电商平台的崛起

案例内容

如今二手车、二手房市场的不断渗透、发展，加上很多二手车平台几近"洗脑"的口号营销，大家对"二手"一词的刻板印象已经悄然改变，二手已经不再是一个难以启齿的消费形式，对于可以保值的奢侈品也是如此。新冠疫情期间，随着奢侈品市场的逐渐下沉和现代年轻人消费观念的转变，二手奢侈品化危为机，迎来了一次小爆发。

根据艾瑞咨询的数据，国内二手奢侈品的市场交易增速，从 2017 年开始不断上升。2020 年增速高达 51.8%，5 年来的复合增速达 32%。2021 年，二手奢侈品电商平台红布林完成数千万美元的第六轮融资；同年，二手奢侈品直播电商渠道品牌妃鱼已完成近3000 万美元 B 轮融资，由某著名美元基金和五岳资本 N5Capital 联合领投；2022 年底，二手奢侈品电商平台红布林更是获得 1 亿美元融资，创下这个行业的单笔融资纪录。而一手奢侈品电商寺库却正好相反，2022 年上半年营收同比下滑 24.2%，亏损额高达 8.2 亿元，同比扩大 20 多倍；目前总市值只剩下不到 1300 万美元，大约相当于巅峰期的 1%。[①]一边是二手奢侈品电商平台的大笔融资和用户及销量大幅增长，一边是一手奢侈品电商的巨额亏损。谁能想到，二手奢侈品生意能后来者居上呢？

与此同时，新冠疫情期间，一手奢侈品行业销量不佳，但是价格却在上涨。比如，LV（路易威登）、香奈儿等大牌奢侈品纷纷涨价，有些经典款甚至涨幅超过了 10%，比如以前十几万的包包现在要涨价几万。诸多研究机构看好中国奢侈品市场，根据麦肯锡的研报预测，到 2025 年，中国奢侈品消费总额将增长至 1.2 万亿元，即将进入万亿时代。本来，疫情极大限制了海淘和出境游，原本把钱花在国外的中国消费者只能把钱花在国内，但为什么中国奢侈品市场会出现"一手销量下降，二手销量猛增"的结构性变化呢？为什么一手奢侈品会在销量下降的同时又在涨价呢？

案例分析

商品自身价格以外，收入是影响需求的非常重要的因素。新冠疫情期间，经济下行明显，许多人不能工作或减少工作，收入显著减少，很多人都"勒紧裤腰带过日子"，就会减少对奢侈品这种更多是身份象征的消费需求。当处在经济周期的低谷时，商业企业就应该顺应周期，帮人省钱。而二手奢侈品就是这样一个帮人省钱的生意。叠加 GDP（国内生

---

① 用一年时间解除退市风险，一份财报却把寺库（SECO.US）打回原点？［EB/OL］.（2023-01-05）［2023-05-01］.https://baijiahao.baidu.com/s? id=17541708871151210895&wfr=spider&for=pc.

产总值)的增速后,我们会观察到,二手奢侈品的交易趋势跟 GDP 的大数据变化趋势之间有一个反差。当经济面临下行压力,二手奢侈品交易反而会更频繁。其原因在于,一方面虽然大环境遇到挑战,但买奢侈品的心理需求依然存在。因收入锐减,舍不得购买一手的奢侈品,便宜很多的二手货就成了重要的替代品,也就是说,市场对二手奢侈品的需求在上升。同时,经济低谷时,现金为王,高净值人群会卖出奢侈品以回流资金,市场对二手奢侈品的供给也在上升。这样,二手奢侈品的需求和供给都上升,专业二手奢侈品电商平台正好有力地链接了相应的需求和供给,于是二手奢侈品经济就爆发了。当然,疫情造就的直播经济也极大地提升了买卖双方的信任程度。通过直播带货的形式,消费者可以清晰地看到货品的新旧情况以及各种细节,虽然不能上手,但是这也比从前的盲买盲卖要更为客观。可以说,平台直播能提高买卖双方的信任度,一定程度上提高了购买率,对二手奢侈品市场起到推波助澜的作用。

一手奢侈品的目标客户是经济中收入极高、人数极少的消费者。对大众消费者来说,其需求是富有弹性的;但对高端消费群体来说,其需求则是缺乏弹性的。疫情虽然造成中等收入者人群的消费降级,减少了他们对一手奢侈品的需求,但对高收入者的需求影响还是有限的。弹性理论告诉我们,对于缺乏弹性的商品,价格上涨,总收益会增加。因此,一线奢侈品大牌在经济受到冲击的情况下适度涨价,在销量下滑的情况下可以实现商家和厂家的收益和利润。我们看到,在新冠疫情期间,北京 SKP(华联百货有限公司)爱马仕和香奈儿门店在商品几度提价的情况下仍然出现排队数小时的抢购盛况,其原因就在于此。从长远来看,疫情之后的中国国民收入、消费水平依旧会逐步上升,随着消费升级,对生活品质追求的提高,加上中国人普遍的"面子"心理,对于奢侈品的需求不会真正减少。

问题讨论

(1)新冠疫情解封后,一手奢侈品电商平台的发展将会面临哪些机遇?

(2)你认为,当前二手奢侈品电商平台未来发展存在哪些障碍? 如何破解?

理论提示

(1)供求理论

(2)弹性理论

(七)近年中国方便面市场的降温与回暖

案例内容

在 2011 年以前,方便面的销量在中国市场连续 18 年都保持两位数的增长,巅峰时期的 2013 年,方便面的年销量更是达到 462 亿包,但 2013 年以后,方便面在中国的销量连续多年下降,最低时一年只剩 380 亿包。此前,最常见的解释是,在线外卖的出现和高铁动车的普及让方便面失去了购买场景。此外,进入市场 20 多年,中国人对方便面好像"有点腻了"。但 2017 年起,方便面在中国的销量出现回暖,并在 2018 年突破 400 亿包大关。以康师傅为例,从 2018 年开始,康师傅的方便面业务已经连续增长了 2 年。特别在新冠疫情暴发的第一个月,方便面成为继口罩之后的第二个硬通货。这表现在电商数据上,2020 年除夕到初九的十天里,方便面售出 1500 万包;苏宁大数据显示,苏宁小店在 2 月 3 日至 6 日方便面销量环比猛增 342%。2020 年方便面销量大涨,龙头企业康师傅的年报数据更是好看,全年营业收入达 676.18 亿元,同比增长 9.1%,方便面营收达 295.1 亿元,同比增幅高达 16.64%。2020 年,国内方便面市场规模直接迈过 1000 亿元大关。2021 年方便面市场整体销量同比衰减 4.0%,销售额同比减少 2.7%;行业巨头康师傅的方便面业务和统一的业绩均出现了一定程度的下滑。这表明,中国方便面的销售又出现新一轮的调整,其销售量波动的背后原因是什么呢?[①]

案例分析

2013—2016 年,中国方便面销售连续多年下降,跟在线外卖平台的出现和高铁动车的普及是有一定关系的,同时跟中国消费者的收入水平的日益提升也有关系。2013 年后,饿了么、美团等外卖电商平台早期为了争夺市场,提供了高额补贴,让人们 10 元甚至 5 元就可以吃顿不错的饭;更重要的是,哪怕没有这些补贴,送餐上门带来的新鲜感和便利感也挤压了方便面的生存市场。于是,电商外卖餐成为方便面的重要替代品,抢占了方便面居家和办公的消费场景。近年来,中国高铁动车的普及和运输效率的提升,使中国许多双城之间的通勤时间大幅缩短,旅行消费方便面的场景大大变少。这些外部变量,都大大减少了中国方便面的消费需求,表现为方便面的需求曲线向左平移,在方便面的市场供给不变的情况下,方便面的均衡销量自然就下降了。此外,2013—2016 年中国方便面销量下降跟中国消费者的收入提升也有关。随着经济的发展,中国居民收入水平达到中等偏上收入国家水平,消费者也在经历着新一轮的消费升级。传统的面饼多为油炸,不符合健康消费理念;当消费者收入水平比较低时,它是正常品,其收入弹性系数为正;在消费者收入水平提高到一定程度后,它变为低档品,其收入弹性系数为负,消费者会降低对油炸方便面的需求量。

面对方便面行业 2013—2016 年销量的下滑,中国方便面企业也在苦练内功——升级产品。第一,进行口味的升级。方便面公司一直在推陈出新,甚至很多城市都有自己专属的方便面口味,据保守估计,中国方便面市场至少有 200 种口味。一个人每天吃同一种方便面可能会腻,但是换不同口味,就很难吃腻了。第二,进行产品的升级,让自己生产的方便面变成了地方面食的"方便产品"。也就是说,一个人泡方便面的时候,不再仅仅是能填

---

① 蒋政.谁在抢占方便面市场?[EB/OL].(2022-04-02)[2023-12-17].https://m.gmw.cn/baijia/2021-05/14/1302292325.html.

饱肚子,还能用很低的成本,尝遍地方美食。经济学原理告诉我们,行业品种的多样化,代表行业专业分工的深化,有助于市场规模的扩大。第三,进行配料的升级。传统方便面一般配料是脱水肉、干蔬菜包,现在配料正在被替换成大块肉类和冻干的蔬菜,这使方便面冲泡后更接近于一碗有新鲜食材口感的面。第四,进行健康的升级,比如面饼从油炸逐渐转向非油炸,加热的方式也从之前的冲泡升级为使用加热包自煮。第五,进行包装的升级。这几年,价格便宜的袋装面逐渐减少,碗装面逐渐增多;即使是普通袋装面,也慢慢被高价的袋装面取代。方便面企业的这些升级努力,让方便面的恩格尔曲线向上移动,方便面又转变为正常品。这些努力使方便面的需求开始增加。此外,2018 年后,中国外卖市场逐渐趋于饱和,再加上食材成本和平台抽成的提高,导致外卖远没有之前那么便宜了。根据网易数读的文章①,在三线以上的城市中,只有不到一成的外卖是花 20 元就能买到的,有超过四成的外卖客单价在 40 元以上,从而使作为替代品的方便面的价格优势开始突显,消费者开始转向方便面,方便面的市场需求曲线向右移动。2020 年初的新冠疫情,激发了"宅经济",再次促进方便面市场销量出现大幅度增长。疫情隔离期间,一日三餐由家庭自做取代了外出消费,对于厨艺不佳和单人居住家庭,方便面的便捷性和温饱性的功能突显,方便面成为继口罩之后的第二个硬通货,促使方便面行业进一步回暖。

2021 年,由疫情引发的"宅经济"和"懒人经济"盛行,使得自热锅、新型速食食品甚至预制菜等新型方便食品生产兴起,它们是方便面的重要替代品。毕竟对消费者来说,经常吃方便面总会腻,新型方便食品因其更多样的口味、更健康的属性而更容易获得消费者的青睐,由此提高了消费者的长期复购水平。其中,传统方便面巨头企业也参与到了新型方便食品的潮流当中,如统一旗下的自热方便食品——开小灶,其销量在 2021 年呈双位数增长,覆盖自热小火锅、米饭和馄饨等。应该说,新型方便食品切走了传统方便面行业很多的市场蛋糕。此外,疫情导致了以生鲜为代表的即时配送业务异军突起,也进一步挤占了方便面的市场空间。以上是导致 2021 年方便面市场整体衰退的主要因素,它们使方便面市场的需求减少,体现为需求曲线再次向左平移。

从方便面市场近十年来的冷热境遇不难看出,中国居民消费的不断升级、互联网经济的不断演进,促使消费产品加速迭代,不同行业市场特点和发展方向不尽相同。在趋势面前,各行各业都应保持足够的敏感性,找准定位,不断迎接挑战,否则就有可能被市场淘汰。

问题讨论

(1)请用供求模型分析新型方便食品市场未来发展趋势。

(2)面对不断更新迭代的市场,方便面企业应如何突围?

---

① 在家待久了,中国人重新爱上方便面[EB/OL]. (2020-02-28)[2023-12-17]. https://www.163.com/data/article/F6FLP1OD000181IU.html.

理论提示

（1）市场供求均衡理论

（2）需求的收入弹性理论

（3）正常品与必需品的区别

（4）替代品市场的关联

第二章 消费者选择

一、基本原理与数字经济时代的适用性

（一）基本原理

1.效用理论

经济学家通过对现实的观察或归纳发现边际效用递减规律：在一定特定时期内，随着消费者消费总量的增加，消费者的总效用会增加，但是边际效用会递减。目前，经济学家主要提出基数效用论和序数效用论来测度消费者获得的效用。基数效用论认为，人们在消费中获得的满足或效用可以通过基数来准确度量，其可以进行程度比较，也可以加总求和。序数效用论认为，效用是一种主观心理活动，只能排序，不能准确比较大小，更不可能进行程度比较和加总求和。基数效用论可以用于讨论消费者在假定价格和收入既定的前提下如何做消费决策。如果消费者从商品消费中获得的效用可以用基数来表达，就可以得到效用函数。此外，消费者可以用预算方程来表达其面临的收入和价格的约束。

2.无差异曲线

消费者可以通过效用函数来对自身从商品中获得的效用进行对比分析。在两轴分别代表两个商品数量的坐标系里，将其中能够带来相同效用的消费组合点串起来所形成的线就是无差异曲线。无差异曲线具有以下特点：无差异曲线的斜率为负；同一条无差异曲线上的点代表相同的效用；无差异曲线不相交；离原点越远的无差异曲线其效用越大；无差异曲线的斜率又称为边际替代率，是指在效用不变的前提下，消费者愿意用一种商品替换另外一种商品的比率。边际替代率代表消费者愿意接受的商品交换比率。由于边际效用递减，所以边际替代率也是递减的，因此，无差异曲线也呈现凸向原点的特点。一般来说，无差异曲线平滑凸向原点，但也有特例，如互补品和替代品，前者是直角折线，后者是直线。

3.利用预算方程来分析消费者面临的约束

预算方程假定，预算约束线或是预算线是消费者有能力购买到的两种商品消费组合点的轨迹。其中预算线的斜率是消费者能够实现的商品交换比率,又称为相对价格比。而价格和收入的变化都会使预算线发生改变,其中收入减少会使预算线向内平行移动,收入增加会使预算线向外平行移动。与此同时,征税、补贴、食品券等都会使预算线发生移动。同时,还需注意到当一种商品价格不变时,另一种商品价格变便宜或变昂贵,都会导致预算约束线围绕不变价格的商品约束线为原点而向外或向内旋转。

4.消费者均衡

将消费者的偏好和收入约束相结合,讨论如何实现消费者均衡。消费者均衡的条件是无差异曲线的斜率与预算线的斜率相等,即无差异曲线与预算线的切点。这一均衡的条件可以表达为:①$MU_X/P_X=MU_Y/P_Y$,表示每一商品的边际效用与其价格之比相等;②$MU_X/MU_Y=P_X/P_Y$,表示每一商品最后一单位消费量要和其价格相等。

5.利用无差异曲线说明价格变动的产生替代效应或是收入效应

当一个商品价格发生变化时,消费者的实际收入即收入购买力会发生变化,商品的相对价格会发生变化,这都会引起消费者做出消费调整。假设消费者收入的购买力没有改变,如果仅仅考虑价格变化引起的相对价格变化,那么消费者会倾向于购买相对变便宜的商品,这就是替代效应。反之,假设相对价格没有变化,单纯考虑因为价格变化引起的实际收入变化,这就是收入效应。如果是正常商品,价格的变化可通过替代效应来引起商品需求量的变化,即正常商品的价格下降或上升会引起该商品需求量增加或减少。如果是低档商品,价格下降或上升的替代效应会引起该商品需求量增加或减少,但是收入效应则与之相反,会促使该商品需求量减少或增加。低档商品价格的下降或上升最终引起该商品需求量增加还是减少,取决于替代效应与收入效应的比较。

6.消费者从不确定性消费中获得效用的理论,即期望效用论

消费者从结果存在各种可能性的消费中获得的效用等于每一种可能性结果所带来的效用期望值,即用概率对各种可能结果带来的效用进行加权加总。该理论还认为,消费的目标就是在各种消费方案中做出正确的选择,寻求期望效用最大。不同的消费者对风险的态度是不同的,可以分为风险偏好、风险中性、风险回避三种。

(二)数字经济时代的适用性

本章介绍的效用最大化理论强调消费者是理性的,在消费活动中会根据商品的价格高低和自己对商品的相对偏好,将既定的收入花在各种商品的消费上,以寻求最大化满足感,即效用最大化。边际效用是指在一定时间内消费者增加一个单位商品或服务带来的新增效用。在一定时间内,在其他商品的消费数量保持不变的条件下,随着消费者对某种商品消费量的增加,消费者从该商品连续增加的每一消费单位中所得到的效用增量是递减的。边际效用递减的基本原理具有普适性,在数字经济时代这一规律对于大多数商品仍然适用,但对于一些网络游戏类产品,这一基本规律似乎正在被动摇。如以网络游戏为

例，青少年极易上瘾，似乎怎样玩都不知疲倦，在游戏的世界里，边际效用递减规律似乎已然不存在了，但根据我们后续的分析发现这一规律仍然适用。数字经济时代，数据成为重要的生产要素，以数字和数据为基础和支撑的数字内容产品也日益成为人们日常生活中的既定事实和基础消费内容。数字经济的发展极大改变了人们的传统消费模式与消费习惯，凭借互联网技术在信息传递方面的快捷性、便利性优势，数字经济极大缩短了市场交易时间，不仅拉动了部分消费者的消费需求，也促进消费者的消费升级。虽然消费者的消费需求发生了变化，但消费者获得的数字内容产品的边际效用的大小仍与消费的数量成反比，与欲望的大小成正比。如果消费者获得的数字内容产品的效用一定，那么消费者的欲望越小越幸福，欲望越大越不幸福。

本章还论证了消费者均衡理论，该理论主要是讨论如何将既定的收入分配到不同的商品购买和消费上，以获得最大效用或满足，也就是实现对最偏好商品的消费。而消费者均衡理论的条件是，消费者对两种商品的消费恰好保证自己处在预算线和无差异曲线的切点上。收入的增加将引起消费者均衡的变化，如果是正常商品，收入增加或减少会导致该商品消费和需求增加或减少，如果是低档商品，则正好相反。价格的上涨也会引起消费者均衡的变化，从而导致商品需求量的变化。价格变化主要通过替代效应和收入效应影响商品的需求。在数字经济背景下，数字内容产品具有消费者与产品互动性强、消费者对产品的忠诚度不确定性强以及产品具有高度可分割性等特点，并且其商业运营模式也不同于传统商业模式，例如数字内容产品提供商鉴于数字内容产品的高度可分割性，倾向于为顾客提供个性化和互动性服务而采取差别化定价模式；数字内容产品的收费也向三边或者多边关系模式发展，譬如收费涉及内容产品提供商、网络提供商和顾客等多方主体，消费者仍会将既定的收入分配到不同的数字内容产品的购买和消费上，以获得最大效用或满足。另外，在数字经济背景下，不确定性条件下的消费仍然可以用彩票来表达，即消费会出现不同的可能结果，但每一种结果都有不同的概率。消费者对不确定性消费的偏好可以用期望效用来代表，每一个消费者都寻求期望效用最大。同时，不同的消费者对风险的态度是不同的，仍可以分为风险偏好、风险中性和风险回避。

二、案例分析

（一）为什么顾客愿意为线上服务支付更高的价格？

案例内容

当前国内不少网络小说的阅读平台，都采用会员制的付费消费方式。比如包月看小说,会员费是 12 元/月,如果不包月按章节付费的话,阅读每章需付费 0.1 元。由此推算,只要每个月阅读的章节数超过 120 章,那么以会员的方式包月消费就更为划算。但调查发现,在选择按章节付费的读者里面,有将近一半的人每个月的阅读量超过了 800 章。也就是说,他们情愿每个月花 80 元以上的费用阅读小说,却不愿花 12 元包月。是他们财大气粗、对价格完全不在乎吗?与此类似,不少电商购物平台也实行会员制收费,即每个月缴纳平台一定的会费,平台上任何商品或服务的购买都可以享受一定的折扣,但也有相当一部分消费者不愿成为会员,宁愿每次交易全价购买商品;相当部分的非会员比会员消费者多支付的商品价格远高于平台的会员费。调研发现,平台非会员中有很大一部分消费者对价格很敏感。那么,为什么对这部分服务消费者愿意支付更高的价格呢?

案例分析

网络电子书阅读服务是一种致瘾性产品,在既定的时间内和相当大的消费区间内,消费者对致瘾性产品的消费往往呈边际效用不变,甚至边际效用递增的效应。即使最终呈现边际效用递减的特征,其边际效用也会在相当数量的消费区间为正值。消费者一旦缴纳了会员费,其会员费对他现时阅读决策来说就成为沉没成本了。沉没成本与消费者现时的阅读决策是不相关的,往后一个月内会员消费者每阅读一章所付出边际成本为零,但其阅读的边际收益(边际效用)很可能长期为正值,从而引致其持续阅读的消费惯性。网络电子书的持续阅读太浪费时间了,但是又忍不住完全不看,经常通宵阅读,长久以往既耗费身体,又影响正常的工作效率。因此,他们故意不选包月,而选择用更贵的按章节付费方式,每看一章都会产生恒定的边际成本,让自己每多看一章都会因花钱而感到心疼,边际收益(效用)总会递减到小于边际成本之际,此时自己就能够及时停下来。

因此,对于致瘾性产品,当消费者需要实现自我消费控制的时候,他们有可能将价格作为自我控制的手段,从而出现产品或服务越贵越好卖。电商平台的消费者,不选择会员服务也是这个道理。会员容易被平台绑定,平台不仅对会员提供普遍的商品交易折扣,而且会根据会员的消费偏好提供商品与服务内容的精准推送,并配合以相应电子券的赠送,这容易导致网购上瘾,从而使消费者的每月整体支出增大,甚至出现大量负债消费的情况。部分非会员宁愿牺牲短期的消费折扣,也不愿掉入长期超前消费的陷阱中。这样,高付费就成为消费者实现自我约束和限制的重要手段。曾经有一个研究发现,两个健身馆,环境条件都差不多,有一部分消费者会选择会员费更贵的那个健身馆。为什么呢?他们认为,花更多的钱,能刺激自己按时去健身。如果会员费太便宜的话,即使不去也不会觉得心疼。可见,当消费者需要实现自我控制的时候,有可能出现产品越贵越好卖的情形,这与奢侈品越贵越好卖的原理是不同的。

问题讨论

(1)请列举一些消费者以高价作为自我控制消费手段的案例。

(2)如果你是电商平台的经营者,为获取最大的利润,会如何调整平台的定价策略?

理论提示

(1)边际效用递减

(2)成本—收益分析

(3)边际成本

(4)沉没成本

（二）"抖音有毒"现象是否违背了边际效用递减规律？

案例内容

在新冠疫情的冲击下,社交接触减少,贸易、医疗、教育等传统线下部门纷纷转向线上,数字技术的重要性及优越性越发凸显。疫情不仅促进了数字相关技术的演进,也通过消费者行为模式的改变推动互联网平台的发展。在互联网飞速发展的今天,人们不满足于用文字、图片来传播信息,短视频社交形式逐渐获得大众认知与青睐。短视频是指视频长度极短,通过移动智能终端进行视频的拍摄、编辑与上传,可以及时分享在社交平台上的一种新型视频形式。中国移动互联网时代已经来临,一方面,随着智能终端的发展和普及,中国使用手机设备上网的网民已经达到 96.3%,远远超过其他上网设备,可见用户的移动触网习惯已经养成;另一方面,中国移动互联网环境不断优化,为消费者的移动端上网体验提供了技术的支持和保障。移动互联网用户的普及和流量的增长,使得碎片化时代的触网体验得到保障,用户可以打破时间和空间限制观看浏览视频。因此,短视频成为移动互联网时代更为便捷的内容观看形式,移动设备和宽带网速等技术的发展,为短视频行业的发展提供了赖以生存的土壤。智研科信咨询也发布了 2018—2024 年中国网络短视频行业市场发展模式调研报告,2020 年我国短视频行业市场规模已经突破 2000 亿元。短视频成为一种新型的娱乐方式深入到我们的日常生活中,甚至导致了成瘾的现象。[①]

如果用边际效用递减规律来分析短视频平台用户的满足感变化,我们会认为用户在使用短视频平台的过程中产生的满足感总是会逐渐降低的,直至其带来的满足感低于用户付出的精力成本,用户就会对短视频失去兴趣。但是实际上人们常常提到"抖音有毒"这一现象,就是说短视频软件抖音给用户带来强烈的沉浸感,沉浸感越强,用户在抖音停留的时间就越长,甚至成瘾。这样的现象是否违背了边际效用递减规律,这一规律出错了吗？

[①] 高盛云.短视频平台成瘾性违背边际效益递减规律浅析:以抖音短视频为例[J].通讯世界,2019(2):218-219.

案例分析

在西方经济学中,传统的边际效用递减规律认为,当消费者逐渐增加对于某一产品的消费时,新增加的最后一单位产品的消费给消费者带来的效益,即边际效用,往往是递减的。在用户使用短视频平台的过程中,确实存在许多违背边际效用递减规律的现象。在内容方面,用户使用短视频平台往往越玩越兴奋,几乎不会产生审美疲劳;在时间方面,用户不知不觉就会玩到凌晨,对时间的感知几乎为零;在创作方面,用户从一开始不知道怎样创作内容,到后来不断产生内容输出,往往会越来越沉迷于短视频制作。从上述种种现象可以看出,短视频平台很好地做到了规避消费者满足感的边际效用递减。

从操作层面上来说,抖音根据大数据,采用算法推荐与精选相结合的推荐机制,这样精准化的推荐机制更能满足不同用户个性化的需求。抖音之所以更吸引用户,是由于抖音将视频时长限制在 15 秒之内,据科学验证,15 秒的视频长度更符合人们看视频时的聚焦习惯,视频太短可能使用户摸不着头脑,太长则会产生视觉疲劳。为了增强用户的黏性和沉浸感,抖音采用和设计了一系列的智能推荐技术、反馈机制和播放界面,这也是导致用户成瘾、弱化边际效用递减的主要原因。

从理论层面上来说,消费者消费产品获得满足感的变化情况分为三个阶段:当消费者偏好某个产品却没有获得,或是消费数量较少时,增加消费量能够使满足感迅速提升;当消费数量足够多时,增加消费量可使其满足感的增加幅度逐渐平缓;当消费数量过多时,再增加消费量反而会使消费者产生厌恶的情绪。因此,正常情况下,消费者消费一定量同一产品后,会减少或停止对该产品的消费,将有限的精力转移至其他产品上。在这个理论模型中可以得出结论:在使用一个娱乐软件的过程中,某一个软件作为一个个体,其吸引力总是在用户使用过程中慢慢减少,甚至消失,然后用户就会对某一款软件失去兴趣。但某些短视频平台作为娱乐社交软件却使人们却越刷越上瘾。

实际上,我们每刷开一段新的短视频,无论是新的音乐、新的内容,还是新的表演者,都是在消费一个新的产品。在短视频平台作为一个产品的大前提下,每一个短视频实际上都是独立的新产品。也就是说,边际效用递减规律并非失效,而是作用于一系列被连续使用的产品上,呈现出周期性波动的规律。其中,每一个周期的内容可以由某一段短视频或是某一时段内播放的一系列同类型短视频组成,周期跨度由 15 秒至数天时间,在每一个周期内消费产品,即观看短视频,得到的满足感是符合边际效用递减规律的。每开始一个新的周期,都会出现一个由不同音乐元素、内容元素、表演者元素随机组合的产品或是产品系列,对于这样的产品或产品系列,其边际效用递减的幅度随短视频的吸引力程度而变动。根据上文分析的短视频平台规避边际效用递减的多个实际层面的因素可以推断,在用户使用短视频平台的过程中,往往存在某些因素作为刺激源,推动着一个又一个新周期的发展。

问题讨论

(1)"抖音有毒"这一现象是否违背了边际效用递减规律？

(2)作为消费者,如何更好地规避"抖音有毒"这一现象？

理论提示

(1)边际效用递减规律

(2)成本—收益分析

（三）面对复杂多样的变相付费新形式，消费者该如何选择？

案例内容

近年来,数字产品市场呈指数级增长。截至 2020 年,各项数字内容产品消费中,我国网络视频行业市场规模达 2940 亿元,其中在线视频市场规模为 1700 亿元,视频订阅会员用户规模超 50%,且伴随多种付费模式的探索。根据《中国互联网行业发展报告 2020》,2020 年我国网络游戏市场规模为 2673 亿元,而网络教育则达到了 4041 亿元。在我国远超 10 亿网民的今天,通过互联网购买数字化产品,譬如 App 应用、视频、游戏、在线教育等,已经成为人们生活中习以为常的消费内容。

保护消费者的传统法律框架,难以适应数字经济对数字内容产品中 App、视听付费项目、云端项目、共享项目等快速发展的需求,在推动数字经济发展的大背景之下,数字内容产品的生产力随之增强,开发创造出了复杂多样的付费新形式。

一是利用垄断,变相逼迫消费者承担高额费用。以腾讯体育为例,其垄断 NBA 网络转播权,借机开通多种付费渠道,仅收看一个球队的比赛和收看全部球队的比赛需要花费的月租不同,腾讯体育的月租为 68 元,问鼎榜首而毫无制约。此等垄断引起的付费情况层出不穷,曾经爱奇艺因播放《庆余年》而推出"超前点播"制度,会员提前收看需每集额外付出 3 元钱,相当于在 VIP 会员的基础上二次消费,消费者为此掀起过"抵制起来"的热潮,甚至之后消费者已经逐渐接受了"超前点播"的压榨,官方不得不屡次下场批评,直至 2021 年 10 月 4 日,三大平台(爱奇艺、腾讯视频、优酷视频)发出声明才取消剧集"超前点播"的操作。然而消费者的妥协和退让激发了数字内容产品的经营者变本加厉"割韭菜"的热情,在会员付费基础上增加其他费用的情况变得十分普遍。

二是增加付费时效,控制服务时间,使消费者完全受制于平台。消费者购买产品之后,使用需完全依托于原平台本身,永远受控于购买平台。例如 QQ 音乐,一方面即便成为会员,下载的音乐也不支持线下播放,不可以存储在线下空间;另一方面,如果会员过期,之前购买的付费音乐,或者会员专享音乐,即便下载在该 App 中也将无法继续收听。等于购买的音乐服务仅仅存在于特定情况的特定时间内,这似乎违背了基本的"道德性",但在法律上很难认定其构成价格欺诈。

三是利用头部势力,迫使消费者对同一资源重复消费。近年来,头部经营者的市场份额极度可观,甚至可占市场支配地位,而消费者往往对这些企业有非常大的黏性,于是催生了新的消费增长项,即同一 App 根据不同的终端分别缴纳会员费用。例如爱奇艺,如果家中的电视上已安装爱奇艺银河奇异果,用户即使登录原本已经开通的会员账号,也不可以收看基本内容,必须额外缴纳电视终端的会员费(且费用通常远高于其他终端)。消费者购买的内容与服务是基于爱奇艺公司的内容,那么法律是否可以支持消费者,要求在电视终端上同样享有之前已经购买过的内容与服务的权利? 此类做法已然成为各大 App 的约定俗成。

案例分析

数字化时代改变了社会的消费、活动空间,变革了交流的场域和方式,使得个人对自身权利的认识越来越模糊。互联网时代的用户需要内容,用户消费、生产、传播和影响内容。用户消费内容,有直接的内容消费,如各类资讯、短视频、音乐、游戏、小说等数字内容产品,也有间接的内容消费,如内容帮助丰富产品,提升软性价值;同时,用户生产内容、传播和影响内容,也会促进内容消费。

数字经济时代消费者的消费行为受到平台的绑架,消费者效用最大化条件似乎已经不适用了,一方面,数字技术与信息技术大发展,当前的《消费者权益保护法》(以下简称消法)体系中关于数字问题甚至数据隐私问题的保护机制,均难以应对现代数字社会的新挑战,传统的消法无法适应当下纷繁复杂的社会风险。另一方面,过度依赖行业监管、平台监控和市场自我调整来保护数字内容产品的消费,几乎难以顾及消费者的实际困难。于消费者而言,数字内容产品的购买是一场与强权的对话,电子格式或框架协议中的信息描述和程序设计难以掌握,个人的识别能力有限,选择权利受制,讨论空间被压缩,救济与申诉途径难以获取;于经营者而言,经过授权的数字内容产品之间若有共享某些资源的需求,则存在流通的困难。现阶段数字内容产品的消费模式很难做到在收入约束条件下的效用最大化和效用最大化条件下的支出最小化,因此,为保护数字内容产品消费的消费者,解决其困境,我国数字内容产品的消费者保护,需要沿着分级治理、多元共治、风险防控、预设审查相结合的道路稳步前行。[①]

问题讨论

(1)请举出现实中其他平台经济下复杂多样的变相付费新形式的例子。

(2)在复杂多样的变相付费新形式背景下,消费者选择的依据是什么? 你能否利用消费者选择理论来分析消费者的行为?

---

① 高盛云.短视频平台成瘾性违背边际效益递减规律浅析:以抖音短视频为例[J].通讯世界,2019(2):218-219.

理论提示

（1）无差异曲线的分析方法

（2）约束条件下的最优化问题

（3）消费者选择理论

第三章　企业的生产和成本

一、基本原理与数字经济时代的适用性

（一）基本原理

成本是企业、政府及消费者进行经营决策的重要因素。厂商的利润最大化也是以成本分析为基础，是企业在生产一定数量的产出所付出的成本和所获得的收益之间的权衡比较。本章将对企业的生产成本进行分析，在生产技术条件确定之后，讨论企业在投入与产出之间的技术关系。

1.企业的类型

依照基本的法定形式，企业的类型分别是个人独资企业、合伙制企业和公司。企业的利润等于销售产品的总收益与生产商品的总成本二者之间的差额。总收益是企业的销售收入，等于销售产品的价格与销售数量的乘积。总成本是企业生产过程中的各种有形与无形支出，它们都取决于企业的产出数量。经济学中将企业的生产和经营目标确定为利润最大化。

2.投入与产出之间的物质技术关系

企业在特定的生产技术条件下，把各种生产要素组合在一起，生产出各种产品，企业选择的生产技术由生产中投入的生产要素数量与产出量之间的关系反映出来，企业所使用的技术通常用生产函数来表示。生产函数表示在技术水平不变的条件下，企业在一定时期内使用的各种生产要素数量与它们所能生产的最大产量之间的关系。常用的生产函数是柯布道格拉斯生产函数。在特定的技术条件下，时间维度不仅对投入和产出之间的关系会形成制约，而且对生产要素的投入数量也会形成制约。因此，生产理论被区分为短期和长期；短期是指生产者来不及调整全部生产要素的数量，至少有一种生产要素的数量固定不变的一段时期；长期是指生产者可以调整全部生产要素的时期。

3.短期生产函数

着重考察只有一种生产要素可变的情形。短期生产的特点是存在边际报酬递减规律，它是指在技术水平不变的情况下，当把一种可变的生产要素投入一种或几种不变的生产要素中时，最初这种生产要素的增加会使产量增加，但当它的增加超过一定限度时，增加的边际产量（MPL）将会递减，最终还会使产量绝对减少。因为在任何产品的生产过程中，可变生产要素投入量和固定生产要素投入量之间都存在一个最佳的组合比例。边际报酬递减规律决定了总产量、平均产量和边际产量之间的关系。根据总产量曲线、平均产量曲线和边际产量曲线可把产量的变化分为三个区域，第一区域是平均收益递增阶段，第二区域是平均收益递减阶段，第三区域是负边际收益阶段。

4.长期生产函数

在长期生产过程中，所有生产要素的投入数量都是可以调整的。经济学家通常用等产量曲线来描述要素的最佳组合，它是指技术水平不变的条件下，生产同一产量的某种商品的两种生产要素投入量的各种不同组合的轨迹。等产量曲线具备以下性质：等产量曲线有无数条，每一条都代表着一个产量；较高位的等产量曲线代表较高的产量；任意两条等产量曲线不相交；等产量曲线向右下方倾斜；等产量曲线凸向原点。由于等产量曲线的几何特点与无差异曲线相似，它又被称为生产无差异曲线。但两者有区别：等产量曲线表示产量，无差异曲线表示效用；等产量曲线是客观的，无差异曲线是主观的。特别要注意的是，等产量曲线的斜率，代表了经济学的专业概念——边际技术替代率。边际技术替代率表示，在产出水平保持不变的条件下，增加一单位一种要素的投入量可代替的另外一种生产要素的投入量。等产量曲线中的边际技术替代率与无差异曲线中的边际替代率性质相同，由于边际报酬递减，因此，边际技术替代率（绝对值）也是递减的。

在长期生产中，我们需要了解企业的成本，这里引入等成本线来描述。它指在既定的成本和生产要素价格下，生产者可以购买到的两种生产要素的各种不同数量组合的轨迹。理性的企业不但会考虑投入要素生产最大产量，而且还会关注这些要素的经济成本，也就是成本既定条件下的产量最大化或者产量既定条件下的成本最小化。如果动态地考虑当成本预算增加时生产者均衡的变化，形成一系列不同的生产均衡点，这些点的轨迹连接起来就是生产扩展线，它是等成本线与等产量曲线切点随着等成本线变化或等产量线变化形成的轨迹。

5.短期成本函数

经济学中所说的短期和长期，其关键点在于生产要素是否可以全部变动，如果全部生产要素都可以变动，则称之为长期，如果只有部分生产要素可变动，则称之为短期。由此，成本也被区分为短期成本和长期成本。首先，了解一下经济学中成本的概念。企业生产与经营中的各种实际支出称为会计成本，也称为显性成本。企业生产的显性成本是指厂商在生产要素市场上购买或租用他人所拥有的生产要素的实际支出。这些支出是在会计账目上作为成本项目登记入账的各项费用支出，即厂商对投入要素的全部货币支付。企业生产的隐性成本是指厂商本身所拥有的且被用于该企业生产过程的那些生产要素的总费用,还必须考虑机会成本。这些费用并没有在企业的会计账目上反映出来,所以称为隐性成本。从经济学家的角度看,企业成本＝显性成本＋隐性成本,所以经济学上所说的利润为零,是包含了隐性成本的,其实已经有了正常利润。企业所追求的利润就是经济利润最大化,而经济利润相当于超额利润,亦即总收益超过机会成本的部分。

机会成本就是为了得到某种东西而必须放弃的东西。当我们把一种资源用于一种用途时,就放弃了其他用途,把资金用于这种用途的机会成本就是所放弃的用途中能获得的最好收益。这个概念在分析企业成本时同样适用。机会成本是做出一项决策时所放弃的其他可供选择的最好用途。

在短期中,企业不能根据自己所要达到的产量来调整其全部生产要素,这就是说它只能调整可变生产要素(劳动力、原料等),而不能调整固定生产要素(厂房、设备等)。短期成本就是用于这些可变生产要素的支出。短期成本分为七类:总成本、不变成本、可变成本、平均成本、平均不变成本、平均可变成本、边际成本。短期内企业的成本变化规律就是通过这七类成本的变化反映出来的,他们之间的变化规律以及相互关系都源于边际成本变化规律。总之,短期成本来源于短期生产,而边际报酬递减规律决定了短期产量曲线的基本特征,所以也间接决定了企业短期成本曲线变动的特征,以及这些成本之间的相互关系。

6.长期成本函数

在长期中,企业一切投入的生产要素都是可变的。所以长期成本涉及长期总成本、长期平均成本、长期边际成本。企业在长期可以回避边际报酬递减规律的影响,因为所有的生产要素都是可以变化的。但是在长期中存在着规模报酬变化的规律,当一个企业不断扩大规模的同时,以相同比例增加各类生产投入,总量也会增加,而且其增加比例最初会超过生产规模的扩大比例,此时规模报酬递增,长期平均成本是递减的;然后,其增加比例等于生产规模扩大比例,此时规模报酬不变,长期平均成本不变;最后会出现其投入增加比例低于生产规模扩大比例,也就是规模报酬递减,此时,长期平均成本递增。当长期平均成本随着产量的增加而减少时,就存在规模经济,也称为规模收益递增。当长期平均成本随着产量的增加而增加时,则存在规模不经济,也称为规模收益递减。

（二）数字经济时代的适用性

本章从厂商决策的角度讨论成本理论,并在成本的基础上,结合收益分析厂商的利润最大化问题,讨论了企业的投入与产出之间的技术关系。企业在特定的生产技术条件下,把各种生产要素组合在一起,生产出各种产品,企业选择的生产技术由生产中投入的生产要素数量与产出量之间的关系反映出来,所以企业所使用的技术通常用生产函数加以表示。厂商的生产可以分为短期生产和长期生产。短期生产的基本规律是边际报酬递减规律,长期生产函数可以得到等产量曲线。等产量曲线表示,在技术水平不变的条件下,生产同一产量的某种商品的两种生产要素投入量的各种不同组合的轨迹。在其他条件不变的前提下,技术进步会使短期生产的边际产量曲线的位置向上移动,使长期生产的等产量曲线的位置向原点方向移动。规模报酬递增、规模报酬不变和规模报酬递减分别指长期生产中全部生产要素增加的比例小于、等于或大于它所产出的产量增加的比例。以上的经济理论在数字经济时代仍然适用。

二、案例分析

（一）新冠疫情下企业愿意共享员工的启示

案例内容

2020 年春节前夕,新冠疫情暴发,让许多企业尤其是中小微企业面临生死大考,企业间抱团取暖共渡难关。阿里巴巴旗下盒马鲜生超市率先提出共享员工计划,用于缓解疫情期间线上业务量激增带来的"用工荒"问题。2020 年 2 月初,新零售企业盒马鲜生宣布与北京心正意诚餐饮有限公司旗下品牌云海肴、新世纪青年饮食有限公司(青年餐厅)展开合作,招募受疫情影响而暂时歇业的餐饮企业员工进入盒马鲜生门店进行工作,并由盒马鲜生负责发放劳动报酬,首批共计 30 多家企业向盒马鲜生支援了 500 余名共享员工。根据盒马鲜生提出的合作模式,这些员工与原单位继续保持劳动关系,并且在原单位复工后将返回原工作岗位。值得注意的是,共享员工的劳动报酬并不直接由盒马鲜生给付,而是由盒马鲜生划拨给合作方的餐饮企业,再由合作方发放给员工。在共享员工的劳动保护方面,盒马鲜生无法承担基于劳动关系的社会保险责任,但是会向共享员工提供商业性质的健康保险,其成本由盒马鲜生承担。盒马鲜生的"共享员工"模式推出后,在两周内已经吸引了 2700 多名共享员工进入盒马鲜生工作。此后,沃尔玛、家乐福等批发和零售业企业也对"共享员工"模式予以响应,纷纷提出类似的"共享员工"模式,接收来自其他企业的赋闲劳动者。①

一般而言,传统企业都很看重员工的忠诚度,忌讳员工在不同公司身兼多职,为什么在新冠疫情时期,不少企业反而愿意共享员工呢?

---

① 赵文泽,冯珺.新冠肺炎疫情背景下的新就业形态研究:以"共享员工"模式为例[J].产业经济评论,2020(6):16-31.

案例分析

　　微观经济学的企业理论认为,企业的任何行为都是理性的,都可以应用成本—收益法进行分析。新冠疫情期间超市、便利店的线上服务需求剧增,以互联网为基础的新零售、电商平台等创新经济呈现出蓬勃发展的势头。例如,京东到家服务的订单量相较 2019 年同期增长 374%,盒马鲜生的网上订单数量相较 2019 年同期增长 220%,永辉超市日均线上订单同比增长 200% 以上,每日优鲜春节交易额比 2019 年同期增长 350%。而住宿、餐饮、旅游、文娱和交通运输等传统服务业则受到疫情的较大冲击,相关行业企业出现用工冗余和员工闲置,人力成本投入对企业现金流稳健状况构成巨大挑战。

　　首先,从共享员工供给方传统服务企业的成本视角来看,为满足疫情防控的需要,餐饮、旅游等具有人员集聚特征的行业无法形成产品和服务的市场交易。但根据已经签订的中长期的劳动合同,企业仍须承担一线员工的固定工资和福利支出,这些都成为企业短期生产中的不变成本。而人力成本是传统服务企业成本的大头,把自身员工"借"给其他企业,相当于实现了可变人力成本的分担甚至转嫁,能够切实缓解企业在特殊时期的现金流压力。

　　其次,从共享员工供给方传统服务企业的收益视角来看,由于共享员工是"借出"的,如果在疫情结束后行业层面具有恢复正常生产和交易秩序的强烈预期,那么企业会随着共享员工的"归还"自然实现人力资源复苏,而不必经历劳动关系的大范围解除和重新订立,由此节省的人力资源开发费用即反映为共享员工供给方的收益。在收益与成本的权衡下,传统服务企业自然有强烈"出借"劳动者的意愿。

　　再次,疫情使隶属于创新经济部门的企业呈现出蓬勃的生命力,它们的业务规模不断扩大,用工需求快速增加,它们是共享员工的主要需求方。疫情防控的要求使人力资源的跨地区流动遭遇普遍障碍,这就迫使劳动力需求增加的企业不得不更多地通过本地劳动力市场获取人力资源,而向其他企业直接"借入"员工显然是最具效率的方式,快速获取和投入人力资源所产生的市场回报即反映为共享员工需求方的收益。况且,按照"劳动租赁合约"规定,共享员工方式不改变被租赁员工原有的劳动关系,需求方企业不必承担共享员工基于劳动关系的社会保险责任,共享员工在新单位完成临时性工作并获得报酬。他们类似于企业临时工的定位,其用工成本对需求方企业来说,属于可变成本——需求方企业产出增加,对临时工的需求则增加,产出减少时,就自然减少对临时工的需求。需求方企业向共享员工开放的大多是具有简单劳动特征的岗位,稍加培训,外单位员工就能胜任。因此,在外单位员工可胜任和租赁用工具有灵活性的前提下,需求方企业自然有很强的意愿租赁外单位冗余的劳动者。

　　最后,对被租借的员工来说,共享模式可以让他们在疫情期间得到收入,同时也可能学到新的工作技能和管理经验,对员工成长来说,也是不错的人生经历,可能会对企业未来的业务增长带来积极的影响。因此,在疫情期间,"共享员工"模式有利于突破组织间人力资源流动障碍,提供了人力资源流出企业、流入企业和员工本身三方共赢的可能性。

问题讨论

(1)"共享员工"模式存在哪些短板？

(2)新冠疫情催生的"共享员工"模式,能长久吗？为什么？

(3)新冠疫情期间"共享员工"与"零工经济"模式存在哪些区别？

理论提示

(1)成本—收益分析法

(2)不变成本与可变成本理论

(3)供求均衡理论

（二）数字经济时代将带我们进入零边际成本的社会

案例内容

智能时代,人们所需要的信息、知识等唾手可得,行业和企业的边界不断被打破,产品销售的边际成本不断趋近于零;不仅打破和颠覆了传统的思维方式,而且最大限度地破除了利益固化的藩篱,从而引发生产力革命。

美国著名趋势学家杰里米·里夫金于2014年出版了《零边际成本社会——一个物联网、合作共赢的新经济时代》,迅速引领了国内外对于零边际成本的研究。

该书认为,在未来,科技进步和社会协同将共同打造出零边际成本社会,因为产品的边际成本无限降低、市场价格趋向于零,所以零边际成本社会将改变社会组织运行方式。他指出,物联网正极大地提高人类社会的生产率,未来几年几乎所有经济领域都将被卷入"零成本"模式。他建议,中国应加快向零边际成本社会推进,因为相关基础设施的安装、调试、维护等都可以创造出几百万、上千万的工作机会,会使中国保持持续的繁荣直到2050年,同时提升劳动生产率。里夫金认为,物联网技术的发展,使零边际成本模式突破了从虚拟世界走向现实世界的"防火墙"。"一旦将通信互联网、数字化能源网与数字化交通运输网络联系起来,一切都将变成数字化的经济,这种数字化的经济将带我们进入零边际成本的社会。"[①]

在零边际成本的作用下,利用信息技术构建以社会关系为核心内容的网络型、全域化、无边界的社会资本,以寻求各类社会组织的大范围、多元化的交流合作,理所当然应该处于发展的重要位置。那么,社会资本的转型升级与零边际成本的形成会相互促进吗？在社会资本飙升的前提下,任何再小的企业都可以通过网络在全球范围内与大企业开展合作甚至竞争吗？

---

① 杰里米·里夫金.零边际成本社会:一个物联网、合作共赢的新经济时代[M].北京:中信出版社,2014.

案例分析

共享经济(sharing economy)并非一个全新概念,早在 1978 年,美国得克萨斯州立大学社会学教授马科斯·费尔逊(Marcus Felson)和伊利诺伊大学社会学教授琼·斯潘思(Joel Spaeth)在论文《社区结构与协同消费:一个常规方法》("Community Structure and Collaborative Consumption:A Routine Activity Approach")中首次提出这一概念。他们描述出一种经济模式:由商业机构、组织或者政府作为第三方创建市场平台,平台通过移动 LBS(location based service,基于位置的服务)应用、动态算法与定价、双方互评体系等一系列机制建立,个体可以借助平台交换闲置物品,分享知识、经验,甚至筹集资金。也就是共享经济平台成为连接供需双方的纽带,供给方与需求方通过平台进行交易。杰里米·里夫金在《零边际成本社会》里提出的"协同共享"(collaborative common)将共享经济这一经济模式上升到一种将取代资本主义的新经济范式。他将费尔逊和斯潘思的"需求方+供给方+共享经济平台"的经济模式扩大至集成世界网络中的所有人和物,描绘出能源互联网、通信互联网、物流互联网三网融合的全球化的超级智能网络——物联网。物联网通过传感器将生产要素、物流网络、消费习惯、市场需求等各个方面连接起来并收集实时数据,对这些数据进行智能分析、计算、预测,进而提高效率、生产率,并将整个经济体内产、销和服务的边际成本降至趋近零。

在西方经济学中,边际成本是指在当前产量下,每增加一单位的产量所需要增加的总成本。用公式表示为 $MC=\Delta TC/\Delta Q$。其中 TC 表示总成本,Q 表示产量,Δ 表示其变量。在某种特定情况下边际成本 MC 会接近于 0。零边际成本是指达到某一产量后,再增加一单位的产量所增加的总成本趋近于零,即 ΔQ 变化时,ΔTC 趋近于 0,MC 也趋近于 0。在里夫金的"零边际成本社会"理论中,通过协同共享,绿色能源、商品和服务以接近免费的方式被分享,形成最具生态效益的发展模式,也是最佳的可持续发展的经济模式。

里夫金在《零边际成本社会》中对物联网的发展、新技术的应用、3D 打印、慕课时代等智能经济的设想对我国当前经济发展有着积极意义,对于培育新的经济增长点、推动产业结构转型升级、促进就业等方面具有重要影响。

里夫金"共享经济"和"零边际成本社会"理论的假定是技术进步驱使出产率的提升和边际成本的下降,这个假定也需要基于市场需求而言。如果仅受新概念的吸引,不做好技术基础和调研市场需求,只是匆忙强推所谓的新产业产出,会再次陷入过度投入、低端制造、重复浪费的困局,付出更大的机会成本。

零边际成本和共享经济的适用也是有范围的。边际成本较低需要以规模生产为前提,只有同质产品生产量和需求量足够大,才可以使得边际成本很低。实现共享需要单个产品可以被多个消费者同时消费,并且没有损耗。零边际成本更适用于可以同时多次消费,而不会影响他人消费的产品。[①]

问题讨论

(1)何为零边际成本和共享经济?

(2)零边际成本社会与共享经济社会是什么关系?

理论提示

(1)边际成本

(2)机会成本

(三)数字贸易对国际经济理论研究的挑战

案例内容

2021年10月,浙江慧博云通科技股份有限公司正式上市。成立于2009年的慧博云通,是一家致力于为客户提供专业信息技术服务的高新技术企业,公司从相对单一的软件外包服务起家,经过多年的研发技术积累、行业经验沉淀,不断以"数字＋服务"的新业态拓展服务外包业务,业务遍布全球,让中国数字化服务得以跨境出海。

受全球新冠疫情和世界局势挑战持续影响,过去一年,杭州余杭区外贸进出口受到不少影响。余杭以助企为契机,深挖数字经济"富矿",以数字贸易新业态助力新发展,鼓励数字产品、数字技术、数字内容走出国门,释放对外经贸新活力。2022年全年实现服务贸易出口14.59亿美元,同比增长127.16%,增速位列全市第一,数字服务贸易拉动作用明显;1—11月,跨境电商交易额11.37亿美元,其中跨境电商出口6.88亿美元,同比增长22.13%;之江实验室和量安科技合作开发的"天权"后量子密码平台等4个项目获评首届全球数字贸易博览会先锋奖;"启明星"跨境电商公共服务品牌获得产业集群跨境电商发展专项激励;"华立·181"社区、起梦跨境电子商务产业园获评省级跨境电商产业园;"华立·181"社区获评余杭区首个市级服贸示范园区;瑞欧科技等6家企业获评杭州市服务贸易示范型、成长型企业。"我们以数字化改革为引领,创新对外贸易发展机制,大力发展数字贸易,加快余杭品牌走出国门,走得更远。"余杭区商务局相关负责人表示。[②]

案例分析

数字贸易是以数据资源作为关键生产要素、以现代信息网络作为重要载体、以信息通

---

① 王龙君.关于"共享经济"与"零边际成本社会"的思考:读杰里米·里夫金的《零边际成本社会》[J].湖北科技学院学报,2018(4):17-20.

② 慧博云通上市!余杭上市公司达28家[EB/OL].(2022-10-13)[2023-10-14].https://m.thepaper.cn/baijiahao_20288580.

信技术为支撑的一系列对外贸易活动。随着数字贸易的日渐兴起,新贸易理论前提假设的现实基础逐渐发生改变,数字贸易将对新贸易理论带来重大挑战。第一,挑战了"国际贸易的固定成本显著高于国内贸易"这一命题。异质性企业贸易理论认为,由于企业进入国际市场比国内市场的难度要大,当企业选择出口时,就要付出更大的进入成本。在传统国际贸易中,由于信息不对称,搜寻成本、合同成本等交易成本高昂,对生产者和消费者的决策行为产生重要影响。因此,该理论包含一个重要假设,即国际贸易的固定成本显著高于国内贸易。第二,挑战了"只有生产率高的企业才能从事出口活动"这一命题。异质性企业贸易理论认为,只有生产率高的企业才能从事出口活动。第三,挑战了"跨国公司最基本的生产要素是资本和劳动"这一命题。跨国公司内生边界理论假定,只有资本和劳动两种基本生产要素。第四,挑战了"企业边际成本服从帕累托分布"这一命题。在异质性企业贸易理论中,一个重要假设是企业边际成本服从帕累托分布。[1]

20 世纪 90 年代,互联网技术从信息产业快速外溢,在加快传统部门数字化的同时,不断创造出新的商业模式,电子商务是其中的典型代表。在这一技术与经济背景下,DonTapscott 在《数字经济:网络智能时代的机遇和挑战》一书中,首次详细论述了互联网会如何改变我们的商业模式,他被认为是最早提出"数字经济"概念的学者。[2] 从 G20 杭州峰会关于"数字经济"的权威解读出发,针对以上的挑战做出如下回答:

第一,在数字贸易中,企业利用互联网和数字技术就能快速完成原先很难完成的甚至无法完成的贸易环节。数字技术的应用使得数字贸易中的搜寻成本、合同成本等交易成本大幅降低。此外,在互联网平台上进行交易,用户的各项行为数据被完整记录,这为更准确地衡量搜寻成本提供了可能。也正因为如此,越来越多的中小企业将加入国际贸易并从中获利。企业进入国际市场所需的固定成本会越来越低,不断趋近于国内贸易的固定成本。

第二,在数字贸易中,生产率低的企业也能够从事出口贸易。在数字贸易中,企业能够通过互联网平台直接面对海外消费者,进入国际市场的门槛大幅降低。此外,借助数据分析,低生产率企业通过"自我选择效应""学习效应""再分配效应",可以寻找从事出口活动的新驱动因素。

第三,在数字贸易中,数据是相对于资本和劳动而言更重要的生产要素。企业通过搜集数据、分析数据和应用数据,最大限度地降低生产成本和交易成本,满足消费者日益增长的个性化需求,不断增强企业的核心竞争力。在数字贸易中,数据正逐渐成为一种稀有的生产要素。为了获取数据、信息等稀缺的无形资产,数字贸易时代企业会更多地选择内部化以增强企业核心竞争力。

---

① 马述忠,房超,梁银锋.数字贸易及其时代价值与研究展望[J].国际贸易问题,2018(10):16-30.

② TAPSCOTT D. The digital economy: promise and peril in the age of networked intelligence [M].New York:McGraw-Hill,1996:2-8.

问题讨论

(1)数据作为新的生产要素,将对传统的国际贸易模式产生怎样的影响?

(2)以上前沿性理论分析,是否存在值得商榷的观点?为什么?

理论提示

(1)边际成本

(2)交易成本

(四)数字经济时代平台企业可以实现规模经济吗?

案例内容

在数字经济时代,平台企业实现范围经济的条件由产品的相关性转向基于用户数量的规模经济。基于海量的用户资源,平台企业除了出售那些满足大众需求的大批量、单一品种的产品和服务外,还出售那些满足小众需求的多品种、小批量产品和服务。平台企业能够聚集无数个卖家和买家,能够极大地扩大销售品种,最有效地形成"长尾理论"。例如,在亚马逊网上书店营业收入中,约一半来自畅销书,另一半则来自销量少、品类繁多的冷门书籍。

在工业经济时代,企业通过将规模调整到长期平均成本最低处所对应的规模来实现规模经济。由于企业最优生产规模受到企业管理能力、企业资产存量、内部交易成本等因素的限制,企业的长期平均成本呈现先降后升的特点,这决定了企业的规模不能无限扩张。在数字经济时代,平台企业通过网络外部性实现规模经济。网络的外部性往往是正的,而不是负的。一个网络的价值取决于其连接的客户数量。当网络用户超过某一临界点后,网络价值则呈爆发式增长。可见,工业经济时代所追求的规模经济,是通过扩大生产规模以降低长期平均成本,进而实现收益最大化;数字经济时代所追求的规模经济,是通过扩大网络用户规模、提高平均利润进而实现收益最大化。[①]

案例分析

在数字经济时代,数字信息产品以非物质性形态为主,具有可复制性、可变性、不可破坏性等特点,其使用价值不再以物质形态为载体,而是以数据库等为依托。平台近乎零的货架成本以及搜索引擎等数字化工具,使得消费者可以根据自身的喜好任意地搜寻商品。如果需求市场规模较小,则满足差异化需求的单位成本较高;如果市场规模足够大,差异化需求通过平台的汇聚和组合产生规模效应,从而能够被更好地发现和更低成本地满足。

---

① 裴长洪,倪江飞,李越.数字经济的政治经济学分析[J].财贸经济,2018(9):5-23.

也就是说,差异化需求的价值因为市场规模而放大化和显性化。

科斯认为市场摩擦引起交易成本,包括寻找交易对象所引起的搜寻成本、为获取交易对象相关信息以及同交易对象沟通所产生的信息成本、签订合同前的议价成本以及签订合同后的监督成本。数字经济的出现大幅降低了搜寻成本,平台企业利用大数据迅速将供求双方直接联系在一起,有效缓解了交易双方的信息不对称问题,从而大幅度降低了交易双方的搜寻成本、信息成本、议价成本以及监督成本。

从规模经济角度来看,传统企业实现的是供给方规模经济,而互联网平台实现的是需求方规模经济。在工业经济时代,传统企业为了降低单位产品成本,提高经济效益,纷纷扩大生产规模。但随着生产规模的不断扩大,企业内部的交易成本相应地上升,管理难度也相应地增大,这使得企业的规模不能无限扩大。每个企业都在既定的规模下进行生产,进而使得每个企业所创造的价值和价值增长幅度有限。在数字经济时代,平台企业成功的基石是网络效应,又称为需求方规模经济,即随着越来越多的用户接入平台,平台的价值呈非线性增长。

边际收益递减规律无法用于分析数字信息产品。在农业经济和工业经济时代,边际收益递减是一个普遍存在的规律。该规律说明在技术水平不变的前提下,任何物质产品生产所投入的固定要素和可变要素之间存在一个最优的投入比例,当可变要素投入超过某一临界点时,新增加的每一单位可变要素所获得的报酬是递减的。另外,整个西方经济学建立在资源稀缺假设之上,资源稀缺性特征引发竞争,竞争的后果使得单位报酬递减,直到边际收益等于边际成本的均衡状态。然而数字信息产品并不存在边际收益递减现象:首先,数字信息产品具有边际成本递减特征。数字信息产品生产需要高科技的投入,因此存在较高的固定成本,但一旦该产品生产成功便可以非常低的成本甚至零成本进行复制,即额外生产一单位该产品的成本几乎为零。其次,数字信息产品具有网络外部性。数字信息产品的存在形式、传播载体及成本特性决定了其具有鲜明的网络外部性特征。随着用户数量的增长,额外增加一单位产品的收益是递增的。

问题讨论

(1)传统企业和互联网平台企业实现规模经济有什么不同?

(2)边际收益递减规律能否用于分析数字信息产品?

理论提示

(1)规模经济与规模不经济

(2)长期平均成本

(3)边际收益和边际成本

（五）边际报酬递减规律是放诸四海而皆准的真理吗？

案例内容

现实生活告诉我们，网络信息产业的厂商总是有动力不断扩大其产量，微软公司、英特尔公司等企业正依据传统经济学不可理解的规则来进行全球化经营，他们相信"使用你商品的人越多，你的收益越多"。而在价格方面，摩尔定律——计算机芯片的功能每隔18个月翻一番，与此同时，价格以减半的速度下降，对于现实的预测指示更是传统经济学无法解释的。[①] 那么，边际报酬递减规律真的是放诸四海而皆准的吗？网络信息产业出现边际收益递增的原因又是什么？

案例分析

边际报酬是指既定技术水平下，在其他要素投入不变的情况下，增加一单位某要素投入所带来的产量的增量。规模报酬是指在既定技术水平下，所有要素投入按同比例增加所带来的产量的增量。我们所要质疑的是边际报酬递减规律，因此我们是讨论边际报酬问题而非规模报酬问题。边际报酬与规模报酬的最大区别在于是否所有要素投入均可变动，而这正是短期和长期划分的标准。短期是指厂商某些投入保持不变的时期，长期是指厂商所有投入均可变化的时期，两者的本质区别就在于是否存在固定成本。一方面固定成本对于我们的分析是如此之重要，另一方面我们必须抽象掉规模报酬的影响以证明边际报酬递增的存在性，从而从一个方面证实边际收益递增现象，因此我们必须将我们的分析规定为短期分析。我们所谓的边际收益，确切地说，应该称为边际利润，是指厂商每增加一单位产出所带来的纯利的增量，其决定取决于边际收入和边际成本，取决于边际收入单位产出所带来的成本的增量。在短期中，边际成本的变化源于边际报酬递减规律，因此边际报酬体现于边际成本当中。

一是成本优势。网络信息产业的产品往往具有高科技附加值，与之相对应的往往是高额的研究开发成本，它不随产品产量的变化而变化，属于固定成本，要摊入未来产品的成本之中，随产品的销售得到补偿。而此类产品生产过程中投入的可变成本几乎不变，且其数额如此之小以至于同固定成本相比甚至可以忽略不计。也就是说，厂商生产第一件产品的边际成本等于固定成本，而从第二件产品开始，其边际成本很少且几乎不变。

二是网络效应。网络的范围越大，内容越多，其价值越大。具体分析又可分为指数化

---

① 王巍.质疑边际报酬递减规律：网络信息产业的边际收益递增现象分析[J].经济工作导刊，2002(7)：9-10.

扩张效应和累计增值效应两方面。指数化扩张效应,是指网络所带来的效益随着网络用户的增加而呈指数化形式增长。累计增值效应,是指网络信息通过累积、处理和网络自动整合,能生成层次更高、价值更大的综合性信息,从而产生增值。

三是主流化效应。实际是一种连带外部正效应,即消费者对某种产品的需求量随其他人购买数的增加而增加。

四是锁定效应。是指消费者对某种产品的偏好程度随其自身对该产品的使用次数、熟悉程度的增加而增加,经常表现在其偏好对于某种产品的"锁定"上。

可见,在这类网络信息产业产品的生命周期内,生产得越多,单位产品的成本就越低,成本优势便成为导致边际收益递增的重要原因。累计增值效应主要是通过网络信息的累积、处理和自动整合,生成价值更大的综合性信息,从而产生增值。例如,产品价格信息和市场需求量信息的时间序列资料,其时间跨度越大,利用回归分析对该产品未来市场容量和价格趋势的预测的准确性越高,则该信息资源的价值越高。对于网络信息产业,由于边际报酬递减规律的失灵、边际收益递增现象的真实存在,其集中生产更能降低社会生产成本,提高资源配置效率,因此推动该产业的发展应采取适合其特征的策略。

问题讨论

(1)举例说明数字经济时代有哪些产业同样表现出边际报酬、规模报酬递增的现象?

(2)边际报酬与规模报酬的最大区别是什么?

理论提示

(1)边际报酬递增规律

(2)边际收益

(3)短期生产和长期生产

(六)鱼与熊掌能否兼得? 规模经济的低成本优势与个性化定制

案例内容

纺织服装业数字化提速。近日,工业和信息化部、商务部等五部门联合印发的《数字化助力消费品工业"三品"行动方案(2022—2025年)》(以下简称《方案》)提出,到2025年,在纺织服装、家用电器、食品医药、消费电子等行业培育200家智能制造示范工厂,打造200家百亿规模知名品牌。

对此,中国纺织工业联合会会长孙瑞哲表示,《方案》的出台为纺织行业在新时期更好践行新发展理念、融入新发展格局,实现科技、时尚、绿色高质量发展带来了新机遇。

当前,数字经济成为主要经济形态,正以前所未有的速度、规模和范围推动着要素资源更新、基础设施重置和市场场景延展,纺织服装业也不例外。

"今年汉帛所有的工厂都用上了哈勃智慧系统。"中国服装协会副主席、汉帛国际集团总裁高敏告诉记者,通过数字化系统,汉帛实现小批量灵活生产,市场需求多了,库存压力小了,订单也来得快了。同时,工厂用工数量减少、产能增加,工人收入也有10%左右的增长。

高敏介绍说,之前汉帛有近10个品牌,在全国各地有300多个零售门店。2016年,汉帛关闭所有的零售直营门店,将精力全部投入到供应链平台的打造和构建上。导入富士康的智能制造能力、成立哈勃智慧云、构建"ZHI"(质量、智慧、智能)时尚产业链……近几年来,借助数字化赋能,汉帛的产能每年稳步提升15%左右,能耗也得到有效控制。

汉帛的转型,在传统服装行业中很有代表性。伴随数字化的澎湃浪潮,工业互联网、智能制造深度融入纺织服装业各个领域,催生协同研发设计、自动化生产、在线监测、共享制造等新业态、新模式、新场景。这些数字化、智能化、自动化技术应用,让纺织产业与数字经济渐行渐近,加速融合。

数字化应用,为深耕定制服务的服装企业带来了更广阔的发展机遇。借助互联网技术,服装定制企业采用O2O(online to online)模式为消费者提供服务,定制企业获得数据后通过自有或者第三方工厂进行生产,再寄送给消费者,生产周期和成本大幅压缩。天眼查数据显示,目前我国服装定制相关企业超5000家,其中620余家为2021年以后新注册企业。

衣邦人创始人方琴表示,多年前公司就提出以数字化改造传统服装定制模式战略,凭借企业独有的"云裁剪"系统,结合大数据应用打造更柔性、更敏捷的定制供应链体系,不但极大提升定制生产效率,而且可以最大限度保障定制服装更合乎用户需求。

推动数字化转型成为打通纺织服装行业生产、分配、流通、消费各环节堵点,以及提高行业不同要素资源配置效率、实现价值转换的重要方式。在中国服装协会前副会长陈国强看来,目前我国服装行业发展存在很多痛点,如库存巨大、同质化严重、产业链中间渠道冗余、专业人才缺失等。这些问题的解决方案最终都指向一个方向,即数字化转型。

方向虽然清晰,但推进数字化转型并不容易。纺织服装业在销售环节上数字化发展已相对成熟,但在生产端的数字化改造上,转型仍处于起步阶段。

"传统外贸工厂都是大订单,让工人们接受小订单非常难。"高敏提到,不仅如此,柔性制造还意味着要在传统制造基础上加入更多智能化新技术。一方面很难找到合适的软件公司来做相关技术开发,另一方面成本也高,升级时生产线停工损失也大。6年来,汉帛为了研发和推广数字化系统,累计投入了五六千万元。通过坚持改革,工人们逐渐适应,柔性制造实现了关键性突破。

汇美时尚集团副总裁曲晶透露,推进数字化是企业的自我革命,转换难度很大。汇美从自身主动带头,到供应链上的企业逐渐适应,才完成了上下游协同。产业链完成数字化转型后,效率更高了,公司决策也有了更科学的依据。

然而,尽管不少纺织服装龙头企业积极探索数字化转型,且部分企业取得明显成果,但多数中小企业对数字化还处于观望状态。在广东东莞,众多中小纺织服装企业在生产端的数字化转型方面仍处于起步阶段,"不想转、不敢转、不会转"的现象仍普遍存在。

数字化设备购置成本高、资金投入回报周期长、现有工艺技术不够成熟、自身技术力量不足和建成后运维成本高是大部分中小纺织服装企业最担心的问题。为了带动行业数字化转型走深向实,中国纺织工业联合会近日印发《纺织行业数字化转型三年行动计划(2022—2024年)》,着力打造新型数字化产业体系,并发布了《纺织服装行业数字化转型解决方案重点推广名录》,旨在发挥示范引领作用,推动全行业数字化转型。

孙瑞哲表示,近年来,纺织行业积极开展智能制造企业试点示范和系统解决方案优秀集成商评选工作,有效引导全行业智能制造升级实践。"十四五"期间,纺织行业将强化公共服务平台,加快成熟、适用的智能制造技术、装备及软件在全行业特别是中小企业的推广应用,不断提升企业发展韧性与活力。难道传统制造业大规模生产所带来的低成本优势与数字时代私人定制满足消费者个性化需求之间不能兼得吗?①

案例分析

数字经济深刻变革传统制造业并重塑传统制造模式,成为赋能制造业转型的关键。传统制造业企业在低成本与多样性之间的决策结果,导致放弃多样性选择低成本成为最优决策。数字经济时代引人注目的变革在于实现了从规模化生产模式向个性化定制模式的转变。数字经济赋能智能制造并非一蹴而就的质变过程,而是伴随着技术应用、发展理念和模式业态的革新而逐步演进,这也决定了制造业企业在推动数字化转型和赋能智能制造的路径转换中,需要付出高昂的转换成本。所以,完全的个性化定制服务虽然极大程度上满足消费者个性化需求,但是也需要付出巨大的成本代价。

规模化生产是指利用分工所创造的规模经济优势,在大规模流水生产中降低生产成本,并获得海量同质性产品的生产模式。个性化定制则是以充分满足消费者的个性化需求为目的,以产品个性化生产为鲜明特征的生产模式。个性化定制的初级阶段没有大数据和云计算的信息技术优势基础,完全凭借无差别人类劳动的巨额投入。在数字经济仍处于发展初期阶段,大数据的支撑作用仍需要较大的成本投入,导致制造业企业在现有条件下实现这种生产模式需要付出巨大成本。

传统制造业企业的生产决策方式较为单一,以产品生产的"成本—收益"为核心,建立在利润最大化的目标函数之中考察生产产品的数量与时间等问题。数字经济时代,"成本—多样性"成为制造业企业需要兼顾的两个维度,制造业企业既需要考虑产品多样性,又需要考虑数字化条件下的生产成本。②

企业的生产成本随着产量变动而变动的规律取决于企业对生产要素的选择,而这种

---

① 刘瑾.纺织服装业数字化提速[EB/OL].(2022-07-11)[2023-10-18].https://m.gmw.cn/baijia/2022-07/11/35873926.html.

② 焦勇,刘忠诚.数字经济赋能智能制造新模式:从规模化生产、个性化定制到适度规模定制的革新[J].贵州社会科学,2020(11):148-154.

选择又受到时间的制约,所以成本也被区分为短期成本和长期成本。数字经济赋能智能制造"成本—多样性"的长期影响使多样性所需要的成本越来越低,最终多样性不再构成约束条件。就近期而言,数字经济与大数据依然是成本很高的要素投入,制造业企业从传统制造向智能制造的转变,依然需要在硬件设施、软件设施与人才结构等方面做出巨大调整,花费巨额的转换成本。所以,数字经济赋能智能制造仍然满足短期的"成本—多样性"演变趋势,适度规模定制存在短期生存的土壤。

当生产规模较小时,制造业企业增加生产规模可以促进固定投入的机器设备等不可分割要素得到充分利用,进而带来规模报酬递增;当企业投入超过一定规模并持续提升生产规模时,则会因为要素的拥挤效应而导致规模报酬递减。所以,适度规模反映的是企业要素投入与组合的产出效率达到最高水平、边际产出效率为零的最优状态。

在数字经济发展的初始阶段,虽然制造业企业在生产环节所产生的数据资源是免费的,但是数字经济赋能制造业智能制造并不能一步到位。从数据的收集、分析、应用,到硬件设施的数字化转型,再到数据与硬件设施的充分融合,都需要巨额的数字化建设投入。例如,服装定制生产的头部企业"酷特智能"基于消费者需求的大数据,运用互联网等信息技术推动个性化柔性制造,而定制生产的流程需要分解为 300 多个控制节点,包含 20 多个子系统,整套系统是在较长的探索中不断摸索形成,并持续投入巨额资金。对于广大制造业企业而言,在叠加了制造业企业微薄的利润水平、巨大的固定成本投入和昂贵的数字化转换成本等因素后,相对昂贵的私人定制服务并不是最优决策。

数字经济时代的大数据构成制造业企业的重要资源,但是在模式转换的初始阶段,数据也是一种极为昂贵的资源。这是因为数据资源虽一直存在于制造业领域,但是要将这些数据进行采集与分析,并契合到制造业生产过程之中,实现数据与制造一体化则需要巨大的成本投入。制造业企业应该将更多的精力放在消费者的需求端,充分利用数字经济的大数据分析手段,对消费者的需求进行总结归类,形成具有"组间差异性、组内同质性"的若干小规模同质性消费市场,从而利用较低的数字化建设成本,实现满足消费者个性化需求的目的。

随着数字经济时代的到来,数字经济完美契合到制造业生产的各个环节,由于数据要素使用的边际成本几乎为零,所以能够在不增加成本的条件下充分参与生产,成为支撑智能制造的新基础。大数据与云计算带来制造业各个环节的数据生产、记录与利用并不会增加成本,反而越发成为价值更高的要素。换言之,产品多样性不再受生产技术的制约,无需提升成本就可以实现产品多样性的极大丰富,从而成为支撑私人定制的基础。此时,适度规模定制转变成为大规模定制模式。

若是制造业企业遵循传统的规模化生产模式,不再试图通过数字化建设推动定制服务的改革,将会在不远的将来因为不能满足消费者多样化消费需求而被淘汰。制造业企业需要生产具有一定多样性的产品,从而满足消费者个性化的需求,创造产品差异化的竞争优势,将企业之间的产品差异性垄断竞争优势转变成为企业内部柔性制造的过程。制造业企业既要遵循数字经济赋能制造业转型的客观规律,又要以较低的成本投入获得最大的产品多样性,在降低成本的同时还能够使得消费者享受个性化的服务,因此,适度规模定制成为调和数字化建设成本与多样性产品两者矛盾的优化决策。

问题讨论

(1)为什么说实现数据与制造一体化需要巨大的成本投入?

(2)当前中国纺织服装企业发展的任务和要求是什么?

(3)有哪些因素会影响中国纺织服装企业的数字化转型?

(4)增加投资是不是实现规模经济的途径?

理论提示

(1)生产成本

(2)规模报酬递增与规模报酬递减

(3)规模经济与规模不经济

(4)长期平均成本

(七)"领先者困境":柯达公司何以破产?

案例内容

柯达公司曾经是全世界最牛的相机、彩色胶卷生产企业,100多年来,它曾经多次在行业内创造奇迹,比如它在1886年就推出了小型、轻便、"人人都会用"的柯达照相机,1935年,又研发出了全球第一款取得商业成功的彩色胶卷,巅峰时期全球有近15万名员工,业务遍及全球150多个国家和地区,占据着全球相机和胶卷市场的半壁江山。从1896年首届奥运会开始,柯达就开始赞助体育赛事,通过大型体育赛事进行品牌宣传成为柯达的传统项目,1986—2004年柯达一直是每一届奥运会的"Top赞助商"。但是这样一家百年相机巨头企业,却在2012年走向末路,提交了破产申请。

原因何在?目前大多数的分析认为,柯达没能及时从胶卷技术转向数码技术,在数字技术时代被淘汰了。但事实是,在2012年柯达公司申请破产的时候,它的数码技术一点也不弱。柯达在破产前可是拥有超过1万项的专利,这些专利中有1100项的数字图像专利组合,可以说,当时它的数码技术实力远远超过了任何一个同行。就连世界上第一台数码相机都是在柯达实验室中诞生的,诞生时间为1975年。柯达本有机会当数码行业中的领头羊,但它却主动放弃了,为什么呢?[①]

---

① 夜猫速读.技术竞争:大国技术竞争的规律是什么?[EB/OL].(2022-05-05)[2023-10-20].
http://www.360doc.com/content/22/0505/18/79520218_1029900643.shtml.

案例分析

柯达公司之所以放弃向数码技术转型的时代机遇,可以从机会成本的理论视角进行解读。经济学上的"机会成本"是指某项资源用于一种特定用途而不得不放弃的其他机会所带来的成本,通常以这项资源在其他用途中所能得到的最高收入加以衡量。对企业而言,其正在从事的经营活动的机会成本是其放弃的另一项经营活动应取得的收益或另一种收入。

当时柯达在胶片行业拥有绝对的技术优势,这给公司带来了巨大的利益,作为相机行业领先者,在这个时候转型做数码相机,它将放弃其在传统胶卷和胶片相机领域的利润,机会成本太高。因此,他们极力遏制甚至封锁新研发的数码技术,只是将其当作一种附加的业务。柯达对传统胶卷时代的留恋,既来源于其在传统胶片市场的强势和高利润,也根植于其对"剃须刀与刀片模式"的依赖。这种模式最早源于剃须刀品牌吉列——剃须刀架与刀片是典型的互补品,只有两者的共同组合,才能满足消费者的剃须需求。吉列公司通过相对廉价的剃须刀架来吸引消费者,再通过持续地销售其高利润的剃须刀片来实现高额回报。柯达也采用与吉列相同的盈利模式——它出售低价的照相机,依靠高利润的胶卷、相纸和化学处理品来实现盈利,而彩色胶卷的高技术门槛,一度让柯达获得高利润。但是胶卷的高利润正是数码相机产品所缺失的,这也成为柯达在数码转型过程中游移不定,甚至一度想遏制数码浪潮的根源。

柯达的故事,属于典型的"领先者困境"。它告诉我们,企业的技术竞争有它独特的规律。纵观人类社会的发展史,按技术进步程度划分,有两种类型的技术创新。一种是渐变型技术创新,它通过对旧技术的更新迭代、修修补补,通过逐渐累积实现技术创新。比如芯片技术,它是从微米级一步一步发展到 10 纳米和 7 纳米,无法直接跨越到 7 纳米,这是一个渐变的过程,该项技术的竞争比拼的是企业的研发投入。还有一种是突变型技术创新,它是一种突然的、颠覆性的转变,比如数码照相技术相对于胶卷技术,就是一个典型的技术突变。在突变型的技术竞争中,先发优势特别重要,即谁先掌握了这项技术,谁就拥有先发优势,可以在较长的时间里领跑;并且,突变型技术领先者和追赶者的地位是交替出现的,无论是旧技术的领先企业还是追赶企业,在新技术竞争中都处在同一条起跑线上。在传统工业时代,胶卷技术是渐变型技术,柯达凭借专注的文化基因和巨额的研发投入,不断试验创新,先后研制出了卷式感光胶卷、口袋式相机等划时代产品,在影像拍摄、分享、输出和显示领域长期处于世界领先地位。但在传统工业革命向数字科技革命的转型过程中,摄影技术正在发生突变型创新,依赖胶卷技术领先的柯达,却陷入了"领先者困境"。它舍不得放弃旧技术的优势和短期利益,嫌转型新技术的机会成本太高,不能下决心进入数码技术的生产轨道。而尼康、佳能等相机后起之秀,由于在传统胶卷技术上落后于柯达,它们采用数码技术的机会成本也比较低,更有意愿研发和推广顺应时代发展潮流的数码产品。最终,传统胶片时代行业的辉煌反而成为埋葬柯达这个百年巨企的"温柔乡"。

问题讨论

(1)列举一些陷入"领先者困境"的企业或国家的案例。

(2)5G 技术相对于 3G、4G 技术,属于渐变型还是突变型技术创新？为什么？

理论提示

(1)机会成本

(2)商品之间的相互关系

(3)领先者困境

第四章　完全竞争市场

一、基本原理与数字经济时代的适用性

（一）基本原理

完全市场与完全垄断市场是经济学中比较极端的两个市场，现实市场中并不存在。然而我们研究这两种不存在或者说理想化的市场，却能够让我们更好地去理解市场经济的发展规律，并为人们发展市场经济、提高社会福利提供可行性的对策建议。完全竞争市场是指竞争充分而不受任何阻碍和干扰的一种市场结构。完全竞争市场必须具备以下条件。

1.市场有大量的卖者和买者，每个参与者都是价格的接受者

作为众多参与市场经济活动的经济单位的个别厂商或个别消费者，单个的销售量和购买量都只占很小的市场份额，其供应能力或购买能力对整个市场来说是微不足道的，他们只能是价格接受者。显然，在交换者众多的市场上，若某厂商要价过高，顾客可以从别的厂商购买商品和劳务，同样，如果某顾客要价太低，厂商可以拒绝出售给该顾客而不怕没有别的顾客光临。

2.产品具有同质性

这里的产品同质不仅指商品之间的质量、性能等无差别，还包括在销售条件、装潢等方面是相同的。

3.要素是可以自由流动的

劳动力可以随时从一个岗位转移到另一个岗位，或从一个地区转移到另一个地区；资本可以自由地进入或撤出某一行业。资源的流动是促使市场实现均衡的重要条件。

4.信息完全性

市场中的每一个卖者和买者都掌握与自己决策、与市场交易相关的全部信息，这一条件保证了消费者不可能以较高的价格购买，生产者也不可能以高于现行价格出卖，每一个

经济行为主体都可以根据所掌握的完全信息,确定自己最优购买量或最优生产量,从而获得最大的经济利益。

显然,理论分析上所假设的完全竞争市场的条件是非常严格的,在现实经济中没有一个市场真正符合以上四个条件,通常只是将某些农产品市场看成比较接近完全竞争市场的类型。但是完全竞争市场作为一个理想经济模型,有助于我们了解经济活动和资源配置的一些基本原理,解释或预测现实经济中厂商和消费者的行为。

在完全竞争市场上,企业利润最大化的条件是:生产的产量必须确保该产量的边际收益等于边际成本,即 MR＝MC。

完全竞争市场的短期利润最大化条件。企业短期行为是企业按照市场价格,把产量确定在短期边际成本等于边际收益的水平上。那么在这个产量上企业在短期内是否能营利呢? 答案是企业在短期内盈亏都有可能。如果此时价格高于平均成本,则赚取超额利润;如果此时价格等于平均成本,则收支相抵,盈亏平衡,赚取正常利润;如果此时价格低于平均成本,但又高于平均可变成本,则有亏损;如果价格低于平均可变成本,则有亏损,需要停产才能将亏损降至最低。价格等于平均成本被称为收支相抵点;价格等于平均可变成本,则被称为停止营业点。

完全竞争市场的长期利润最大化条件。长期中企业可以自由进入和退出市场。长期生产的利润最大化条件为:价格不仅要与长期边际成本相等,还要与长期平均成本相等,即企业只能实现正常利润,不能赚取任何超额利润,也不会有亏损。这是因为如果企业有超额利润可赚,其他企业就会进入这个行业市场,从而增加供给,压低价格,一直到超额利润消失为止;反之,如果这个行业是亏损的,就会有企业退出市场,使得这个市场供给减少,价格上升,直至亏损消失为止。

（二）数字经济时代的适用性

完全竞争市场当中的一个重要假设就是资源可以自由流动。传统的经济学理论中,资源配置主要是在地理空间或者物理空间内进行。但是,随着数字技术、金融科技的产生与快速发展,改变了资源配置与集聚的形态、方式和效率。数字技术、金融科技依靠数据的获得、处理、加工和应用,以及网络空间改变资源配置和集聚的方式。现在的生产交易活动发生在覆盖全球的网络空间内,并通过数据的集聚和数据的处理技术来实现资源的优化配置。在数字经济时代,这种新的集聚模式下,资源的配置不再只依托于地理空间和物理空间,而是依托于虚拟的网络空间。过去生产交易过程中,大量的信息依赖于人与人之间面对面的交流。随着信息技术的发展,任何信息都可以数据化,包括过去一些被认为是难以言传、不能系统表述的非标准化知识,如今通过多媒体技术、VR/AR(虚拟现实/增强现实)等新一代信息技术,也能够做到编码和解码,将其数据化。这种信息的数据化,大大拓展了生产和交易的范围,改变了过去生产要素必须通过地理空间、物理空间集聚和配置才能优化的方式。过去传统理论认为，基于临近优势、比较优势，形成了产业链的分工以及国与国之间的分工。但是有了信息技术、数字技术，数据成为生产力，数字开始全面地介入资源配置过程，资源从物理空间、地理空间的集聚，开始转向虚拟空间的集聚，也就是资源可以在全球范围内、在网络空间内，通过算法算力来实现优化配置。

完全竞争市场当中的另外一个重要假设就是信息对称。信息对称意味着买卖双方都是在一个公平公开的市场中进行交易，有着这样一个良好的市场环境，道德风险和逆向选择的负面影响大大消除，市场交易量无疑是最大化的。数字时代也是一个信息时代，数字经济已成为消除信息不对称引起市场失灵、生产效率低下的灵丹妙药。数字经济时代下，建设好信息交通网络，就能在基础设施层面，将整个中国，从客观世界的物质、能量、信息上，形成一个统一的大市场，从而消除地方保护主义和内部贸易保护，使中国的内需市场扩充到它所能够扩充到的最大范围；市场的更大规模化，将更利于内部分工合作，更利于提高市场的生产效率，更利于先进技术的运用。而随着信息高速公路的建成，利用已有的数据终端，将极大地便利个人和企业对信息的获取。信息的高度共享和光速传播，将最大限度地消除市场中的信息不对称，进而消除由信息不对称带来的市场效率低下。在数字经济建成的阶段，由于市场信息不对称现象已经消失，在信息的层面上，市场将高度统一化，市场主体将在统一的外部基础和市场环境下经营，在共同的开放平台上自由竞争，这将极大地激发市场主体的主观能动性，提高市场竞争的效率。在数字经济时代，企业为了在市场竞争中占得先机，传统的依靠信息不对称进行制度套利的盈利方式将失去空间，企业将更加注重对新技术的应用及自身组织的创新以实现更低成本的运营、更高效率的生产，经济系统在数字经济时代将达到更高水平的均衡。

二、案例分析

（一）新个体经济的崛起

案例内容

改革开放初期，我国曾经经历个体经济的崛起。当时，我国通过开放个体户创业、恢复城乡小商品市场等改革措施，激活了强大的个体经济，个体工商户只要有胆量，同时有点钱，开个小店铺，做个产品代理，就很容易赚到钱，其间出现了万元户，一部分人先富裕了起来，就是那个时代的写照。到 1987 年，全国城镇个体工商等各行业从业人员已经达569 万人，个体经济蓬勃兴起。正是这一时期的改革，不仅很大程度解决了回城知青和下岗工人就业问题，而且给了很多农民摆脱土地的束缚，翻身实现阶层跃升的机会。21 世纪以来,随着互联网的崛起与发展,个体经济也迎来了大发展。在这一时期,传统个体经济继续蓬勃发展的同时,新个体经济应运而生。最为典型的是基于电商平台的个体经济,比如阿里巴巴的淘宝网帮助无数个体户在淘宝平台上就业和创业。2019年,各大电商平台的商户已超过3000万户,带动就业人员(含上下游供应链)约1亿人。随着数字技术的快速发展,网络直播、网约车司机、外卖骑手、社交电商、微商代购等新型个体经济层出不穷。2020年7月,国家发展改革委等13个部门联合发布《关于支持新业态新模式健康发展 激活消费市场带动扩大就业的意见》,正式提出"新个体经济"的称谓,强调"鼓励发展新个体经济,开辟消费和就业新空间"。那么,相较于传统个体经济,新个体经济"新"在哪里? 其蓬勃发展的动因何在?

案例分析

新个体经济是"互联网＋个体经济"的创新组合,相对于传统个体经济而言,在技术、模式、市场和用工方面都有较大的创新。

在技术方面,新个体经济的首要特征是"互联网＋",数字化技术的使用是新个体经济的基本属性。当前的数字经济主要有两种形式:一是企业应用数字化技术进行生产、销售、管理的升级;二是企业将知识和信息作为生产要素的数字化技术服务生产。在模式方面,新个体经济将传统的个体经济搬到了互联网上,其经营模式也从原先的"个体经济 to 消费者"转变为"互联网平台＋个体经济 to 消费者"。新个体经济经营模式的最大特点是互联网平台赋能,平台既包括社交媒体的平台,也包括各类电商平台。每个个体工商户在平台的赋能下都可以申请成为新个体经济从业者,成为基于平台的虚拟店主,可以快速触及各类消费者,快速获得消费者认知,缩短消费者决策时间,将供需双方的交易和沟通成本极度降低,实现快速交易。在市场方面,新个体经济依托互联网平台,不仅面向传统的线下市场,还面向万物互联、无限广阔的线上市场。新个体经济的迅速发展和便利快捷也培养了市场的新消费习惯,越来越多的消费者适应了线上工作和生活。线上市场的消费者是永远在线的,这就使得消费者的市场需求呈现几何级倍数的增长。在用工方面,新个体经济的创新之处在于它突破了传统个体经济的"公司＋雇员"模式,转变为"平台＋个人"的新模式。新个体经济的创业者通过平台各类资源的帮助,实现了自我就业的新模式。这种模式也给予了就业者更高的自主权,工作既可以不受时空限制,又可以自由选择雇主和工作时间。[①]

为什么近年新个体经济得到如此蓬勃而迅速的发展? 党的二十大报告指出:"我国社会主要矛盾是人民日益增长的美好生活需要和不平衡不充分的发展之间的矛盾。"新个体经济的出现是新时代我国社会主要矛盾转化的必然结果。首先,新个体经济能够通过改善供给结构,有效化解供给与需求的不匹配。在消费升级的时代,消费者不仅关注产品和

---

① 陈春花,尹俊.新个体经济新在何处[J].人民论坛,2021(1):19-23.

服务的质量,还注重对消费过程的体验,其消费需求正在悄然发生改变。而传统的线下消费在链条上存在诸多断点和堵点,其模式单一、时效性差、满意度低的短板亟待解决。为满足这些新的消费需求,我们必须及时推出以新产业、新业态、新模式为代表的新供给与新需求的匹配生产,以有别于传统企业的方式开展灵活而个性化的生产经营活动。整体上,新个体经济有利于推动形成新需求催生新供给、新供给创造新需求的局面,并使新个体经营者与互联网平台之间实现互利共赢。其次,我国优质的软硬件条件为新个体经济的崛起提供了土壤。我国互联网发展的硬件条件优越,拥有先进的移动互联网技术,以智能手机为代表的移动终端和以5G网络为代表的高速移动互联网逐渐普及,一批领军平台企业已经出现。我国庞大的市场潜力和市场规模优势,促使越来越多的闲置资源和劳动者通过互联网进入生产过程。在政策层面,我国对平台企业的发展给予了大力支持,不断加大对新个体经营就业形态的政策支持力度,为其打造了相对宽松、有利的政策环境。最后,新个体经济的崛起,也跟运用互联网技术降低交易成本有关。当前,互联网正在改变传统公司的主导地位,一场"去公司化"的商业运动正悄然开始——小微企业和个人正日益成为社会经济的主角。根据科斯的企业理论,"公司"的组织方式依赖于看得见的科层制,需要付出的是内部管理成本;而"市场"组织方式依赖于看不见的价格机制,付出的是外部交易成本。当企业增加一项业务单位所带来的边际管理成本小于其外部交易成本时,企业规模就扩大;反之,企业的规模就缩小。互联网技术的进步,特别是平台经济的兴起,使企业的外部交易成本比内部管理成本下降更快,企业的边界和规模持续缩小,大量的商业流程漂移出企业边界之外,企业出现平台化、小微化的趋势,这也是自我创业、自我雇佣的新个体自由者大量涌现的原因所在。[①]

在互联网平台的赋能下,"一切皆可经营""一个人就是一家公司"。面对新个体经济的崛起,作为个人要重新挖掘自己的比较优势,借助互联网平台或者兼职或者创业。新冠疫情期间,线下发展起来的新工种——数字游民就是一个很好的例子,只需要一根网线就可以在任何地方完成工作,最重要的是靠自身的技能赚钱。因此,新个体经济对从业者自身信誉、创新能力提出了更高要求。新个体经济崛起的时代,你准备好了吗?

问题讨论

(1)试以一两个新个体经济的典型代表行业为例,说明其兴起的原因。

(2)请为新个体经济健康发展提供一些政策建议。

理论提示

(1)供求理论

(2)企业理论

(3)交易成本

---

① 肖潇.我国新个体经济发展探析[J].中国高校社会科学,2022(3):73-78.

（二）竞争抑或互补：电商与实体的关系

案例内容

过去十几年,我国电商发展迅猛,从网店到直播带货,形式越来越多样。与此同时,线下实体店的日子却越来越艰难,消费者网上购物,逛实体店的次数越来越少,实体商铺客流量越来越少。有数据显示,2020年,全国实体店有220万家倒闭,电商每创造50个岗位,实体店就有100个人失业。据相关机构不完全统计,2022年上半年,实体零售多个业态中有近2500家线下门店宣布关闭,其中不乏沃尔玛、宜家、盒马、大润发等知名品牌;从业态来看,关闭的门店中商超67家,百货18家,餐饮超118家,美妆600多家,服饰1500家。国家统计局数据显示,2022年上半年社会消费品零售总额同比下降1.5%。其中,全国网上零售额同比增长2.9%。显然,实体零售发展前景不容乐观。如果单纯从销售渠道看,电商显然是更与时俱进的方式:成本更低(没有房租)、足不出户、比价更方便、款式更多样等。于是,很多人认为中国的实体店是被电商打败的,认为是电商的低成本导致的低价抢走了客户。所以,社会上就有了"电商不倒,实体难活"的说法。电商与实体的关系真是如此吗?你是如何看待这个问题的?

案例分析

任何事物之间的关系往往不是绝对的非此即彼的对立关系,也有协调统一的关系,需要辩证看待。不同商品之间,经常既有替代关系,也有互补的关系意涵,如同猪肉与牛肉,表面上在消费者预算有限的情况下,它们是非此即彼的替代关系,但在预算允许的情况下,它们能共同满足消费者多样化的消费需求,能有效提升消费者效用水平。从实体与电商关系来看,客观上,电商确实抢走了不少实体店铺的生意,比如:以前大家都去实体服装店买衣服,现在上网买了;以前家里缺点毛巾牙刷插座之类的日用品,都会去超市或小卖部买,现在动动手指就可以搞定。

但从另一个角度来看,电商和实体又不完全是竞争的关系,也具有较强的互补关系,具体体现为承接和互促关系。所谓的承接关系,是指电商承接了部分实体店的销售,助力实体店实现生存和盈利。2015年,我国产能严重过剩,轻工类的小商品库存堆积严重,街上经常能见到两元店、五元店,它们主要面向本地消费者,市场范围太小,东西卖不出去,再加上连年上涨的租金,这些小店难以为继,于是就开始大批转战线上,通过电商渠道实现厂家和全国消费者对接,等于电商承接了部分实体店的销售,这对化解我国产量过剩问题助力不小。所谓的互促关系,是指商家线上线下经营相互促进。比如现实中一些餐饮店、水果店和超市,它们既有店面,同时也通过平台送外卖,实现线上线下"两条腿"走路;

尤其是在新冠疫情期间,消费者购物不方便,线上渠道成为存活的保障。电商的促进作用,还体现在它能缩短供需链条,打通了供需堵点,助力个体经济经营效益的提升。现实中,不少人有好产品但没有开店的条件,比如边远农村的农民或者临海的渔民,他们有好产品,以前要受层层中间商的盘剥,只能拿到微薄的利润,现在通过直播,借助平台的物流和支付功能,就可以发货到全国,对于丰富消费者的"菜篮子"、降低消费者的生活成本发挥着重要作用。因此,电商和实体店不完全是竞争关系,其中还有承接和互促关系,并且电商还助力实体开拓了更多的生意。

那么,电商在我国还会继续发展吗? 答案是肯定的。电商的比较优势是成本和效率,从供给端看,它能扩大生意范围,能带动比实体店更庞大的就业,《第九次中国职工状况调查》显示,2023 年,我国有超过 8400 万人在从事外卖员、快递员等灵活职业;从需求端看,电商通过智能技术推给消费者的商品更加精准,又能促进更多的交易,且运营成本低,相对实体店也普遍更便宜,让老百姓享受到实惠。那么,在新形势下,实体店该如何发展呢? 同样,要发挥实体店的比较优势,实现自身的高质量发展。实体店的比较优势有两个,一个是即时性,也就是应急性,比如顾客临时缺少急用的东西(突然生病需要用药,做菜临时需要调料,等等),向周边实体店购买就行,24 小时营业的便利店就能满足这样的需求。另一个优势是体验性,顾客除了需要功能性消费,本身还需要体验,而体验需要人为营造,靠电商配送的功能性产品是满足不了的。比如网上可买到咖啡粉,但在家自泡咖啡与在咖啡厅品尝咖啡的感受是不同的,这从疫情过后,商场、影院和旅游景区的报复性消费就可观察到消费者是多么需要体验。只要跟体验相关的消费都需要实体店,实体店如果生意难做,也可以考虑在体验性和即时性上多下功夫。当然,除了发挥各自的比较优势,对一些信息不对称程度较高的商品,实体店可以借助现场服务的优势,展现专业的品牌形象,提升顾客的信任度;还可以与网店同步走,比如说相机、电脑、电器等好不好用,可以先去实体店试用下,然后再到网上下单,如此既能发挥实体店的体验优势和品牌优势,也能发挥网店的效率和成本优势。因此,电商和实体店都有各自的作用,它们既互相补充,又互相融合,共同的方向是保民生、保就业,提高社会的整体效率和幸福水平。

问题讨论

(1)实体店相较于网店,还有哪些比较优势?

(2)请以某一行业为例,谈谈新时期如何实现实体店的高质量发展?

理论提示

(1)商品之间替代和互补关系

(2)企业竞争理论

(3)比较优势

（三）外卖为何越来越贵？

案例内容

在 2013 年外卖刚起步时，一份外卖原价十块多钱，在平台的补贴下，最终到手价几块钱还送饮料。但近期，外卖比堂食定价似乎高了许多，多家餐饮也被指出外卖与堂食使用两套定价系统，一时间，"餐饮店外卖加价暴利"引起消费者的广泛关注。

一位微博网友称，在"麦乐送"App 上点餐时发现同样的单品，外卖价格比堂食的价格高很多，甚至一款套餐外卖比堂食贵了 11 块钱，而且还有额外的外送服务费。随后，记者也尝试在"麦乐送"进行点餐，发现在选择到店取餐的情况下，网友点名的"麦香鱼套餐"售价为 21 元；在选择"麦乐送"外卖的情况下，同款套餐的价格是 27.5 元，且仍需额外支付 9 元外送费，同款套餐堂食与外卖的价差达到 6.5 元。随后，记者又对麦当劳的其他单品进行了点餐，通过对比多种产品发现，麦当劳的不少产品存在同餐不同价的情况。这种情况现在比较普遍。比如，记者在美团外卖平台发现，嘉和一品和平里店相同产品外卖价格远高于堂食价格：同一款扁豆焖面，外卖价格 23 元，堂食价格仅为 19 元；牛肉肉饼的外卖价格为 22 元，堂食价格则为 21 元；其他餐品如皮蛋瘦肉粥、葱花饼等多种餐品均存在外卖定价高于堂食的情况。同样的状况也存在于中式连锁餐饮品牌眉州小吃、小恒水饺的定价策略中，记者了解到，眉州小吃环贸店主食、菜品及饮品等部分产品的外卖定价也高于堂食。同样的产品，外卖顾客既不占用店铺的桌椅，又不享受空调、茶水等店内服务，为何却要多付钱呢？

案例分析

完全竞争企业均衡理论告诉我们，成本是支撑价格的基本因素；短期内企业会按照市场价格，把产量确定在短期边际成本和边际收益相等的水平上。在这种决策下，企业制定的价格如果高于平均成本，则赚取超额利润；如果价格等于平均成本，则盈亏平衡，收支相抵，企业只赚取正常利润；如果价格低于平均成本，但又高于平均可变成本，则有亏损，但是企业短期内会断续生产，否则亏损更大；如果价格低于平均可变成本，则有亏损，且需要停产才能将亏损减至最小。外卖是竞争性较强的行业，外卖企业短期经营行为也符合完全竞争企业短期均衡理论的原则。

外卖为何越来越贵？其原因就在于成本的上升，包括以下几个方面。第一点是平台佣金配送费上涨了。商家入驻外卖平台，只要证件齐全并通过审核都是不收费的；但是入驻平台后，平台会收取服务费，也就是所谓佣金。商家在平台每成交一单，平台就会收取相应的服务费。2021 年 5 月前，外卖平台收取佣金大致在 15%～26%，不同地区费率会有一定的差异。26％的佣金意味着 100 块钱的订单平台分 26 块钱,商家得 74 块钱,去掉房租、人力成本、水电等,利润就更少了。2021 年 5 月后,外卖平台普遍推行费率改革,不再采用之前一口价佣金抽成了,而是拆分成技术服务费和违约服务费;表面上看,佣金从以前的 20％多下降到 6％多,但加上其他项目,实际费用就更高了。还有很重要的一项费用是配送费,一开始平台不收配送费,后来这项费用也逐渐上涨了,以前 3～5 元的配送费,目前一份外卖的配送费经常需要 6～8 元,远距离甚至达到 10 元以上,更远的可能高达 15 元。商家为了不亏本,会通过减少餐品分量、提高餐品价格以及附加餐盒费等方式节省支出,最终这些成本会有部分转嫁到消费者身上。第二点就是营销费用也上涨了。对于平台来说,为了提高竞争力,让更多消费者来自己的平台,吸引消费者,就会不时地推出满减活动、免费送、新用户立减等福利活动。早前各外卖平台为了抢占市场壮大平台势力,纷纷采取烧钱补贴的低价促销手段,吸引了大批商户和消费者,但也导致平台经营成本上升,盈利压力加大。以美团外卖为例,2018 年营收 652.3 亿元,同比增长 92.3％;却亏损 1154.9 亿元,系上市以来最高水平。随着外卖市场的成熟,用户消费和商家经营的习惯已经养成,外卖平台不再补贴商家,甚至还把优惠补贴逐渐转移到商家承担,外卖平台的抽成也逐步提高,餐饮店外卖成本随之不断增加。随着外卖行业进入下半场,商家之间的竞争也很激烈;平台排名靠前的商家需要给平台缴纳推广费,交得多的排名就靠前,就更能引起消费者的注意。竞争越激烈,营销费用就越贵,对于大部分商家来说,这些费用自身消化不了,最后只能转嫁到消费者身上。第三点与近年商家的经营成本上涨有关。新冠疫情的这三年,全球物流的压力加大,很多如面粉等基础食材价格都上涨了,另外像房租、人力成本、打包费等有一定程度的上涨。外卖产品和堂食产品虽然从消费者角度看是一样的,但是从企业角度看差异非常大。选择堂食的消费者不仅消费了产品,还消费了门店的环境和服务;而选择外卖的消费者不仅消费了产品,还要消费包材、配送费及平台服务。从这个角度看,虽然消费者消费的是同样一个餐品,但实际消费的产品却是不同的,自然成本结构就会有差异。堂食的成本主要包括餐品原材料、房租、人力、能源,但外卖成本除了上述店内所有成本外,还要包括平台佣金、物流配送、外卖包材、流量营销等成本,二者不能相提并论。①②

　　针对以上三点,从商家的视角来看,外卖涨价主要是配送费和平台的抽成(佣金)越来越高所导致的。平台佣金配送费上涨带来的菜品平均成本上涨,只要在商家原先价格之下,商家是可以承受的;或者,佣金配送费上涨只是疫情背景下的平台短期行为,且其成本在菜品平均可变成本之下,那么在短期内商家也是可以承受的。如果外卖平台佣金上涨趋势不可逆,补贴也不会回到从前,餐饮企业如果想要从外卖业务中获利,调价就是最直接的方式。对一些知名餐厅或连锁店来说,它们有稳定的顾客群,有比较强的市场议价能力。平台抽成提高后这些大商家可采取菜品涨价、减少满减优惠,或自己送外卖等措施应

　① 　于民星,冯雪,毕延浩.运营成本上升,外卖涨价将成常态[J].中国食品,2019(16):63-65.
　② 　孙明月.“外卖自由”正离我们远去,你吃的外卖涨价了吗?[J].财富生活,2019(2):12-14.

对。但很多以外卖订单为主的小商家,议价能力差,平台提高抽成后,因为顾客不稳定,他们不敢轻易涨价,只能在饭菜上"打折扣",或者干脆退出市场;因为涨价,部分外卖消费者也会离开平台,自己烹饪或进店堂食;平台因为订单和商家的减少,也会考虑将佣金配送费调整在合理的区间。最终在平台、商家和顾客的三方博弈下,外卖市场会达到新一轮的均衡。总之,通过外卖叫餐,消费者享受到了足不出户吃饭的便利,再加上中间环节成本的上涨,最终会转移给消费者,造成外卖越来越贵的现象,以前大家感觉外卖便宜,主要是平台发展初期,背后资本砸钱,推动大力补贴,等到更多的消费者和商家进入平台后,资本是要回报的,必然会逐渐涨价,把之前的补贴赚回来,这种商业模式在共享单车、出行、打车等行业是一样的。商家想要获得长远的发展,不能一味地靠涨价来解决,消费者会考虑性价比,只有让利益分配机制更合理,更公平,才能让外卖行业走得更远。

问题讨论

(1)试从大学生的视角分析外卖与堂食两种方式的优劣处。

(2)对于平台佣金配送费涨价,如果你是小商家,你将如何应对?

理论提示

(1)完全竞争企业短期均衡理论

(2)成本理论

(四)数字化转型提升企业竞争力

案例内容

数字化已经渗透到了社会的方方面面,数据成为新的生产资源和财富来源,也带来全新的商业和思维模式。数字化信息可共享、可重复使用、复制成本低,因此可以帮助企业形成自动化数据链,推动生产制造各环节高效协同,降低智能制造系统的复杂性和不确定性,改善组织效率。更进一步而言,消费者主权持续崛起,为了能够及时捕捉并快速响应客户的动态化需求,数字技术成为帮助企业提升敏捷性和洞察力的重要工具。

企业数字化转型是时代发展的必然趋势。数字化转型大潮中,企业如逆水行舟,不进则退。数字化转型是中小企业提升抗风险能力、增强市场竞争力和实现效益增长的新机会。尽管企业数字化转型是大势所趋,然而,如何成功实现数字化转型却是一道现实难题,众多企业在数字化转型的门槛前望而却步,不知如何实现跨越。[1]

---

[1]　德培论道.数字化转型重塑企业竞争力!数字化转型经典案例[EB/OL].(2022-04-27)[2022-12-18].https://baijiahao.baidu.com/s?id=1731268084518199189&wfr=spider&for=pc.

案例分析

数字化浪潮正在席卷全球,践行数字化转型和提升企业的运营水平与竞争力,已经成为企业角力市场的重要议题。数字化转型可以使企业更高效地捕捉市场变化,更好地满足消费者个性化需求,有利于提高产品质量和获得规模经济优势降低产品成本,从而提高企业竞争力。

在历经数字经济发展变化,尤其是新冠疫情带来的影响后,中国企业数字转型成熟度稳步提升。国际知名咨询公司埃森哲于 2021 年 3 月至 7 月期间,对多家企业的高管就数字化推进过程中的挑战和思考进行了深度访谈,总结出企业数字化转型持续推进所面临的三大挑战。挑战一,战略不清晰,转型方向不明确。部分企业没找到未来竞争的着眼点与商业模式。在这种情况下,企业往往孤岛式盲目部署数字化,难以从数字化投入中看到价值。挑战二,数字化能力基础薄弱,转型难以深入。企业原有的系统老旧,管理制度传统,流程复杂,数字化转型底座不牢,在原有基础上修补往往出现无法兼容的问题,推倒重建又容易对企业经营造成"伤筋动骨"的损失。挑战三,数字化转型价值难以变现,投入无法持续。数字化转型是涉及企业全业务、跨职能的系统性改革工程。企业只有全面部署、系统深入才能最大化解锁和释放数字价值。

在这种情况下,成功进行数字化转型的企业或可以提供一些参考借鉴。

(1)中国航发——数据集成贯通

中国航发全称为中国航空发动机集团有限公司,自组建以来,将信息化建设贯穿于产品论证、研发、智能制造、供应链、服务保障等全生命周期中,且取得了较好的成效。

例如,以数字样机和虚拟仿真为代表的产品设计赋能平台,不仅大幅度提升了航空发动机产品设计的设计效率和准确率,还加快了产品设计迭代过程。此外,在产品制造方面,随着制造执行系统(MES)生产线的全面铺开使用,企业资源计划(ERP)系统的落地生根,产品制造流程已经实现产品数据、制造数据的集成贯通,以数字孪生为代表的先进智能制造技术正在生产线上发挥着日益重要的作用。

(2)中化集团——打造云链驱动增长

中化集团主要借力"66 云链"进行数字化转型。"66 云链"由中化能源、中信兴业、宁波大榭管委会等共同投资设立,整合了危险品车辆、船舶、火车运行信息,以及应急管理、市场营收、异常预警、天气、大宗商品价格走势等实时数据,打破数据隔离,助力该企业真正把数据资用起来,驱动增长。

2022 年 4 月,中化能源科技"66 云链"已将近千家合法合规的危险品运输车队、20 余家液体化工品库区、14 家商检公司(CCIC、BV、SGS 等)连接其中,可查询内贸液货危险品船舶 6000 余艘、全国 1 万多家危险品运输公司和近 40 万辆危险品车辆信息。中化集团是国内目前唯一构建了覆盖仓储、车船运输的石化供应链数字基础设施公司,可提供车辆预约排队系统、车/船运输可视化系统、在线备案系统、仓储在线查询、数字提单等在线物流综合解决方案和区块链数字仓单产业金融解决方案。

问题讨论

(1)如何看待数字化转型与企业竞争力?

(2)怎样才能真正实现数字化转型?

理论提示

(1)完全竞争市场理论

(2)企业竞争力

(五)数字经济降低企业经营成本

案例内容

当前,新一代信息网络技术与制造业的深度融合,先进传感技术、数字化设计制造、机器人与智能控制系统等日趋广泛应用,推动研发设计、生产流程、企业管理、销售服务等业务流程数字化、智能化转型,形成人机共融的智能生产模式。随着物联网、大数据、5G、区块链等数字技术的逐渐成熟,生产的数字化、网络化特征日趋明显,科技的高速发展正在为企业的资产、设备、组织人员重新赋能。以往居高不下的企业经营成本有望得到调整。在降低企业成本方面,数字经济有哪些具体的作为呢?

案例分析

数字化平台提供全面、互通、精准的数据,从不同维度对企业进行分析,以获得更多更好的成本管理,促进企业内部各个部门、各个生产环节之间的相互交流,从而降低经营成本。

(1)企业信息搜集和匹配成本降低了。在数字技术的引导下,实体世界和网络虚拟空间实现了互联,企业能够通过互联网络获取广泛信息。企业能够对消费者的偏好进行追踪,以更好地为消费者提供个性化的产品及服务,实现供需的精准匹配。

(2)企业采购成本降低了。在平台上,根据生产过程的原材料品质数据,判断每批次采购质量,指导采购部门进行供应商的筛选,从采购源头解决问题。数字化给供应商的选择提供了更多便利,供应商从数据当中获取最优解,为组织降低采购成本。

(3)企业成本核算更加精准。数字化形成的信息库中生产经营的全部数据,可以提供给不同部门使用,使得部门之间实现信息对称。在进行成本分析的时候,可以直接提取到与业务相关的一手数据,提升工作效率,成本分析更加精准可靠。

问题讨论

(1)企业经营成本的构成部分包括哪些方面?

（2）数字经济对企业成本有什么影响？

理论提示

（1）完全竞争市场理论

（2）企业成本理论

第五章 不完全竞争市场

一、基本原理与数字经济时代的适用性

（一）基本原理

在上一个章节里面,我们主要讨论了完全竞争条件下的企业生产和定价决策行为。而在本章则要分析其他市场条件(如垄断、垄断竞争和寡头垄断)的类似问题。但在不完全竞争条件下,企业的产品供给函数不存在,所以本章着重讨论各种不完全竞争企业利润最大化产量和价格的决定过程。

1.垄断企业的产量和价格决定过程

垄断意味着整个市场"只此一家",垄断企业的产量在市场上的占有率是100%。垄断主要有四种类型:资源垄断、特许垄断、专利垄断和自然垄断。如果某种产品的生产必须有某种关键资源,而这种关键的资源又为某个企业所独有,那就构成资源垄断。如果是政府利用行政或法律的强制手段,把生产某种产品权利给予某个企业,而不允许任何其他企业染指,这种情况就属于特许垄断。除了这两种基本的垄断外,还有一种垄断也非常重要,就是专利垄断。顾名思义,专利垄断就是某个企业拥有生产某种商品的专利权。与这三种垄断相比,自然垄断形成的原因复杂一些。自然垄断的产生常常与规模经济相关:某种生产的不变成本相当大,而可变成本及边际成本又相当小,只有产量充分大,平均成本才能达到最低点。为了降低成本,市场中的每个企业都努力地增加各自的产量,并相应降低价格,最后价格战的优胜者就成了市场的垄断者,也就是所谓的自然垄断。

为了分析垄断企业的行为,需要先了解其边际收益曲线。由于垄断企业是市场唯一的生产者,那么其面临的需求曲线就是市场的需求曲线。有别于完全竞争市场的情况,垄断企业面临的需求曲线是向右下方倾斜。进而,可以推出其边际收益曲线也是向右下方倾斜的,并且斜率小于市场需求曲线。因此,在完全垄断市场上,不仅厂商的平均收益随着商品的销售量增加而减少,而且边际收益也是随着商品销售量的增加而递减的。

垄断企业利润最大化的条件是根据边际收益等于边际成本来确定垄断企业的理论最大化产量,然后再根据理论最大化产量以及需求曲线来决定理论最大化的价格。在短期内,垄断厂商无法改变不变要素的投入,只能在既定规模的限制条件下通过对产量和价格的同时调整,来实现利润的最大化。

短期中,垄断企业可能盈利,可能不亏不盈,甚至可能亏损。若出现亏损的情况,垄断企业是否停产,取决于平均收益与可变成本的相对大小。如果平均收益大于平均可变成本,则继续生产,否则就停产。

长期中,垄断企业可以通过调整生产规模实现利润最大化。若存在亏损,那么垄断企业就会退出该行业。因此,在长期内垄断企业利润最大化只有两种可能,即不亏不盈或盈利,通常后者更常见一些。

垄断企业可通过对不同的购买者索取不同的价格,即价格歧视,来进一步增加自己的利润。实行价格歧视必须具备两个条件:一是生产者之间不存在竞争。这是保证企业具有某种程度制定价格的能力。二是消费者之间不存在倒买倒卖产品的行为,否则价格歧视难以维持下去。价格歧视可以分为三类:一级价格歧视、二级价格歧视和三级价格歧视。一级价格歧视是指垄断厂商对每一单位的产品都按照消费者愿意接受的价格来出售。二级价格歧视则是垄断企业把全部的产品分成若干"堆",对每一"堆"产品按照消费者的边际意愿支付来定价。若是根据不同的需求价格弹性对消费者群体收取不同的价格,这就属于三级价格歧视。

2.垄断竞争企业产量和价格决定

从企业数量上看,与垄断市场只有一家企业不同,在垄断竞争市场上存在许多企业,每一家的市场份额都微不足道。从产品差异上看,垄断竞争企业提供的产品并不完全相同,略有差异。

由于垄断竞争企业具有一定的价格控制能力,所以,与垄断企业一样,垄断竞争企业面临的需求曲线也是向右下方倾斜的。但各垄断竞争企业的产品之间具有极大的替代性,故垄断企业面临的需求曲线不会像垄断企业面临的需求曲线那样陡峭。垄断竞争企业面临的需求曲线不止一条,通常区分为主观需求曲线和客观需求曲线(又称比例需求曲线)两种。假设某个厂商调整价格时,其他厂商的产品价格保持不变,那么该厂商面临的就是主观需求曲线。若某个垄断竞争产品的价格调整时,其他垄断竞争厂商产品的价格也会发生变化,那么该厂商面临的就是客观需求曲线。与主观需求曲线相比,客观需求曲线更为平坦,原因在于垄断竞争厂商的产品之间具有某种程度的替代性。从垄断竞争企业的需求曲线就可以推导出其相应的收益曲线。进而,就可以知道其边际收益曲线。

通常采用主观需求曲线下的边际收益等于边际成本来确定产量。垄断竞争企业的短期利润最大化在形式上与垄断企业完全相同,也会出现盈利、不亏不盈和亏损三种情况。而在长期,与完全竞争的情况一样,垄断竞争企业只能获取零利润——企业会因亏损而退出,因盈利而进入。

3.寡头厂商的行为模式

在寡头市场中,只有少数几家控制着全部或者大部分产品的生产和销售,每个厂商都能够改变市场的价格和产量。无论是和完全竞争或垄断竞争相比,还是和完全垄断相比,寡头的情况却要复杂得多。作为行业的寡头厂商,他们之间的行为是相互影响、相互依赖的。寡头企业最初行动的结果到底如何,取决于其他企业的反应状况。其他企业的反应是一个非常复杂的问题,受到各种各样复杂因素的影响。

三种寡头垄断的经典模型为:古诺模型、价格领袖模型和斯威齐模型。这三种模型的差别在于假设的不同。古诺模型假设市场上只有两个企业;两个企业生产的产品完全相同;无论寡头企业采取什么行动,其他企业的产量都保持不变。价格领袖模型假定其他企业跟随寡头企业同时和同等程度地改变价格。而斯威齐模型是假定其他企业跟随寡头企业同时和同等程度地降低价格,但不随寡头企业提高价格。

以上三种经典的寡头垄断模型,隐含假设寡头企业相互之间没有相互串谋。但是在现实中,有一些寡头企业会公开地或秘密地勾结在一起,共同制定价格、限定产量和瓜分利润,这就形成了所谓的"卡特尔"。卡特尔寡头市场的一个特例,会使市场变成一个垄断的市场,就像一个垄断企业一样,追求总的利润最大化。

4.博弈论和策略行为

寡头市场一个突出的特点是,各个寡头企业之间的行为相互影响。这个特点使得寡头企业的行为,可以采用"博弈论"的方法进行分析。任何博弈都有三个基本要素,即参与人、参与人的策略和参与人的支付。通常把博弈最终结果的策略组合,叫作博弈的解或博弈均衡。进一步地,如果在一个策略组合中,当其他人都不改变策略时,没有人会改变自己的策略,那么该策略组合就形成一个"纳什均衡"。可以通过相对优势策略寻找一个博弈模型的纳什均衡。相对优势策略,是在其他人已经选定其策略的条件下,该参与人的最优策略。但要注意的是,并不是所有的博弈模型都存在纳什均衡。

5.不同市场结构的效率比较

完全竞争、垄断竞争、寡头垄断和完全垄断市场表现出不同的均衡效率。这里主要从静态和动态两个方面展开比较。从静态来看,完全竞争市场是最有效率的,不完全市场则缺乏效率。在不完全竞争市场中,垄断竞争市场效率最高,其次是寡头市场,垄断市场的效率最低。但是,若引入技术进步的因素,上述结论可能就不大一样,即非完全竞争市场未必是低效率的。非完全竞争厂商利用高利润所形成的经济实力,更有条件进行各种技术创新,推动技术进步。

(二)数字经济时代的适用性

与完全竞争市场相比,本章讨论的不完全竞争市场更接近现实的经济生活。对不完全竞争市场状态下厂商的行为分析,如面临的需求曲线、收益曲线及其均衡过程,有利于我们更好地理解现实经济活动。整个分析过程所采用方法,仍然适用于数字经济时代。但是,垄断的现象在数字经济时代更容易发生,"赢者通吃"效应更加明显。例如,与传统经济相比,平台经济更容易实现规模经济,更容易呈现寡头化的市场特征。但数字经济对技术的依赖性较强,数字技术又日新月异,技术和产品状态都处于快速迭代之中。即使没有遭受反垄断,在位的垄断者,也有可能被新的技术淘汰掉。数字经济下的垄断虽然提高了企业的利润,也掠夺了消费者剩余,损害了整个社会的福利。针对数字经济下的垄断行为,建立有效的监管机制,对促进中国经济高质量发展具有重大的意义。

二、案例分析

(一)平台经济"二选一":构成不正当竞争吗?

案例内容

1.阿里巴巴平台"二选一"市场垄断

2021年4月10日,中国国家市场监督管理总局依法对阿里巴巴集团控股有限公司(以下简称"阿里巴巴集团"或"阿里")实施"二选一"垄断行为作出行政处罚。根据处罚公告,经查,自2015年以来,阿里巴巴集团利用市场支配地位,对平台内商家提出"二选一"要求以维持、增强自身市场力量,获取不正当竞争的证据确凿,根据《反垄断法》对阿里巴巴集团进行处罚。

为了限制其他竞争性平台发展,阿里实施"二选一"行为。首先,阿里禁止平台内核心商户在其他竞争性平台开店。其规定核心商家不得进驻其他竞争性平台,应专注于在阿里平台开展网络零售业务,或将阿里平台作为中国境内唯一网络销售渠道,不考虑自行或由代理商通过其他网络零售平台进行交易,改变现有网络零售渠道需经阿里同意等,以达到保证核心商家仅在阿里平台经营的目的。2015年,优衣库官方曾发布公告,声明称自该年度7月20日起,京东优衣库旗舰店停止营业。彼时,由于优衣库是天猫服饰类核心品牌,为保障竞争力,天猫与其签署排他协议,而后其从京东下架。其次,阿里还要求平台内经营者不得参加其他竞争性平台促销活动,包括不得参加其他竞争平台的促销会场、不得在其他竞争性平台为商品贴上促销标签、不得在店铺内营造促销活动氛围等。此外,阿里还采取多种奖惩措施保障"二选一"要求的实施。一方面通过流量支持等激励性措施促使商家"二选一",另一方面还通过人工检查和互联网手段监控商家,并实行包括减少促销活动资源支持、取消参加促销活动资格、搜索降权、取消在平台上的其他重大权益等惩罚措施威慑商家执行"二选一"要求。①

　　2.美团平台"二选一"市场垄断

　　2021 年 10 月 8 日,市场监管总局依法对美团"二选一"垄断案作出行政处罚决定。经查,2018 年以来,美团滥用在中国境内网络餐饮外卖平台服务市场的支配地位,以实施差别费率、拖延商家上线等方式,促使平台内商家与其签订独家合作协议,并通过收取独家合作保证金和数据、算法等技术手段,采取多种惩罚性措施,保障"二选一"行为实施,根据《反垄断法》市场监管总局依法作出行政处罚决定,责令美团停止违法行为,全额退还独家合作保证金 12.89 亿元,并处以其 2020 年中国境内销售额 1147.48 亿元 3% 的罚款,计 34.42 亿元。

　　为阻碍其他竞争性平台发展,美团系统、全面地实施"二选一"行为:首先,采取多种手段促使平台内经营者签订独家合作协议。要求平台内经营者需要"将全部网络营销资源和精力投入美团平台""仅和美团建立战略合作关系""不再与美团经营相同或近似的网络服务平台进行业务合作""仅在美团及其旗下相关网络服务平台开展合作"等内容,限制平台内经营者与其他竞争性平台合作,以巩固自身市场地位,削弱其他竞争性平台的竞争力。其次,通过多种方式系统推进"二选一"行为实施。当事人通过建立考评机制、开展攻坚"战役"、加强培训指导、强化代理商管理等方式系统推进"二选一"行为实施。此外,美团还采取多种措施有效保障"二选一"要求实施。一是开发大数据系统,对平台内经营者上线竞争性平台进行自动监测和处罚。二是综合采取多种惩罚性措施迫使平台内经营者停止与其他竞争性平台合作。三是向独家合作经营者收取保证金。②

案例分析

　　"二选一"通常指要求第三方在己方和竞争对手之间选择自己,属于排他性交易行为。实际上,排他性交易并不是平台经济的特有现象,在传统经济中也广泛存在。在平台经济中,"二选一"通常表现为以下四种形式:第一种是平台企业要求产品或服务的提供者签订独家合作协议,禁止其与其他平台合作,如阿里巴巴对第三方商家的"二选一";第二种是通过差别待遇,鼓励商家独家经营,惩罚多栖经营的商家,对其收取较高费用,或进行搜索降权、限流等限制,如美团对餐饮商家在佣金抽成上的差别费率;第三种是要求版权方对平台进行独家授权,如腾讯音乐在众多音乐作品上的独家版权;第四种则是凭借自身产品对用户具有一定不可替代性,利用技术手段对其他公司的产品实施恶意不兼容,要求消费者"二选一",如腾讯与 360 的"3Q 大战"。

　　①　国家市场监督管理总局行政处罚决定书:国市监处〔2021〕28 号［EB/OL］.(2021-04-10)［2023-12-20］.https://m.thepaper.cn/baijiahao_12138289.

　　②　市场监管总局.市场监管总局依法对美团在中国境内网络餐饮外卖平台服务市场实施"二选一"垄断行为作出行政处罚［EB/OL］.(2021-10-08)［2023-12-20］. https://www.samr.gov.cn/xw/zj/art/2023/art_4966dda92ab34c398615f5878c10c8f1.html.

平台经济由于具有较强的网络效应,其竞争不仅仅是技术、服务、商业模式上的竞争,更是规模与流量的竞争,而"二选一"行为通常可以帮助头部平台迅速扩大自身网络规模优势,这激励其采取"二选一"策略。"二选一"行为是平台企业通过一系列正向和负向的激励措施,迫使第三方商家在自己平台独家经营的一种策略,如对独家商家给予费率优惠、流量倾斜等支持性措施,或对违反独家规则的商家进行限流、限制经营范围,甚至全面封禁等惩罚性措施。从对竞争影响的机理看,"二选一"的竞争策略显然会使得商家在不同平台间的转移成本变得非常之高,同时其在供给侧建立的"人无我有"的品类优势,有利于本平台巩固自身市场地位,提升竞争性平台进入的门槛。对于一个处于垄断地位的平台而言,即使该平台目前确为市场上效率最高的平台,但如果它通过"二选一"提升了用户转移成本,那么此后即使它的市场效率下降,或出现过度挤压第三方商家利润空间等行为,具有更高效率的潜在进入者也很难再进入该行业。

"二选一"行为破坏了平台内竞争者之间的公平竞争秩序。不论强迫性还是诱导性的"二选一"行为,都会造成平台内经营者之间的非对称竞争,因为平台对独家商家采取的一系列优待措施,使得这部分商家具备了更多的竞争优势。比如,在阿里巴巴平台"二选一"案中,主要优待的是大型品牌商家,给予这些大品牌更多的流量支持、展示支持等,使得本就处于弱势地位的中小商家面临更加不利的竞争局面。再比如,美团外卖平台"二选一"案中,对独家商家和非独家商家在佣金费率上搞差别待遇,使得同类商家的成本结构发生变化,进而无法在平台内进行公平竞争。

相对而言,相关平台领域中小商家占比越高,"二选一"行为的负面效应可能越大。由于平台经济领域的竞争具有强烈的马太效应,这一特征在部分细分市场也会向与之相结合的传统行业传导,即平台所带来的大部分流量,往往会流入一部分头部商家。如果该行业中以中小商家为主,那么当垄断平台进行"二选一",或各平台互相进行"二选一"时,行业内就可能出现分化:大部分商家都会失去一部分市场,却无法获得相应的引流服务补偿,由此导致其利润降低,进而引发服务质量下降,消费者也会因此遭受损失;小部分商家获取大多数流量,由此具有一定市场势力,即第三方商家所在行业也会向趋于垄断的方向变化。特别是当平台以差别待遇的方式实现"二选一"时,更是直接体现了平台作为市场经济的参与者和组织者的身份冲突,对相关行业市场的公平竞争造成损害。①

问题讨论

(1)请运用所学的经济学理论判断,平台经济领域的"二选一"策略是否合理?

(2)哪些企业的行为调整需要由政府相关部门监管?

理论提示

(1)垄断程度的确定

(2)反垄断的理论与实践

---

① 李强治,王甜甜,刘志鹏.我国平台经济领域"二选一"现象的成因、影响及对策[J].信息通信技术与政策,2022(1):51-56.

（二）新石油：数据垄断

案例内容

在数字经济时代，人们正渐渐地将数据看成是新时代的石油。2017年5月，英国《经济学家》杂志刊发了一篇文章，题目名为《世界上最有价值的资源不再是石油，而是数据》，将数据的重要性提升到了无与伦比的高度，比工业时期的石油更重要——数据作为数字经济时期的最重要的资源，一旦脱离了它，我们便无从进行各种各样的有效和精准的决策。一种新的大宗商品正在一个利润丰厚、增长迅猛的行业中酝酿。如果是在一个世纪前，这种商品就是石油。而现在，引发巨头们争相抢夺的变成了数据，也就是数字时代的石油。

智能手机和互联网催生了海量数据，不仅无处不在，价值还大幅提升。无论是跑步、看电视还是堵在车流中慢慢前行，几乎所有的活动都会留下数字足迹，从而贡献更多的原始数据以供分析。随着手表和汽车等更多设备接入互联网，数据量只会有增无减：有的人估计，无人驾驶汽车每秒将会产生100GB的数据。与此同时，机器学习等人工智能技术能从数据中获取更多价值。算法能预测客户打算何时下单、喷气发动机何时需要维护，或是某人可能何时罹患某种疾病。如今，GE和西门子等工业巨头把自己定位成数据公司。

海量的数据变化改变了竞争的特性。通过收集更多的数据，企业便可改进自家产品，从而吸引更多用户，甚至生成更多数据。数据也可以成为抵抗竞争对手的方式。目前，在金融、社交、电商、物流、医疗、酒店、出行等各个领域，都形成了一个或多个数据寡头，它们垄断了某一个行业内的数据。Facebook在2014年斥资220亿美元收购员工总数不到60人的WhatsApp，是为了消灭潜在竞争对手，借助数据有效遏制竞争。那么在中国有没有数据垄断？实际上，尽管有些企业声称自己没有数据垄断，但中国人民银行科技司司长李伟却不以为然，他曾表示："一些规模较大的机构通过开展综合业务，大量汇集信息流、资金流与产品流，加之基于网络的云存储技术使金融数据高度聚集，数据寡头已经产生。"①

案例分析

通观从工业文明时期到当前数字经济时期，垄断的表现也大相径庭。简要来说，我们大致可以将此期间的垄断分成四类：第一类垄断称之为自然垄断。例如沙特阿美公司，坐拥开采成本特别低、品质特别好的油气资源。据此，沙特阿美就有可能在边际上形成对全

---

① 钟伟. 警惕数据寡头终极垄断[J]. 新金融,2020(1):14-18.

球油价定价权的垄断，这也就是资源型的垄断。第二类垄断称之为行政垄断。在一些计划经济国家，特别容易形成对企业的行政权力型垄断。行政垄断对竞争的扭曲是最为严重的，除非行政权力得以纠正，否则垄断不会消除。第三类垄断称之为技术垄断。在自然垄断和行政垄断之后的技术垄断，就是随着后工业文明时期的信息化而逐步出现的。垄断没有最复杂，只有更复杂，数据寡头已然降临。在数字经济时期，当技术垄断和大数据资源混合在一起，便又形成了数据寡头，这便是我们所说的第四种垄断类型——数据垄断。

垄断的本质是排他性独占，当人类社会逐渐进入信息化和数字化时期。人类的各种活动被更为紧密地联系到一起，时间和空间被大大凝聚。2017年6月，荷兰经济事务部发布的《大数据与竞争》报告认为数据主要有六点特性：非竞争性、一定的排他性、迁移性、可替代性、互补性和非持久性。而正是基于数据特性和数据驱动型公司的商业模式特点，数据垄断也就顺其自然地产生了。

首先，数据价值密度低，其价值需要挖掘海量数据得到。其次，虽然数据不具对抗性，但收集数据仍具有一定的技术和法律门槛，导致其前期投入成本高，而后期边际成本低，极易形成规模经济。大公司通常具备较高的技术水平和投资成本，这是收集海量数据的必备前提。再次，大公司通过业务扩张、投资、并购等方式，建立了横跨多领域的商业生态圈，掌握并打通了各数字化领域的用户数据，如社交、购物、交通、医疗等。各领域数据的融合形成了数据寡头公司的海量数据基础。研究发现，数据收集规模较大的公司通常拥有覆盖各领域的大量移动应用程序，如腾讯公司开发移动应用程序，在安全、社交、新闻、音乐、游戏等多领域的数据收集中占优势地位。最后，也是最根本的原因，拥有数据及相关的算力和算法的企业可能产生市场力量。如果一个企业能够拥有一定的数据及相关的算力和算法，自是其他企业没有替代性地或者无法获得的，它就有可能会形成一种市场壁垒。各领域内既有市场份额较高的公司，其用户规模巨大，所收集到的用户数据远超市场份额较小的小型公司或初创公司。基于数据的算法可提升企业提供产品和服务的质量，进而吸引更多用户。"使用者反馈"与"获利反馈"使得大公司数据收集能力不断自我提高，造成各数据收集者间的数据鸿沟越来越大。

数据垄断已经带来了一系列的问题。当前在诸多领域，如中国的电商领域、支付领域、物流领域以及商旅出行领域等，都已经形成了明显的数据寡头。同时，这些数据寡头使得同业竞争非常艰难，跨界竞争也变得异常艰难。同业之间排名三四位之后的那些企业，如果想要获得成长，或者想要打通数据孤岛，以更多的数据挖掘来形成自己的差别化竞争优势，已变得特别困难甚至不可能——因为这些企业首先要面临的问题尚不是人力、资金、技术等能力的不足，而是数据资源的不可得。仅有好的新型发动机雏形，没有数据来回运转，技术怎么可能有市场化的转换机会？

数据垄断必然会带来的壁垒，即数据壁垒。一方面，排除、阻碍横向竞争，同领域内数据存量较小的小型公司或初创公司无法与数据寡头进行有力抗争。拥有更多数据资源的企业可能会利用手中的资源来采取一些"妨碍性滥用"行为。另一方面，拥有丰富数据的企业之间可以更好地进行交流,从而进行合谋。这里面包含了两个层次:第一是数据之间的合谋,第二是通过算法的设计,企业之间达成交流,实现合谋。这个数据壁垒,正是由于超级平台的生态圈闭环所致,如是数据壁垒难以攻破。比如 2019 年上半年,某社交平台以申请禁令形式要求法院禁止抖音、多闪用户使用与其同样的昵称与头像。

数据垄断将使得对消费者的保护变得日益艰难。对此,人们最熟悉的是所谓的"数据杀熟"行为。平台收集消费者的身份数据、行为数据等,通过数据画像,透视消费者的消费意愿和预期价格,实施"一人一价"、差异化定价,这种价格歧视的实质正是利用算法与大数据来"杀熟"或"杀贫"。如滴滴平台通过大数据分析,在同一起点与终点的情况下,老用户打车费比新用户高,苹果手机用户打车费比安卓手机用户要贵。除了数据杀熟,更重要的事情是,在数据垄断的情况之下,消费者保护的法律合约问题将变得极为复杂。原来消费者在线下购物消费的时候,商家就是甲方,消费者就是乙方。双方签订了一个商品或者服务的购销合同后,双方的合同都较为简单透明,消费者保护的介入难度较低。然而,在数据寡头时期,从供货商、经销商,到物流,到平台,再到收货人是否及时收货等这一系列环节中,涉及的合约方并不仅仅包括甲乙两方,还可能涉及"ABCDE"等多方。故而最后消费者能不能获得令其满意的产品货物,从源头到经销商再到物流等环节中都有可能出现差池,因此消费者保护问题变得更为棘手。

数据垄断可能带来更大的隐私风险。隐私保护作为一项非价格竞争因素,在竞争失效的市场里被重视程度降低,如 2018 年意大利政府判定 Facebook 将数据非法提供给第三方。此外,海量数据的收集、处理和存储环节存在信息安全漏洞的可能性,如 2018 年谷歌旗下的社交网络"Google＋"接口泄露了约 5000 万用户数据。而当今人们的金融账户基本上均采用生物特征码,再加上一些硬件与用户密码等多重加密手段所形成。那么,在未来,如果这些数据寡头收集了足够多的生物特征码,同时又在硬件和密码技术方面有所突破的话,可能会给公民的财产安全带来很大的威胁。

问题讨论

(1)数据垄断会损害消费者剩余吗?

(2)哪些数据垄断需要由政府相关部门监管?

(3)数据垄断带来的结果都是负面的吗?

理论提示

(1)消费者剩余

(2)寡头市场理论

（三）价格协调新形式：算法合谋

案例内容

1.美国司法部起诉 David Topkins 利用算法固定商品销售价格案

2015 年 4 月 6 日，美国司法部指控亚马逊网站某商家的电子商务主管 David Topkins 利用算法固定商品销售价格。2013 年 9 月至 2014 年 1 月，Topkins 与其他亚马逊网站卖家协商一致，对于同类海报设定同样的价格。该合谋行为利用特定的价格定价算法来实现，此种定价软件通过收集亚马逊网站上各商家关于特定商品的价格信息，为商家提供定价规则。Topkins 和合谋者同意使用特定的算法为特定的海报商品进行定价，从而实现固定、增加、维持、稳定商品价格，使得合谋者的商品价格及其变动能够保持一致。2015 年 4 月 6 日，Topkins 被司法部起诉至加利福尼亚州旧金山北部地区的美国地区法院，指控其因固定价格而违反《谢尔曼法》第一条。

2.Meyer 起诉 Uber 案

2015 年 12 月 16 日，Spencer Meyer 对 Uber 首席执行官及联合创始人 Travis Kalanick 向地方法院提起反托拉斯集体诉讼，指控其违反《谢尔曼法》第一条以及《唐纳利法案》。Uber 是一家科技公司，通过运行一款名为 Uber 的 App 为司机和乘客提供连接平台，乘客可以使用 Uber 寻找附近的司机，司机可以在 Uber 上快速接单。通过 Uber App，用户可以要求司机将其送往指定目的地，并根据软件计算的金额支付车费。车费将直接汇入 Uber 账户，由 Uber 抽取一定比例的车费作为软件的许可使用费，剩余的金额汇给车主。由于车费的计算使用统一的算法，Uber 司机和乘客不能就车费进行自主协商，因此司机之间不会因为价格产生竞争。同时，软件中被设计了一个"价格激增"模型，车费可以在高峰时段上涨至原标准的十倍。

原告 Meyer 认为，无论是在新型软件乘车服务市场，还是将相关市场扩大至传统的出租车及其他乘车服务，Uber 都占据 50% 以上的市场份额。司机之间存在合谋的动机，通过统一的定价标准以及高峰时段价格上涨标准，产生了超过正常竞争的价格水平，而不是通过价格进行竞争，由此损害了乘客的利益。[①]

---

① 刘佳. 人工智能算法共谋的反垄断法规制［EB/OL］.（2022-01-18）［2023-12-20］. https://www.jfdaily.com/sgh/detail?id=637283.

案例分析

与传统实体市场相比，数字市场无论在信息的透明度、连接性还是可获得性上均有大幅度的提高，这些新的变化让市场中长期存在的信息不对称、搜索和比较价格信息成本、交易门槛以及商品本身的价格都出现了降低的趋势。数字市场取得的这些成就也与算法的使用分不开。通过算法，企业可以自动发掘消费者的需求，查看自己的存货，并配送货物。算法的应用产生了"双赢"的效果：对消费者而言，算法可以在线比较商品及其供应——享受价格更低的商品或找到更符合他们偏好的产品；对供应商而言，算法可以快速和高效地分析大量的消费者偏好数据，更好地回应消费者的需求并展开竞争——分配生产和销售资源，降低配送商品的周期，节省人力资源。然而，有资料显示，市场的数字化并没有给消费者带来预期和实质性的价格福利。该问题背后的原因较多，有人认为其中一个重要原因是竞争者利用算法实现价格合谋，进而损害消费者的利益。

价格合谋是市场经济的必然产物，至今已经存在至少几百年时间。在传统实体市场背景下，由人力来实现价格合谋。在数字市场背景下，由于算法在决策事务和回应对手方的速度极大提高，加上算法可以直接"读取"对手方算法的想法并预测其行为，算法开始部分取代合谋过程中的人力因素。竞争者利用算法协调价格越来越普遍。价格合谋会给竞争者带来更多利益，从而减少竞争动力，给市场公平带来损害。

算法以大数据为基础。所有的决策就建立在数据的基础之上，所谓"知己知彼，百战百胜"。由于人类大脑储存的数据有限，经常导致预测方面的偏差，譬如，驾车去目的地有三条路线，司机凭借自己的经验选择了最短的线路，但是，当按照此线路行进时，却发现堵车非常厉害，结果花了三倍的时间才到达目的地。算法软件可以储存海量数据，在完全信息决策的情形下，算法决策更趋于"正确"，如导航软件可以帮助司机选择最优出行线路，不仅省时，还可以避开堵车路段。

经济合作与发展组织发布的《算法与合谋：数字时代的竞争政策》指出，定价算法正在从根本上影响市场状况，导致价格高度透明和高频交易，使企业能够快速、积极地做出反应。以默契合谋为例说明算法的作用。默契合谋形成需要具备三个条件：第一，信息透明。透明度是默契合谋的基础，因为竞争者信息的高度透明让彼此很容易达到"心领神会"的状态，这就免除了合谋中相互的明确沟通。第二，关系持续。关系持续建立在彼此监督和相互报复机制之上，通过对偏离合谋的行为进行惩罚，可以维持合谋架构。第三，限制竞争。所谓限制竞争就是限制新的竞争者加入，避免重新竞争对默契合谋进行破坏。

而算法可以促进上述三个条件的成就：首先，算法可以提升透明度。传统市场中，竞争者之间的协调和等待成本很大，当一个竞争者通过提高价格表明合谋意图时，其他大多数竞争者要收到信息并做出回应需要较长时间，如果未得到回应，发出信号的竞争者就会接受提升价格所产生的利益，这种风险会让竞争者谨慎从事，最终导致协调迟延或者无法实现。利用信号算法就可以避免这种情况发生。信号算法可以在毫秒之内向对方传输信息,对方也可以及时接收并回应。其次,算法可以让竞争者在行动方面彼此更加相互依赖,该相互依赖让价格合谋更容易实现;竞争者一方面不断发送有关提高价格的信号,另一方面监控其他竞争者发送的信号。当所有竞争者最终通过发送相同的信号达成协议时,商定好的价格被固定,合谋结果出现。最后,算法可以监督彼此并快速启动惩罚机制,以制止一些竞争者对于默契的偏离。监控算法可以帮助竞争者高效地实现这一目标。譬如,美国许多加油站使用算法来检测竞争者的燃油价格,其做法是通过移动电话网络,由无线传感器网络和计算机视觉算法检测和读取由移动相机从价格板图像收集到的燃料价格。通过这种方法,竞争者马上会发现哪一个合谋伙伴偏离了价格协调。

算法合谋主要有显性合谋、轴辐卡特尔、默契合谋与虚拟合谋四种类型。(1)显性合谋。显性合谋的流程如下:竞争者通过会议、电话、电子邮件等形式进行磋商并达成协议,提前确定超竞争利益,然后彼此分享生产、销售、价格等敏感信息,同时建立监督机制并对"叛变者"进行惩罚,让合谋朝着预定方向发展。数字市场中也存在这样的价格合谋,其中算法在合谋中担任协议"执行者"的角色。(2)轴辐卡特尔。经典显性合谋的实现需要明确的沟通活动,容易被执法机构所"捕获"。为了规避反垄断执法,竞争者发明了一种比较隐蔽的合谋方式,将价格协调活动外包给第三方,这时便存在第三方与竞争者之间的纵向协议,并不存在竞争者之间的横向协议。这种以第三方主导而竞争者跟随的合谋架构被称为"轴辐卡特尔",其中第三方称为"轴",而竞争者称为"辐"。轴辐卡特尔之所以被划归显性合谋行列,是因为合谋建立在纵向协议和竞争者之间基于纵向协议的默契之上。(3)默契合谋。所谓默契合谋,是指竞争者进行独立决策而产生的"合谋"结果。典型默契合谋的例子是双寡头垄断。两个竞争者独立行事,但他们了解彼此的销售信息并相互依赖,即使双方没有明确就价格达成意思一致而只是独立做出决策,最终的结果也会促成相同的超竞争价格。(4)虚拟合谋。深度学习算法形成的合谋既不同于显性合谋,也不同于默契合谋,经济合作与发展组织报告中将其称为虚拟合谋。[①]

问题讨论

(1)用您所学的经济学理论判断,算法合谋是否合理?

(2)您遭受过企业算法合谋的伤害吗?

理论提示

(1)垄断的判定

(2)反垄断的理论与实践

(3)福利经济学

---

① 梁彦红,王延川.数字市场背景下的算法合谋[J].当代经济管理,2020,42(9):93-97.

（四）电商价格战的纳什均衡

案例内容

互联网的快速发展,使得许多电商企业迅速崛起,包括淘宝、京东和苏宁易购等,这些电商企业间竞争激烈,为了争夺市场常常爆发价格战。如在 2012 年,京东 CEO 通过微博宣布,京东商城所有大家电将在未来三年内保持零毛利,并"保证比国美、苏宁连锁店便宜至少 10% 以上"。此言一出,立即引来对手反击。苏宁易购通过其微博宣称,包括家电在内的所有产品价格必然低于京东,一场电商价格战就此拉开序幕。此外,每年"双十一",这些电商企业都会通过降价促销来吸引消费者。合理范围内的价格战有助于激励企业的发展,但恶性价格战带来的负面影响将是不可估量的。通过价格战来争夺市场会使得京东和苏宁易购的博弈陷入囚徒困境,使企业、行业利润都承受着巨大的损失,不管最后是京东还是苏宁获胜,两方的情况都会比价格战前的状况糟糕。这样的恶性价格战,于整个行业来说都是无益的。[①]

案例分析

京东和苏宁的价格战问题属于博弈论下的囚徒困境问题,通过分析各自降价和共同降价时双方的盈利额,建立博弈论模型(见图 5-1),进而寻求出两个企业的纳什均衡,得出一个理性的选择。

京东

		不降价	降价
苏宁	不降价	A＝1000,A＝1000	B＝300,C＝1200
	降价	C＝1200,B＝300	D＝600,D＝600

图 5-1　苏宁和京东价格战博弈矩阵

如表 5-1 所示,当京东和苏宁双方均不降价时,双方均可获得 1000 万元的收益;当京东和苏宁双方均选择降价时,双方各获得 600 万元的收益;当其中一方选择降价,另一方选择不降价时,降价的一方可以获得 1200 万元,不降价的一方获得 300 万元的收益。这时,我们假设京东降价,如果苏宁不降价,那么京东可以获得 1200 万元,而苏宁只能获得

---

① 张文辉. 基于博弈论视角下电商企业价格战分析[J].内蒙古统计,2020(6):24-26.

300 万元,如果苏宁选择降价的话,那么可以获得 600 万元,所以此时苏宁就会选择降价。如果京东不降价,此时苏宁降价就可以获得 1200 万元,不降价只能获得 1000 万元,所以此时苏宁的选择也会是降价。同理,京东也是这个想法,于是就会出现两家企业纷纷降价,这时就是陷入了博弈论问题中的"囚徒困境"。

此时博弈的结果就是,京东和苏宁达到了纳什均衡,即双方都选择降价。由表 5.1 我们可以看出,如果京东和苏宁双方都选择不降价的话,他们均可以获得 1000 万元,而当双方均降价时,他们各自只能获得 600 万元。从图表中得出的结论是,京东和苏宁都应该选择不降价,可是现实情况是,京东和苏宁为了获得经济利益最大化,以及他们看到了对方降价己方却不降价时可能蒙受的损失,京东和苏宁最后的选择都将会是降价,由个体理性出发导致了集体的无理性,这也达到了此博弈的纳什均衡。即使我们从行业利润最大化的角度可以得出双方均不降价,会达到行业利润最大化的结论,但这(不降价,不降价)并不是此博弈的纳什均衡,故双方最终还是会选择降低(降价,降价)。

问题讨论

(1)京东与苏宁各自的占优策略是什么?

(2)京东与苏宁之间存在合作的可能性吗?

理论提示

(1)理性原理

(2)囚徒困境

(3)纳什均衡

（五）大数据杀熟

案例内容

人们在享受大数据时代带来便利的同时,也受到了它的威胁,如大数据"宰人"。2018 年 2 月,据报道,经常通过"携程"软件订某个特定酒店的房间,常年价格在 380～400 元的微博网友"廖师傅",偶然一次通过前台了解到,其订购房间淡季的价格在 300 元上下。经朋友查询,确实是 300 元,但其用自己的账号查,还是 380 元。早在 2000 年,全球最大的电商平台亚马逊就对消费者采用价格歧视的定价手段。例如,同样的 DVD 碟片,如果你是新用户,价格是 22 美元,而如果你是一名被认为有购买意愿的老用户,价格就会自动调整到 26 美元。另外,据调查发现,各大视频 App 会员充值时,苹果比安卓系统月费要贵上 4～5 元、年费要贵出约 40 元,且安卓上购买的会员在苹果上照样可以用!同样开通一个月 VIP 套餐,如果用户使用的是苹果手机,购买某视频网站会员的年费,比在安卓以及电脑端要贵上 40 元,有的网站甚至更多。[①]

案例分析

消费者在网上的各种行为,形成电商平台海量的大数据。在大数据的支持下,电子商务平台利用数据挖掘等手段,将客户的消费偏好数据智能化分类,并以此建立模型逐步完善个性化推荐,更精准地满足了消费者的需求,提高了客户的忠诚度,提高了企业的效益。线上消费对消费者而言,不仅减少了货比三家的时间和精力,而且同等质量的商品价格通常比传统交易渠道更低。由此,在大数据时代出现了买卖双方似乎双赢的局面。

但是,大数据支撑下的电商商务也暴露出一些对消费者不利的行为。例如,同样的商品同样的消费平台,商品价格却因人而异,这现象引起了消费者的普遍担忧和不满。案例中展示的对不同用户进行不同的定价,就是经济学理论中的"价格歧视"策略的具体实施。

以案例中"携程"的价格歧视为例,我们来分析下平台背后的具体操作流程。携程公司通过采集网友廖师傅消费的历史数据和分析旅馆房间价格,确定廖师傅对房间定价定为 380 元能接受的可能性极大,且会重复购买,对价格的敏感性不高,其能接受的价格区间就在 380～400 元。基于经营者追求利润最大化的目标考量,"携程"的产品定价系统自然倾向收取高价。但廖师傅的朋友对此产品来说是新用户,而且当时正好是淡季,为建立与客户之间的联系,吸引新用户,"携程"定价系统采用了鼓励新用户的价格歧视,把产品定为低价。因此,携程公司是通过掌握消费者的相关信息,在精准区分消费者的基础上,进行差异化定价,从而实现其利润最大化。在大数据时代,消费的信息更加容易被平台获取利用,这是建立在云计算技术和数据挖掘等技术上实施价格歧视的新方式。

成熟的经典经济学理论把价格歧视分为一级价格歧视、二级价格歧视和三级价格歧视三种。一级价格歧视又称为完全价格歧视,是指对每一单位销售量都按消费者购买的不同数量收取不同的价格,如电子商务平台动态定价。二级价格歧视是指根据消费者购买的不同数量收取不同的价格,如"团购价""第二份半价"。三级价格歧视是指在不同的市场收取不同的价格,如公交公司给老年人群设定"免费"价格,并对学生群体设定"优惠"价格。随着大数据的发展,互联网平台更容易实施价格歧视,如该案例中即为一级歧视。携程公司基于用户的历史消费行为进行差异化定价,正是通过精准预测用户最高支付意愿进行定价的一级价格歧视行为。要顺利实施一级价格歧视,企业需要大量关于消费者的信息。但互联网时代,获取消费者信息成本变得极其低廉,消费者的海量信息每时每刻都在产生,使得一级价格歧视日益增多。与二、三级价格歧视相比,一级价格歧视对消费者剩余剥夺得最彻底,企业的利润也最为丰厚。

---

① 大数据宰人! 为什么 iPhone 买会员价格会比安卓手机贵? [EB/OL]. (2018-03-22) [2023-12-21]. https://www.sohu.com/a/226161592_115318.

问题讨论

（1）为什么大数据时代会更容易出现价格歧视？

（2）作为消费者，您觉得价格歧视合理吗？

理论提示

（1）一级价格歧视、二级价格歧视和三级价格歧视

（2）福利经济学

（3）消费者剩余

（六）中国社区团购发展的疫情周期

案例内容

2020年的第一波新冠疫情曾给了社区团购一次爆发增长的机遇，中国社区团购在野蛮圈地之后，开始进入逐渐退潮的时代。至2022年3月初，彼时的社区团购领域正进入一段"至暗时刻"。先是最早入局者之一的十荟团，关闭全国所有城市的业务；京东社区团购板块的京喜，2021年累计亏损近106亿元，成为2022年京东裁员的重灾区；美团优选、阿里淘菜菜也在加速收缩裁员。加上市场监管的加码、融资不到位等问题，让社区团购企业几乎走向了"冰点"。2022年新一轮的疫情防控加剧，让一度营运困难的社区团购平台，获得了短暂喘息的机会。疫情的反弹，社区团购的命运重新被续写，通过两个多月完成了一次突发性"拉练"，社区团购平台又经历了新一轮的业务量暴增。但在疫情保供浪潮之后，社区团购又转入了相对稳健的下半场。那么，为什么社区团购爆发性的增长周期与疫情紧密相关呢？

案例分析

社区团购是将居住在邻近社区的居民消费需求集合起来，以低价去大量购买同一商品，其本质是抱团批发，其模式自古就有，如单位购买年货、农村宗族集资购买祭祀福利等。现在互联网巨头们争相进入"社区团购"。它们是要用互联网平台对社区团购进行规模化运作，由平台（platform）提供产品供应链、物流仓储，招募"团长"来负责吸引本社区消费者，收集订单和分发商品。平台被称为"双边市场"或"多边市场"，其实就是聚合消费者和生产者的场所；今天的平台经济，和数字化密切相关，其本质是数字化的双边市场。

数字经济时代，大数据就是极细颗粒的抽象信息，这些信息可以精准地刻画个体生产、生活的细节特征。数字化就是现实世界逐步被标准化、抽象化为数字信息表达的过程。数字化平台的价值就是标准化。数字化平台成败的关键就在于能否把供需双方标准化。那么，什么行业容易进行数字化交易？越是标准化、同质化的商品和服务，越容易进

行数字化交易。例如,亚马逊、京东、当当这样的电商平台,很多都是从卖书籍、电子产品这些标准化程度高的商品起步的。相较于有形的商品,服务的差异性大,不容易被标准化,所以服务业在数字化过程中,供需的标准化就显得更重要。整体来说,流程简单、不确定性低、信息不对称程度低的服务更容易平台化。比如,出行的标准化相对简单——司机载客出行的过程可以标准化为起点、终点、路线、起止时间等几个简单变量。像滴滴这样的打车平台,可以用一个标准化模板,管理每天的几千万订单。每一个新司机、乘客加入平台时,新增平台的边际管理成本为零,却会大大提高平台的边际收益。这就促使平台规模实现不断地扩大。

基于互联网平台的社区团购可以对同质化、标准化的商品实现大规模的配送,从而降低物流和采购成本,收获规模经济的效益。但其最大、最致命的缺点是,不能解决商品的丰富性(多样性)。新冠疫情期间,这个缺点可以容忍。毕竟在疫情封控和隔离的影响下,社会物流和商品资源有限,小区居民愿意牺牲个性化的需求,只拿出共性需求的部分组成大额的购买订单,来说服市场资源朝自己倾斜,以保证自己的基本生活需要。比如说,张三原本只消费 200 元一瓶的酱油,而他的邻居李四家的酱油还够吃 4 天。疫情的到来,社区为稳供保供,组织一周一次团购,只能照顾绝大多数居民的需求——购买 12 元一瓶的酱油,那么张三和李四再挑剔,也会跟单,先保证最基础的食材再说。待疫情结束,小区生活和社会生产重回正轨,正常的购物渠道开始复苏,张三和李四可以自己下单买高价酱油,他们就不用再去参与 12 块钱的酱油团购了。这种形势的变化对社区团购的可持续发展造成了两大挑战:一是疫情过后出现消费多样化的升级,一份订单要是没有足够多的参与度和订单量,企业的物流直送成本就会被拉高,不能充分实现配送的规模经济;二是,随着疫情后市场的开放和生产的恢复,12 元一瓶的酱油也会降价,恢复到日常的 8 元钱,对平台来说疫情期间的高毛利也会消失。这就是中国社区团购在疫情期间发展的原因。[1][2]

疫情的结束,使原先同质化的各大品类产品市场裂变为多样化的垄断竞争市场。垄断竞争理论告诉我们,垄断竞争厂商要面临规模经济和产品多样化的两难选择。社区团购平台要实现规模经济,就要牺牲产品多样化带来的高毛利;而如果平台注重产品多样化的效益,则必须牺牲规模经济,但这又违背平台经济的运营逻辑。欣喜的是,疫情过后,某些团购平台开始跟随居民消费升级的步伐,进行团购模式的创新。比如,2022 年 4 月盒马推出了一项名为"流动超市"的新业务,其运作模式相当于"社区团购+集中交割"。具体来说,居民提前将需求报给所在社区的团长,团长筛选出本小区需求最高的二三十种商品,提前报给盒马,盒马每周固定两次将物资集中配送到小区。这种模式使盒马可以紧跟

① 蔡钰. 社区团购:影响下半场的四种力量 [EB/OL]. (2022-06-22) [2022-12-18]. https://www.dedao.cn/share/trialReading?trialReadingId = xe3WMdD1ARZm4vrYagp69jo4RsokSJZBqFWy52rNGK8l3BwVjLzn8NGoEOb926yK&type=65.

② 蔡钰. 盒马:人货场的"场"还重要吗 [EB/OL]. (2022-06-20) [2022-12-18]. https://www.dedao.cn/share/trialReading?trialReadingId = W5l3BxdbLD627v1kMGPB59J73sXZilB7bsBRm5Le9v826JQKZ8OV9gnezErXj0mR&type=65.

社区居民的消费需求,又实现了集中采购的规模经济效益,这种经营模式相当于在规模经济和产品多样化之间取得一定的平衡。

问题讨论

(1)垄断竞争厂商一般面临规模经济和产品多样化的两难选择,试举例说明。

(2)当前,社区团购进入更加稳健发展的下半场,它未来发展的特征和态势如何?

理论提示

(1)垄断竞争理论

(2)规模经济理论

(3)信息不对称

(七)浏览器行业市场结构的成因探讨

案例内容

浏览器是最基础的互联网入口。当前,全球 PC 端浏览器市场早已形成了"一超多强"的新格局:谷歌 Chrome 凭借 66% 的份额成为新的老大,微软的 Edge 和苹果的 Safari 各占 10%,Firefox 占据 8%,欧朋占 3%。剩下的其他浏览器,包括国内知名的 360、QQ 和搜狗等,它们在全球浏览器市场的份额很小,加起来还不到 2%。就国内市场而言,也是谷歌 Chrome 和微软 Edge 占去了一半多的份额;国产浏览器中,最大的 360 浏览器占 20% 左右,QQ 浏览器占 7%。很明显,无论国际还是国内,PC 端浏览器完全是西方产品的天下。但在 PC 端处于绝对弱势的国产浏览器,在手机端却占有较大份额。目前,国内手机浏览器的前四名分别是:Chrome、UC 浏览器、Safari 和 QQ 浏览器;其中,国产浏览器占了两家,而且,它们的用户黏性和用户使用时长都在增长。在一些新兴国家市场上,2016 年国产的 UC 浏览器在印度、印尼市场都做到了第一名,且一度占据全球手机浏览器 17% 的市场份额。那么,为什么在 PC 端和手机端国产浏览器的市场份额会如此显著不同呢?

案例分析

垄断理论告诉我们,企业垄断势力的成因主要有资源垄断、特许垄断、专利垄断和自然垄断。浏览器行业属于"一超多强"的寡头垄断市场结构,在全球和国内的 PC 端,谷歌浏览器基本上一家独大,这主要源于其资源垄断和自然垄断的优势。首先,谷歌拥有强大的 Chrome 浏览器内核技术。浏览器内核的作用,是把网页的代码转换成你最终看见的页面。国内厂商没有自主的浏览器内核,基本上都是在开源的 Chrome 内核基础上做二次研发;除了界面设置不同,技术核心与 Chrome 没有本质区别,这样在浏览器的访问速度、稳定性和安全性方面自然劣于谷歌了。那么,国内厂商为什么不自主开发浏览器内核呢?这就不得不归因于浏览器内核研发的自然垄断效应。浏览器内核看似简单,实际上开发的不变成本相当高,但一旦开发出来,其生产的可变成本及边际成本又相当小。360算过一笔账,一个浏览器产品的总代码接近 2400 万行,相当于半个操作系统,谷歌开发Chrome,10 年花掉了 30 亿美元的研发成本,推广成本更要上百亿美元。谷歌、苹果、微软等国际平台巨头企业有这个资金实力,但国内公司耗不起。再加上,Chrome 和 Firefox的内核都是开源的,拿来直接用是最划算的选择。此外,用户在 PC 端打字书写方便,因此谷歌和微软在浏览器的设计上注重用户体验,其界面设计走极简主义风格,默认页面只包括地址栏、常用站点和想要访问网站,方便用户使用,从而极大增强了用户的体验,抓住了用户的心。而国内厂商设计浏览器主要基于商业的考虑,即通过浏览器,抓流量,把用户导向自己的商业生态中;为此,它们不断给浏览器做加法,在网页浏览功能的基础上,加入了新闻、游戏、视频、小说等五花八门的内容,相当于将浏览器做成了一个信息聚合平台,从而导致其页面设计过于复杂且臃肿,这在用户体验上是减分的。

　　不过,在 PC 时代处于绝对弱势的国产浏览器,在移动互联网时代,其劣势反倒成为其优势。原因在于,手机端口的书写远没有 PC 端便捷——在手机屏幕上,输入一串网址对用户来说,是一件颇为费劲的事,不如直接点击页面上的站点来得简单。这样一来,原本用户体验不太好的信息聚合平台模式,在手机时代反而成为其优势。特别在新兴国家市场,用户直接进入了移动互联网时代,他们更习惯使用集合了大量本地资讯的浏览器,此时国产浏览器点击站点的优势突显,且用起来更方便,也更省流量。从 PC 时代进入到移动互联网时代,浏览器市场占有率的反转,其根本上都是以用户使用的便捷性和体验感为核心,用户慢慢习惯从“人找信息”向“信息找人”转变,从而给国产浏览器实现弯道超车的机会。[①]

问题讨论

(1)谷歌 Chrome 内核为什么不申请专利,而是开源的?

(2)未来国产浏览器与国外浏览器相比,其竞争优势在哪里?

(3)当前国外浏览器厂商也开始改变思路,在移动端采取聚合模式。你认为,未来的三年,手机浏览器的市场格局将会如何演变?

理论提示

(1)市场结构理论

(2)垄断的成因

(3)企业竞争优势理论

---

① 马慧,李加亮. 国产浏览器的机会在哪儿? [EB/OL]. (2022-06-27) [2022-12-18]. https://www.dedao.cn/share/course/article?id=DAgOBQ46R1rnXRQz7RJdLzGqEZ3aY7.

（八）免费或付费：平台商业模式的选择

案例内容

互联网出现前，和我们休戚相关的众多事物都是付费的。互联网的到来，为商业世界带来了不可能的可能，实体经济不能实现的免费，在互联网平台竟然获得成功。早期的互联网，一切免费，万物共享。互联网也确实因"免费"而得以快速发展，在用户暴涨和对传统行业的初步改造过程中，互联网平台疯狂融资，跑马圈地，好一幅繁荣的景象，那时，大家把免费视为黄金商业模式。免费的逻辑是：平台向投资人融资，获得资金后，疯狂补贴，获取更多用户，有用户意味着有增长空间和变现可能，从而进一步获得融资，进一步补贴，获取用户。但流量并非无穷多，随着互联网的快速普及和下沉，用户量触顶，这种模式不可持续了。于是，各平台开始探索付费商业模式，听歌、看视频、看小说……用户若想看得更多、听得更多，付费则是必然选择。如今，付费已经成为互联网企业的日常业务，视频网站收会员费、电商平台收会员费、外卖平台收会员费……有媒体统计，大约有 33 个 App 推出付费会员业务，用户如果都开通，一年仅是会员费支出，就得花 5000 块钱。但互联网的免费模式一直都存在，也从未结束，未来，也会依然存在。

那么，互联网平台是采取免费模式还是付费模式，其影响因素又是什么呢？

案例分析

互联网平台为扩大市场份额、增加盈利，根据用户群体的特质以及平台中存在的网络效应，选择包括免费策略在内的不对称价格结构。免费策略不仅是出于放权让利、提高平台吸引力的考虑，更是维持平台生态圈成员利益均衡，实现系统总体价值最大化的策略。免费是平台补贴策略的特例，也是最简易的实施方式。补贴是对平台的某一用户群体提供免费或低于边际成本的服务，以吸引该群体成员入驻平台，以此为筹码，转而吸引另一边用户群体的策略。Eisenmann 等探讨了平台采用免费抑或付费模式的具体原则。[①] 具体来说，主要考虑以下几个因素。

一是考虑竞争环境中用户的需求价格弹性。需求价格弹性反映了用户对价格的敏感程度。需求价格弹性越大意味着用户对价格越敏感，免费的吸引力就越大。在竞争十分激烈的市场环境中，尤其是平台产品（服务）接近于同质的情况下，需求价格弹性趋向于无穷大。此时，只能实行免费的策略，增加用户黏性，否则用户就会容易放弃平台而选择同

---

① EISENMANN T R, PARKER G, VAN ALSTYNE M W. Strategies for two-sided markets [J]. Harvard business review, 2006, 84(10): 92-101, 149.

质的替代品。这就是普通电子邮箱广泛实行免费的原因。

二是考虑网络效应的方向及强弱。在双边市场中最重要的是同边网络效应更强的一方应该受到价格优待(包括免费),这样容易产生需求方规模经济。跨边网络效应更强的一方也应该受到价格优待(包括免费),以吸引其加入,继而吸引另一边用户群体的加入,以实现平台规模的"滚雪球"效应。平台定价模式中常见的是高端用户补贴低端用户,享受免费或补贴的低端用户主要产生网络效应。如此,平台企业通过免费业务助推收费业务的需求规模经济、范围经济,让免费策略持续地助力收费业务。

三是考虑平台的成本结构及其边际成本。平台创建时需要投入巨额的固定成本,之后只需付出相对低廉的边际成本。固定成本形成了沉没成本,对成本定价影响甚微。平台运行的边际成本较低或接近于零,为免费的平台免费定价策略奠定了基础。

四是考虑同类平台的竞争程度及收费实施成本。可供用户选择的平台越多,平台间的竞争越激烈,平台价格也越低。为了同类平台竞争的不利外部影响,使得免费甚至采取补贴策略来提高用户的平台入驻率。此外,如果平台收费的技术难度过大、现金流难以汇聚或者收益不足以弥补投入的成本,平台也必然选择免费的价格策略。

此外,美国著名的互联网思想家克里斯·安德森对此还提出了一个比较有新意的观点,他研究指出,平台是否能采取免费模式,流量并不是全部,关键要看,平台的服务面对的,是一个个独立的用户,还是一个动态的关系网络。独立用户不适合做免费,动态网络就适合做免费。以视频网站为例,它属于一个部分动态的关系网络,但这个动态程度并不高,大多数用户所看内容不产生相互影响;因此,视频网站比较适合收费模式。而健身App的用户群则是一个动态程度更高的关系网络。首先,健身是一个高度社交化的行为,用户彼此经常联系;其次,这个网络是动态的,不断有新人加入,而且健身的人,也能经常感受到发生在自己身上的变化。按照安德森的观点,假如你的用户基础,是一个大规模的动态网络,你就可以提供一个完全免费的基础产品,然后再提供一些付费功能。因为动态的基础网络,会不断为平台制造新的付费动力。比如,付费勋章,其基础就是用户之间的联系,因为有社交,所以很多人才有了秀勋章的需求。免费模式能否向付费成功转变,就取决于平台所面对的,是一个个孤立的个体,还是一个动态的关系网络。毕竟,商业的本质是价值交换;而价值交换的前提是,彼此发生联系。[1][2]

问题讨论

(1)平台采取免费或付费模式,是否还存在其他的影响因素?

(2)免费有哪几种商业模式?

(3)免费和付费,哪种模式将是互联网经济未来的主导模式?

---

① 刘家明,蒋亚琴,王海霞.互联网平台免费的逻辑、机理与可持续性[J].价格理论与实践,2019(10):116-119.

② 李南南,马慧.免费模式的本质是什么? [EB/OL].(2022-12-30)[2023-01-22]. https://www.dedao.cn/share/course/article?id=Lpy0edZAG5mnK0wGovXzD9BkoajY4x.

理论提示

(1)需求弹性理论

(2)企业成本理论

(3)规模经济

(4)垄断、垄断竞争理论

第六章　生产要素市场与收入分配

一、基本原理与数字经济时代的适用性

（一）基本原理

1.生产要素价格与使用数量的决定如同产品市场一样,是由供给方面和需求方面的力量共同决定的。

2.同产品市场一样,生产要素的使用是以企业追求利润最大化为目标的。企业使用生产要素的一般原则是,确保该生产要素带来的新增收益与其新增成本相等,即边际收益产品等于边际要素成本（MRP＝MFC）,如此才能保证企业利润最大化。

3.在完全竞争市场条件下,企业使用生产要素的边际收益产品（MRP）与边际产品价值（VMP）相等,进一步地,企业使用生产要素的条件就变成了边际产品价值与生产要素价格相等,即 VMP＝W。此外,企业对生产要素的需求曲线与边际产品价值曲线重合。

4.居民用户根据效用最大化原则确定生产要素供给。居民户既可以从自用生产要素中获得效用、也可以从出售生产要素中获得收入、从消费商品中获得效用,因此居民户需要在生产要素的自用和出售数量上做出选择,以获得最大效用。这个选择决定了市场上居民户对生产要素的供给。

5.生产要素供给的一般原理适用于劳动的供给。劳动供给受到工资的影响,这种影响包括收入效应和替代效应,两种效应是相反的——一方面,工资增加引起工作对闲暇的替代,随着工资的增加,替代效应使劳动供给增加。另一方面,随着工资和收入的增加,人们对闲暇的需求页增加,增加闲暇必定减少劳动时间,产生收入效应,收入效应使劳动供给随工资增加而减少。如果替代效应大于收入效应,则随着工资增加,劳动供给增加;如果收入效应大于替代效应,则随着工资增加,劳动供给减少。

6.如果企业处于在产品市场卖方垄断、在要素市场买方竞争时,其使用生产要素的原

则是确保边际收益与要素价格相等，MRP＝W，此时边际收益与要素价格低于边际产品价值，即 MRP＝W＜VMP。

7.如果企业处于产品生产卖方竞争、在要素市场买方垄断时，其使用生产要素的原则是确保边际产品价值与边际要素成本相等，即 VMP＝MFC，边际收益与要素价格都高于生产要素的价格，即 VMP＝MFC＞W。

8.利用生产要素供给一般原理分析土地供给时会发现，由于土地的特殊性，其供给不会随土地价格——租赁价格——的变化而变化。

9.资本的供给有其独特性。其一是短期内资本的供给是不变的；其二资本的供给取决于前一期的储蓄和折旧，当储蓄等于折旧时，资本供给不变。资本的价格——利息率，由资本的供给和资本的需求共同决定。

（二）数字经济时代的适用性

1.从"四位一体"到"五位一体"

经济学中，生产要素被看作是生产输入，是人们生产商品和进行劳务所必备的基础资源。生产要素的内涵和范畴并不是一成不变的，会随着经济社会的发展而不断演变。生产要素理论可追溯到 1662 年威廉·佩蒂的《赋税论》一书，后经庞巴维克、亚当·斯密、萨伊等经济学家 200 余年的发展和完善。1890 年，经济学家马歇尔在《经济学原理》中将萨伊的"三位一体"进化为生产要素四元论，包括土地、劳动、资本和企业家才能，国民所得可以表示为四大要素的报酬，即国民所得＝工资＋地租＋利息＋利润。生产要素"四位一体"范畴概括了西方经济学市场理论和分配理论的重心，在很长时间里被人们普遍接受。

自 20 世纪 90 年代开始，数字经济开始发展，数字技术逐渐引领经济社会进步，并同人类生活以前所未有的深度和广度交汇融合。与此同时，全球数据呈现爆发增长，数据朝着更大容量、更加丰富、更高速度的大数据迈进。数据的充分挖掘和有效利用，优化了资源配置和使用的效率，也改变了人们的生产、生活、消费和分配模式，提高了全要素生产率，对经济发展、社会生活和国家治理越来越重要。

数据日益成为一种重要的战略资源和新生产要素，我国对此高度重视，并以此为基础不断创新和发展生产要素理论。习近平总书记强调："要构建以数据为关键要素的数字经济。"党的十九届四中全会首次提出将数据作为生产要素参与分配，而且要突出按贡献参与分配。由此，生产要素从"四位一体"过渡到"五位一体"，也被称作生产要素的五元论，如表 6-1 所示。因此，由于数据这种新生产要素所有者和使用者发生变化，分析数据要素化带来的收入分配变革显得尤为迫切。

表 6-1 生产要素的五元论

历史阶段		生产要素	代表人物/事件
农业时代		土地、劳动	威廉·佩蒂、庞巴维克
工业时代	第一次工业革命	土地、劳动、资本	亚当·斯密、萨伊、约翰·穆勒
	第二次工业革命	土地、劳动、资本、企业家才能	马歇尔
数字时代		土地、劳动、资本、企业家才能、数据	十九届四中全会,《关于构建更加完善的要素市场化配置体制机制的意见》

资料来源:闫德利.数据何以成为新的生产要素[EB/OL].(2020-05-13)[2023-12-12]. https://www.tisi.org/14408.

2.数字经济时代劳动力生产要素新变化

劳动是传统生产要素之一,依赖于劳动力在组织中源源不断地投入劳动。古典经济学认为组织形成的分工是提升生产效率的重要方式,工业革命使得英国的大工厂生产方式逐渐替代小作坊方式,组织俨然成为工业化时代的主流。从人类进步历程看,劳动者在办公室和组织工作,不是天生如此,而是一个历史发展过程。人类希望通过组织寻求保障,大部分劳动者选择加入组织来工作,并从中获得社会位置和依靠。因此,这与卢梭倡导的"人天生自由,但总处在枷锁中"有异曲同工之处,正是这种张力促进了社会进步。因此,在过去,零工经济不是主流,其缺乏获得成长的土壤。

随着社会发展与数字技术创新,零工经济作为一种新型工作方式出现在人们视野中。零工经济主要由零工工作者、平台和服务接收者三部分构成,包括兼职工作、临时工作、自由职业、个体经营,以及各种自由职业平台带来的诸多选择。零工经济的出现是"技术+需求"经济范式的典型体现:第一,数字技术创新提高了劳动者"单兵作战"的能力,释放了个人潜在能力,而且数字平台大幅提高了劳动供给和需求的匹配效率。第二,产业链的完善和不断延伸,催生了更多个性化、定制化需求,企业对零工工作者的需求增加。第三,劳动者就业观念发生变化,人们倾向于选择更为自由、灵活的工作方式。

由于零工经济的雇佣关系发生了变化,零工劳动者所从事的工作基本都是临时性的、一次性的、短期性的,因此缺乏长期而稳定的就业保障。零工劳动者不属于雇主正式雇佣,不与雇主签订劳动合同,雇主也不用承担零工劳动者的社会保险。这种雇佣关系导致零工劳动者获得的一次直接报酬和全社会的收入再分配发生变化,因此分析零工经济背景下的劳动者要素的收入分配问题具有重要的现实意义。

3.劳动的变革

几千年人类发展历程已经证明劳动是一种重要的生产要素,早期劳动对经济社会发展的贡献主要体现在人口数量的增加,通常是将劳动看成体力的投入。随着经济理论的发展,人们发现劳动者不仅能提供体力劳动,也能够通过智力劳动投入生产中。20世纪60年代,美国经济学家舒尔兹和贝克尔创立了人力资本,开辟了人类生产能力的崭新思路。至此,人们对劳动要素有了更深刻的认识,人力资本表现为蕴含在劳动者身上的劳动和管理技能、各种生产知识、健康素质的存量总和。

数字经济是一种新型经济形态,对劳动要素提出了多样化需求。数字经济发展带来的新技术、新产业、新生产方式对传统生产方式提出挑战,主要体现在两个方面:一方面,数字经济的智能化、自动化发展将导致大量简单劳动力会被替代;另一方面,数字经济的高新技术对高素质、高技能人才需求巨大,需要劳动要素的变革和升级。数字经济发展对劳动的需求正在从"量"转向"质",高质量劳动力供给不足势必对未来经济增长的动力带来不利影响。

从产业的类型来看,数字经济发展导致很多劳动密集型产业向资本、技术密集型转变,最为典型的是人工智能发展对就业的冲击。当前存在两种观点:一种观点认为,人工智能发展带动了企业自动化、智能化,大量简单工作会被机器所取代,劳动者将面临失业风险,即人工智能的替代效应。另一种观点认为,人工智能在一部分行业造成失业,但随着新增资本进入,会带来更多全新的工作职位,即人工智能的补偿效应。因此,随着数字经济发展,在"大规模失业"和"少干活多拿钱"两种场景并存的时代,深刻认识劳动要素变革,以及技术、资本和劳动要素之间关系的变化对于合理布局要素配置和做好收入分配工作具有重要意义。

二、案例分析

(一)一种新的生产要素:数据

案例内容

1.加快培育数据要素市场

提升社会数据资源价值。培育数字经济新产业、新业态和新模式,支持构建农业、工业、交通、教育、安防、城市管理、公共资源交易等领域规范化数据开发利用的场景。发挥行业协会商会作用,推动人工智能、可穿戴设备、车联网、物联网等领域数据采集标准化。

加强数据资源整合和安全保护。探索建立统一规范的数据管理制度,提高数据质量和规范性,丰富数据产品。研究根据数据性质完善产权性质。制定数据隐私保护制度和安全审查制度。推动完善适用于大数据环境下的数据分类分级安全保护制度,加强对政务数据、企业商业秘密和个人数据的保护。

2.数据正成为一种新生产要素

云课堂、健康码、直播带货……当今社会,数字经济引发生产要素变革,数据成为新的生产要素,算力成了新的生产力。数据呈指数级增长,在人们无数具体的工作和生活场景中,让人们获得更好的数字化体验,现已成为影响经济发展和民生改善的重要因素。

数据能否成为下一个"金矿"?《中国数字经济发展白皮书(2020年)》显示:2019年,我国互联网数据服务(含数据中心业务、云计算业务)实现收入116.2亿元,同比增长25.6%。"116.2亿元"这个数字说明了什么?

"116.2亿元"说明,数据成为一种关键生产要素,数据要素已成为推动经济高质量发展的新动能。2019年,我国数据中心数量约为7.4万个,占全球总量的23%左右。今年,随着远程办公、远程协作大范围普及,预计互联网数据服务收入将继续快速增长。

"116.2亿元"说明,各行业数字化转型迎来热潮。一场雨过后,广西都安瑶族自治县的橘农韦日彤准备给刚坐果的柑橘补施镁肥,发现一些柑橘叶上起了小黄斑。"感觉是缺营养素,又像是根系出了问题。"一时间难以确定。韦日彤拿出手机,用"耘眼"App拍了一张照片,不一会儿,就传回诊断图文:"柑橘溃疡病,叶片受害,叶背最初呈现黄色或暗黄绿色油浸状小斑点……"点开"方案推荐",App给出了配药选择和操作指引,他只用半天时间就完成了农药喷施。"耘眼"App是广西慧云信息技术有限公司研发的AI农技服务平台,借助华为AI开发平台和云计算集群资源,"耘眼"能像农业专家一样随时帮助农户,在线解答农户提出的问题。目前用户数已超过10万,大大提高了农事效率。

"116.2亿元"说明,信息技术正加速赋能社会,方便百姓生活。"用手机就能看到校车的行驶轨迹和状态,真是太方便了!"校车"上云"后,江苏无锡的孙女士再也不用不停地看表,估算女儿几点到家了。基于曙光云打造的校车智能管理系统整合了地理信息、无线通信、全球卫星定位等技术,通过分布式数据库存储车辆轨迹信息,已为全国300多家校车运营企业提供服务。"洋葱学院的知识动画一点也不'卡'!""知识动画"是孙女士的女儿非常喜欢的一门网课,当她和全国各地的"同学"一齐涌入直播间时,屏幕上丝毫感受不到瞬间激增的流量压力。为保障网络授课,阿里云新增部署了超过1万台云服务器,其带来的效率远超以往。[①]

案例分析

从历史的进程来看生产要素的演进。人类经历了数千年的农业社会,这段时期土地和劳动力是经济发展的决定因素;自从进入工业时代,人力逐渐被技术所取代,机器设备等资本开始成为经济发展的第一生产要素;20世纪90年代开始,数字技术迅速发展,互联网、计算机等现代信息技术为数据处理提供了可能,数据不再只是经济社会活动的产出,开始作为一种资源投入经济生产中。

从本质上认识数据。数据的本质是对物品、服务或经济参与主体等一系列实物、虚拟的电子或非电子形式的记录。数据可以分为四个大类:①数据就是最终产品或服务,如在

---

① 谷业凯.数据成"金矿"开掘正当时[N].人民日报,2020-07-22(6).

线浏览新闻和看视频;②数据作为一种生产要素可以交易,如企业为了经营需要向大数据交易所购买数据;③企业用来提升最终产品或服务的生产效率,将数据作为一种生产要素,如差异化营销、物流配送优化、广告精准触达目标消费者等,但是并没有在市场去买卖这些数据;④将数据作为生产要素以提高企业的潜在价值,这种数据并不直接交易,只是作为并购谈判的筹码。其中,第一种数据现实生活中非常常见,第二类和第三类数据即我们所理解的作为生产要素的数据,第四类数据当前仅在行业内部通用。

任何要素并非一出现就被看作生产要素,需要在生产实践中不断融合培育。生产要素从土地和劳动到资本和技术,再到当前数据成为数字经济运转的"新石油",数据成为生产要素是一个渐进的过程。用简单的公式来表示,如下

农业经济:

$$Y = f(A, L, T)$$

工业经济:

$$Y = f(A, K, L, T)$$

数字经济:

$$Y = f(A, D, K, L, T)$$

其中,Y 为经济产出;F 为生产函数;A 为技术进步;L 为劳动力;T 代表土地;K 为资本;D 代表数据。数据成为新的生产要素正式形成。

企业有使用数据生产要素的需求,但必须遵循边际产品价值与要素价格相等的原则,即 VMP＝W 的水平上。本案例中,数据已成为一种生产要素,而且数据要素可以交易,具有一定的边际成本。市场上很多的中小型公司作为买方市场的一员,没有形成垄断力量,因此数据市场可视为竞争性市场,因此广大中小企业对数据的需求曲线与边际产品价值曲线重合。但是,与传统生产要素不一样,数据要素的可复制性、无限增长性、无限供给性、多样性等特征决定了数据要素的体量越来越大,呈几何级上升,因此数据要素供给量会上升、供给速度会加快,当企业对数据的需求没发生太大变化时,数据供给的必然导致数据要素的价格下降,那么在相同成本的前提下,企业对数据的需求会增加,即可以获得更多的数据来用于优化营销、提升效率等。

数字经济背景下,数据成为一种创新的关键生产要素。对于国家,提高要素配置效率,引导各类要素协同向先进生产力集聚,把要素禀赋所决定的比较优势转化为竞争优势。数据要素的合理配置使资源优先配置到具有高价值创造的行业,有利于鼓励行业创新,促进整个行业提质增效。对于企业,为了更好地应对激烈的市场竞争,应有效利用并充分发挥数据要素以提高企业经营效率。

问题讨论

(1)数据为什么会成为生产要素?

(2)试举说明企业使用数据作为生产要素进行生产的例子。

(3)数据要素与传统生产要素相比,新在哪里?

理论提示

(1)要素的供给和需求。

(2)要素的边际收益、边际成本与企业对要素的需求。

（二）数据要素参与分配的机遇与挑战

案例内容

1.坚持按劳分配为主体、多种分配方式并存。坚持多劳多得,着重保护劳动所得,增加劳动者特别是一线劳动者劳动报酬,提高劳动报酬在初次分配中的比重。健全劳动、资本、土地、知识、技术、管理、数据等生产要素由市场评价贡献、按贡献决定报酬的机制。健全以税收、社会保障、转移支付等为主要手段的再分配调节机制,强化税收调节,完善直接税制度并逐步提高其比重。完善相关制度和政策,合理调节城乡、区域、不同群体间分配关系。重视发挥第三次分配作用,发展慈善等社会公益事业。鼓励勤劳致富,保护合法收入,增加低收入者收入,扩大中等收入群体,调节过高收入,清理规范隐性收入,取缔非法收入。

2.自20世纪80年代以来,世界各国工人和雇员薪资在各国个人总收入中占有的比例在下降,个人的劳动力收入份额也在大幅度下降。以美国为例,美国自2000年开始,个人劳动力收入份额从67%降到47%,近几年随着大数据应用和生产自动化,劳动力收入份额下降到30%左右,绝大多数行业的劳动力收入份额也在下降,劳动力在行业的收入已经明显不占优势。不仅如此,收入最高的1%的资本家所占份额不仅没有出现大幅下降,反而出现了财富收入逐年增长的趋势,这鲜明地反映在近几年福布斯富豪排行榜上,排行榜前几名富豪都是数据资本家,他们拥有大数据并将其投入企业的自动化生产,从而获取丰厚的超额利润。

99%的普通大众是大数据的生产者,但是收入不高,而收入最高的1%的数字巨头企业家则是大数据的占有者和得益者。尤其是被大数据边缘化的弱势群体,被排斥在大数据之外,却贡献了具有价值的"大数据",最终形成数字巨头与弱势群体间的差距,二者的阶层差别以及财富差距越来越大。作为数字经济时代最重要的生产要素——大数据的生产者,因大数据的使用而产生的经济效益理应被普通大众分享,而非完全被平台公司私有化,否则就会再现"遍身罗绮者,不是养蚕人"的悲剧。

案例分析

将"数据"作为一种新型生产要素写入政策文件,考虑的是生产要素的投入阶段,而"数据"首次参与分配的提法是从投入阶段发展到产出和分配阶段,是社会发展向前的一大步。在本案例第一部分中,明确数据生产要素由市场评价贡献、按贡献决定报酬的机制,恰恰是社会主义经济规律和社会主义基本经济制度的内在要求。将数据要素纳入分配,并坚持按贡献分配,是社会主义公平正义的基本体现,也是迈向共同富裕的必经之路。

数据本身是一种商品,作为生产要素由市场合理配置,参与收益分配属于初次分配,要由市场评价贡献、按贡献决定报酬,通过市场完成。从案例第二部分来看,大数据应用和自动化生产使得数据要素的贡献提高,劳动力收入份额大幅下降。

经济学理论认为,基于生产要素的分配规则会反过来影响生产要素的提供,进而影响生产要素的积累、使用和创新。数据要素与传统生产要素的一个不同之处是,数据本身具有非竞争性,因此可以无限复制而不降低本身价值。尽管技术、管理等生产要素与数据类似,但这些要素的使用者和生产者密切相关,生产者运用技术或管理生产和创造价值,因此这些要素的生产者也是拥有者,而数据要素的生产者和拥有者通常是分离的。数据资源由千千万万不相关联的个体行为记录汇聚而成,被采集、清洗、加工后成为数据要素,生产数据的用户却不再是数据要素的拥有者。数据要素生产者和拥有者相分离的特征是其他所有生产要素所不具备的,因此给价值分配和激励机制的设计带来挑战。

从案例可以看出,数据要素的生产者是 99％ 的普通大众,而数据要素的拥有者则是 1％ 的数字巨头企业。广大的弱势群体为数据要素的形成作出了巨大的贡献,但是他们很难从数据贡献中获得对应的收益,而数字巨头企业凭借数字化平台掌握的数据要素从中获得源源不断的利益。更有甚者,普通大众生产的大数据最终可能成为数字巨头企业精准收割普通大众的工具。对普通消费者和劳动者行为特性的研究,是获取消费者剩余和超额剩余价值的钥匙。大数据和人工智能技术正是互联网企业攫取利润的金钥匙。在大数据时代,人们的一切行为和思想在被收集、清洗、加工后被数字巨头企业记录、存储和使用,成为一种生产要素;在数据要素的使用下,人变成了透明的个体、世界变得更加透明,大多数人的信息和行为等数据成为少数互联网公司攫取财富的重要手段。

问题讨论

(1)如何理解数据要素时代可能出现的"遍身罗绮者,不是养蚕人"的悲剧。

(2)数据作为要素参与分配,要注意哪些问题?

理论提示

(1)数据要素生产者和拥有者

(2)数据要素确权、公平与效率、个人隐私保护

（三）零工经济——一种完美的经济形态？

案例内容

2021年3月4日,北京市海淀区中关村创业大街,创业者们正在车库咖啡里移动办公,寻找创业和合作的机遇。当日,全国政协十三届四次会议在北京开幕,会议将听取并讨论政府工作报告,讨论"十四五"规划和2035年远景目标纲要草案。5日上午,国务院总理李克强在作政府工作报告时指出,"支持各类劳动力市场、人才市场、零工市场建设,广开就业门路,为有意愿有能力的人创造更多公平就业机会"。讲到这句话时,会场响起热烈掌声。

"零工经济"时代正在到来。人们熟悉的外卖小哥,已经以"网约配送员"的名义成为人社部、市场监管总局和国家统计局于去年正式发布的新职业之一。而如今,"零工"的概念还在不断被丰富——主播、宠物烘焙师、密室设计师、汉服造型师、奶茶试喝员、外卖运营师、收纳师、创客指导师等新职业丰富了年轻人的就业选择。一份由中国人民大学国家发展与战略研究院发布的报告中,将这些强调即兴发挥、创造力和灵活响应的灵活就业称为"零工"。

新"零工"只能吃"青春饭"?

年轻人是"零工经济"时代的主力军。据相关企业统计,滴滴平台的网约车司机平均年龄为37岁。外卖平台饿了么的骑手更为年轻,平均年龄是31岁,其中"90后"骑手占比达47%,"95后"骑手增长最快。新冠疫情暴发以来,1.2万名"00后"大学生开始兼职送外卖。除此之外,还有很多年轻人选择做直播、拍视频、设计密室……

团中央维护青少年权益部联合中国社科院社会学所,重点围绕网约配送员、网络主播、全媒体运营人员、网络文学写手、电子竞技员、新兴互联网科技从业人员、新型职业农民等7类新职业青年群体开展专题调研,形成《关于促进新职业青年成长发展的提案》(以下简称"提案")。这份提案提到,年轻的新"零工"们,普遍面临群体诉求高度分化、社会保障覆盖不足、成长发展压力大、社会认同偏低等现实困境。一个主播说,刚开始接触这个行业时总能听到一些负面的声音,比如"主播不就是靠着年轻漂亮赚钱吗""不是什么正当职业"等。另外,调研显示,近半数受访新职业青年认为未来6个月有可能失业,这个比例远高于全国在职青年21.8%的比例。

不能让新就业形态成为劳动者权益保护缺失的代名词。

随着灵活就业的群体不断扩大,相关的制度保障显得更加重要。平台企业利用其优势地位单方面变更计酬标准等,单一从业者无力对抗,平台劳动者明显处于劣势,目前很大部分平台从业者未被社保"覆盖"。"平台用工的社保问题,终究要由国家社保制度予以解决。"除此之外,高小玫还注意到,一些接单平台将配送业务外包,外包企业招募骑手,但并不在本公司为其注册,而是要骑手去某个平台上注册账号以备领取工资。但注册账号的同时,骑手也默认注册为"个体工商户",然后外包公司或用工平台再与骑手签订劳务合同。但这样一来,关联链上的各个平台企业,与骑手都不存在劳动关系。一些平台用工模式通过"劳务化"演变为去劳动关系化。对此,高小玫建议,应制定一系列平台用工合同示范文本,制定平台用工专项法规。尽快建立平台从业者专项社会保险,尽快建立平台从业者专项社会保险。[①]

案例分析

"零工经济"(gig economy),是相对于传统的长期雇佣关系的一种更为灵活、具有弹性的劳务提供和利用关系。从本质上看,零工仍然是劳动生产要素,但是与传统的直接投入生产中的劳动要素不同的是,零工是基于一种新型雇佣关系进行生产的劳动,数字经济时代零工主要通过平台发挥劳动要素的价值。

本案例显示,市场上出现了诸如外卖小哥、主播、独立设计师、创客指导师、网约车司机等从业者,他们共同的特点是工作灵活、弹性安排,这就是所谓的"零工"。对于零工从业者,零工经济提供更多的就业机会和更灵活的工作时间,给零工劳动者带来更多效用;对于市场,相较于招聘正式的长期职工,企业更愿意使用不需要签订合同的零工,零工经济的替代效应明显。2021年最高人民法院联同人力资源社会保障部等6部门联合下发《关于维护新就业形态劳动者劳动保障权益的指导意见》,明确网约配送员、网约车驾驶员、网约货车司机、互联网营销师等为新就业形态劳动者,并出台政策保障新就业劳动者权益。根据《2019年中国县域零工经济调查报告》显示,县域市场上通过零工类劳动获得收入的人群占到52.27%,且35.11%的县域零工工作与数字经济有关,数字经济相关的零工在各种零工类型中排名第一。可以说,零工经济以丰富的就业渠道、灵活的就业方式、较低的就业门槛成为全民就业的"蓄水池"和"缓冲器",充分发展和利用零工能够增加就业,对于国家"稳就业、保就业"的政策方针意义重大。

案例中还指出,零工经济的很多工作类型只适合年轻人做,那么新"零工"只能吃"青春饭"?随着数字经济发展,零工经济通过平台、大数据、人工智能等数字技术快速匹配"零工"与消费者,零工的种类在不断扩展。数字经济背景下的零工既有从事简单的体力工作的劳动者(如快递员、外卖员、数据输入、家政服务等),也有从事复杂的脑力劳动工作的劳动者(如数据分析、翻译、软件开发与设计等)。而且,由于平台的高效率匹配性,消费者可以快速匹配到合适的零工以满足其产品或服务需求,而零工也能根据自身水平同时承担多项工作任务,这在一定程度上提高了劳动要素的配置效率,减少了劳动要素的闲置。因此,未来的零工经济不仅只是年轻人的市场,还需要很多技术熟练、经验丰富的老师傅,零工要适应市场的需求也必须不断学习和进步。

---

① 王林,赵丽梅,耿学清.新"零工时代"[N].青年时讯,2021-03-12(5).

此外,零工由于从事的都是临时性、一次性、短期性工作,因而面临工作不固定、就业保障缺失、收入不稳定等难题。这源于零工与传统劳动不一样的雇佣关系,零工与雇主之间并非正式雇佣、签订劳动合同的关系,雇主既不会为零工购买社会保险,也不会像对待正式员工一样保障零工的劳工权利、给予相同的员工福利。除此之外,零工因其分散性在薪酬议价时也处于弱势地位,很难像正式组织的员工一样组织工会来保障自身的平等权利。更有甚者,作为分散的个体,零工之间往往会因为竞争工作机会而压低酬金的报价,最终导致零工市场报酬越来越低。零工经济的出现和火爆,印证了网络上的高频热词"U盘化人生"。零工劳动者自带一套成熟的工作模式,自身具备大量的知识与信息,随时可以像U盘一样插入工作接口,为不同的雇主和平台工作,但是当U盘出现故障时,平台或雇主却不会承担责任。

因此,在本案例中,零工经济从微观上可以真正实现劳动要素的最优配置,即针对每个个体的工作技能和工作时间资源都能得到最优配置,对社会、企业和个体都是"帕累托式"的改进。零工经济从宏观上创造了更多就业机会,接纳了进入城市谋业的广大农村劳动力,也能够缓解像新冠疫情等外生冲击对就业的影响。但是,也要认识到,在零工经济迅速发展过程中,劳动者权益流失现象随之而生,零工经济不能成为企业规避用工责任的新借口,也不是劳动者权益缺乏保护的代名词,更不能缺席政府的就业政策创新。

问题讨论

(1)"零工经济"为什么会兴起? 如何看待"零工经济"的兴起?

(2)"零工经济"的出现带来哪些挑战?

(3)"零工经济"会成为未来工作趋势吗? 企业和个人如何应对?

理论提示

(1)供给与需求

(2)劳动要素

(3)帕累托改进

(四)从"人口红利"到"人才红利"

案例内容

1.人口红利消失了吗

当前,关于人口红利问题,一些学者表现出较为悲观的态度。根据有关统计,2022年,中国人口比上年减少85万,新出生人口仅956万,是1949年以来的最低水平;生育率不到1.1,低于同期发达国家的1.6。有专家担心2023年可能出现第二次人口负增长,预测全年新出生人口低至800万左右,以后每年出生人口还可能持续下降。随着我国人口老龄化的到来,传统的人口数量红利正在逐渐消失,很多人开始担心人口负增长会对我国经济增长蒙上阴影。

生育率降低，新出生人口数量减少，如果长期积累会导致劳动力下降，影响生产和经济增长。最直接是增加劳动密集型企业的生产成本，限制相关企业和产业的发展。部分地区的政府原本依托于劳动密集型产业带来的税收，也会受到影响。新出生人口减少还会影响消费和投资。尤其是作为消费主力的年轻人数量减少，会降低国内市场需求，从而影响供应端、生产端的企业活动。这会导致企业利润减少，新建厂房等投资收缩，进一步影响经济稳定性，甚至导致经济持续疲软。

根据早期的人口数量相关的经济增长理论，貌似人口红利消失了。

早期的经济增长理论认为人口数量是经济增长水平的决定因素之一，强调人口增长率。根据罗伯特·索罗提出的索罗经济增长模型函数，一国的经济增长水平人口增长率有正向的相关性。不过，后来的经济学理论更加强调人口质量（人力资本）对经济增长的影响。诺贝尔经济学奖得主、美国著名经济学家、芝加哥大学教授西奥多·舒尔茨，首先提出了人力资本理论并对经济发展动力做出过全新解释。所谓人力资本，指的是劳动者投入到企业中的知识、技术、创新概念和管理方法的一种资源总称。舒尔茨强调人力资本的提高对经济增长的作用，远比物质资本的增加重要得多。

根据舒尔茨的人力资本理论、以及我国人口质量不断提高的现实，我国的传统人口数量红利有所减弱，但新型人口质量红利的潜力巨大。当前我国正从人力资源大国转向人力资本大国，具备实现人才红利的坚实基础。目前，我国 8.75 亿劳动年龄人口中，绝大多数受过良好的教育。2022 年，我国 16 至 59 岁劳动年龄人口平均受教育年限达到 10.93 年，比 2021 年提高 0.11 年，比 2020 年提高 0.18 年。未来劳动力数量虽然会逐渐减少，但劳动力整体素质在迅速提高，人才队伍在扩大。庞大的接受过良好教育和职业技能培训的劳动人口是中国实现人才红利的重要基础。[①]

2.数字经济时代的人才

数字经济在全球经济增长中扮演着越来越重要的角色，以互联网、云计算、大数据、物联网、人工智能为代表的数字技术近几年发展迅猛，数字技术与传统产业的深度融合释放出巨大能量，成为引领经济发展的强劲动力。但是，中国数字经济发展面临着人才短缺的问题。当前劳动力市场中数字技能类人才短缺体现在三个方面：一是拥有顶尖数字技能的人才供不应求，二是具备数字技术与行业经验的跨界人才供不应求，三是初级数字技能人才的培养跟不上需求的增长。数字技能人才的短缺将直接影响企业的数字化转型，进而影响整个社会数字经济的发展。那么，数字经济的发展需要什么样的人才？这些人才具有哪些技能和特征？他们在不同行业、不同区域是如何分布的？

从宏观、中观和微观三个层面对数字人才的行业分布、职能分布和特征分布进行深入分析。

宏观上看数字人才行业分布。从细分行业的分布来看，近一半的数字人才来自 ICT

---

① 王勇.中国人口红利消失了吗？［N］.新京报，2023-07-05.

基础产业,其他数字人才主要分布在制造、金融等行业,其中制造业、金融业和消费品行业是数字人才从业人数最多的三大行业。中观上来说,主要对数字人才的职能分布进行分析。通过调研发现,当前的数字人才主要集中在产品研发,占比高达 87.5%,其次是数字化运营,占比约 7%。大数据分析和商业智能等深度分析职能的比例只有 3.5% 左右,先进制造和数字营销职能的比例更低,不到 1%。虽然当前关于大数据和人工智能的新闻和信息铺天盖地,但从数字人才的分析来看,大数据、商业智能、先进制造等领域仍然存在很大的人才缺口,这个缺口势必会影响新兴行业的创新和发展。微观上来说,主要对数字人才的一些背景特征进行分析,包括数字人才的学历分布、地域分布和职位等级。(1)学历分布。数据发现,拥有本科学位的数字人才占比最高,其次为硕士学位,拥有博士学位的人才占比在 3% 以下,学历分布一定程度上反映出数字人才中研究型、分析型和管理型人才比较稀缺。(2)数字人才职位等级分布。数字人才结构比较均衡,初级职位的就业者占到数字人才的一半以上,高级专业人员与管理人员的比例也较高,但仍有提高的空间。(3)地域分布。根据领英人才数据库,北京、上海、深圳、广州和杭州的数字人才数量最多,人才占比在 3.4% 以上,从数字人才储备角度来看是数字经济发展的五大"引领型"城市。

目前各国纷纷将深化信息技术与传统行业的融合发展作为数字经济战略布局的重心,具有专业数字技能人才的需求正在急剧增长,如何吸引和培养新阶段所需要的人才,是中国在全球数字经济发展中建立竞争优势的重要基础。[①]

案例分析

任何要素都有"量"和"质"的区分。在人类早期的发展中,人口数量的增长起到非常大的作用。因为人口作为人类社会存在和发展的前提,人口是社会物质生活条件的必要因素,没有一定的最低限度的人口,就不会有任何社会物质生活。在人类社会中,以一定人口数量为前提的劳动力人口,是社会生产力的构成要素,也是社会生产和发展的主体,在生产的诸多因素中起着主导作用。这意味,人口数量是生产中劳动要素发挥作用的关键前提,也即经常提到的"人口红利"。

案例第一部分中提到,当前我国还未完全结束"人口红利",但其未来对经济发展的支持力度越来越弱。这是因为,人口数量增长并不是无限的。早在 18 世纪,马尔萨斯就认为生活资料会限制人口的无限增长。除了资源和环境约束外,人们的观念变化也使得人们不愿意生育,自 20 世纪 70 年代以来,全球平均总和生育率持续走低。数据显示,日本平均每 34 秒就有一人出生,每 23 秒就有一人死亡。随着死亡率开始超过出生率,人口数量会进入负增长的状态,这不仅使得青壮年劳动力不足,也会让经济增长乏力。我国也初见人口增长乏力苗头,根据统计局数据显示,我国人口自然增长率(出生率-死亡率)已经从 2000 年的 7.58‰ 下降到 2022 年的 -0.6‰,人口自然增长率首次出现负增长。人口增

① 陈煜波,马晔风.数字人才:中国经济数字化转型的核心驱动力[J].清华管理评论,2018(1):30-40.

长缓慢甚至负增长会给经济社会发展带来严重影响,最为直接的是劳动人口在总人口中占比下降,依靠"人口红利"快速增长的现象将一去不复返。

在"人口红利"逐渐退出历史舞台时,单凭劳动要素数量进行生产已不能满足社会需要。迫切需要从"人口红利"向"人才红利"转变,在数量一定甚至减少的情况下,充分发挥劳动的质量才能继续发挥生产者劳动要素的潜力。本案例的第二部分指出,随着中国经济数字化转型的深入,对拥有数字技能的人才需求上升。但从供给方面来看,中国数字经济发展中人才供给不足问题突出。一方面,数字人才的行业、地域分布不均衡,近一半的数字人才集中于 ICT 基础产业,大部分的数字人才聚集于一、二线大城市,而且整体表现出"南强北弱"的情况。另一方面,数字人才中研究型、分析型和管理型人才比较稀缺。由于数字人才供给小于需求,数字人才获得报酬也非常可观。《2022 中国数字经济人才急需紧缺目录》显示,年薪在 30～40 万区间的数字经济岗位占比 32％,20～30 万区间的占比 29％,12 万以上的岗位合计占比 98％,数字经济产业普遍薪酬水平较高。

数字经济背景下,投入生产中的要素发生了变化。从劳动要素到技术要素,再到管理要素都受到数字化的影响,在"人口红利"消失的压力下,需要劳动要素从"量"向"质"转变,充分发挥"人才红利"的作用,通过人才与数字化技术、数字化管理的高质量匹配,实现劳动要素、技术要素和管理要素之间相互作用,从而持续促进生产的提高。

问题讨论

(1)什么是"人口红利"和"人才红利"? 两者有什么异同?

(2)数字经济发展对劳动要素提出哪些挑战?

(3)如何看待当前各省市高薪引进人才的现象?

理论提示

(1)要素市场理论

(2)失业理论

(3)供给与需求

(五)人工智能"医术"堪比年轻医生

案例内容

先是无人驾驶热透半边天,继而下围棋又打遍天下无敌手……逆天的人工智能,最近甚至把手伸进医院——广州市妇女儿童医疗中心刚刚对外宣布,其基于深度学习开发出一个能诊断眼病和肺炎两大类疾病的人工智能系统,这项研究成果以封面文章登上世界顶级期刊《Cell》。

人工智能诊断疾病靠谱吗? 比对试验发现,该系统在诊断眼疾时的准确性达到96.6％;在区分肺炎和健康状态时,准确性达到 92.8％,这种水平足以匹敌人类医生中训练了十几二十年的专家级水平。新一代系统有多强大？肺炎是全世界儿童因感染导致死亡的首要原因。从一张胸部 CT 上找到肺结节，一名经过训练的医生平均需要 3～5 分钟，而依靠人工智能需要多久你能猜到吗？3～5 秒！不光是快。决定肺炎预后的关键因素是能否根据肺炎的病原学类型精准用药。换句话说，分清楚是细菌性肺炎，还是病毒性肺炎，很重要。传统的基于血培养、痰培养、生化检测等方法，很难快速准确判断。而新一代人工智能平台则可以基于儿童胸部 X 线片实现儿童肺炎病原学类型的秒级准确判定。

有人说，人工智能看病靠谱吗？把身家性命交给机器人，放心吗？这一人工智能系统在学习了超过 20 万病例的图像数据后，该平台诊断黄斑变性、黄斑水肿的准确性达到 96.6％，灵敏性达到 97.8％。与 5 名眼科医生诊断结果相 PK，确认平台可以达到训练有素的眼科医生的水平，并在 30 秒内决定病人是否应该接受治疗。

这套人工智能系统之所以这么厉害，源于其超强的深度学习能力。深度学习是人工智能的热门研究领域，相信很多人不会陌生。我们所熟知的 AlphaGo、自动驾驶等这些重量级应用，都是基于深度学习技术开发的。人工智能诊断起疾病来居然这么强悍，这是分分钟要抢医生饭碗的节奏啊！人们不禁发问：机器人医生离我们的生活还有多远？[①]

案例分析

人工智能作为一种革命性技术，正在深刻影响着经济社会发展变革。在这一过程中，人工智能对劳动者就业的影响一直是社会各界关注的焦点之一。案例中可以看到，借助先进的医疗人工智能系统，人工智能可以准确地诊断疾病，而且准确率达到了专家级水平。人工智能在各行业的应用和发展深深地震撼着行业从业者。

从人类社会技术进步历程看，任何一次技术革命的出现都会给经济社会带来冲击。人工智能的出现直接影响了技术要素的变革，间接地影响了其他生产要素。人工智能将重塑工作场所的"技术—技能"匹配关系，进而改变了不同类型劳动者的技能溢价，导致不同技能劳动者的"工资极化"。这意味着人工智能不仅影响到劳动者的就业状况，也会对劳动者的收入状况产生影响。首先，人工智能影响就业主要表现为大规模应用会对就业产生替代效应，减少就业岗位，例如案例中提到的医疗智能系统对医生工作的替代。但是，如以往新技术出现一样，人工智能发展也会产生新的行业和就业岗位，从而创造大量新就业机会。其次，人工智能影响劳动者收入情况取决于"技术—技能"匹配的情况。从职业类型来看，现实中主要包括高技能职业、中等技能职业、低技能职业。对于中低技能劳动者，人工智能发展使得工作更加自动化、智能化，大量低技能含量的常规工作任务存在被替代的风险，市场对这部分劳动者的需求将减少，势必造成劳动者收入水平下降，甚至失业。对于高技能、创意型劳动者，新的智能技术将与其非常规技能形成良好互补，因此这部分劳动者将从人工智能浪潮中获得更高收益。

[①]　贺林平."AI 医生"医术靠谱吗？诊断确诊率堪比年轻医生[N].人民日报，2019-02-13(1).

根据案例的情形和上文的分析,人工智能对于非常规技能劳动者和创意型人才是一种福音,但常规技能劳动者则将面临被替代的风险。在中国的劳动市场上,常规技能劳动者占比更高,因此对劳动者总体而言,人工智能对劳动要素报酬的影响是负的,这也意味着资本要素在人工智能时代分享的利益份额更大。

问题讨论

(1)什么是人工智能?

(2)人工智能如何影响就业?你认为未来人工智能真的会替代大部分就业岗位吗?

(3)人工智能对社会公平会产生什么影响?为什么?

(4)如何看待人工智能的伦理问题?

理论提示

(1)劳动、资本、技术要素大关系

(2)效率与公平

(六)劳动供求理论的应用:"共享员工"模式的生成机理

案例内容

新冠疫情的突然出现和持续传播,对我国宏观经济和劳动力市场造成巨大冲击,对于就业目标的实现形成了显著的不利影响。在此背景下,灵活用工的新就业形态——"共享员工"模式应运而生;它是在不改变原有劳动关系的前提下,用工需求减弱的单位员工能够进入用工需求增长的新单位完成临时性工作任务并获得报酬的暂时性就业模式。自2022年2月初,盒马鲜生启动"共享员工"模式后,沃尔玛、家乐福等批发和零售业企业也予以积极响应。2月7日,苏宁物流提出"人才共享"计划,标志着共享员工涉及的行业范围扩展到交通运输、仓储和邮政业。2月8日,联想宣布武汉、合肥、深圳、惠阳、成都等地的子公司提供电脑、服务器和手机的组装及包装等临时工作机会,实现了"共享员工"模式对于制造业的覆盖。除了代表性企业的参与以外,"共享员工"模式还在短时间内实现了组织形式的专业化,"兼职猫企业共享员工联盟""HELO 共享用工平台"等专门针对共享用工的配套平台快速涌现。"共享员工"模式俨然已成为中国服务业企业应对疫情冲击的积极用工潮流,体现出中国经济发展和劳动力市场运行的强大韧性。正如习近平总书记所指出的,"新冠肺炎疫情突如其来,'新就业形态'也是脱颖而出。要顺势而为"。那么,"共享员工"模式生成机理是什么?需要应用劳动供求理论予以详细解释。[①]

---

① 赵文泽,冯珺.新冠肺炎疫情背景下的新就业形态研究:以"共享员工"模式为例[J].产业经济评论,2020(6):16-31.

案例分析

新冠疫情背景下,短期的防疫隔离措施对我国餐饮、旅游、文娱和交通等需要外出和面对面服务的消费服务业产生了消极影响。有分析表明,新冠疫情造成 2020 年度全国旅游总收入的损失在 23881.77 亿元至 32725.89 亿元之间,损失规模有可能达到 30% 以上。[①] 新古典的劳动经济学理论指出,有效劳动需求是由产品(服务)市场需求引致的,且属于雇主支付能力的可行边界之内的用工需求。疫情对特定服务市场的影响,必将传递到特定服务业企业对劳动要素的用工需求。就疫情对第三产业就业的影响而言,新冠疫情在 2020 年第一季度分别给住宿餐饮业、旅游业、文化娱乐业和交通运输业造成了 288 万、225 万、107 万和 218 万个的就业岗位损失。[②] 但第三产业对应的生活消费需求和市场活动不会凭空消失,而是向着与抗疫环境最相适应的方向演化,所以疫情期间超市、便利店的线上服务需求剧增,以互联网为基础的新零售、电商平台等创新经济呈现出蓬勃发展的势头。例如,京东到家服务的订单量相较 2019 年同期增长 374%,盒马鲜生的网上订单数量相较 2019 年同期增长 220%,永辉超市日均线上订单同比增长 200% 以上,每日优鲜春节交易额比 2019 年同期增长 350%。整体上,一方面部分传统的服务业企业出现用工冗余和员工闲置;另一方面,隶属于创新经济部门的企业业务规模不断扩大,用工需求快速增加。面对新冠疫情的外生冲击,劳动力市场现有的供求格局出现了不相适应甚至扭曲和错配的现象,意味着在理顺扭曲的过程中资源配置具有潜在的帕累托改进空间。受疫情的影响,创新经济部门的使用劳动的边际收益(边际产品价值)提升,传统服务部门使用劳动的边际收益下降,这自然会引发传统部门的劳动要素向创新经济部门流动;但由于行业对疫情的短期经济影响的估计,出于企业长期性发展的考虑,传统企业也没有强烈裁员的意愿。在疫情背景下,有效劳动需求萎缩一方面临的成本"推力"与需求增长一方面临的效益"拉力"是同时存在的,"共享员工"在不改变原有劳动关系的前提下,共享员工能够进入用工需求增长的新单位完成临时性工作任务并获得报酬,这一过程既兼顾了双方的利益,也提升了整个社会人力资源的配置效率。

客观地说,"共享员工"模式主要发生在企业间低技能岗位的相互共享。如盒马鲜生仅向共享员工提供了理货、分拣、打包等业务岗位,而配送、门店管理等技术要求或业务层级更高的岗位则暂时未向共享员工开放。可见,共享员工所从事的工作内容较易形成简单闭环,且员工在原单位所积累的工作经验往往能够实现直接迁移和运用。在疫情对社会需求的影响上,一方面,疫情在消灭了部分市场需求的同时也产生了新的需求,例如防

[①] 冯珺,宋瑞.新冠肺炎疫情对我国旅游业的影响:评估与建议[J].财经智库,2020,5(2):32-50,141.

[②] 高文书.新冠肺炎疫情对中国就业的影响及其应对[J].中国社会科学院研究生院学报,2020(3):21-31.

疫物资的生产、线上办公、网络娱乐等,由于此类部门往往对员工的技术水平要求较高,传统服务部门劳动要素向新兴部门大规模流动是极其困难的;另一方面,在岗位技术要求相近的情况下,在传统服务部门和新兴服务部门的部分岗位之间,存在着相同素质劳动要素的流动潜力,餐饮业从业人员成为生鲜外卖行业的共享员工即为此类典型案例。

那么,"共享员工"模式未来的发展前景如何?这将取决于劳动力市场未来的均衡结构。当人力资源供求的新均衡建立以后,只有当用工主体认为通过共享员工配置人力资源的外部经济超过了可能的内部不经济时,"共享员工"模式才可能有类比劳务派遣等形式的长期存在。值得注意的是,部分用工主体在疫情暴发后自发为劳动者搭建了流动渠道,另有企业或组织利用自身的信息和资源优势成立了专门针对共享员工的互联网平台,从而让更多的劳动力市场主体能够通过共享员工实现人力资源的灵活配置。客观地说,类似的专业化平台有望进一步降低"共享员工"模式的参与成本,并提升"共享员工"模式在劳动力市场长期存在的可能性。

问题讨论

(1)未来,企业是否可能共享高端人才?

(2)如何更好地发掘数字平台力量,促进"共享员工"模式健康发展?

理论提示

(1)劳动供求理论

(2)边际生产力理论

(3)要素的引致需求理论

(4)内部经济、外部经济理论

第七章　一般均衡与效率

一、基本原理与数字经济时代的适用性

（一）基本原理

前面篇章的理论分析采用局部均衡分析法，即假定市场基本上都是相互独立的。但现实中，市场是相互联系和影响。比如，洪水导致粮食价格上涨，从而影响以粮食为原料的加工工业产品的价格，进而引发一连串价格变化。本章采用一般均衡方法，考察市场间相互关系。

1.局部均衡与一般均衡

一般均衡分析法假定各种产品的价格、供求、需求等都是相互作用的、彼此影响的。一种产品的价格和供求的均衡，只有在一切产品的价格和供求都达到均衡时才能决定。法国经济学家瓦尔拉斯第一个提出一般均衡的数学模式并试图论证其存在性、唯一性、稳定性及最优性等问题。后来，数位经济学家对一般均衡理论予以改进和发展，他们利用集合论、拓扑学等方法，在相当严格的假定条件下证明：一般均衡体系存在着稳定的均衡解，而且可以满足经济效率要求。

2.竞争性市场机制与帕累托效率之间的联系

重点从交换和生产两方面讨论经济实现效率必须满足的条件，分析竞争性市场如何实现资源的有效分配。论证前本节给出"帕累托最优状态"的定义。在资源配置中，如果有一人认为 A 优于 B，而没有人认为 A 劣于 B，则从社会的观点看亦是 A 优于 B。这就是所谓的帕累托最优状态标准，简称为帕累托标准。利用帕累托标准，可以对资源配置状态做出判断：如果既定的资源配置状态的改变使得至少有一个人状态变好，而没有使任何人状态变坏，则称为帕累托改进。具体论证步骤如下。

（1）交换的最优条件

对于任意两个消费者，任意两种产品的边际替代率相等。在竞争市场中，交换是有效

率的,即通过交换把既定的产品数量分配给各个消费者,让产品分配达到帕累托最优状态。效用最大化目标会驱使消费者将既定的收入合理分配到各种产品消费中,只有当任何消费者的任意两个产品的边际替代率与两种产品价格比相等时,才不存在社会进一步增加效用的可能。

（2）生产的最优条件

对于任意两个生产者,任意两种产品的边际技术替代率相等。在竞争市场中,企业在利润最大化驱使下,会在既定的成本开支约束下,根据要素的不同价格,合理选择各种要素的投入,生产出尽可能多的产品。针对所有产品的生产,只有当企业使用任意两种种要素的边际技术替代率与两种要素价格之比相等时,才不存在社会进一步增加产量的可能。

（3）交换和生产的最优条件

任意两种产品的边际替代率与边际转换率相等。为了考察生产与交换上的帕累托最优关系,需要将生产的契约曲线转换为生产可能性边界。在每一个产量组合上,当产品通过交换而形成的分配实现了边际转换率与边际替代率相等,则实现了生产和交换的帕累托最优。

竞争性均衡最终能否使社会资源配置满足帕累托有效率条件？答案是肯定的。在完全竞争市场,每个消费者的最优产品组合选择将使任何两种产品间的边际替代率等于这两种产品的价格比率；每个企业都把其产出水平扩展到产品价格等边际成本的一点,从而有两种产品的边际转换率等于两种产品生产的边际成本比率,进而等于两种产品价格之比。因此,产品和要素市场的竞争性均衡导致社会最终的资源配置满足边际转换率等于边际替代率,最终保证社会资源帕累托最优配置。这验证了亚当·斯密的"看不见的手"原理:在自利机制的驱动下,市场机制这只"看不见的手"可以实现资源的有效配置。

市场经济追求效率目标,而公平是社会追求的重要目标,两者既相互促进,又有矛盾对立的一面。本章的理论内容还涉及西方经济学界对效率与公平的关系和如何协调两者矛盾的理论认识。在效用可能性边界上的每一点都是有效率的,但不一定是公平的。要判断是否公平需要有一个主观的评判标准,福利函数是寻求公平的一个尝试。社会福利函数是社会上所有个人的效用水平的函数,它赋予了社会不同群体偏好的权重。功利主义认为公平的资源配置应该使得最大多数人的福利最大化；罗尔斯主义更多关注福利水平最低的人的效用。在更加关注分配结果的公平上,社会不可避免地涉及资源的二次分配,这可以通过税收制度进行调节。

（二）数字经济时代的适用性

一般均衡理论强调整个市场经济体系的总体均衡,可以启发人们从整个市场体系出发去认识经济运行的基本特征和趋势,从全局的角度把握市场运行的规律性；它还强调各种市场之间的相互联系,这对于观察和研究商品经济中每一个市场和相关市场之间在价格、需求、供给方面的相互影响,具有启发意义。一般均衡理论的基本原理具有普适性,在数字经济时代仍然适用。现实中任何产业(部门)都存在着紧密的上下游关系和相互价值交换,反映出产业链上各部门和各环节密切地投入产出关系,并与外围产业(部门)存在密切的互动。数字化对产业链的影响主要体现在两个方面:它可以延伸产业链,也可以缩短产业链。其延伸产业链效应主要体现为数字化技术让基于产业链的分工更为细化(详见本章的预制菜案例);其缩短产业链效应主要体现为数字化技术将消减传统依赖信息差和运输难而存在的中间环节,使企业的利润主要来源于商品和服务的增值。本章是在完全竞争市场条件下探讨如何实现帕累托最优和实现帕累托最优的条件,未来数字经济的发展将促使消费性行业的产出更加服务化和体验化,这将使得同行业企业的产出越来越具有差异化和个性化特质,消费性市场可能更趋向垄断竞争市场结构;此外,随着 5G 技术下的万物互联时代的到来,相关市场间的联系越来越紧密,各个相关市场的总体均衡实现所需的时间将越来越短,越来越具有即时性。

二、案例分析

(一)一般均衡理论的应用: 新基建的"蝴蝶效应"

案例内容

根据中国 31 个省区市发布的 2020 年重大项目投资计划表,有 25 个省区市提及"新基建",总投资规模达万亿量级。新基建是服务于国家长远发展和"两个强国"建设战略需求,以技术、产业驱动,具备集约高效、经济适用、智能绿色、安全可靠特征的一系列现代化基础设施体系的总称。近年来,党中央、国务院高度重视新型基础设施建设,不断加快并完善 5G 基建、特高压、城际高速铁路和城市轨道交通、新能源汽车充电桩、大数据中心、人工智能、工业互联网等七大领域的建设布局。以新基建为牵引,夯实经济社会高质量发展的"底座""基石",对于引燃"十四五"产业动力新引擎、助力数字经济发展、构建智慧和谐社会具有重要意义。新基建助力数字经济发展,将加速数字产业化、产业数字化。新基建可全面促进信息技术的市场化应用,推动数字产业形成和发展,催生新产业、新业态、新模式,最终形成数字产业链和产业集群。在持续防控新冠疫情、全面恢复生产生活的关键时期,在国内优先推动新型基础设施建设,能直接或间接地引导和带动上下游产业链的发展,培育出一批新兴信息与通信技术企业。新基建是新机遇,搭上这辆信息时代的快车,无疑会让市场主体如虎添翼。①

案例分析

投入产出分析是综合分析经济活动中投入与产出之间数量依存关系(特别是分析和考察国民经济各部门在产品生产与消耗之间的数量依存关系)的一种经济分析方法。瓦西里·列昂剔夫(Wassily W.Leontief,1906—1999)是投入产出账户的创始人,其思想渊源可以追溯到重农学派魁奈(Francois Quesnay,1694—1774)著名的《经济表》。列昂剔夫把他编的第一张投入产出表称为"美国的经济表"。数理经济学派瓦尔拉斯(Walras,1834—1910)和帕累托(Vilfredo Pareto,1848—1923)的一般均衡理论和数学方法在经济学中的应用构成了列昂剔夫体系的基础。基于投入产出法编制的投入产出表可全面系统地反映国民经济各部门之间的投入产出关系,揭示生产过程中各部门之间相互依存和相互制约的经济技术联系。一方面它可以说明国民经济各部门的产出情况,以及这些部门的产出是怎样分配给其他部门用于生产或怎样分配给居民和社会用于最终消费或出口到国外的;另一方面它还能告诉人们,各部门为了自身的生产又是怎样从其他部门取得中间投入产品及其最初投入的状况。投入产出核算的功能不仅仅在于反映目前各个部门在生产过程中直接的、较为明显的经济技术联系,更重要的是它揭示出各部门之间间接的、较为隐蔽的经济技术联系,能够为产业结构的研究、制定和检查国民经济计划以及研究价格的决策提供一种定量分析工具。

应用投入产出分析同样可以为新冠疫情背景下中央新基建投资建设的可行性提供决策依据。任何产业(部门)都有其上下游的关联产业(部门),上游部门为其生产提供原材料等中间投入品和其他要素投入,下游部门是其产品或服务的直接需求方,上下游产业(部门)之间协同互动,又对外围相关的产业(市场)产生技术溢出等效应,带动外围相关产业(部门)的发展。新基建是发力于科技端的基础设施建设,不仅将带动包括新能源、新一代储能和电子元器件等的上游工业原材料开发,还将对下游的七大领域全产业链形成极强的带动效应。其中,5G基站建设将带动多类型终端及人工智能、虚拟现实、高清视频等行业应用市场规模快速上升;特高压方面,其建设将带动装备制造、技术服务、建设安装等领域业绩增长,推动电力互联网、配电网等智能网络快速发展;城际高铁和轨道交通方面,其建设将带动轨道、道路建设、电工电网、装备制造、轨道交通车辆及零部件等行业高速发展,推动城市群旅游、人才、民生等经济发展;新能源汽车充电桩方面,其建设将带动充电桩/充电站零部件快速发展、充电运营更趋合理化、新能源汽车保有量不断增加;大数据中心方面,其建设将带动信息技术、通信网络、能源、制造业、政务服务业以及建筑施工等多个行业更高效、智能和可持续的发展;人工智能方面,其建设将带动计算机视觉、自然语言

---

① 李玉莹.新基建对七大领域全产业链的带动效应[N/OL].光明日报,2020-04-03[2022-12-18].http://dzb.cinn.cn/shtml/zggyb/20200403/vA1.shtml.

处理等技术快速进步,促进智慧医疗、智慧交通、智慧金融等产业快速发展;工业互联网方面,其建设将赋能传统工业,向智能制造转型升级,促进产业数字化的进程,提升传统产业的生产效率和经济效益。根据中国信通院的预测,新基建中的 5G 网络建设,6 年期间需要 1.2 万亿到 1.5 万亿元,可以直接拉动的产出是 10.6 万亿元,间接拉动的产出是 24.8 万亿元,这种拉动的乘数效应,明显比传统投资要大得多。

问题讨论

(1)新基建与"传统基建"区别在哪里?

(2)当前新基建的建设,催生哪些新产业、新业态、新模式? 试以你身边的见闻,说明一二。

(3)本案例分析也蕴含了凯恩斯乘数理论,什么是乘数理论? 试查资料予以回答。

理论提示

(1)投入产出理论

(2)一般均衡理论

(3)乘数理论

(二)近年中国生猪养殖业的数字化转型

案例内容

近年,越来越多互联网公司和地产公司开始争相进入养猪行业。比如,2009 年,网易开始养猪了;2014 年,万达在全国建养猪场;2016 年,恒大宣布开始养猪;2018 年碧桂园、阿里巴巴、京东也先后进入这一行业。2020 年万科也在招聘养猪经理。为啥越来越多非农企业投入养猪业? 大多数人想到的最直接原因是,高涨猪肉价格的驱动。2020 年上半年,全国的猪肉批发价格最高达到每公斤 50 块钱以上。如果养猪的利润率比主业高,动心可以理解。但这似乎也不全对。这些外行公司进入养猪行业的时间跨度有 10 年之久,中间各自入场时的猪肉价格高低是不一样的。在阿里、京东入场的 2018 年,其实猪肉价格是走低的,有的地方猪肉价格每公斤跌破过 10 块钱。万科入场的时候肉价是 50 块钱每公斤,那么阿里、京东和万科在投资上的动因显然不全是价格问题。其具体原因值得深入探讨。

此外,中国的生猪养殖产业链分成三个环节:上游负责生猪养殖,中游负责屠宰加工,加工成鲜肉块或者相关的肉制品,再批发给下游的超市和餐饮店去分销。整个产业链的构成,中美基本相同,但是中美在这几个环节上的比重不太一样。美国的生猪产业集中度比较高,中国的生猪产业布局非常分散;美国的生猪产业利润主要是被中下游的屠宰企业拿大头,而在中国,则是上游的养殖企业比较强势。[①] 那么,为什么中美生猪养殖业的市场集中度和强势企业存在显著的不同呢?

案例分析

中国的养猪业从养殖到宰杀都很分散,中国的养猪行业集中度CR5(前5家最大的企业所占的市场份额)才6.4%。屠宰行业更低,达到5.5%。这种分散程度,造成中国传统养猪企业和个人生产成本居高不下,不能充分享受到规模经济的好处。而这在互联网公司看起来就代表机会。近年随着互联网科技的普及,智能技术正在逐渐代替人工完成养猪业的智能化、数据化过程,这极大提升了养猪业的生产管理效率,该技术还能应用于猪病的自动诊断和监测,避免了疫病给猪场造成巨大的经济损失。智能养殖技术的应用给传统的养猪业造成巨大的降维打击,使养猪业从劳动密集型行业升格为资本和技术密集型行业,而这正是大型互联网公司和房地产企业的优势所在,它们的核心能力就是领先资本和技术优势提升生产效率。

此外,2018年的各地环保要求和非洲猪瘟也成为养猪行业加速整合的催化剂。2017年,国家开始对养殖业重点整治,尤其是在养殖污染方面;2018年中央农村工作会议又对养猪业的环保要求提出了新要求,明显推动了该行业的规模化养殖的趋势。起始于2018年8月的非洲猪瘟传染性极强,由于当时还没有研发出对应的药物和疫苗,到2019年8月底,中国的生猪存栏量下降了差不多40%,造成了后两年中国猪肉价格的暴涨。此事件的另一个影响,就是它提高了整个养猪业的防疫和管理壁垒。在短期没有疫苗可打的情况下,如果一家公司能充分消毒、快速检测、快速隔离病猪,它就越容易防控病毒,让猪群存活下来。而这些技术能力只有阿里巴巴、京东等高科技企业才可能短期掌握。看到巨大的市场缺口,为了建起猪肉战略储备,国家也积极出台补贴政策,鼓励国内企业规模化养猪。高科技的示范效应和行业宏大的发展远景,吸引大资本的地产公司也纷纷加入,因为他们的核心能力就是撬动大资本去做中长周期项目的能力。

那么,为什么中美生猪养殖业的市场集中度和强势企业存在显著的不同?在美国,相较于猪肉,消费者更偏好牛肉、鸡肉,对猪肉的需求没那么强烈,而且即使对猪肉有偏好也是更偏的冷鲜肉和加工好的肉制品,这背后需要强大的冷链和加工储藏技术的保障。结果就是,屠宰加工企业能直接从顾客那里挣到钱,还能向上游吞并养殖企业。而中国人最爱吃的肉就是猪肉,且是新鲜猪肉,讲究的都是当天宰杀当天买卖。所以,不管是养猪还是杀猪的,都只能就近服务本地市场,这就有一个服务半径的问题。一家屠宰企业,它的屠宰能力够宰杀本地养猪户养的猪就行了,市场的供给能力主要取决于本地猪的养殖能力。同时中国不但爱吃猪肉的人多,爱养猪的人也多,90%以上的猪主要来自中国土地上

① 陈华罗.为什么互联网巨头、地产大佬们都要去养猪[N/OL].新京报,2020-05-14[2022-12-20].https://www.bjnews.com.cn/detail/1589451314 15043.html.

的好几千万个的散养户,这导致了中国养猪行业的市场集中度比较低。

最后,随着近年大资本企业的加入,中国生猪养殖产业链的未来整合趋势如何?这大概率要从养猪业起步向下整合。为什么?首先,按照其他产业的整合经验,技术壁垒高的行业更容易整合技术壁垒低的行业,即形成高维对低维的打击。屠宰环节技术难度较低,智能技术最先在生猪养殖环节中应用。其次,美国的消费者偏好加工好的肉制品,他们的需求掌握在屠宰加工企业手里,但中国的消费者吃的是鲜肉,他们的消费距离养猪企业更短。谁代表需求,谁就会有更强的话语权。可以预见的两大积极变化:一是,生猪上游养殖业的集中度正在加快提升,这会导致整个产业链的利润分配越来越倾斜到上游的养猪业;二是,上游养殖的小玩家时代结束了,规模化的养殖开始树立起资本和技术的高壁垒。[①]

问题讨论

(1)运用一般均衡理论解剖一个中国特定产业链的关联部门(环节)。

(2)请查资料分析,当前进入中国生猪养殖的几个头部企业各自差异化的竞争力在哪里?

(3)试举一个新兴数字技术重塑中国特定行业产业链的例子。

理论提示

(1)一般均衡理论

(2)垄断竞争理论

(3)博弈论

(三)关注产业链上的关联市场:近年中国预制菜品的兴起

案例内容

天猫在 2019 年发布的《中国人年夜饭消费报告》表明,半成品年夜饭正在成为江浙沪年轻人的新欢。到 2021 年,半成品年夜饭已经是天猫增速第一的年货品类了。近年,以半成品年夜饭为代表的"预制菜"正在成为中国大众消费的新赛道。预制菜就是预先制作好的菜品,厂商集中把一道菜的分拣、腌制、调味这些预加工工序做完,然后冷冻或真空封装起来并加配料,卖给餐厅、企业或者个人消费者,买家只需要简单加热或者蒸炒一下就可以上桌了。预制菜在 2020 年的新冠疫情中,成为中国餐饮业的救命稻草;借助中国发达的电商配送平台,消费者不出门就可以享受到餐馆的特色风味。疫情缓解之后,应急的预制菜产品非但没有消失,很多餐饮企业还都把它当成了自己商业模式升级的一条路。国海证券推算,未来六七年,中国的预制菜的行业规模能够超过 1 万亿元,长期看能够超

过 3 万亿。中国目前市场上的预制菜企业已经有 2 万家之多了,但整个市场很分散;而且在 2020 年以前,半成品菜的主要买家是餐厅、公司、学校和政府部门这些机构客户。

从 2020 年开始已经有三类供应商开始跳出框架,越来越高频地向大众消费者卖预制菜了:第一类是专业的预制菜公司,如上海的新雅食品、苏州的好得睐食品、厦门的绿进食品等;第二类是传统餐饮企业的业务扩张,中国连锁经营协会做的调研发现,餐饮业想做餐饮零售化的企业达到了 60%,海底捞、广州酒家、云海肴、眉州东坡等都卖起了半成品菜;第三类进入预制菜行业的玩家,即上游的食品原材料企业,如双汇本身是中国最大的屠宰企业,2020 年受疫情影响,也开始销售麻辣牛腩、卤牛腩丁等半成品菜。目前,中国餐饮行业规模 4 万多亿元,在食品行业里,休闲食品规模也超过 1 万亿,如果预制菜品能占领这两个市场的部分份额,那万亿规模也是有可能的。①

案例分析

一般均衡理论表明,各个市场是相互联系的,其中有直接关联,也有间接关联,一个市场的变化会传递到其他市场去,进而影响市场的整体均衡。其中直接关联主要体现在产业链的上下游各生产环节(部门)市场之间,它们或体现为投入产出关系,或体现为替代和互补的相关性。中国的种养殖业产业链可分成三个环节:上游养殖环节、中游加工环节和下游销售环节。餐饮业的产业链事实上是种植养殖产业链的下游延伸,具体也可分为"上游原料供给(包括调味料)—中游半成品菜—下游餐饮服务(外卖)",它们既体现为上游与下游的投入产出关系,也体现出一定餐饮消费的替代性。预制菜相比原料菜,具有风味和便捷的优势,消费者不需自己动手就可制作出与餐馆同种风味的食品,省时省力,这在经济快速增长、生活节奏加快的今天,特别能获得中国消费者的青睐;相对于成品菜,它又具有可储存性的优势,预制菜在冷链和真空技术的支持下,保质期大大延长,而成品菜一般需要当天食用。从预制菜到成品菜的制作环节相对简单,只要在家适当蒸煮就可享用,且价格低廉;在疫情的当下,它又具有不需要餐馆就餐和节约开支的优势。整体上,预制菜与原料菜、成品菜之间,既是投入与产出的关系,又具有较强的上下游替代关系。

在新冠疫情暴发的 2020 年初,在餐馆聚餐的风险大大提高,在国家强制隔离禁令的影响下,中国餐饮服务的市场需求大大萎缩,体现为餐饮服务需求曲线向左平移。不少大型餐饮企业为了维持生存,就向其替代品预制菜市场进军,使预制菜市场供给增加,表现为其供给曲线向右平移;而消费者经过一段时间的隔离,不能外出就餐,对特色餐馆风味的留恋,自然就产生对其替代品预制菜的巨大需求,从而使其需求曲线也向右平移。供给和需求双方协同发力,使预制菜进入了行业的高速增长。当然,预制菜市场的繁荣,也得

---

① 蔡钰. 谁在开掘万亿规模的预制菜市场 [EB/OL]. (2021-02-02) [2022-10-18]. https://www.dedao.cn/share/trialReading?trialReadingId＝L5j3kVb67WzO2qGK1vPdYoGJ7izaUVDLGcbDLodyKvkl9YwmEM9oZdnlAJx8eXy0&.type＝65.

益于中国数字经济的发展和电商平台的精准对接,使市场上越来越多对预制菜的潜在需求被充分挖掘出来。2020 年 2 月疫情严重的时候,知名餐饮企业西贝曾经公开呼救说自己的"现金扛不住"了;随后西贝就获批了食品生产许可证,被允许以一家餐饮企业的身份,对外销售半成品菜。从这以后,餐饮企业们就都开始在线上和线下卖起了加工制作的半成品菜。而且疫情缓解之后,应急的预制菜产品已然锁定了顾客的消费习惯,很多餐饮企业也把预制菜当成了自己商业模式升级的一条路。

2019 年,中国人均 GDP 超过 1 万美元,经济进入了中高速增长期,家庭结构大多户均 2~3 人;追求品质化的生活,在一定程度上也降低了对原料菜的需求;城市生活节奏的加快,加大了对省时省力的预制菜的需求。预制菜受热捧,很大程度上离不开近年中国"懒人经济"的崛起,从懒得做饭催生预制菜,到懒得打扫卫生产生扫地机器人,偷懒越来越容易。最后,2021 年中国疫情的起伏反复,对预制菜市场发展也是个利好,出于对线下聚餐感染的担心,越来越多的消费者尽量选择在家用餐,预制菜产品兼具餐馆风味、便捷性和可储存性的优势,越来越成为快捷生活下消费者日常餐饮消费的不二选择。

预制菜行业的兴起,对其下游的相关产业也会产生积极影响,一是促进餐馆提升现场服务的体验质量,这是餐馆消费不能被完全数字化的优势,比如当前受外卖的影响,不少高校食堂开始在饭菜品种、口味和就餐环境上下功夫,食堂装修越来越上档次,以吸引更多"宅学生"回流;二是预制菜也需要一定厨房用品的配合,才能制作出可口的成品饭菜,两者是互补的关系,在未来预制菜产业的发展如何简化城市中产阶层的厨房及其家电用品,也是中国家电企业未来值得发力的地方。

问题讨论

(1)预制菜市场的发展将如何影响未来厨房小家电市场?

(2)受新冠疫情和电商发展的影响,中国还有哪些行业得以蓬勃发展?它是否改变了所在产业链上的市场均衡?

理论提示

(1)一般均衡理论

(2)投入产出理论

(3)供求均衡价格理论

(四)关注数字化对传统产业链的影响:理塘县的数字农业基地

案例内容

2020 年,藏族小伙丁真在网络突然走红,很多人因为丁真而知道了他的家乡——四川省甘孜州理塘县。这两年,除了丁真带火了理塘的旅游业外,理塘县还成为中国最先进的数字农业基地之一。理塘县海拔 4000 米,当地农民主要是种植青稞、冬小麦和土豆等传统作物,且产量和价格都极低。从 2019 年起,理塘县开始搞数字农业基地,利用大数据分析当地的种植条件,再匹配消费者的偏好,找出当地最有特色、最受市场欢迎的蔬菜品种来种植,且产品直供生鲜电商盒马,这样的数字农业基地被称为"盒马村"。

举个例子,有一种只在高海拔地区生长的萝卜,维生素 C 含量比低海拔地区萝卜高出一倍,口感也更好,很受消费者欢迎。于是,理塘数字农业基地开始规模化种植这种萝卜,并取名"极地萝卜"。同时,把每棵萝卜的重量控制在 750g 左右,这个重量正好能够满足三口之家一天的需求。"极地萝卜"一经推出就成为爆品。理塘数字农业基地还陆续推出了可当零食的夏季高山草莓、高原小番茄等,也非常受市场欢迎。目前,基地亩产产值可以达到 8000 元,是原来种植传统农作物亩产的 8 倍。此外,传统农业还面临链条长、运输难的问题。以往,农产品从田间地头到消费者的餐桌,一般要经过 5 次转手,一圈下来,蔬菜运输的腐损率高达 30%。现在依托产地搭建的数字化仓库,农产品从田间收来的蔬菜瓜果直接进仓库,在流水线上自动清洗,利用智能技术对产品进行自动分级。这样,农产品的整体物流时间从过去的 10 天以上缩短到 3～4 天,蔬菜运输的腐损率从 30% 降低到 5%,分级与冷藏提高了 10%～20% 的市场售价。理塘县正在通过数字农业逐步实现乡村振兴。

案例分析

产业链是对产业部门间基于技术经济联系,而表现出的环环相扣的关联关系的形象描述,产业链中大量存在着上下游关系和相互价值的交换,上游环节向下游环节输送产品或服务,下游环节向上游环节反馈信息。狭义产业链是指从原材料一直到终端产品制造和销售的各生产部门的完整链条,产业关联的实质则是各产业中的企业之间的供给与需求的关系,反映出产业链上各部门和各环节密切地投入产出关系。而投入产出关系正是一般均衡理论的体现。

数字化对产业链的影响主要体现在两个方面:它可以延伸产业链,也可以缩短产业链。其产业链的延伸效应主要体现为数字化技术让基于产业链的分工更为细化,更多企业从事产业链上的各种工序和资源要素的生产,如电商平台的发展繁荣了半成品菜(预制菜)和调味料市场,而半成品菜和调味料原先都是餐饮企业成品菜的投入品,现在开始独立出来成为产业链的独立环节,越来越多的餐饮企业投入其中,演化为预制菜公司,既服务于终端消费者,也服务于下游最终餐馆。其产业链的缩短效应主要体现为数字化技术将消减传统依赖信息差和运输难而存在的中间环节,使企业的利润主要来源于商品和服务的增值。在案例中,传统农产品从田间地头到消费者的餐桌,一般要经过 5 次转手:从农户到收购商贩,到产地集散中心,再到销售地集散中心,再到商超或者水果店,最终才到消费者。这样一圈下来运输和销售时间拉长,生鲜食品的腐损率非常高,成本的高昂也抬高了售价。在农产品产地搭建数字化仓库,从田间地头收来的蔬菜瓜果直接进仓库,最后直接对接生鲜电商盒马的销售网络,不仅提升了物流效率,而且降低了多环节的销售成本。可见,数字化技术正在对各类产业链上的投入产出关系进行重构。

2021年"中央一号文件"专门提出,"加快实施农产品仓储保鲜冷链物流设施建设工程,推进田头小型仓储保鲜冷链设施、产地低温直销配送中心、国家骨干冷链物流基地建设。"发展智慧农业,建立农业农村大数据体系,是之后农业发展的大方向。目前数字农业主要是从三大方面发力。一是数字化订单,利用大数据分析市场需求,根据需求确定种植品种和数量,也就是通常说的"以需定产";未来新零售的品牌商将以消费者为中心,利用数字技术随时捕捉全面全域信息感生消费需求,完成供需评估与即时互动,激发消费者潜在消费需求,提供给消费者全渠道全天候的无缝融合的消费体验与服务,显然以"盒马村"为代表的数字农业符合未来新零售的发展趋势。数字化订单也将使农业市场的供需更加精准地对接,实时实现市场出清的理想状态。在出清的市场上,没有定量配给、资源闲置,也没有超额供给或超额需求;按照新古典主义的理论,市场是连续出清的,经济是具有帕累托效率的。二是数字化生产,品种的选育、种植的间距、肥料配比等全部采用数字化分析和管理。企业生产的边际报酬递减规律表明,在一定技术水平和其他要素投入不变的条件下,随着一种可变要素投入的连续增加,其边际产量先递增,增加到一定限度后最终会趋于递减。数字化的迭代升级,将不断提升农业生产的技术水平,使得企业生产在较长时期内处于边际报酬递增区间,从而提升农业企业的生产效率。三是数字化分拣,根据农产品的大小、克重、外观、品质进行自动分级。数字特色农业可以按产品品质的不同实现差别定价,从而提升了农业生产的整体利润率。[①]

问题讨论

(1)为什么说投入产出法适用于产业链关系的分析?

(2)数字化农业市场出清的状态与传统农业有何区别?

(3)目前,像理塘县这样的数字农业基地,正在全国乡村快速推广开。当前推广农业数字化的主要障碍有哪些?应该如何克服?

理论提示

(1)投入产出理论

(2)市场均衡理论

(3)边际报酬递减规律

(4)差别定价理论

---

① 蔡钰."丁真的世界"被数字农业改变[EB/OL].(2021-07-29)[2022-10-18].https://www.dedao.cn/share/course/article?id=2m845Ln7q69yKOOdZYKrkebvGDYjgl.

（五）征收"数字税"效率与公平的考量

案例内容

2018 年 3 月欧盟委员会发布"关于对提供某些数字服务所产生的收入征收数字服务税的共同制度指令的提案"（以下简称"数字税指令"），拟调整对大型互联网企业的征税规则，赋予成员国对发生在境内的互联网业务所产生的利润进行征税的权利。该提案分别提出了应对数字经济挑战的临时性举措和长期性举措。临时性举措赋予用户所在成员国征收"数字服务税"的权利，征税对象为数字活动年收入在全球和欧盟范围内分别超过 7.5 亿欧元和 5000 万欧元的数字企业，税率暂定为 3%，对于满足豁免条件的初创企业免征税款。为避免与非欧盟成员国签订的避免双重征税协定可能对欧盟成员国征税权产生的负面影响，欧盟委员会将"数字服务税"定性为间接税；与"数字服务税"方案一同发布的"数字所得税"是欧盟致力于应对数字经济挑战的长期性举措，而"数字所得税"的核心在于"显著数字存在"原则和"显著经济活动"判断标准。

法国是最先开征数字税的国家之一。2019 年 3 月，借鉴欧盟数字税提案，法国要求对大型跨国数字平台企业征收数字税，2019 年 5 月和 7 月，法国国民议会和参议院分别批准数字税相关法案，规定该法案追溯至 2019 年 1 月 1 日生效。法案对数字界面服务和特定广告服务两大类应税服务征税，应税收入是经判断属于"在法国"提供应税服务的营业收入，税率为 3%；还要满足营业收入的阈值门槛要求，应税企业是提供数字产品和服务的实体企业，财政年度的全球总收入超过 7.5 亿欧元，同时纳税人在一个会计年度中取得的"法国数字收入"超过 2500 万欧元。按照相关条件，有 27 家数字公司符合法国数字服务税要求，其中 17 家为美国公司，约占 2/3。此后受美国向法国征收报复性关税威胁，法国暂停征收数字税。但法国后又决定从 2020 年 12 月起重启数字税征收计划，欧盟也正在加紧制定数字税征收法案。当然，由于缺乏广泛共识及合作基础，各国单边推行的"数字税"政策各有侧重，在实践中呈现出不同的特征。

案例分析

数字经济背景下，公平扭曲问题日益显著。从微观交易层面看，首先，数字平台垄断扭曲了供需双方的选择公平。平台支撑是数字经济的基本特征，而在网络效应与梅特卡夫法则[①]的作用下，"赢者通吃"不可避免，平台滥用技术和用户优势垄断市场定价、单方

[①] 梅特卡夫法则（Metcalfe's Law）：网络的价值同网络用户数量的平方成正比，也就是说，N 个联结可创造出 N 的二次方的效益，该定律的提出者为以太网的发明人罗伯特·梅特卡夫法则。

面制定"霸王条款"、排挤或限制竞争等行为层出不穷。其次,数据垄断扭曲了过程公平,参与平台交易信息和数据为平台所获,形成消费者与平台之间的信息不对称,引发信息安全等问题。最后,平台信息优势扭曲结果公平,平台凭借完全的信息优势通过算法和价格歧视侵蚀消费者剩余,如大量的"平台杀熟"现象。从宏观视角看,平台型数字企业的发展还威胁到税收公平。现代信息通信及大数据技术的广泛使用以及数字企业运营的灵活性,使得对平台收入来源地、交易地点、纳税地点等环节的确认变得十分复杂。一方面,传统税制难以对数字型企业公平合理课税,引发传统企业及数字型企业税负不公问题;另一方面,互联网平台模式下价值创造与经济实体相分离,导致税收征管地与价值产生地错配问题。两者的叠加和交互对以实体存在为基础的传统税收制度造成巨大挑战。在国际税收领域,数字技术和平台理论的深度融合使得平台型跨国数字企业的"纳税逐底"活动更加频繁和隐蔽,引发了日趋严重的税基侵蚀与利润转移问题,进一步恶化了国际税收利益分配的失衡,激化了税收主权争议,给现行国际税制带来很大冲击。[①]

当前,国际数字经济发展的极端不均衡,使穷国和富国的数字鸿沟不断扩大,各国社会贫富日益分化。发达国家与发展中国家之间、发达国家政府和垄断资本集团之间及其相互之间、资本与劳动之间的利益分配冲突日趋激烈。这些矛盾出现都指向政府公共产品服务供给的财政税收再分配问题。从现实来看,平台型数字企业的超额收益部分源于对网络基础设施的"搭便车"行为。数字平台企业,除了支付微不足道的网络使用费用,并没有承担巨量网络基础设施建设和维护费用,而且用户参与平台交易所产生的网络使用费用还需自行承担。而政府主导的网络基础设施投资则成为维持平台型数字企业收入和利润的固定投入。但是,网络具有相当的公共品属性,这种不对称的使用公共品的行为从情理上是应该予以一定费用的补偿。因此,价值创造国征收"数字税"以补充公共财政有其合理性和必要性,也符合社会发展的公平性。更苛刻的学术观点认为,数字企业还受益于价值创造国法律制度和营商环境的不断优化和改善,因此价值创造国完全有理由对不存在实体经营场所或机构的数字企业在其境内的收益征税,抵消部分制度环境建设的成本。

还应该关注的是,主要国家的"数字税"方案中普遍都加入较高标准的豁免条款。以法国为例,对照豁免条款后发现清单中只剩下 30 余家企业。双边市场下的规模经济和网络效应会创造相关行业的进入壁垒,容易导致"一家独大"或寡头垄断的市场结构。既然"赢者通吃",那么也就没有必要对初创平台和中小企业征税,而且这种税收政策符合效率的原则,可以助力中小平台企业开展创新创业,助力数字经济的繁荣发展。最后,在平台巨头撮合供求双方匹配服务的过程中,消费者个人信息、历史和实时交易数据为平台无偿所获,成为其价值创造的源泉。在当前数据归属和价值难以确认的现实困境下,由政府以税收的形式统一征收继而用于公共服务未尝不是一种可行的折中方案。[②]

①　王飞."数字税"的实践与评价:基于平台经济学视角[J].税收经济研究,2021(4):21-27.

②　周文,韩文龙.平台经济发展再审视:垄断与数字税新挑战[J].中国社会科学,2021(3):103-118.

"数字税"征收案例告诉我们,在传统税制不改变的情况下,如果任由市场经济自发调节,并不是所有的帕累托最优的资源配置都是公平的;要使社会资源配置符合社会福利最大化的目标,就不可避免地涉及社会资源的二次分配问题,而通过变革现有的税收制度是可以在某种程度上实现既定的公平目标。总而言之,数字经济时代,需要重塑国际税收征税权和征管规则。

问题讨论

(1)当前,征收"数字税"的中国方案应该如何设计?

(2)我国征收"数字税"应该如何平衡公平与效率的关系?

(3)欧盟的"数字税"与现有的税收框架有哪些不一致?

理论提示

(1)公平与效率关系

(2)帕累托最优

(3)垄断市场理论

(4)公共品理论

(5)帕累托改进

(六)寻找关联市场:大号充电宝市场的爆火

案例内容

2022年,"减压经济"成为热词,其背后反映出了如今年轻人的生活状态。在工作和求职多重压力之下,再加上新冠疫情期间的隔离生活,年轻人的焦虑、迷茫等负面情绪也被放大。减压经济就是在这种情况下应运而生,越来越多的年轻人愿意为"减压"买单。2022年,中国市场的香薰条销售增加了133.3%,游戏电视增长了210%,路亚垂钓增长220%,划船机增长100%,等等。这些产品有一个共性,就是好玩儿。2022年,它们构成了中国产业经济一个重要的创新和消费的来源,其背后是无数新的商业机会的诞生。在各种减压经济中,中国露营设备的销售业绩颇为瞩目。2022年1—4月,报名露营游的用户数量是去年全年的5倍以上;"五一"假期,露营相关产品的预订量是去年的3倍左右。露营的火爆也带动了露营装备市场。一季度,天猫户外帐篷成交额同比增长超100%,其中大型帐篷增长超过200%。在资本市场,只要公司业务和露营沾上边,股价也水涨船高,如专营帐篷的牧高笛,股价2个月涨了将近3倍,绿茵生态、三夫户外等概念股也纷纷跟涨。与此同时,户外露营的爆发也带火了大号充电宝销售,而且充电宝越大号,越持久耐用,销售越好。在一、二线城市的使用场景中,充电宝一般是用户出差时才带,追求轻巧便携,还要颜值高。那么,中国露营市场的发展为什么会带动大号充电宝的销售?

有意思的是,在全球和国内,不管是小号充电宝还是大号充电宝,基本都是中国生产的。全球排名前三的小号充电宝制造商,分别是安克创新、小米和罗马仕,都是中国企业。全球排名前五的大号充电宝制造商,中国占了四个,中国的产量占了全球的 90%。国产大号充电宝绝大部分用于出口,国内市场仅消化了不足 5%。那么,作为生产大号充电宝的主要国家,为什么中国的产品在国外市场的销售会占大头呢?

案例分析

一般均衡理论告诉我们,整个市场体系中各市场间是一个相互联系的整体,他们会通过不同方式联系在一起,相互影响。有投入品与最终产品之间的关系,如咖啡豆原料与咖啡饮品的关系;有互为替代品之间的关系,如咖啡和茶叶市场的关系;也有互补品的关系,如咖啡和作为咖啡伴侣的牛奶、奶沫之间的关系。一个市场的价格和供求关系的变动,势必影响其关联市场的价格和供求关系,这对于企业就意味着行业趋势和商业机会。

中国露营市场的发展为什么会带动大号充电宝的销售?因为露营的电器装备与大号充电宝是互补品关系,在野外露营中大号充电宝的购置,可以提升露营生活的便捷性。过去露营吃饭,要么带酒精煮火锅,要么带木炭吃烧烤,既危险,又不卫生。现在带上超大号充电宝,就可以使用电烤箱或者电磁炉做饭了。除了做饭,它也能给音箱、投影仪等设备供电,会明显提高露营的休闲娱乐体验。因此,露营减压推动了包括电器在内的露营设备需求,而露营设备需求的增加造成作为其互补品的充电宝的需求曲线向右移动,使其越来越往大型化发展,越持久耐用越好。小号充电宝经过这么多年的发展,已接近市场饱和期,而大号充电宝正处在高速增长期。2017 年以来,行业规模年年翻倍,2021 年已经达到了百亿级别。当然,大号充电宝的火热销售也跟国内电商企业善于挖掘独特的应用场景有关。一、二线城市充电宝的日常使用仅限于出差旅游等外出应急需求,但下沉到县域市场,田间的农民、广场舞大妈、户外主播,他们通常需要大功率的充电器,这个巨大的需求一直被忽略。淘特的行业小二利用大数据捕捉到这个趋势后,马上引导厂家生产大容量充电宝,一年之内销量增长 7 倍,广东产业带的工厂产能提升 3 倍。电商平台成为大号充电宝市场供给和需求的连接器。

为什么大号充电宝在国外市场的销售会占大头呢?这主要由于国外不少发达国家有着太多大号充电宝的应用场景。大号充电宝的第一大应用场景是户外活动。相比欧美,国内喜欢户外活动的人还是较少。比如,美国参与户外活动的人口比例为 48%,而中国只有 9.5%。相应的,美国也是大号充电宝的第一大消费市场,占了全球市场的将近一半。其第二大应用场景是应急。比如,日本是地震、台风频发的国家,一旦发生自然灾害,很容易出现断电问题,所以一直是各种储能产品的大客户。2021 年,日本市场占了全球的30%。美国和日本两个大市场加起来,占了全球消费市场的近 80%。此外,正在增长的使用场景是户用储能。发达国家的电价普遍较高,像德国、日本的居民电价要比我国高出三四倍。国外很多人都在阳台和屋顶安装太阳能板,补充家庭用电。这就需要储能设备,把暂时冗余的电储存起来。欧洲光伏产业协会预计,到 2025 年,欧洲的家用储能系统会达到 12.8 吉瓦时,是 2020 年的 4 倍多。可以预计,随着国内户外运动的兴起,以及中国"双碳"战略的推进,光伏发电等绿色能源的推广,大号充电宝的国内市场将迎来爆发点。[①]

问题讨论

(1)请画图并说明中国储能设备企业未来的发展前景及原因。

(2)目前中国露营市场刚刚兴起,还存在哪些露营消费痛点?

理论提示

(1)一般均衡理论

(2)需求理论

(3)"人货场"理论

---

① 马慧,李加亮. 为啥"抄水表"也需要高科技?[EB/OL].(2022-05-31)[2022-01-18]. https://www.dedao.cn/share/course/article?id=7NqeGmE2w4bnK4E9xoVP31lv5WZ9rj.

第八章　市场失灵与微观经济政策

一、基本原理与数字经济时代的适用性

（一）基本原理

微观市场失灵政策是基于对完全竞争市场的假设：市场是竞争的；没有外部性的；完全信息；市场中只有私人物品的突破，涉及信息失灵，如逆向选择、公共物品、不完全竞争等。而现代市场基本上述四个假设条件都得不到满足，因此市场机制对资源的配置是无效的，这在经济学上就被称作市场失灵。

1.垄断会导致市场失灵

这样会导致市场上价格高，产量低，同时还会损失更多的消费者剩余，增加生产者剩余，在垄断条件下，产量确定在边际成本低于价格的水平上，按购买意愿，减少社会福利。垄断市场还会产生寻租行为，减少整个社会的福利。因此需要政府的监管。如果垄断企业能够做到完全价格歧视，则边际成本等于价格，此时，资源配置仍然是有效率的。任何程度的垄断都会破坏资源配置的帕累托最优。

2.公共物品和公共资源也是引起市场失灵的一个因素

我们运用排他性和竞争性的标准，将供人们消费的物品分为四类，既不具有排他性也不具有竞争性的产品就是公共物品，因为公共物品只能整体消费，因此其收益应该是所有消费者从中获得的总收益或总价值，这决定着社会对公共物品的需求。由于公共物品一旦生产和供给出来，就无法禁止人们免费消费，因此其面临的"需求曲线"不起作用。就整个社会来看，该物品总收益大于总成本，应该供给，但是每个人从公共物品消费中所获得的收益低于其供给成本，在非排他性的作用下，生产者无法收回成本，因此公共物品尽管为社会所需，却无法由市场供给。具有排他性但是不具有竞争性的产品为俱乐部产品；公共资源为具有竞争性但不具有排他性的物品。正是由于公共物品的非排他性和非竞争性，导致更多人想要搭便车，希望别人提供公共物品，而自己免费享用。比如楼道里的路

灯的更换,当路灯坏了的时候,每一位住户都希望由邻居来更换,比如小区花园里的供大家休息的椅子,好的时候大家都免费坐,但是坏了的时候,却每个人都希望别人去修。

3.外部性

无论哪种活动,都是通过市场来安排的,因此会涉及交易的双方,但它可能又会因未经过市场交易而影响到第三方。企业或居民的经济活动对第三方的影响可能是有利的,也可能是不利的,这就将外部性分为正外部性和负外部性。外部性的结果就是导致私人成本和社会成本不一致,私人收益和社会收益不一致。正外部性,就是由于自己的行为,给别人或者社会带来了好处,且并未对享用人收费,最突出的例子是教育,还有临街高楼里居民在阳台上种的花花草草。负外部性,比如污染,造纸企业自己赚到了钱,却污染了企业驻地附近的河流,给社会带来了很大的成本,这种自身行为成本、收益和给社会带来的成本、收益的不一致性,就会导致资源配置缺乏效率,这时政府需要对给社会带来负外部性的企业予以惩罚,对给社会带来正外部性的企业予以奖励,除了政府进行干预之外,也可以通过界定清晰的产权,来解决这种外部性问题,这就是科斯定理。

4.信息不对称带来的市场失灵

信息不对称是信息不完全的一种,指市场交易行为中拥有不完全的信息,拥有信息的一方可能利用自己的信息优势使拥有信息劣势的一方做出逆向选择,或者出现道德风险问题。比如柠檬市场[①]——二手车市场,最后导致价高质量好的二手车彻底退出市场。还有一个典型例子就是保险市场,消费者因为是缺乏信息的一方,预测到交易可能使自己受损,所以拒绝这种交易。因此,政府需要通过监管机构或者法律制定标准体系,为处于信息劣势的一方提供保护,以便促进其交易的顺利进行。除了政府行为之外,解决信息不对称问题的方法,还有连锁经营,如麦当劳、肯德基、品牌和品质保证书等。

（二）数字经济时代的适用性

1993年,乔治·吉尔德(George Gilder)提出梅特卡夫效应(Metcalfe's Law)的概念,认为一个网络的价值等于该网络内节点数的平方,即网络价值与网络用户数的平方成正比。在以用户为核心的数字市场中,梅特卡夫效应的一个直接结论就是网络规模大的企业能够获得正反馈效应,而网络规模较小的企业会退出,进而形成"冒尖儿"场(tippy market)。因此,具备网络效应的数字企业具有天然垄断属性。随着大数据平台商业模

---

① "柠檬"在美国俚语中表示"次品"或"不中用的东西",所以柠檬市场也称次品市场。指在信息不对称的市场中,产品的卖方比买方拥有更多关于产品质量的信息,突出表现在二手车市场,由于买方难以区分商品的质量,他们只能根据市场的平均价格来判断商品的平均质量。这导致市场上的优质商品由于售卖价格高,逐渐被劣质商品淘汰,因为提供优质商品的卖方在交易中往往吃亏,而提供劣质商品的卖方则受益。这种现象也被称为"劣币驱逐良币"。

式中的广泛应用,数据驱动的"飞轮效应"①进一步强化了天然垄断属性,催生了自我优待等新的滥用市场地位的手段。为获取网络效应、巩固竞争优势,随企业商业模式的不断创新,多边平台成为互联网企业的通用组织形式,平台经济的特征日趋显著。从西方一些国家或地区的监管实践来看,对于互联网平台型企业,如 Google、Facebook 等,反垄断是政府一贯的政策取向。2019 年,美国民主党总统候选人伊丽莎白·沃伦(Elizabeth Warren)甚至将拆分大型科技公司作为其竞选总统的主张。2020 年 11 月,我国国家市场监督管理总局发布了《关于平台经济领域的反垄断(征求意见稿)》,就垄断协议、滥用市场支配地位、经营者集中、滥用行政权力排除或竞争等方面提出监管意见。2021 年 2 月,国家市场监督管理总局印发了《关于平台经济领域的反垄断指南》进一步明确了平台经济反垄断的相关政策措施。从经济学(主要以网络经济学为主)研究的发展脉络来看,网络外部性成为研究数字经济的起点和重要基础。② 这一点是和传统经济学完全不一样的起点。

大数据匹配并不能完全消除引起市场失灵的因素。在数字经济时代,上述引起市场失灵的因素,都发生了哪些变化呢?比如,我们可以运用大数据进行信息的匹配,可以上网购买保险、理赔,可以在线进行小额贷款,但是这就可以使消费者避免因信息不对称而遭受损失了吗?不能!现实的情况是,依然存在大量的网上骗贷情况,存在很多保险在发生事故后难以理赔的现象。但是完全不适用了吗?也不是。有一些引起市场失灵的因素仍然存在,如垄断、公共物品和外部性引起的市场失灵还存在,但是由于信息不对称引起的市场失灵,在大数据的精准匹配下,可能就不存在了。

数字经济时代资产边界模糊。数据在数字经济时代是一种非常重要的生产要素,资产范围进一步扩大。数据所蕴含的价值可能大大高于以往常规方法(如永续盘存法)所做的估值,数字产品使用者生成的海量数据形成大量免费数据资产,通常具有巨大的隐性价值,虽然消费者没有直接支付这些资产的费用,但消费者(提供数据)和生产者(提供免费数字服务)可以通过隐形交易来实现数据资产的价值,使得资产边界模糊。

制度空白导致负外部性现象仍大量存在。大数据是信息时代的新产物,在法律性质、权利内容、权利归属方面存在着诸多制度空白,进而导致了公地悲剧、市场垄断和逆向选择等负外部性的出现,阻碍社会福利最大化的实现。需要通过法律经济学对大数据确权进行比较制度分析,以解决大数据初始产权的界定问题。③ 在数字经济时代,外部性、信息失灵、垄断、公共物品等引起市场失灵的因素仍然存在,仍然适用。但由于网络的外部

---

① 飞轮效应(flywheel effect):为了使静止的飞轮转动起来,一开始你必须使很大的力气,一圈圈反复地推,每转一圈都很费力,但是每一圈的努力都不会白费,飞轮会越转越快。当达到一个很高速度后,飞轮所具有的动力和动能就会很大,使其短时间内停下来所需的外力更大。从经济的视角看,数字经济已经成为我们这个时代的"飞轮"。

② 孙毅.数字经济学[M].北京:机械工业出版社,2021:63.

③ Admin.数字经济时代,大数据归属权到底是属于谁的?[EB/OL].(2019-03-05)[2022-03-18].https://www.chinacpda.com/news/16925.html.

性,长尾效应与利基市场相互交织强化,使得长尾客户的范围不断拓展,从而使得传统业务模式中的"二八定律"面临严峻挑战。

二、案例分析

(一)怎样看待微信的网络外部性?

案例内容

微信(WeChat)是腾讯公司于2011年1月21日推出的一个为智能终端提供即时通信服务的免费应用程序,由张小龙所带领的腾讯广州研发中心产品团队打造。微信支持跨通信运营商、跨操作系统平台通过网络快速发送免费(需消耗少量网络流量)语音短信、视频、图片和文字,同时,也可以使用通过共享流媒体内容的资料和基于位置的社交插件"摇一摇""朋友圈""公众平台""语音记事本"等服务插件。

截至2016年第二季度,微信已经覆盖中国94%以上的智能手机,月活跃用户达到8.06亿,用户覆盖200多个国家、超过20种语言。此外,各品牌的微信公众号总数已经超过800万个,移动应用对接数量超过85000个,广告收入增至36.79亿人民币,微信支付用户则达到了4亿左右。

微信提供公众平台、朋友圈、消息推送等功能,用户可以通过"摇一摇""搜索号码""附近的人"、扫二维码方式添加好友和关注公众平台,同时微信将内容分享给好友以及将用户看到的精彩内容分享到微信朋友圈。

2020年12月,iOS端微信更新至7.0.20版本,同时,个人资料页多了一项"微信豆"。2021年1月21日,微信更新至8.0版本。2021年7月,在最新推出的8.0.8版本中,微信不仅可以同时登录手机、PC/Mac设备,还增加了平板设备的同时登录功能,这也就意味着,平板设备在微信的使用逻辑中已经与手机和电脑处于平级,用户可以同时登录的设备数量也达到了3台之多。微信用户投诉页新增"粉丝无底线追星行为"项。

案例分析

网络外部性[①],指的就是某种技术并不复杂,但是由于用的人多了,别人不得不用的一种状态,比如微信,就是如此。微信本身的技术不复杂,但是由于朋友同事大家都在

---

① 孙毅.数字经济学[M].北京:机械工业出版社,2021:63.

用,你不得不用微信。放弃微信,就意味着放弃社交圈。大家用,我也用,我不用,大家就不带我玩了,就是网络外部性。外部性是正常交易溢出来的一种状态,再严谨的法规,也无法消灭。

作为一款主流社交软件,微信已经成为人们日常联络甚至学习工作必不可少的工具,为人们的生活带来了极大的便利。它免费提供给用户使用,通过集聚客户流量给化妆品、金融、游戏、厂商、生活性服务业等各行各业带来客户,通过广告业务获得收入,2016年广告收入就达到36.79亿人民币,微信支付用户则达到了4亿左右。这种新型盈利模式改变了直接利用产品销售收入弥补生产经营成本的盈利模式,使得免费产品的生产隐藏在企业盈利模式的创新架构中,现有的生产统计未能将其充分反映出来,使得其价值遭到低估。同时,互联网网站向居民提供免费产品,也导致居民关于这些服务的消费被忽视或者被严重低估,而且相应的居民可支配收入也被忽略或者被严重低估。某些免费产品给用户个人所带来的价值显然与其价格不符,我们可以通过测算用户愿意为其付出的金钱来直观地感受其为用户带来的价值——即使该用户在一段时间内不使用微信,也愿意为其付出的金钱。[①]

微信之所以有价值,就是因为它聚集了很多用户到平台上,使得微信用户获得更大效用,因此会有更多人上平台来注册使用。直接的网络外部性是指由于网络内用户之间的直接联系而产生的外部性。直接的网络外部性是通过消费相同产品的购买者对产品价值的直接影响而产生的,如电话、在线服务、E-mail等都是典型的网络外部性的例子。此外,还存在间接的网络外部性,也就是市场的中介效应,即通过对互补产品种类、数量、价格的影响,而对原有产品用户产生的外部性。

正是由于网络外部性的存在,才会出现赢者通吃的现象,比如一些软件用户使用习惯了,即使新的软件比原来更好用,但由于消费整合的惰性,可能会产生新产品很难进入市场,或者在市场的接受度低等问题。再如NBA篮球赛,少数顶尖篮球明星就可以吸引大量的观众入场。在数字经济时代,我们会看到少数网红,或者电商头部企业占领了大部分的市场,用户资源会流向具备较大市场份额的顶端企业,因为数字时代对市场划分的竞争比传统市场更为激烈。这被称为数字市场的先占式博弈,即谁占有最大的市场份额,谁就可以在与其他厂商的博弈中处于优势地位。

在稠密市场中,部分产品和服务领域是传统产品和服务机构所忽略的部分,例如,在互联网金融领域,数量巨大的小微客户通过互联网平台的整合,其业务规模可能超过大客户的业务规模,原来利润微薄甚至亏损的业务通过整合甚至可获得显著收益。互联网长尾效应的产生在一定程度上改变了服务供需曲线的位置,形成相关服务供需的新配置机制。更重要的是长尾效应与利基市场相互交织强化,使得长尾客户的范围不断拓展,从而使得传统业务模式中的"二八定律"面临严峻挑战。

---

① 孙毅.数字经济学[M].北京:机械工业出版社,2021:141.

问题讨论

(1)数字经济时代应该怎么样看待网络的外部性？举例说明。

(2)数字经济时代具有资产性质的商品定价和传统经济时代有什么不同？

理论提示

(1)共有资源

(2)公地的悲剧

(3)网络外部性

（二）数字经济时代的准公共物品——天下没有免费的午餐

案例内容

免费社交软件 QQ 和微信。这两大应用自 2022 年以来，在互联网行业排行榜中高居前 2 位。近年来，又有抖音、快手等免费应用软件层出不穷。并且随着年轻人用户群体年龄的增大，许多年轻人大多会因为社会工作关系离开 QQ，向微信转移。"00 后"关于使用微信的经典原因是："因为爸爸妈妈还有长辈们都在用微信。"针对很大一部分中小企业办公用户，他们每日传输 1.8 亿份文件，以及一部分下沉社交用户。这些免费的产品从表面上看似乎是一种公共物品，起码也是一种准公共物品。但这种准公共物品会引起市场失灵吗？

案例分析

腾讯的微信 App 是一款提供免费互联网服务的软件。作为一款主流的社交软件，微信已经成为人们日常联络甚至学习、工作必不可少的工具，为我们带来了极大的便利。它免费提供给用户使用，通过聚集用户流量，为化妆品、金融、游戏等各行各业的产品或服务生产商带来用户，并通过广告等业务获得利润。

一种新兴的信息产品商业推广模式——免费模式得到广泛应用。信息产品提供商往往通过提供免费版本或者免费赠品的方式，使消费者获得给定产品的基本核心特征，并为其溢价特征支付费用。[①] 例如，著名的杀毒软件金山毒霸为用户提供了包含计算机杀毒、垃圾清理以及软件管理方面基本功能的免费版产品，但若要享受文件恢复、远程维护、在线加速等高级功能则需购买收费版。在移动互联网时代，越来越多的手机 App、在线游

---

① 王振江.互联网时代信息产品"免费"模式的应用分析[J].山西农经,2018,36(8):7-8.

戏以及在线音乐平台同样致力于推出免费版。① 例如,Office 所具有的核心免费功能在很大程度上推动各类消费者在互联网上寻找非授权密钥的热情。在网络外部性和消费者异质性特征下,信息产品的免费策略,使得它更像一个准公共物品。那么在不同市场状态下,免费策略会如何影响提供商的定价和质量决策? 是否一定有助于提高消费者剩余和社会福利? 这些问题都是比较有趣且有实际意义的。

用户网络的兼容性。网络外部性的存在,使平台企业往往面临一个两难选择:如果与其他企业的用户网络兼容,则在自身的网络规模扩大的同时也会扩大对方的网络规模,因而是否选择与其他企业的用户网络兼容成为平台企业竞争的重要问题。兼容性策略的核心是确定网络接入价格,消费者异质性、网络差异化以及成本异构等因素都会对接入价格产生影响。我们会看到商家提供这种看似准公共物品的商品,最后会把它变成一个收费的工具或市场。

问题讨论

(1)举例说明数字经济时代还有哪些准公共物品。

(2)怎样看待数字经济时代大厂商提供免费物品和传统经济时代的免费物品?

理论提示

(1)公共物品

(2)外部性

(三)数字经济时代还存在公地的悲剧吗?

案例内容

滴滴是"共享经济"的先驱之一。作为一个互联网平台企业,滴滴通过补贴吸引众筹以实现规模经济、提升平台的吸引力。追溯滴滴一路走来占领市场历史,就是源于最初的几乎免费的打车——2012 年的北京一场大雪,让滴滴走进了越来越多人的生活。如果您从那个时候开始使用滴滴就应该印象很深,那时候用滴滴打车几乎不花钱,同时司机也能得到不菲的返现,可以说最初的网约车是个人见人爱的尤物。当然这不是滴滴单方面的功劳,与此同时,快的打车也在用高额补贴和滴滴血战,最高峰时,双方每天烧掉 2000 万美元。比如在乘客端,滴滴通常的做法是只要用户注册就送优惠券给用户免费乘车。在司机端,司机的每一次接单视作一个任务,每完成一个任务,就有任务奖励可以领取,而且滴滴还要求司机接单率达到 80% 以上时才有补贴,高峰时期的补贴力度更高,完成一定数量的接单还可以额外获取补贴奖励。

---

① NAN G,WU D,LI M, et al. Optimal freemium strategy for information goods in the presence of piracy[J]. Journal of the association for information systems,2018,19(4):266-305.

案例分析

滴滴是一个平台,是一个人人都可以上去注册、使用的平台,不会因为一些人注册,就挤占另一些人注册的权力,也并不会因为一些人使用这个平台,而影响另一些人使用。刚好相反,平台的使用率越高,就越值钱。因为有了流量能吸引更多的客户和司机,而不是因为平台使用多了,而降低平台的使用价值。在这里,平台就相当于一块公地,尤其是对于消费者来说,它更像一块公地,既没有注册的费用,不会因为注册人多,而限制了他人对平台的使用,对司机端的道理也一样。

滴滴在乘客和司机两端进行大规模补贴的目的,是尽可能扩大乘客和司机的规模,以实现乘车需求与出租车供给的即时响应。即使在没有司机的地区,不确定消费者的出行需求也是持续存在的,而当新的区域从没有司机变成有很多司机的时候,消费者非常容易被唤醒。在这种情况下,乘客的数量将急剧上升,当乘客大量存在时,平台对司机的吸引力将大幅提升。由此可见,滴滴通过一定的策略实现了司机与用户规模逐渐增加的正反馈,从而成功打造了一个"稠密市场"。

这实际是一个共享经济的案例。共享经济需要一个匹配供需双方、提供交易的平台。例如,Airbnb 匹配了拥有闲置房源的房东和有住房需求的旅行者,滴滴匹配了私家车主和乘客。平台赚取服务费、中介费,以及相应的流量变现收入。[①] 而且平台在人人可注册,但不收费的情况下,更像一块公地,不会出现传统经济中公地的悲剧情形。平台只起到将消费者和供给者聚集在一起的作用——将愿意交易的市场参与者聚集起来,给参与者提供可以发现最佳的交易机会。比如滴滴可以让更多想用车的人和有车并且想出租的人都聚集在这个平台上,成为一个稠密的市场,出租车司机就像聚集在一个稠密的劳动力池里,想用车的人——雇主可以在短时间内找到自己想要的人。平台还可以利用算法迅速将消费者和供给者匹配。企业打造了一块类似公地的平台,通过公地的流量,企业将它做成了一个人为的稠密市场,就如滴滴不断烧钱打造一块人为的平台——公地,消费者在看似免费的公地上随意注册,即使不消费也给这块公地带来了增值。

问题讨论

(1)像滴滴出行这样的平台,平台本身算不算公地?什么时候算公地?还能举一些类似的例子吗?

(2)将平台变为稠密市场的内在要求是什么?

理论提示

(1)公地的悲剧

(2)外部性

(3)科斯定理

---

① 孙毅.数字经济学[M].北京:机械工业出版社,2021:62.

（四）人脸识别可能带来"公地的悲剧"

案例内容

1.支付宝：遇见名画中的自己

支付宝为了推广人脸识别技术，做了这样一个"刷脸"，然后和世界名画中的任务进行匹配的活动。在支付宝 App 端里有一个新的模块"未来已来"。点进页面之后，有两个功能"遇见名画中的自己"和"刷脸登录"。当点开前一功能、上传或自拍一张美照后，系统就能匹配出世界名画中跟你长得最像的那幅。支付宝这一活动将深奥的艺术融入平常人的生活中，受到了很多人，尤其是女生的喜爱。

2.西班牙剧院 Teatreneu：人脸识别，微笑收费

由于西班牙艺术市场的低迷，为了吸引用户进场观看演出，西班牙剧院 Teatreneu 采用了 iPad 的人脸识别功能进行"微笑收费"，即剧团根据用户的笑来收费。观众在入场时无需付费，但在观看戏剧表演过程中笑了，就需付费（0.3 欧元/笑），上限是 24 欧元。利用了"人脸识别，微笑付费"后，剧院的收入飙涨。

案例分析

除了上述中外案例以外，目前很多的企业、小区采用人脸识别作为密码，作为消费者进入自己账号和小区的工具，但是这种人脸识别看似使消费者进入自己的账户和小区更便捷了，后面的隐患却可能无穷。在一项关于人脸识别的调查中，有九成以上的受访者使用过人脸识别，其中六成受访者认为人脸识别技术有滥用趋势，另有三成受访者表示，已经因为人脸信息泄露、滥用而遭受到隐私或财产损失。并且由于人脸信息在生物性和社会性上的唯一性，其不像其他普通信息，人脸信息一旦丢失是无法进行挂失的，无异于将自己的"密码"公之于众。

在技术运行方面，人脸识别受外界因素影响较大，具有使用不稳定、复杂性不够的特点，可能会出现识别错误、识别混同等情形。另外，由于地区之间资源不平衡、信息流通不畅等问题，也容易导致识别信息混乱。同时，由于采集来的大量生物信息集中储存在企业相关系统内，且数据量呈指数级增长，如果同时运行或输出各种不同的数据，系统程序多次频繁运行，有可能造成输出数据错位和内部信息错乱，如小区、校园等公共场所公民信息被随意收集，或消费者以自身信息作为接受服务的对价。

部分企业在利润驱动下铤而走险，以"打擦边球"的方式来肆意收集公民信息。生物信息会不会被过度地采集？一些企业有没有合理使用信息的自律性、自觉性？一旦这些信息被盗取，普通民众的隐私将无所遁形。这样采集人脸识别的系统就成了一块公地，各

种企业都可以用,最可怕的情形是,这个系统一旦被黑客攻击,在系统所存储的人的生物信息和其他信息匹配比对成功,将成为公地的悲剧。还可能使在平台和各类系统上注册过,进行过人脸识别的人成为"透明人",行为"被操控",甚至权利无法保障等,这在业界看来,有些"匪夷所思"。然而上述声音也并非孤例,相反,如果行业不未雨绸缪,这些"过虑"的观点会持续发酵,直至成为社会共识,最终对人脸识别发展造成重大影响。

在这个平台上,所有消费者以为是免费享用的物品或服务,却给自己带来负外部性,在看似免费享用的"公地"上"放牧",结果却招致了负面外部性影响带来的悲剧。但这一次,产生公地悲剧的不是"公地",而是放牧者——使用这些免费软件的消费者受到最大伤害,形成了"公地放牧者的悲剧"。

问题讨论

(1)数字经济时代还存在公地的悲剧吗?举例说明类似"放牧者"的悲剧例子。

(2)数字经济时代怎样权衡便捷性和隐私泄露?

理论提示

(1)外部性

(2)公共物品

(3)公地的悲剧

(五)互联网以及互联网上的数据是不是公共资源?

案例内容

1.滴滴出行 App 在手机应用商城被下架

滴滴出行是涵盖出租车、专车、滴滴快车、顺风车、代驾及大巴、货运等多项业务在内的一站式出行平台,2015 年 9 月 9 日由"滴滴打车"更名而来。

2020 年 2 月 27 日,为了满足用户复工出行的用车需求,小桔车服旗下的小桔租车已陆续在全国几大城市推出了"全国万台车免费用 7 天"的租车服务。用户可通过小桔租车 App 或滴滴出行 App 进行免费预订。8 月,《苏州高新区·2020 胡润全球独角兽榜》发布,滴滴出行排名第 3 位。2021 年 6 月 11 日,滴滴出行正式向美国证券交易委员会递交了 IPO 招股书,截至 2021 年 3 月 31 日的三个月,实现营收为 422 亿元。6 月 30 日,滴滴正式在纽交所挂牌上市,股票代码为"DIDI"。

2021 年 7 月 2 日,网络安全审查办公室公告称,对"滴滴出行"实施网络安全审查,审查期间"滴滴出行"停止新用户注册。7 月 4 日,国家互联网信息办公室通报称:根据举报,经检测核实,"滴滴出行"App 存在严重违法违规收集使用个人信息问题。国家互联网信息办公室依据《中华人民共和国网络安全法》相关规定,通知应用商店下架"滴滴出行"App。2021 年 7 月 16 日,国家互联网信息办公室等七部门进驻滴滴出行科技有限公司开展网络安全审查。

2.数据产权不明带来的是放牧者的悲剧

淘宝、抖音、拼多多、国内的 BAT、Facebook、苹果、华为、滴滴手机和 App 等通过用户使用其软件和手机,会产生各类数据,各个商家又利用了这些来源于我们日常上网行为、社交游戏、交通出行、购物记录、消费记录等后台数据,提取与我们的日常生活、隐私息息相关的数据,并通过数据的筛选,对消费者进行营销,使流量变现。如抖音在 2016 年的营收就达到 6000 亿元,2022 年这一数据达到 1.41 万亿元,接近 1.5 万亿元。

案例分析

公共资源的性质是消费中不具有排他性,但是具有竞争性。公共资源不能阻碍他人使用,任何人都有权利使用公共资源,但是一个人对公共资源的使用会减少其他人对公共资源的使用。互联网作为一种公共资源,在带宽一定的情况下,只有上网人数实在太多的时候,才会产生拥挤现象,因此,从局部的角度看,它更像一个俱乐部商品,当你购买了某一小区的互联网服务,你可以无限制时间地上网,当你没有购买的时候,你连上网的资格都没有。但是互联网又不属于某个私人,这样看来区域网络可以被看作是一种俱乐部商品。互联网是公共资源吗?从局域网的角度看,它是俱乐部商品。一旦成为俱乐部会员,就既不具有竞争性,也不具有排他性,但相对未进入局域网的用户,则具有排他性。但站在整个全球互联网的角度看,互联网更像一个公共资源。从互联网上产生的消费数据看,数据也成为一种公共资源。如何保护数据的产权,在互联网时代是一个极其复杂的问题。在上述案例中,由于个人在滴滴平台上产生的个人信息数据,滴滴对该数据进行了搜集,违背了国家网络安全法案,引起了我们对互联网、互联网上产生的数据的性质以及归属权的疑问。消费者在使用互联网上产生的数据到底属于个人还是属于平台?数据是不是一种公共资源等问题仍然值得我们探讨。

全球商业巨头,如国内的 BAT,国外的 Facebook、苹果,很大一部分营收来源于流量变现,这些数据流量其实是由互联网每一位用户贡献的数据,主要来源于我们的一些上网行为、社交游戏、交通出行、购物记录、消费记录等,它提取于我们的日常生活,与我们每个人的隐私息息相关,从这个层面而言,数据归属应当属于用户个人。而过去,关于这些数据的归属权,一直争论不定,互联网公司对数据进行运维管理,默认数据变现的权利属于公司,且在变现时,还出现过内部员工作恶的行为。曾出现过几起案例,如苹果中国的员工窥视客户数据,并且以此来威胁客户;Facebook 将用户的数据和外部开发者的流量做一些广告结合,把数据变现成了公司利润,全然没有经过用户的同意。这都是数据所有权归属不清所导致的问题,严重损害了用户自身的利益。

从产业链条上的时间先后顺序来看,大体包含大数据挖掘阶段、大数据存储阶段、大数据分析阶段、大数据应用阶段的权利四部分内容。大数据挖掘阶段的权利内容主要包括有 Cookies 辅助数据、网站爬行数据和旁路采集数据等。大数据存储、分析阶段的权利内容主要包括清洁数据、区块链数据、Hadoop 的 MapReduce 分散节点数据、用户行为模型数据等方面。大数据应用阶段主要包括 LBS 数据、CRM 数据等。

在数字经济时代,数据如果属于私有,相当于农业革命的土地、工业革命的资本,是重要的资产,但法律并没有赋予其资产的属性。数据具有国家属性、公共属性、企业属性,同时也有公民个人属性,怎么立法要在实践中探索。例如,可以规定:"如果明确,未经允许拿取、使用私人的数据,法律上属于盗窃行为。如果把数据看成是财务,如果被偷盗等于偷盗了我的资产。如果泄露了与国家安全相关的数据,实际上比泄露国家情报还严重。""数据属于公民,你收取、储存、分析甚至转卖,都需要经过公民个人同意,产生的利益也应该分成给个人。"

问题讨论

(1)数字经济时代产权的重要性和传统经济时代有什么不同?

(2)在数字经济的世界里存在对数据的过度利用吗?

(3)数字经济时代产权的重要性。

理论提示

(1)外部性

(2)信息不对称

(3)科斯定理

(4)公共资源

(5)俱乐部产品

(六)电商企业如何应对信息不对称问题

案例内容

在商业化的历史中,打破信息不对称往往会形成一些创新的模式,从而释放出更高的效率。在互联网的商业化过程中,信息碎片化一直以来就是该市场的典型特征之一,而这实际上在很大意义上仍然是一种信息不对称的表现。过去几年里,大量的互联网行业应用不断涌现,但似乎每个应用都是在某个小范围或专门定制的,即使面对两个相同行业和相同客户,最终形成的也是差别很大的效果。

在这之前我们先了解一下互联网生鲜行业。生鲜产品要求新鲜度高,货要尽快地销完,如果新鲜度降低则会导致产品出现质损问题、投诉或者客户流失。在运输和配送中损耗不可避免,但要降低损耗是可行的,这就需要减少中间环节,减少运输时间、仓储时间,对流程标准化,这可以通过对员工时常培训来解决问题。

如何保证产品的新鲜度呢?如何保证货尽快地销完呢?饭饭平台采用线上下单的模式,根据单量进行配货,由源头直接到社区店,同时从产品的维度进行数据分析,进行商品分析根据平台大数据对仓储店进行配货,保证了货源不断,不只有蔬菜,还有肉蛋奶鱼等产品,培养起客户群体的消费习惯。

饭饭通过网络平台实现生鲜快销,"饭饭1080°餐饮直采平台",针对餐饮店、单位食堂、单位大宗采购(团采)等渠道;"饭饭1080°惠民直购平台",针对社区店、便利店等渠道;"饭饭1080°共享采购平台",针对农贸市场和社区生鲜超市(店)渠道;"饭饭联采小程序",针对微商、朋友圈、小团采、传统线下小规模配送等渠道;跨过"行商"(走村串户的经纪人)、"坐商"(收购贩运商)、"老板"(批发商)、"小贩"(零售商)等诸多环节中辗转。

饭饭平台通过对用户的精准分类,来实现对碎片化信息的整合,使信息变成真正可用信息,同时将信息再公开透明地展示出来,从根本上减少供需双方的信息差,让卖家卖得出、卖得省心,让买家买得到、买得实惠,实现双赢局面。

在未来生鲜电商直采已成为必然趋势,由于生鲜电商购物便捷性,其价格较农贸市场更有竞争力,消费者会转变只去农贸市场购买生鲜的传统观念,所以饭饭的发展已经进入快车道,向全国拓展复制饭饭模式,解决生鲜电商领域问题,势必成为行业的风向标。[①]

案例分析

本案例重点分析了电商企业如何解决信息不对称问题。市场交易的信息不对称会让买方处于不利的位置。西方经济学假设参与市场交易的双方是信息完全对称的,这是一种理想化的条件。市场交易或多或少会存在一定程度信息不对称的情况。信息不对称的表现有:欺骗,偷懒,逆向选择,道德风险,敲竹杠等。市场之所以崩溃,并不是因为市场里有低端的产品,根本原因在于买家不知道每一件商品具体的品质。人类社会的一个基本约束条件:人与人之间是不存在天然互信的,高品质的产品要把自己彰显出来,与低品质的产品区分开来,需要很大的成本。否则就会出现劣币驱逐良币现象。当消费者无法分辨哪一件是高品质产品哪一件低品质产品时,就会离场,卖家也同样会离场,市场就会崩溃。因此卖假冒伪劣商品的人,有严重的外部性。因而商品质量有高低之分不要紧,问题是怎么把商品的品质准确地体现出来,这是解决信息不对称问题的核心。为了破解信息不对称问题,饭饭早已做好准备。一方面来看,饭饭积极培育自己的消费品专家团队,站在专业的立场上输出专业意见;另一方面来看,饭饭也在加强研发投入提高技术水平,提高大数据管理水平,提升信息的收集、整理以及分析能力。

问题讨论

(1)数字经济时代,电商企业是否使得完全竞争市场更完善?

(2)大数据可以完全解决信息不对称问题吗?

---

① 饭饭大管家.生鲜电商购物有效降低信息不对称性赢得供需双向信任 [EB/OL].(2022-01-12) [2022-10-18]. https://www.360kuai.com/pc/91526559f9fe09e53?cota＝3&kuai_so＝1&sign＝360_ 57c3bbd1&refer_scene＝so_1.

理论提示

(1)完全竞争市场理论

(2)长期的市场利润最大化条件

(七)"中国邮政卖奶茶",怎么就火了?

案例内容

2021年6月8日一则新闻——"中国邮政成立奶茶店"频繁刷屏,福建福州的网友发帖晒图,称自己家楼下中邮大药房成立奶茶店,名为"邮氧的茶",奶茶的外包装设计充满邮政元素(见图8-1)。之后,"中国邮政成立奶茶店"登上微博热搜,这家店已经成为当地一家新兴的网红奶茶店。尽管中国邮政福建公司已经辟谣,称经营奶茶店并非邮政业务,而是中国邮政福建公司入股的中邮恒泰药业开办的业务,但此番"跨界营业"的初期效果如此之好,歪打正着,恰好给传统行业的商业形态转变提供了一条新思路。

图 8-1　老牌企业的跨界经营

不仅是"邮氧的茶",近年来同仁堂推出中药咖啡,中石化在加油站内布局易捷咖啡店,也在不断给老牌企业制造关于未来商业图景的新想象。传统行业已是竞争激烈、各家争鸣,何不尝试新赛道?况且,以中国邮政为例,其覆盖5.4万处邮政支局所、坐拥庞大的网点体系,如若真的能够盘活这么多站点资源,的确能开拓出更多新消费场景,潜力无穷。

2022年2月14日,全国首家邮局咖啡正式营业,邮局咖啡将原有的邮政支局进行改造升级,在保留邮政普遍服务的基础上,叠加咖啡饮品和邮政文创服务,门店设计上,墨绿色的复古绿油桶、搭载着中国邮政布袋子的二八自行车等,体现了浓浓邮局特色,还有相关文创产品,如定制的明信片、笔记本、伴手礼、帆布袋、潮玩、虎爪杯等。此次由邮政集团直接投资,属于直营店。

案例分析

中国邮政是一家多元化经营的综合集团,目前主要涉足三大业务:邮政业务、寄递业务、金融业务。作为国有企业,中国邮政致力于提供普惠性的服务,其寄递业务常年亏损,因为偏远地区的运输成本高,其他民营快递的冲击和腾讯即时通信的发展所导致。为了弥补亏损,中国邮政开始尝试跨界经营,首先由自己100%控股的中邮资本管理有限公司投资成为福建省邮氧的茶餐饮管理有限公司的最大股东,到在自己的支局直接投资开设咖啡店,可以看出中国邮政跨界经营理念的进一步确定。

品牌和IP有着不可分割的联系,品牌是企业经过长期发展形成的,中国邮政有着良好的口碑,在人民群众中有着良好的品牌信誉,而IP是从品牌不断发展过程而从中提取的品牌价值和理念,要和人们产生文化与情感上的共鸣,形成一种情感寄托。在数字经济时代,品牌在IP化,IP是数字化的品牌,数字化加深了品牌关系,放大了企业IP价值。IP是追求企业价值和文化的认同,数字经济推动了IP及其形成的经济的发展,此次邮政业务跨界经营奶茶和咖啡,十分符合邮政的文化:主打养生,产品包装及门店设计充满邮政元素。在数字经济时代,通过企业数字化将奶茶和咖啡营销及品牌IP一体化,实现网格化和信息化,基于对中国邮政的怀旧情怀,此次跨界经营吸引了不少消费者。奶茶和咖啡行业是一个垄断竞争行业,买方或卖方人数很多,饮品有着不同的产品差异,没有进出限制。一般情况下,在边际报酬递减规律的作用下,随着邮政员工投入量的增加,平均成本曲线随产量先减少后增加,边际成本曲线随产量先递减后递增。在数字化推动的邮政IP作用下,广告宣传投入极低,每增加一杯奶茶或咖啡的销量并不会带动广告成本的增加,却带动了庞大的消费规模,即每个IP卖奶茶的广告边际成本具有递减趋势,甚至趋近于0,这就是数字经济时代的零边际成本,它不会因为要卖奶茶而增设IP地址,而恰好是运用了每个IP的网络外部性,使其内部化,给公司带来了更多的收益。这就是数字经济时代,将一些原有的看似没有价值的东西盘活,给企业带来了新的溢价和生机。

在此案例中,邮政网络类似一个遍布全国各个乡镇农村的数字平台,而具有了网络外部性,即邮政IP。在这个网络上,邮政同时拥有异质性的客户和网络定价权,人们通过邮政系统寄到祖国四面八方的包裹、信件相对便宜,尤其是偏远地区的居民享受到这种网络外部性更多。应该说邮政从一开始就给城乡居民,尤其是偏远乡村的居民带来正外部性。邮氧奶茶之所以一开卖就火,恰好是邮政充分利用了人们这么多年对邮政品牌的信任度带来的正外部性,使其内部化为企业利润的举措。

问题讨论

(1)举例说明数字经济时代利用网络外部性跨界经营的案例。

(2)如何看待数字经济时代的零边际成本。

理论提示

（1）外部性

（2）零边际成本

（八）家教 O2O 模式为何衰落后又再度爆火？

案例内容

家教在中国教育环境中还是一个颇为流行的行业。2014 年,乘着 O2O 的东风,各种家教类 App 蜂拥而出,据天眼查数据显示,从 2013 年到 2016 年,一度有两千多家家教 O2O 撮合公司涌入了教育市场,其中"跟谁学"、"轻轻家教"和"疯狂老师"等家教平台都获得巨额的融资。但随着课外辅导机构的盛行,家教 O2O 模式似乎越来越没落,2014—2015 年,100 多家主流的家教 O2O 平台,要么倒闭,要么转型 K12 在线教育。2021 年,处在行业边缘的家教 O2O 模式突然起死回生,再度爆火。中国人民大学中国就业研究所与智联招聘联合推出的中国就业市场景气指数(简称 CIER 指数)显示,2021 年家教类岗位需求同比增加 821%,小学、初中与高中教师及教务人员类岗位需求也出现不同程度上升,教育/培训职业总体需求仍大幅增加,CIER 指数有显著上升。那么,O2O 模式为何在衰落后又再度爆火呢?

案例分析

互联网平台的发展历程表明,越是同质化、标准化的商品或服务,越容易形成数字化平台。相较于商品,服务更加非标准化,因此服务业在数字化过程中,供需的标准化就显得更重要。不同类别的服务标准化难度也不一样。各类服务按照标准化的难易程度从低到高依次是:外卖/快递、出行、家政/洗护、美容/美发/化妆、教育/医疗。在信息不对称程度高、高度依赖个体能力的服务行业,平台将核心资产(服务者能力)标准化的难度更高,医疗、教育是其中最为典型的行业。

现实中,家教 O2O 平台的盈利很困难。想要盈利,就必须向家教抽取业绩提成,但如果提成过高,则会导致优质教师出走,而且消费者还可以绕开平台,与优秀教师达成长期合作。平台也知道教师之间肯定存在差别,应该努力把他们划分为素质较好的和素质较差两类别,据此给予不同的补贴或征收不同比例的业绩提成。但由于信息不对称的缘故,它做不到这样的区分。普遍情况是:凡是积极加入平台的教师很多是基础不扎实、讲课水平一般的教师,他们教学机会少,希望通过平台的渠道获取就业机会,拿到平台的高补贴,而能力强、口碑好的教师则不愁生源,如果补贴取消或提成比例提高了,反而会离开平台自我就业,因为他们在现实世界中更容易获得收入,从而形成典型的逆向选择效应。经济学中的"逆向选择"是指由交易双方信息不对称和市场价格下降(或补贴或收费标准变化)产生的劣质品驱逐优质品,进而出现市场交易产品或服务平均质量下降的现象。在经过野蛮生长之后,平台逐渐开始取消补贴或提高教师业绩提成,这容易导致那些教学质量较好的教师退出平台,形成"劣币驱良币"的后果;而较差素质教师比例的上升则直接影响平台的整体教学质量和教学口碑。没有优质教师,再加上口碑更好的课外辅导机构的竞争,家教 O2O 平台的生源就越来越少,平台就失去了存在的意义。这就是为什么 2015—2019 年家教 O2O 模式不断衰落的原因。但后期也有一些家教 O2O 平台转型做 K12 教育却能成功了,这又是为什么呢?因为 K12 教学内容已经被高度统一的义务教育教材、高考大纲所标准化,经过适当的师资培训,K12 教育服务更容易标准化,更适合通过数字化平台进行运作。[①]

那么,为什么 2021 年度家教 O2O 模式又再度爆火?这与国家对教培行业的监管趋严紧密相关。2021 年 7 月 24 日,中央出台《关于进一步减轻义务教育阶段学生作业负担和校外培训负担的意见》,要求各地区各部门结合实际认真贯彻落实。"双减"政策,让众多在线教育企业与课外辅导机构或关停或转型;但在应试教育制度下家庭对孩子提分的需求一直存在,家庭对课外辅导服务的需求终需渠道释放,反而增加了家庭对家教服务的需求,使其需求曲线向右平移,这也刺激了社会对家教服务的供给。部分培训机构通过"化整为零"的方式,参与家教市场、深入家庭开展培训服务,使得家教市场规模迅速增加。因此,可以将"家教热"看作当下校外培训市场强监管下的替代效应。

问题讨论

(1)未来数字技术的发展,有可能解决家教 O2O 模式中存在的"信息不对称"的难题吗?

(2)未来家教 O2O 模式要实现健康发展,存在哪些"卡脖子"的问题?

理论提示

(1)信息不对称

(2)逆向选择理论

(3)需求理论

(九)瓜子二手车:直面二手车市场的"柠檬"困境

案例内容

二手车行业在全球都是一个包含很多猫腻的问题行业。这个行业的特点是行业品牌

---

① 香帅.火热的社区团购有前途吗?[EB/OL].(2021-01-02)[2022-10-30].https://www.dedao.cn/share/trialReading?trialReadingId = qKYBO4Xn5z2rL7x30dp7jvgAZILWHmLbDSjdB412kWaYmEwyWeo6DZgRbA8kmGl1&type=65.

和行业声誉总体不佳,行业的从业人员没有自豪感和尊严感,离职率、跳槽率很高。企业的数量不少,但没有哪个企业能够长大。在美国,二手车销售员一度是一个不那么光彩的角色,被视为"坑蒙拐骗"的代名词。这个市场里存在着许多公众心知肚明的阴暗角落,潜藏着一桩又一桩的亚生意和亚业务,里面又包含着很多看不见的次生业务。在二手车市场,卖家可以贿赂评估师,评估师把价格抬高,卖车所得的超额利润,他们共享;二手车的业务员可以拿卖家的好处,让买家和卖家直接交易,跳过公司,绕开中介,个人得到的好处远大于公司给他的佣金。甚至有人极端地认为,表面上二手车市场是一个公开合法的市场,实际上在这个公开合法的市场下面,隐藏着很多的小黑市。

如今,在互联网时代,这种现象正在被打破。以二手车电商的领头企业瓜子为例,其在 2015 年成立当年,交易额就累计超过 37 亿元。瓜子二手车每年 10 亿的广告费也确实有效,短短几年时间就让"没有中间商赚差价"价值理念牢牢占据用户的心。近年,在瓜子二手车主力覆盖的 179 个城市中,有 170 个城市的交易量为行业第一。随后瓜子二手车推出了保卖业务,实际上还是做起了中间商,但效率却比传统中间商高得多。可以看到,二手车电商行业的崛起,正在改变人们对二手车市场的认知,极大地扩展了二手车市场的份额。那么,瓜子二手车成功的秘诀在哪里?

案例分析

经济学家阿克洛夫通过对二手车市场的精深研究,提出了一个叫"柠檬市场"理论,他也因该理论而获得了 2001 年的诺贝尔经济学奖。所谓柠檬市场就是卖假货的市场,像柠檬一样看上去很光鲜,吃起来酸涩无比,难以下咽。这种市场的特点是买卖双方信息极不对称,占有信息优势的一方,往往会做出对缺乏信息一方的不利而又无法为对方所发现的选择,最终的结果常常是"劣币驱逐良币"的结局——信息劣势的一方不愿意进行交易,最终导致市场规模的缩小,甚至消失。在二手车市场上,卖车的人觉得车卖亏了,买车的人觉得车买亏了,中间商利用信息不对称挖坑设套,赚取多少有点黑心的钱,从业者也不能从自己的职业里感受到一种自豪和尊严。

瓜子二手车的成功之处就是超越传统的买卖赚差价的二手车交易模式,通过消除二手车市场客户的信息不对称,实现卖车的人和买车的人的利益最大化。瓜子二手车本质上是一家由数据和算法驱动的公司。传统的线下二手车商做不大,原因在于这个行业非常依赖个人经验,一辆车怎样估值、怎样定价,主要靠师傅带徒弟,人肉判断。而瓜子把整个二手车的交易流程数据化,把一辆车分为 259 项检测点,由算法估值;然后,再由算法定价,判断这辆车以什么价格、什么概率、在几天内能出售。比如,算法可以算出,一辆车卖 7 万元,可以立即出售;卖 7.5 万,可以有 95% 的概率在 14 天内出售;卖 9 万,这个概率就降为 70%。平台的成交量越大、数据越多,算法就学习得越快,估值和定价就越准确,就越能够实现快速成交。全球最大的二手车零售商 CarMax 每辆车的平均销售周期为 30～45 天,而瓜子做到了 9 天。通过数据优势,消除买卖双方的信息不对称,极大增强了交易公开和公平性,让消费者因此受益。瓜子正是通过模式的创新再加上对于互联网技术、智能技术的利用,再造二手车行业,改变行业形象,尽可能地消除这个行业里的互害、多输模式,从而实现整个行业的优化和效率的提升。^①

许多复杂商品和服务的买卖,如房产中介、保险、劳动和二手珠宝、烟酒等行业,都存在着诸如二手车一样的逆向选择问题。当前,互联网和智能技术的应用,加上新型的商业模式,正在改变传统行业中存在的信息不完和信息不对称问题,从而自上而下地改造传统行业,重建行业生态系统,瓜子如此,贝壳找房等电商中介平台亦是如此。

问题讨论

(1)请列举智能技术解决传统行业信息不对称的其他例子。

(2)近年,瓜子二手车凭借巨额的广告投入、数据优势和模式创新,实现快速的发展。你认为,今后瓜子会实现二手车市场的垄断吗?

理论提示

(1)市场失灵理论

(2)信息不对称理论

(3)"柠檬市场"理论

(十)直播带岗:直面劳动市场信息不对称的痛点

案例内容

今年春节过后,各地制造企业都会面临阶段性的用工短缺问题。2022年春节前,制造业订单持续两个月回升,特别是汽车等行业订单量猛涨,让节后的用工缺口进一步加大。针对这个情况,国家人力资源和社会保障部早早做出部署,从1月21日到3月31日,开展2022年"春风行动",为务工人员提供职业指导、岗位信息和技能培训,帮助春节返乡和因为新冠疫情滞留的务工人员及时返回工作岗位。同时,各地招工需求大的地方政府和企业也行动起来,放出各种大招。泉州等城市还尝试了用直播形式来进行线上招聘,企业招聘人员变身主播,在直播间介绍岗位需求、企业福利等,实时回答求职者的问题,取得了不错的招工效果。事实上,当前直播带岗作为直播电商的一个细分市场,正在迅猛发展。比如,有专业的直播招聘平台"欢拓云招聘""微赞直播"等;赶集网更名为赶集直招,主打直播招聘功能,短短一个月时间,用户数增长了四倍;快手也在1月初,上线了名为"快招工"的直播招聘功能,并且在2月初推出了首届"新春招工会",包括70多场企

① 吴伯凡.瓜子二手车"始乱终弃"的商业模式[EB/OL].(2021-01-09)[2022-10-30].https://www.dedao.cn/share/trialReading?trialReadingId=Vedrz8joAvklDKgxM2QZOr4KmtabIJmKZIXL0r8lRj671yP9yYLm6BZO5nJRbEaX&type=65.

业专场直播招聘。这些直播招聘平台大都聚焦于蓝领工人的招聘市场。它们几乎都没有怎么刻意宣传、打广告买流量，但一经推出用户数就快速增长，拥有稳定关注群体。这说明，直播招聘一定是解决了之前蓝领招聘中没能解决的痛点，击中了蓝领工人的真实需求。那么，传统的蓝领招聘市场，存在什么痛点问题呢？

案例分析

信息不对称是市场失灵的一种形式，它是指市场交易的双方对交易对象拥有不一样的信息。其结果将造成拥有信息的一方可能会凭借信息优势做出对缺乏信息一方不利而又无法为对方所发现的选择，一旦信息劣势一方推测到这种结果，很可能取消交易，从而使潜在的市场交易消失，如二手车市场。

传统蓝领劳动市场的供需匹配，很多时候需要通过劳务中介机构来进行。蓝领用工中介的门槛很低，而且链条很长，包括线下中介网点、外包招聘服务团队等。行业往往鱼龙混杂，就难免会出现一些黑中介，发布虚假职位、虚报工作待遇、要求求职者提前交保证金之类。中介与劳动者双方存在严重的信息不对称，求职者单靠自己，根本没办法鉴别信息的真假。如果他们选择相信中介，很容易被骗；而如果不相信中介，一定要有亲友老乡推介才肯去，又大大减少了工作机会。此外，相较于都市白领工人，蓝领工人工作与生活没有严格的场景区分，往往是工作和吃住都在工厂园区里，工厂就是他们临时的家。所以，他们在求职时，不但会关注工作的内容，更会关注工作和生活的环境，如工厂流水线的设置、园区的食宿条件及其配套休闲设施等。可是传统招聘网站上的图文展示，对这些他们关心的话题，或图片过分美化，或文字避重就轻，没有足够的信息量。

对于企业和中介虚假招聘信息的问题，知名的招聘平台和主播可做两次过滤。首先，在招聘门槛上，快手平台有严格规定，招聘企业和中介机构要证照齐全，必须提供营业执照、人力资源服务许可证等资质证明。其次，平台的达人主播会帮求职者去详细了解薪酬待遇等重要信息，比如工资能否按时发、实际到手是多少、五险一金怎么交等。在这个过程中，主播也会帮求职者筛掉很多不靠谱的企业。因为达人主播和用户的关系是长期的，主播要拿自己的信用来背书。对于传统招聘网站信息图文展示的短板，平台的直播带岗模式可以整合"图文＋短视频＋直播"三位一体的信息传播优势，全方面展示用工企业的多维信息。你可以跟着主播的镜头，到厂区直接转一圈，这比说什么都强。快手平台的招聘主播，日常就会去到推介企业工厂，拍摄各种短视频。比如去员工食堂，打一份饭菜来试吃；一顿饭能吃到什么，有几个荤菜、几个素菜，味道怎么样。主播还会去到员工宿舍，去看宿舍的朝向，摆了几张床、几个衣柜、有没有配置 Wi-Fi、有没有洗衣机等。这种全方位的信息展示，甚至比亲友介绍更有说服力。此外，在直播模式下，主播还会在直播间里回答很多求职者所关心的特殊问题。比如，不少"90后"男性求职者会关注自身恋爱和结婚的现实问题，会问工厂女孩多不多。不少夫妻求职者则希望可以一起上班，一起被安排住宿。在直播间提问，主播在明、求职者在暗，省去了在劳动市场面对面提问的尴尬，而主播们则会知无不言,对企业招工的痛点问题也会及时反馈企业予以解决,从而有效地解决了招聘双方信息不对称问题,大大提高了用人企业的招聘效率。

信息不完全理论告诉我们,为实现资源配置效率,市场机制需要政府加以干预,政府可以通过各种方式提供信息,消除不对称性,如建立质量标准体系、对信息劣势进行法律保护等;除政府行动外,传统市场机制也能够在一定程度上解决信息不对称问题,如企业连锁经营、建立品牌等。应该说,随着数字经济的兴起,直播带岗等直播电商模式也正在成为一种可以有效解决买卖双方信息不对称问题的途径。当然,这种模式对网络主播和平台的专业性和信任具有较高的要求。快手上的一位人气很旺的招聘主播刘超说:"每一个通过我找工作的人,都相信我能给他们一份保障和依靠。这份信任是一种力量,让我永远牢记使命:带着打工人活出尊严。"

问题讨论

(1)直播带岗的模式是否适用于高层次人才的招聘?

(2)除直播带货、直播带课、直播带岗外,当前直播电商还有哪些类型? 未来还会诞生哪些类型?

理论提示

(1)市场失灵

(2)信息不完全理论

（十一）运用传统反垄断理论规制互联网行业的适用性

案例内容

2020年底,欧盟发布了《数字服务法》和《数字市场法》草案,明确数字服务提供者的责任,并提出了"守门人"的界定方法和义务。法案规定,市值超过750亿欧元、欧盟用户超过4500万的互联网平台企业,会被认定为"看门人"企业。对这些企业,欧盟会作出一系列的限制,比如平台不能优先推荐自家产品、不能禁止用户卸载预装程序、不能强制要求用户注册等。虽然没有放出具体的企业名单,显然,矛头直指微软、苹果、脸书、谷歌等美国巨头。美国国会反垄断委员会也于2019年对几大互联网巨头启动了反垄断调查,并于2020年10月发布了调查报告,谷歌和脸书相继被提起反垄断诉讼,且不排除未来被拆分的可能。2021年6月11日,美国众议院司法委员会公布了五项针对科技巨头的法律草案,同样为超大型互联网平台提出了界定标准,并增设了严格的义务。我国也采取了与欧美类似的做法。2021年10月29日,国家市场监管总局发布了《互联网平台分类分级指南(征求意见稿)》《互联网平台落实主体责任指南(征求意见稿)》,明确了超大型平台的认定标准,并为超大型平台设立了公平竞争相关的多重义务。

西方政府的反垄断历史,标志性事件是1890年美国《谢尔曼法》的出台,这是全球第一部反垄断法。当时,洛克菲勒、卡内基、JP 摩根等一批超级富豪在石油、钢铁、铁路、航运、烟草、制糖等行业中建立起托拉斯组织,垄断了市场。国会议员谢尔曼认为,垄断损害了消费者利益,阻碍了自由竞争,所以应该出台法案来限制垄断。这个理由,也成为后来各国政府出台反垄断法的主要依据。不过,互联网领域的新业态带来了反垄断问题,给传统反垄断理论、制度及执行带来了挑战。传统反垄断的理论逻辑适合当今互联网行业吗?

案例分析

传统的反垄断理论,聚焦在两个层面,第一是经济层面,认为垄断企业损害了消费者利益,博弈双方是企业和消费者;第二个是法律层面,认为垄断企业损害了行业自由竞争,博弈双方是企业和企业。在互联网行业,这两个层面标准似乎不那么令人信服。说垄断损害了消费者利益,像谷歌、脸书这些垄断企业,产品是免费用的,很难说它直接损害了消费者利益;说垄断阻碍自由竞争,现实却是垄断平台企业之间存在着激烈的竞争。在工业经济时代,由于行业之间存在明显的界限,石油垄断巨头不可能与钢铁垄断巨头竞争,但到数字经济时代,数字经济的高创新性、强渗透性和广覆盖性,使传统产业和部门的边界日益模糊,互联网垄断巨头之间的跨界竞争成为常态。

大体上,垄断平台企业之间的竞争关系,可以分成四种不同类型。第一种竞争关系,是业务层面的直接竞争。比如微软和谷歌,是在基础业务领域的直接竞争,微软开发必应(Bing)搜索引擎挑战谷歌,而谷歌推出 Chrome 浏览器反攻微软的 IE 浏览器。第二种竞争关系,是虽然在做不同的业务,但竞争的是同样的客户市场。比如谷歌和脸书,一个垄断搜索引擎,一个是社交软件龙头,主营业务完全不同,但它们盈利模式却是相同的,都是依靠免费的基础服务争取用户和流量,从而吸引企业投放广告,获取收入。谷歌 92% 的收入是广告,脸书 97% 的收入是广告,两者相加的广告收入就占了美国互联网广告收入的一半。虽然业务领域完全不同,但它们都是在做广告主的生意,两家存在激烈的客户竞争关系。第三种竞争关系,虽然在做不同的业务,客户群体也不一样,但存在核心平台的竞争。比如谷歌和苹果,一个是搜索引擎企业,一个是偏向智能硬件的企业,两者收入结构也不一样,但它们在手机操作系统存在激烈竞争,即 iOS 和安卓之争。第四种竞争关系,虽然是做不同的业务,客户群体也不一样,也不存在核心平台的竞争,但却存在产业上下游规制的竞争。比如苹果和脸书,近年苹果推出了新的隐私保护政策,要求脸书在内的 App 无法自由读取苹果手机的设备号,除非用户主动授权同意;这使脸书无法精准定位到用户,广告投放的精准度下降,从而影响到脸书的广告收入。此外,由于数字经济的高渗透性,垄断平台还面临着激烈的全球竞争,2021 年脸书在全球 App 下载量方面,竟被其竞争对手 TikTok(抖音的国际版)超越。可见,虽说互联网平台是史上最强的垄断企业,但由于该行业存在高强度的竞争,它们也是史上最脆弱的垄断企业。全球科技的快速发展和迭代,使行业竞争格局呈现"三个月河东,三个月河西"。

既然传统反垄断的理论逻辑已经不适合当今互联网行业,那么,当代各国政府互联网行业的反垄的依据是什么？有学者认为,反垄断标准,除了企业与消费者的经济层面、企业与企业的法律层面,还有第三个层面,就是公共治理层面。当代互联网垄断企业的社会影响力,大大超过了传统垄断企业,对税收、社会福利和公众偏好都产生的实质影响,比如新冠疫情期间政府利用支付宝和微信等平台发放电子消费券、行程码查询等。可以说,平台的本质是替代市场进行资源配置。在公共治理层面的反垄断,博弈双方既不是企业与消费者,也不是企业与企业,而是企业与社会。[1] 可见,数字经济时代,互联网行业的反垄断理论需要实现对传统反垄断理论的超越,这是今后学术界需要进一步深入研究的话题。

问题讨论

(1)简述当前我国互联网行业竞争格局及市场份额。

(2)试预测未来互联网行业反垄断的发展趋势。

理论提示

(1)垄断与竞争理论

(2)反垄断理论

(3)政府规制理论

---

① 徐玲,马慧.互联网时代,为什么垄断与自由竞争共存?［EB/OL］.(2022-04-05)［2022-11-18］.https://www.dedao.cn/share/course/article?id＝e1k8gp2WGMzqJ3m28BK5YmP6DOjxAL.

第九章　宏观经济的基本指标及其衡量

一、基本原理与数字经济时代的适用性

（一）基本原理

宏观经济学研究的是一个经济体的总体表现。对整个社会经济总体运行进行衡量，需要借助一些经济指标。本章定义和介绍了一些最基本的宏观概念和指标。具体来看，主要涉及三个方面的指标，即总产出、总体价格水平和总体就业水平。

1.国内生产总值的含义及其衡量方法

在整个国民核算体系中，最核心的指标就是国内生产总值（即 GDP），也包括与之相关的各种总量指标。GDP 衡量的是一定时期内在一国（或地区）境内生产的所有最终产品与服务的市场价值总和。可以从四个方面来理解 GDP 概念：（1）GDP 是一个市场价值的概念。不同种类产品和服务的实物量乘以其对应的单位价格，就可以得到总市场价值即 GDP。（2）GDP 只衡量最终产品和服务的价值，不包括中间产品和服务的价值。（3）GDP 是一个属地的概念。只有那些在指定的国家或地区生产出来的产品和服务才被计算到该国或地区的 GDP 中。（4）GDP 是流量而不是存量，衡量的是一定时间内产品和服务的价值。

GDP 的核算一般包括三种方法：增值法、收入法和支出法。这三种方法在理论上是等价的，衡量的结果应该相同。增值法的基本思想是，加总经济中各个企业的产品和服务的增值就是 GDP 的数值。把某企业产出的价值扣除该企业购买的中间产品的价值，就可以得到该企业的增值。而全部企业的增值又以工资、租金、利息和利润的形式出现在收入流中，所以，企业全部增值之和就等于其所有收入之和。另外，对整个经济来说，支出必等于收入。因此，我们既可以用增值法，也可以用收入法或支出法来核算 GDP。用支出法衡量 GDP，就是衡量在一定时期内整个社会购买最终产品和服务的总支出。那么谁是最终产品的购买者呢？从具体部门的需求来看，最终需求由家庭部门的消费、企业部门的投资和政府部门的购买以及净出口四个部分构成。

产品或服务的价格或数量变动,都会导致 GDP 随之发生变动。因此,有必要区分 GDP 变动的价格因素和数量因素。这就涉及名义 GDP 和实际 GDP 这两个概念。其中,用某个时期生产的产品和服务的数量乘以当年的价格,得到是名义的 GDP。如果选定某一个时期为基期,那么用该基期的价格乘以产品和服务的数量,得到就是实际 GDP。对不同年份的实际 GDP 进行比较,就可以排除价格变动的因素,得到的结果就是不同年份的产品和服务的数量变动情况。

除了 GDP 外,在国民经济核算领域,还有一些其他衡量收入的指标,如国民生产总值、国民收入、个人收入等。与 GDP 核算的属地原则不同,GNP 采用的国民原则,衡量的是一国或地区的国民在一定时期内生产的所有最终产品和服务的市场价值。衡量的是一国全部生产要素在一定时期内提供最终产品服务所获得的报酬的总和,包括工资、利息、租金和利润。个人收入不等于国民收入。国民收入扣除公司未分配利润、公司所得税和社会保险税,再加上政府转移支付,得到的才是个人收入。

2.价格水平及其衡量

这里讨论的价格,是涉及一组物品的价格,而不是某一种物品的价格。通常用价格指数来衡量价格水平。常用衡量指标有两个:GDP 平减指数和消费价格指数。GDP 平减指数反映的是一个经济体的物价总体价格水平的变化情况。一般地,t 期名义的 GDP 和实际 GDP 之比,即为第 t 期的 GDP 平减指数。而消费者价格指数(CPI),度量的是消费者购买一组固定的消费性产品与服务所支付的平均价格。CPI 等于选定消费品篮子产品的当期成本与其他时期该篮子成本之比。编制 CPI 通常包括三个步骤:选定 CPI 篮子的产品,并赋予每种产品权重;进行月度价格调查;计算 CPI。虽然 GDP 平减指数和 CPI 都可以衡量一般价格水平,但二者之间区别在于:一是 CPI 主要用于衡量消费者购买的产品和服务的价格;而 GDP 平减指数则用于衡量所有的产品和服务的价格;二是 CPI 包括进口品,但 GDP 平减指数只包括本国商品,不涉及进口品。有了价格水平和价格指数,我们理解通货膨胀就相对容易一些。通货膨胀的程度,可以用通货膨胀率来说明。通货膨胀率等于从一个时期到另一个时期价格水平变动的百分比。

3.失业及其衡量

本部分首先介绍了劳动力相关的指标,如失业率、劳动参与率。失业率是指失业人数占劳动力总数的百分比。而劳动参与率是指劳动力人数占劳动年龄人口数的百分比。至于失业,可分为四种类型:摩擦性失业、结构性失业、季节性失业和周期性失业。其中,摩擦性失业是指劳动力正常周转所造成的失业。如果一个经济体信息是不完全的,那么失业人员搜寻工作就需要花费一些时间,那么在这段时期内就会存在一些闲置的工作岗位和正在寻找工作的人员。但如果由于技术或经济结构变化导致工作所需技能或工作地域变化所带来的失业,那就属于结构性失业。一般来说,结构性失业持续的时间会长于摩擦性失业。季节性失业是指由于季节性的气候变化所导致的失业。周期性失业指的是一个经济周期内随经济衰退而上升,随经济扩张而下降的波动性失业。所谓自然失业率是指在没有货币干扰的情况下,劳动力市场和商品市场的自发供求力量发挥作用时应有的、处于均衡状态下的失业率,即不存在周期性失业情况下的失业率。

(二)数字经济时代的适用性

本章主要介绍了宏观经济学的三个基本指标:国内生产总值(GDP)、就业/失业、价格水平/通货膨胀。依据这三个指标,我们便可以了解一个经济体大致的经济运行情况。在数字经济迅速发展时代,宏观经济的研究依然要求我们关注这三个基本指标。但在具体的运用过程中,要密切结合数字经济的特点,特别是有别于传统经济的新现象对相关指标的核算做出适时的调整。

国内生产总值即GDP,传统的核算方法在经济时代面临着不小的挑战:没有考虑数字经济时代大量的免费产品;没有考虑数字经济时代的自助服务;没有考虑到数字经济时代的共享经济模式。而免费产品、自主服务、共享经济模式在数字经济时代极其普遍。因此,需要扩大GDP的核算口径,将数字经济下普及的产品和经营模式纳入其中,有助于为宏观经济的决策者提高更好的数据支撑。

至于就业/失业,数字经济催生了一系列新模式、新业态,新职业新岗位持续涌现,如网约配送员、互联网营销师、在线学习服务师等灵活就业形态。劳动力市场发生了重大的变化,企业对数字化人才的需求呈现爆发式增长。与传统经济的一些岗位相比,数字经济下的部分新就业形态呈现出经营个体化、非全日制化的特点,具有更强的灵活性。当然技术驱动的数字经济也不可避免地带来结构性失业,如人工智能的广泛应用、劳动生产率的提升以及线上经济对线下经济的冲击。

对于通货膨胀的衡量,在数字经济时代,可能会存在一些偏差。就消费者物价指数(CPI)来说,出于一些重要目的考虑,官方的消费者价格指数往往是采取保守的方法测算固定篮子的物品和服务。这就导致当前的CPI编制,无法反映即时的产品数量和种类的变化,如新颖产品和免费商品。若能快速应用数字技术更迭一篮子商品,便能降低CPI的计算偏差。

二、案例分析

（一）GDP 核算的挑战：数字经济的崛起

案例内容

随着互联网、大数据、云计算等数字化技术的迅速发展，人类社会已进入数字化时代。数字化技术渗透到生产和生活的各方面，对经济发展和人民生活产生巨大影响。中国是数字化技术发展和应用得比较快的国家之一，但数字化技术的发展给 GDP 核算带来了严峻的挑战。在工业经济时代，曾被誉为"20 世纪最伟大的发明之一"的 GDP，是衡量经济发展的一个核心指标，贡献毋庸置疑。在数字化技术迅速发展的推动下，新产品、新产业、新业态等不断涌现，GDP 面临的挑战越来越大。数字经济是一种极具潜力的经济形态，目前仍处在发展早期，需要对 GDP 核算进一步改革，才能够更好地刻画中国经济发展的新情况，更好地服务数字化时代中国经济与社会的发展。[1][2]

案例分析

国内生产总值（GDP）指一个国家所有常住单位在一定时期内生产活动的最终成果。GDP 是国民经济核算的核心指标，在反映经济发展、服务宏观经济管理等方面起到非常重要的作用。现行的 GDP 核算原则和核算方法无法有效反映数字化技术迅速发展带来的许多新的经济活动。

在数字经济时代，GDP 核算指标显得有点力不从心。首先，GDP 难以处理免费的问题。GDP 仅以市场价格记录交易，它完全无视人们可能获得的免费服务。数字经济时代，免费的服务触手可及：电子邮件、网络新闻、搜索引擎、即时通信、在线音乐、网络视频等。用户往往无需额外支付费用就可以使用，而这部分价值难以纳入 GDP 核算中。谷歌、Facebook、百度等互联网公司在 GDP 核算中的价值仅在于它们所销售的广告，对人类的重要贡献远未得到体现。其次，GDP 难以处理自助服务。数字经济时代，消费活动不仅可变成免费的，自助服务也可使生产活动在一定程度上变成免费，这部分价值就不在

---

①　许宪春,王洋,刘婉琪. GDP 核算改革与经济发展[J].经济纵横,2020(10):74-85.
②　闫德利.数字经济的兴起、特征与挑战[J].新经济导刊,2019(2):58-65.

GDP 中体现。当前自助服务日益盛行,如银行 ATM 机、自助点餐、无人超市、在线预订机票和酒店等。人们在接受服务的过程中也直接参与了生产经营活动,成了"生产者"。人既是数据的消费者,也是数据的生产者。这部分由消费者创造的价值原本是由服务方全部负责并计入 GDP 核算,变成自助服务后就不再计入。

此外,分享经济也对 GDP 的核算带来挑战。分享经济是随着移动互联网的普及应用而产生的一种新型交易模式。在购买和长租之后,高频的短租成为人们获取商品和服务的重要方式。分享经济的蓬勃发展,给 GDP 的统计带来以下三方面的挑战:第一,现行统计方法难以涵盖居民个人。国家统计局采用生产法来统计 GDP,即通过三大产业增加值汇总得出。其数据依据是规模以上企业直报数据,规模以下企业采取调查估算数据。分享经济模式下,产品和服务的提供者(统计上称为"生产者")多是居民个人。第二,分享经济对 GDP 核算时如何划分消费品和投资品带来挑战。在现行 GDP 核算中,居民购买的轿车属于消费品,但如果将轿车分享出去获得租金收入,这些轿车就不是纯粹的消费品,它们被投入生产活动中,并获得相应的收入回报,这实际上是发挥了投资品的作用。这就对 GDP 核算时将这些轿车作为消费品处理还是作为投资品处理,或多大比例作为消费品、多大比例作为投资品处理带来挑战。第三,分享经济对 GDP 核算如何处理居民关于分享闲置日用品带来挑战。在现行 GDP 核算中,居民购买的日用品,在购买时计入居民消费支出,在销售出去时以负值计入居民消费支出。这种处理方法没有反映出分享经济利用一部分居民的闲置日用品对另一部分居民消费水平的提升,没有反映出分享经济的作用,这样就会出现:把日用消费品分享给其他人和作为垃圾扔掉在 GDP 核算上是没有区别的。

问题讨论

(1)为什么说用 GDP 来衡量数字经济的贡献并不完美?

(2)免费产品是否能反映在 GDP 里?您能想出什么新方法将其计入 GDP 吗?

理论提示

(1)国内生产总值

(2)市场价值

(二)人工智能时代:AI 会让人类失业吗?

案例内容

近年来,人工智能出现从量变到质变的迹象,特别是阿尔法狗的表现让许多人震惊,越来越多的人相信 AI 时代的到来。当你前往地铁、机场和火车站时,很难看到安检员的身影,"刷脸"即可顺利通关;当你为网购商品退换太麻烦苦恼时,对话式线上机器人能准确理解你的需求,迅速解决问题;当你出门办事,只需输入坐标,无人出租车就能稳稳地停在你的身旁……

而可能被人工智能取代的岗位,远不止安检员、客服人员、高速公路收费员和出租车司机等。机器人取代流水线工人、快译机取代翻译、虚拟主播取代主持人、智慧医疗取代医生……随着人工智能技术的发展,其对就业的影响日益明显。ChatGPT 代替记者写作、代替学生写毕业论文,机器人代替厨师炒菜等的新闻近来层出不穷。

麦肯锡的一份报告宣称到 2030 年机器人将取代全球 8 亿个工作岗位。AI 的效率比人高出很多倍,人类相对于 AI 的竞争力趋于下降。一份人工智能客服软件理论上可以让 80% 的电话客服人员卷铺盖回家,一份体育报道软件可以让一批从事报道的记者们丢掉饭碗。摩根大通已经开发出一款金融合同解析软件,原来律师和贷款人员每年需要 36 万小时才能完成的工作,该软件只需几秒就能完成,且错误率大大降低,这意味着相关人群可能失业。澳大利亚公司 Fastbrick Robotics(FBR)开发了一款机器人,名为 Hadrian X,外观设计就是一只可以伸缩的机械臂,安装在挖掘机或卡车上进行工作,当工程师给机器输入 3D CAD 的房屋模型,将砖块、灰泥和黏合剂一起放置,机器人就可以根据系统输入的数据开始搭建房屋模型。目前这款机器人一小时砌砖 200 块。[①]

案例分析

从神奇的阿尔法狗击败中韩顶尖棋手,到曾经汇聚全球顶尖金融人才的华尔街被机器人攻陷,一个令人们普遍感到恐慌的言论诞生了:人工智能(AI)将制造新一轮失业潮。以金融行业为例,AI 恰恰以横扫六合、并吞八荒之势来袭,机器人正昂首走来,占领金融业诸多岗位。人们惊呼,被动也好,主动转型也罢,银行业甚至包括智慧超群的投行会是失业的"重灾区",失业潮将扑面而来。

摩根大通开发了一款能够快速分析金融合同的 AI 软件,这一工具极大地提高了效率,原本需要大量专业人员长时间完成的任务,现在可以迅速而准确地由软件处理,这可能会对相关工作岗位产生影响。高盛是银行业变革进程中的领头羊之一,利用复杂的交易算法,在货币和期货等交易领域实现大规模自动化。高盛集团纽约总部的美国现金股票交易员工数量从 2000 年的 600 个下降到 2017 年仅有的 2 个,其余的工作全部由 200 名计算机工程师所维护的自动交易程序完成。

从数据来看,银行的柜员配备情况正在逐年递减,尤其以国有大行为首,从 2014 年的减员 1.7 万余人到 2016 年的骤减 5 万余人,3 年时间,银行改变翻天覆地。截至 2016 年末,来自中国银行业协会的数据显示工商银行共减少柜员 14090 人,农业银行减少 10843 人,建设银行减少 30007 人。

巴克莱前 CEO 詹金斯曾表示,未来 10 年全球银行业需要裁减半数员工和分支机构,

---

① 刘诗瑶. 人工智能,会"砸"谁的饭碗?〔EB/OL〕.(2017-04-21)〔2023-12-21〕. http://theory.people.com.cn/gb/n1/2017/0421/c40531-29225902.html.

才能在汹涌的科技变革中求得生存。在一场演讲中,詹金斯认为,未来 10 年,金融业的员工和分支机构可能最多减少 50％,即使情况没有那么严峻,至少也会削减 20％。事实上,上述预测已经在中国银行业有了初步显现。据统计,五大行仅在 2016 年的柜员减员规模已经超过了 10％。

人工智能的本质是一种能力。1956 年美国学者首次提出人工智能的概念,即用计算机模拟人的智能。之所以能对就业产生冲击,是因为在某些方面,人工智能做得就是比人好。比如安检、看病理切片和监控视频审核,再如通过收集数据进行优化,这些工作需要一而再再而三地重复,相对枯燥且对人来说容易出错,交给人工智能更为高效。例如,可穿戴式健康产品就能把人体数据上传,通过人工智能系统去分析,帮助人们尽早发现健康隐患。

与人工相比,机器人可以全年无休,可以 24 小时不停地工作,而人工不仅要按照劳动法给予固定假期,还要实行八小时工作制,从工作时间上来说,机器人完胜人工。随着对劳动者的保护政策越来越完善,劳动者享有的权利越来越多,如缴纳社会保险等,而机器除了日常维护,基本没有额外支出。从成本支出上来看,机器人完胜人工。机器人的优势还有很多,而人的劣势却越来越明显。越来越多的人将会被机器所取代,机器人并不是个例。在职场上,从事重复性、机械性工作的人将会被机器所取代,未来 80％的行业将会被机器取代,越来越多的行业将会在这个社会消失。现实非常残酷,这就要求对未来人的教育更需要发挥人作为自然界中唯一有主体意识的最高智慧体的创新性、创意性作用,对教育内容和教育方式提出了更高的要求。

基于人工智能的发展现状和特点,未来人工智能对就业的冲击可能体现在三方面:一是基于提高劳动生产率和降低劳动成本的需要。如制造业中智能机器人对生产流水线工人的替代、智能化信息系统对手工作业的替代等。二是基于风险与质量的需要。用人工智能填补劳动者自然退出的高风险岗位或短缺岗位,特别是采掘、高空、探险及其他危险性很高的作业,以及对精密度要求高的岗位。第三类是基于生活和乐趣的需要。比如家政机器人、情感陪护机器人、娱乐机器人等,但是在基于人类情感需要方面的陪护,机器人可能还是会稍逊于人。

问题讨论

(1)随着人工智能的发展,失业会越来越严重吗?

(2)未来人工智能会全面替代人类的劳动吗?

理论提示

(1)结构性失业

(2)不同失业类型的差异

（三）CPI 被低估了吗?

案例内容

数字经济已经成为全球经济增长重要的驱动力。中国数字经济的发展也给社会带来了巨大的变化,甚至改变了人们的生活和工作方式。通常认为,数字经济的发展可能会起到抑制通货膨胀的作用。然而在数字经济下,现有的宏观经济统计指标 CPI 是否仍能全面反映通货膨胀的变化成为一个讨论热点。[①]

案例分析

消费者价格指数(简称 CPI),是消费者购买一组固定(即一篮子)的消费产品与服务所支付的平均价格水平的衡量指标。根据 CPI 数据,我们就可以比较不同时期价格水平变化。至于 CPI 的计算方法,则比较简单,可分为三个步骤:第一步,得出在基期价格下 CPI "一篮子"产品的成本;第二步,得出在现期价格下 CPI "篮子"产品的成本;第三步,计算现期和基期的 CPI 之比。选定一篮子物品,目的在于固定数量。篮子中具体包括哪些物品和服务,是根据消费者的需要决定的。即,$CPI = \dfrac{现期价格下"篮子"产品的成本}{基期价格下"篮子"产品的成本} \times 100$。

因此,普通消费者的消费支出情况,是衡量一个经济体是否通货膨胀的关键指标。然而,在数字经济迅速发展的今天,数字产品的消费扮演了更加重要的角色。进而,在数字经济时代,可能会错估消费支出的增长。存在三个可能的原因:一是消费的数字产品质量发生了变化,如对于高技术含量的产品,最新技术的新型号通常作为旧型号或新品种的替代品出现;二是新颖的数字产品经常无法及时纳入价格指数的核算;三是忽略了免费数字产品。通货膨胀可以通过消费者价格指数来衡量。出于一些重要的目的考虑,官方的消费者价格指数往往是采取保守的方法测算固定篮子的物品和服务。这就导致当前的 CPI编制,无法反映新颖产品和免费商品。若能快速更迭一篮子商品,就能降低 CPI 的计算偏差。

问题讨论

(1)CPI 与 GDP 平减指数,有何区别与联系?

(2)CPI 是衡量物价水平的完美指标吗?

(3)现有的 CPI 核算,在数字经济时代仍然适用吗?

[①]　汤志华.OECD 关于数字经济下消费者通胀测度研究的经验与启示[J].调研世界,2020(1):58-64.

理论提示

(1)CPI、GDP 平减指数的区别

(2)CPI 的核算方法

（四）失业的统计定义：灵活就业算不算失业？

案例内容

新型灵活用工岗位已成为不少职场人的选择。灵活用工是新一轮科技革命和产业变革的产物。正是互联网、大数据、人工智能等新一代信息技术推动了传统就业方式向灵活用工模式转变，改变了劳动关系的从属性特征。灵活用工平台的发展是劳动力市场机制与数字技术相结合的产物，这一平台将借助新经济发展和数字技术进一步扩大发展空间，为劳动者创造更加自由的工作模式。伴随大量灵活用工平台的兴起，灵活用工模式逐步被用工单位与劳动者所接受。

智联招聘《2020 年白领秋季跳槽及职业发展调研报告》指出，在灵活用工岗位的就业选择上，占比最高的是个人微商、卖保险、电商、摆地摊等产品销售类，达 32.7％；以设计作图、稿件撰写、视频编辑、翻译等技能输出型工作形式有 28.5％的白领，还有 17.7％通过实体店铺经营、股票/期货/基金/虚拟货币投资等投资经营类副业增加收入。同时指出，副业种类丰富、工作自由，对于体验过灵活用工岗位的白领来说，有 32％的白领认为可以"转副为正"。

2020 年 2 月突然暴发的新冠疫情让中国城镇调查失业率从 5.3％升高到 6.2％。在疫情得到控制后，随着中国经济复苏，失业率也逐步下降。特别是在鼓励"灵活就业"政策的推动下，越来越多的年轻人做出"打零工"的职业选择，"斜杠"青年更是成为网络热词。2021 年底中国城镇调查失业率明显减低，下降至 5.1％。看上去，灵活就业在解决失业问题方面非常有效。但是，也有一些人提出了质疑，认为灵活就业与钟点工没有明显差别，不能算作真正意义上的就业，而应该算作失业。

案例分析

数字经济和平台经济的迅速发展，催生了一批新就业形态和灵活就业岗位，越来越多的年轻人做出"打零工"的职业选择，"斜杠"青年更是成为网络热词。灵活就业在全球各地已经形成了一股新趋势，数据显示，美国 2021 年有 5900 万灵活就业人群，占美国整体工作人群的三分之一，英国的灵活就业人数有 500 万人，是其整体工作人群的七分之一。中国的灵活就业正在兴起，官方数据显示，2021 年全国以外卖骑手、快递小哥、家政人员为代表的灵活就业人员约有 2 亿。

共享经济平台的出现,改变了原有简单的、仅有雇员和雇主的劳工关系,建立了一种涉及平台、服务提供者、消费者三方的就业关系,平台在这里成为连接服务提供者和消费者的纽带,服务提供者则被称为独立的工作者或自由工作者。而在共享经济平台上,各种知识、技能和要素都可以流通共享,就业门槛大大降低,更强的就业形态包容性也带来了更多的就业机会,网约车司机、外卖骑手、电商主播、在线咨询师等新工种陆续出现,共享经济平台成了就业的"蓄水池"。国家信息中心发布的《中国共享经济发展报告(2021)》中显示,共享经济发展提供了大量就业岗位。2020 年中国共享经济参与者人数约为 8.3 亿人,其中服务提供者约为 8400 万人,同比增长 7.7%。根据滴滴出行科技有限公司的测算,2019 年滴滴出行平台共带动了国内 1360 万个就业机会,其中直接就业机会 761.6 万个,间接就业机会有 597.9 万个,包括汽车制造、汽车维修服务等全产业链灵活就业机会。除了滴滴出行平台外,如今许多共享经济新业态也吸纳了众多的就业人群。

未来灵活就业的人会越来越多。有研究预测,在 2036 年,中国灵活用工人数将达到4 亿,是现在的 2 倍。同时,国内共享经济平台的发展也正受到政策鼓励扶持,未来它所能带动的灵活就业规模将更为广阔。平台助力灵活就业加速发展。越来越多的灵活就业者借助网络平台寻求工作机会。平台不仅是海量信息的聚集地,通过大数据技术的加持,就业者还能收到精准推送的信息,节省大量浏览的时间,提高就业效率。

问题讨论

(1)为什么说灵活就业会拓展中国的就业空间?

(2)灵活就业等于失业,您同意吗?

理论提示

(1)就业、失业、失业率

(2)就业与灵活就业在传统经济和数字经济时代的异同

(五)数字技术下的结构性失业

案例内容

数字经济发展不仅能带动经济增长,也能创造新的就业岗位,2018 年,我国数字经济领域就业岗位达到 1.91 亿个,占全年总就业人数的 24.6%。然而,数字经济在增加新就业机会的同时,也在提高企业的生产效率,改变着组织分工和产业结构,从而产生结构性失业问题。一般来说,结构性失业是指由于产业、产品结构的变化,导致劳动力供需不匹配,从而引起部分人失业,一方面,部分岗位无法招聘到合适的劳动者,另一方面,部分劳动者又无法应聘到适合的岗位。麦肯锡的一项研究表明,由于数字技术的影响,到 2030

年,将有 7500 万至 3.75 亿工人(全球劳动力的 3%~14%)将需要转换职业类别。[①]

案例分析

数字经济发展推动了技术进步,并加速了传统行业数字化转型,这便会导致结构性失业问题。可能有以下几个原因:一是,人工智能取代部分人工。数字经济的一个重要特征,就是大量应用人工智能机器人。国家统计局数据显示,2021 年全年中国服务机器人累计产量达到了 9214377 套,累计增长 48.9%。人工智能机器人产量的不断扩大,被大量运用于生产过程,替代了部分劳动力,降低了对劳动力的需求,引起部分劳动力失业。一旦人工智能机器人大规模地替代人工,结构性失业的问题将难以避免。二是,劳动生产率提升减少了劳动力的需求。企业利用大数据、区块链等数字化技术,将过去联系不紧密的企业部门有机地融合起来,提高了劳动生产率。企业创造和过去同样的产出,其所需要的劳动力数量也在逐步地减少,从而减少了劳动力需求,出现了结构性失业。三是,线上经济的发展导致线下岗位的减少。随着移动互联网技术的普及,线上经济日新月异,已对线下传统经济产生了剧烈的冲击。在此背景下,部分线下企业陷入举步维艰,甚至倒闭的境地。由此,传统的线下部门如销售、管理等岗位就会减少,进而降低对劳动力的需求,导致结构性失业。四是,服务业的数字化减少了劳动力需求。部分服务业从业者,难以适应的服务业数字化的技能新要求,从而容易在竞争中被淘汰,成为结构性失业人员。

问题讨论
(1)失业的类型有哪些?你能一一举例说明吗?
(2)为什么数字经济会导致结构性失业?

理论提示
(1)结构性失业
(2)不同的失业类型的差异

(六)数字经济如何核算

案例内容

数字经济已被视为经济增长的"新引擎"。以物联网、云计算、大数据、人工智能为代表的数字化技术迅速发展,使得数据能够以前所未有的范围和规模进行数字化记录、存储、分析和应用,成为驱动数字经济深化发展的关键生产要素。2019 年 10 月,中共第十九届中央委员会第四次全体会议首次明确了数据作为生产要素的地位。2021 年 3 月发布

[①] 吴应宁.数字经济引起结构性失业机理探析[J].现代商业,2021(6):106-108.

的《中华人民共和国国民经济和社会发展第十四个五年规划和 2035 年远景目标纲要》中提出激活数据要素潜能,充分发挥海量数据和丰富应用场景优势,打造数字经济发展新优势。

　　数字经济增长测算和数据生产要素统计核算问题是制定数字经济和数据生产要素发展战略和政策的重要的基础性工作。目前,数字经济的概念、分类和增长测算方法,数据的概念、特征和分类,数据资产的属性、概念界定及估值方法等统计与核算问题,国内外理论研究与统计实践尚未形成共识,成为国民经济核算和政府统计领域面临的国际性和时代性难题。

案例分析

　　经历了从信息经济、互联网经济到如今数字经济的演变历程,数字经济的概念和内涵不断丰富。数字经济是指以使用数字化的知识和信息作为关键生产要素、以现代信息网络作为重要载体、以信息通信技术的有效使用作为效率提升和经济结构优化的重要推动力的一系列经济活动。可以说,数字经济代表了围绕数据这种关键的生产要素所进行的一系列生产、流通和消费的经济活动的总和。由于各个国家数字经济发展的实际情况不同,对数字经济的概念和范围界定的侧重点也有所不同。目前,国际上对数字经济的概念和范围界定,大体可以分为窄口径和宽口径两大类。

　　窄口径数字经济概念和范围较窄,主要有 2 种划分形式。(1)主要包括信息与通信技术(ICT)产业。联合国《全部经济活动的国际标准产业分类》指出,ICT 产业是其主要产品(ICT 货物和 ICT 服务),旨在通过电子方式满足或实现信息加工和通信功能,涵盖传输和播放的产业集合。(2)包括但不仅限于 ICT 产业。国际货币基金组织(IMF)和美国经济分析局(BEA)基于不同侧重点,给出了第 2 类窄口径数字经济的概念和范围。两者的相同点在于其数字经济范畴均包括数字经济的基础部分 ICT 产业;不同点是 IMF 的数字部门包括数字平台和依赖数字平台的经济活动,而 BEA 的数字经济范围包括数字化赋能基础设施、电子商务和数字媒体。

　　宽口径数字经济概念和范围较广,包括窄口径数字经济和通过数字技术、数字基础设施、数字服务和数据等数字投入得到显著增强的经济活动,其范围涉及国民经济各行各业。《G20 数字经济发展与合作倡议》、国家统计局和中国信息通信研究院给出的数字经济概念和范围均属于宽口径,均包含通过数字投入得到显著增强的经济活动。

　　总而言之,数字经济的发展的核心就是"数字产业化"和"产业数字化",推进数字基础设施建设,实现数据资源价值化,提升产业治理数字化水平,营造良好发展环境,构建数字经济全要素发展体系。[①] 数字产业化就是数字技术带来的产品和服务,例如电子信息制造业、信息通信业、软件服务业、互联网业等,都是有了数字技术后才出现的产业。还有我

---

　　①　国家统计局.数字经济及其核心产业统计分类(2021)[EB/OL].(2021-05-27)[2023-12-21]. https://www.gov.cn/gongbao/content/2021/content_5625996.htm?eqid=81301c8d00006a2a00000003647454bc.

们现在使用的各类云相册、云盘、打车软件、数字电视、数码相机、电子锁等,就是将通信、信息、大数据等数字技术产业化,做成的产品。[①] 产业数字化,就是利用现代信息技术对传统产业进行全方位、全角度、全链条的改造。产业结构优化升级是提高我国经济综合竞争力的关键举措。现代信息技术对经济发展具有独特的放大、叠加、倍增作用。研究成果表明,数字化程度每提高 10%,人均 GDP 增长 0.5% 至 0.62%。产业数字化以"鼎新"带动"革故",以增量带动存量,通过推动互联网、大数据、人工智能和实体经济深度融合,提高全要素生产率。简而言之,产业数字化则是指这些产业原本就存在,但是利用数字技术后,带来了产出的增长和效率的提升。

问题讨论

(1)数字经济采用什么方法核算比较合理?

(2)简述中国数字经济发展现状。

理论提示

(1)GDP 核算

(2)数字经济

---

① 数贸电子.数字产业化和产业数字化的区别是什么?〔EB/OL〕.(2023-07-17)〔2023-12-21〕.https://baijiahao.baidu.com/s?id=1771637747900305991&wfr=spider&for=pc.

第十章 短期经济波动模型：产品市场的均衡

一、基本原理与数字经济时代的适用性

（一）基本原理

宏观经济学是研究一国总体经济表现背后的原因,即一国或一个经济体或一个地区总产出是由什么力量决定的,总产出和总收入在宏观经济学的框架里是同一个概念。本章是讨论在生产能力充裕的条件下需求是怎样影响总产出的,以及需求本身是怎样被决定的。本章主要从产品市场出发展开分析,暂不考虑货币市场对需求的影响。

1.国民收入是如何被决定的

古典经济学认为市场是完善的,供给可以创造出需求,市场总能让供给等于需求。因此,供给决定需求。而新古典经济学基本继承了古典经济学的观点,他们更关注长期,总供给与总需求趋于相等。因此,均衡国民收入决定于总供给。

凯恩斯主义更关注短期的情形,关注短期内有效需求不足导致经济萧条的可能,在有效需求不足的情况下,生产能力是过剩的,总需求水平决定着均衡的国民收入水平。如果实际产出小于总需求,那就意味着需要动用存货来满足需求,如果实际产出高于总需求,意味着有多余的产品卖不出去,这时企业存货会增加,为了削减存货,企业会在下一期减少生产,反之,则在下一期增加生产,以保证总需求总是等于总供给,确保均衡的国民收入。如果只考虑两部门模型的时候,则 $Y=C+I$,均衡的国民收入可以表示为 $I=S$,即只有当企业将未被消费的产出部分(即储蓄)转化为投资,国民收入才是均衡的。

2.讨论消费的决定

影响消费的因素有很多,包括收入、利率、价格水平、收入分配、预期、财富或资产以及相对地位等。一是消费随着收入增加而增加;二是消费的增加少于收入的增加;三是即使没收入,也存在着消费。消费函数的特点可以用平均消费和边际消费倾向来说明,边际消费倾向总是递减的,平均消费倾向总是大于边际消费倾向的。从消费函数中派生出储蓄函数,同时也派生出边际储蓄倾向和平均消费倾向,边际消费倾向随收入增加是递减的,平均储蓄倾向总是小于边际储蓄倾向的。这个理论为凯恩斯的绝对收入理论。

本章还介绍了三个其他消费理论。(1)相对收入理论,即个人消费不仅取决于自己的收入,也取决于其他人的收入和消费,还取决于自己过去的消费水平,因此存在攀比效应和棘轮效应。(2)恒久收入假说认为一个人的消费取决于其长期稳定的收入,而不是临时性的收入,强调预期。(3)生命周期假说认为人们会从一生的角度来安排消费,即将一生的收入分配到生命周期的各个阶段,以保持各阶段消费的平稳,强调计划。

3.讨论投资需求的决定

投资的决定因素就是成本与收益的比较,成本是利率,收益是预期利润率。教材中主要引用了凯恩斯的资本边际效率和投资边际效率来解释什么是预期利润率,什么是资本的重置成本。影响边际效率的因素包括:市场对投资项目所生产产品的需求、该产品的生产成本、国家的投资税收政策、投资风险,融资条件等。只要资本的边际效率高于利息率,企业家就会投资。

此外,本章还介绍了托宾的 q 理论。该理论认为投资者是否进行投资取决于投资项目的股票市场价值与重置成本之比,即为 q 值。q 值大于 1,则投资;q 值小于 1,则不投资,因为新建企业会亏损,不如收购一个企业。

4.政府需求部分

政府有能力影响总需求,一方面是政府本身的需求,包括政府的消费性需求和投资性需求;另一方面,政府的政策会影响总需求,比如通过转移支付或者税收政策间接影响人们的可支配收入,进而影响消费。

5.国外需求对总需求的影响,即净出口对总需求的影响

以及影响净出口的主要因素包括本国、外国的收入、两国商品的价格、外国人的偏好,两国的汇率等。

6.乘数理论

当各种自发支出增加的时候,即消费、投资、政府购买和净出口增加时,会引发国民收入增加,并通过新增国民收入再引致新的消费支出,而由新增收入引致的消费会再度引起产量和收入增加,如此循环反复,以至于最终均衡国民收入的增加是原来各项支出增加的倍数。至于这个倍数的大小,则取决于边际消费倾向、税率和边际出口倾向。边际消费倾向越大,乘数效用越大。这些乘数包括政府购买支出乘数、税收乘数、转移支付乘数和平衡预算乘数和外贸乘数(即出口乘数)。

(二)数字经济时代的适用性

宏观经济运行的数字化变革。数字技术又被称为通用技术,这一类技术对推进经济长期增长、促进人类社会转型具有深远影响。数字技术具备不可替代性、渗透性和协同性

等特点,使得数字技术与经济社会深度融合并迅速扩展到各个领域。从促进经济增长、稳定物价、拉动就业、保证国际收支平衡四大宏观经济目标来看,给传统经济带来了前所未有的变化:一是突破了工业和农业为主导的国民经济分类体系,重构了国民经济核算体系和经济发展的衡量标准;二是有可能产生新的不均衡发展、扩大贫富差距;三是向金融、就业和税收等宏观经济重点领域提出了新挑战;四是突破了马歇尔的生产要素四元论,使得经济社会出现了第五类生产要素——数据[①];五是对国际贸易中净出口的计算造成难度。

传统的国民经济统计体系是以 GDP 核算为核心,涵盖经济、金融、财政、贸易、投资、价格等多个领域,为测度人类经济社会发展而建立的统计体系。按照支出法等于最终消费支出,资本形成总额,政府消费和净出口加总。按照国民账户体系规定的范围,GDP 的测算并未将全部生产活动包括在内。一方面,GDP 并未将无偿提供的产品纳入核算系统,另一方面,GDP 的核算没有考虑非企业化单位和个人进行的生产活动。传统的生产统计核算很容易造成统计缺漏。例如,"免费"的数字产品比比皆是,但按照 GDP 的统计范围,这部分产品并不能统计在内。在数字经济时代,个人成为重要参与者,但 GDP 的调查范围并不包括个人,调查方法也很难完整地采集到个人对应的生产数据,从而导致对生产活动的低估。概括而言,数字经济统计核算面临的问题主要包括参与者身份模糊,免费产品的统计以及价格和数量差异。

在数字经济时代,由于个人参与和各种免费产品的出现,使得诸如投资乘数、政府购买乘数、出口乘数、税收乘数等都出现了难以计算的问题,但是乘数理论在数字经济时代仍然具有适用性。

此外,以 GDP 为核心的统计体系难以衡量数字经济创造的福利。从一个包容性增长的视角来看,如何以可扩展的方式直接衡量消费者剩余、数字经济是否会扩大贫富差距、数据如何规定权属、数据资产如何定价等问题都是数字对传统经济理论带来的挑战。

数字经济的新时代,科技成了非常突出且重要的因素。科技、产业、资本之间的关系发生了新变化。目前中国经济已经进入了高质量的发展阶段,仅仅是产业和资本的结合已经远远不够,一定要做到产业、资本和科技三个要素相结合,铁三角缺一不可。同时在数字经济时代还存在一个非常突出的现象,就是只有头部企业才能存活,头部企业规模越大,活得越好,即存在规模经济效应。而头部企业规模经济及其能够给消费者提供的免费产品又成正比,怎样看待头部企业对 GDP 增长的作用,以及头部企业带来的投资乘数问题? 这些都是数字经济时代值得我们深度思考和研究的问题。

---

① 孙毅.数字经济学[M].北京:机械工业出版社,2021:12.

二、案例分析

（一）"全闽乐购 惠聚榕城"：电子消费券引致的乘数效应

案例内容

为了应对新冠疫情,福建省财政厅于 2021 年下达 2.6 亿元支持各地开展促销活动,其中 6000 万是首次采用线上促销方式,全国网络消费者均可通过淘宝首页搜索"汇聚福建"或"全闽乐购"直达专区活动现场领券消费。通过升级建设"全闽乐购 汇聚福建"日消品专区,鼓励各设区市根据当地产业特色,帮助制造企业、协作商家抱团入区,开展专区运营推广和消费券激励,扩大商品销量,提升产品影响力。自 2020 年 8 月 22 日以来,福建省安排了五批"全闽乐购"促消费正向激励资金,支持各设区市开展线上消费活动,日消品专区线上消费券设置 3 种面值满减券,分别为满 50 元减 10 元、满 100 元减 20 元、满 300元减 60 元。活动期间,每日 10 点在专区会场内限量发放,每 3 天可领取各面额消费券各一次,先到先得。领取 24 小时后未使用的消费券作废,重新循环投放,对促进社会消费品零售起到了积极的作用。[1][2]

案例分析

乘数效应(multiplier effect)是一种宏观的经济效应,也是一种宏观经济调控手段,是指经济活动中某一变量的增减所引起的经济总量变化的连锁反应程度。乘数经济其实是想说明经济中 1>1 的一种效应,即需求刺激供给,由此带来产出;第一笔需求能够带来更多的派生需求,尽管习惯上是说需求带动经济增长,但是教科书中的真实含义是需求带动生产能力的充分利用,防止经济萧条和衰退。在经济学中,乘数效应更完整地说是支出/收入。乘数效应是宏观经济学的一个重要概念,是指支出的变化导致经济总需求与其不成比例的变化,它是以乘数加速度方式引起最终量的增加的一个变量。

上述案例是一个非常典型的政府购买,促进消费的案例。因为在发放线上电子券的

---

① 王永珍.福建省再安排 6000 万元推进"全闽乐购"消费[N/OL].福建日报,2020-04-01[2022-03-15].https://pt.xmsme.cn/cont.aspx?id=105546.

② 王永珍."全闽乐购 惠聚榕城"再发 3000 万元消费券[N/OL].福州日报,2021-05-26[2022-03-15]. https://pt.xmsme.cn/cont.aspx?id=105546.

这种刺激消费的模式下，每花政府一块钱的电子券，需要消费者在此笔消费中，相应付出5倍或者10倍于这份电子消费券的价格，比如满50元减10元、满100元减20元、满300元减60元，根据不同类型的消费品，给予不同的可以抵用消费券的额度，以政府发放6000万的消费投资券计算，起码可以拉动3亿的消费来刺激经济，这3亿的消费又会再次刺激投资，增加收入，以形成一个循环往复但不断衰减的消费支出乘数。当然，这一乘数效应的大小，还有赖于其他相关宏观经济政策的辅助，比如利率、税率等。但是这一电子券的发放相对于2008年抵御全球金融危机时，中央政府的4万亿投资于公路、铁路、基础设施建设等刺激经济所带来的政府投资乘数而言，应该是更精准，即能够使用这些消费券的人，肯定都是非常必需的，与大水漫灌型的刺激相比，还可以尽量降低通货膨胀率。

问题讨论

（1）数字经济时代，电子消费券的乘数效应和政府投资对经济拉动的乘数效应谁大？为什么？

（2）经济处于衰退期、萧条期，发电子消费券还是进行大规模投资拉动经济增长，哪个政策更有效？

理论提示

（1）乘数理论

（2）政府投资乘数

（二）利用数据发展隐私计算相关联产品带来的乘数效应

案例内容

2022年初，同盾科技参与国内首个由大型股份制商业银行主导、多家头部隐私计算厂商共同合作的跨平台互联互通项目。同盾科技依托知识联邦理论体系自主研发的"智邦平台"作为主流平台与招商银行的慧点隐私计算平台实现互联互通，并协助招商银行完成企业级隐私计算互联互通标准的制定。

同盾科技融合多种技术所长，建立了隐私计算的完整技术产品体系——智邦平台（iBond）、开放互联参考模型（FIRM）和天启可信AI开放操作系统（inception AI）。这样一套基础设施主要目标是面向下一代人工智能，建立可信AI生态平台，汇集数据、算法、模型和各种应用，一方面推动人工智能技术的进步，另一方面利用技术推动数字时代经济社会的健康发展，带动产业上下游协同拓展隐私计算的技术与应用边界。[①] 隐私计算技术的应运而"红"是各界充分践行国家数字经济发展布局、严格满足数据监管、积极推进数

---

① 中新经纬. 两会热议数字经济，政协委员鼓励应用隐私计算等新技术［EB/OL］.（2022-03-04）
［2022-10-20］. https://baijiahao.baidu.com/s?id=1726354724049232320&wfr=spider&for=pc.

据流通共享的必然结果。政策驱动下，隐私计算相关产品研发、项目验证测试和实际落地均在加速，市场发展火热。

案例分析

隐私计算(privacy computing)，广义上是指面向隐私保护的计算系统与技术，涵盖数据的产生、存储、计算、应用、销毁等信息流程全过程，想要达成的效果是使数据在各个环节中"可用不可见"。最先落地于金融领域。实现隐私计算的相关技术，从技术角度出发，和隐私计算相关联的概念很多，如多方安全计算(secure multi-party computation，MPC)、可信硬件(trusted execution environment，TEE)、联邦学习(federated machine learning/federated learning)、差分隐私、区块链等。目前业内采用的主流技术包括三类：多方安全计算、联邦学习和可信执行环境等。

从这一案例中，我们可以看到由于数据的存在，对传统的 GDP 核算提出了严峻挑战，数据可能会成为数字经济时代相当于传统经济时代政府投资乘数的引擎，看似每个消费者每天不产生任何刺激经济的消费习惯、就医病例和交通行为，其实都成了商家和计算机公司可以利用的能够产出更大 GDP 的生产要素。数据这一生产要素，不仅具有外部性，还具有乘数效应。说它具有外部性，是因为它看似产生的是一堆无用的东西，但却能给互联商家，甚至银行、医院提供大量具有正外部性的产出。说它具有乘数效应，是因为一个小小的不起眼的数据，可能会引爆一个个千亿级的产业。依此看，数字经济时代可能引发乘数效应的，不仅仅是政府投资，也许会是开放某一部分数据的使用权。

问题讨论

(1)数字经济时代，除了数据之外，还有哪些要素会发挥乘数效应刺激 GDP 增长？

(2)发展隐私计算机相关联产品所产生的收入在利益相关方之间应该怎样进行分配，算是比较合理公平的？

(3)数字经济时代，可以将乘数理论扩展到数据乘数吗？

理论提示

(1)乘数理论

(2)投资乘数

（三）消费带来的乘数效应：英国保险公司借助免费电子游戏挑选客户

案例内容

英国有一家保险公司，它只做很小的车险产品，而且只针对特定的人群——17～25

岁的年轻司机。这一类人群因为出险率太高，保险公司一般不愿意卖给他们。这也是原来的行规。

数字时代，该公司专门利用这一群体（大多是"97后"或"00后"）的特点——一是"游戏一代"，他们自我意识、自主意识非常强；二是社交一代，社交圈子网络化；三是价格敏感性高，毕竟年龄较小，收入相对较低——开发了一款针对游戏性/自主性强的，开车打分游戏（Driving Score）。用户可一边玩游戏一边了解驾驶的安全性，形成一种互动关系，再结合社交网络式的扩散模式，轻轻松松覆盖整个相关人群。接下来卖保险就简单了，给予分数高的用户以适当折扣，因为这类人群开车安全性高，如果其能继续保持，那折扣力度便会更强。别的保险公司卖1000块的，该公司卖700块，这对价格敏感人群来说诱惑力是非常大的，以往是买的人越多，赔的就越多，而现在，挑选出了认真开车的、90分以上的年轻人，出险率大幅度下降。该公司用这样一种交互游戏的方式，把保险产品变成了降低风险的产品。

案例分析

从这一案例中，我们看到利用免费的App破坏传统商业模式——破坏式商业模式，正抢夺我们的资源和空间。破坏式商业模式一旦成立，必将打破所有的格局，在短短几年时间内将传统商业模式取而代之，成为行业新的领先者。而这样的变革并非是能轻易觉察到的，同时也再次显示出数据的威力和其乘数倍增效应。

由于数字经济使消费者和生产者的边界模糊，案例中玩免费游戏的玩家，其在游戏过程中产生的数据成了保险公司为之定价的因素，其实他已经成为这一笔保险订单的生产者，所以很难界定他在这一笔GDP产出中的贡献。例子中游戏者既是消费者，又是生产者。而且这一笔GDP的产生不仅仅是保险代理员的功劳，还有一部分贡献应归功于这群游戏者。

生产者边界和消费者边界模糊。众多数字经济平台为非法人服务提供者和家庭提供中介服务，并为个体经营者提供弹性的市场准入条件。很多传统的中介服务交易被个人通过网络平台提供的服务所替代，非企业化的单位与个人越来越多地成为产品供应者和价值的创造者。这些新兴活动改变了传统消费者和企业的互动方式，消费者可以更多地参与到生产活动中。然而，由于现行统计体系对生产核算范围的界定，这些生产性活动并不能有效地纳入GDP的核算。更像一种"黑市"或者地下钱庄，没有办法正常计入GDP。[①]

这种新型的盈利模式改变了直接利用产品销售收入弥补生产经营成本的盈利机制，使得免费产品的生产隐藏在企业盈利模式的创新架构中，现有的生产统计未能将其充分反映出来，从而低估了其价值。此外，互联网网站向居民提供免费产品，也导致居民关于这些服务的消费被忽略或者被严重低估，相应的居民可支配收入也被忽略或者被严重低

① 孙毅.数字经济学[M].北京：机械工业出版社，2022：138-140.

估。某些免费产品给用户个人所带来的价值显然与其价格不符,我们可以通过测算用户愿意为其付出的金钱来直观地感受为用户所带来的价值,即如果让一个微信用户在一段时间内不使用微信,那么他愿意为其付出多少金钱。国外的研究中,麻省理工学院斯隆管理学院的埃里克·布莱恩约弗森(Erik Brynjolfsson)教授带领的团队所提出的GDP-B衡量方法从福利角度衡量数字经济的贡献,尤其包含了免费产品所带来的福利。在这种情况下如何计算消费者剩余,从而来测度免费商品的价值,对价格统计是一种挑战。

从企业方面来看,已经有很多企业利用数字经济赋能产业发展。有的企业利用数字经济促进企业的升级换代,提高了生产效率。有的企业是用数字经济促进了就业。除了企业自身进行数字化转型以外,我们特别要提出关注一类企业——金融科技企业,他们在数字经济生态圈里占据了重要位置。金融科技企业既有金融属性,又有科技属性,我们需要通过这些金融科技企业来帮助传统的企业、其他行业的企业加入数字经济的生态圈。而且,金融科技企业也是提供资金的重要来源,他们通过科技的力量,帮助大量的企业进入生态圈,为他们提供资金。可以说,金融科技企业在建立数字经济生态圈里起到了一个穿针引线的作用,是不可忽视的。

就个人而言,居民个人在数字经济的生态圈里同样有很多机会和挑战。数字经济生态圈提供了充足的教育平台,发布大量的就业岗位,促进个人就业发展。同时,居民积极参与网络购物、线上娱乐等新兴消费方式可以提高生活质量。

2020年,习近平总书记在亚太经合组织的会议中指出,数字经济是全球未来的发展方向。经过2020年新冠疫情的考验,数字经济在帮助企业复工复产,促进劳动就业等方面的确发挥了非常重大的作用。我国2020年GDP增长了3%,在全球主要经济体中是唯一一个正增长的,同年,我国数字经济的增长大约是10%,可以看出我国的数字经济在疫情期间得到了长足发展。我们今天所强调的数字化转型,便是以主动的态度去做破坏式的创新,以更快速度适应时代的节奏!综上,在数字经济时代,消费、投资内涵都已经扩展,如何计算蕴含生产的消费所带来的经济增长都值得我们深入挖掘。

问题讨论

(1)数字经济时代,还有哪些活动看似消费,其实也在生产,发挥乘数效应拉动经济增长?

(2)如何看待科技金融公司在数字经济时代对投资所产生的作用?

理论提示

(1)总供给、总需求

(2)消费、投资

(3)消费、投资的计算

(4)数字产品和数字服务

(5)GDP的核算

（四）数字经济时代的消费怎么计算？

案例内容

2021 年 8 月 9 日，在 2021 年贝壳财经夏季线上峰会"数字经济：通往未来之路"——"国货风潮与数字新消费"分论坛上，商务部研究院流通与消费研究所专家姜照表示，数字经济到来，使得我国消费模式发生三大变化，包括后疫情时代线上消费模式加速崛起、社交互动的消费模式成为新消费热点以及个性化、定制化消费更加受欢迎等。

数字经济正在重塑中国的消费市场。首先，随着数字技术的广泛应用和数字基础设施的加快建设，线上消费已成为消费的新增长点，特别是在新冠疫情发生后，线上消费因其非接触性、便利性等特点，使消费者加速适应。

其次，消费的多样化、个性化、小众化趋势越发明显，再叠加大数据、人工智能等技术的催化，同类消费者更容易形成社交圈，进行更为频繁的互动，消费的社交属性逐渐凸显。以直播电商为例，消费者参与感、互动性、聚集性较强，商家与消费者和消费者群体内部的交流更加顺畅，商品议价能力提高，消费体验得到提升。最后，个性化、定制化的消费越发受欢迎，年轻人更愿意分享数据，便于企业开发、生产更加精准符合消费者需求的产品。

消费市场结构也出现了一些新的变化。姜照表示，从消费结构来看，服务消费占比持续提升。参照发达国家的规律，随着人均 GDP 的提升，我国消费方式也将从以商品消费为主转向以服务消费为主；从消费品类来看，消费升级类产品的消费量将逐渐提升，这一趋势已经显现，国家统计局数据显示，2021 年上半年体育娱乐用品类、通信器材类、化妆品类等品类的商品零售额近两年平均增速均超过 10%，此外，备受关注的绿色健康消费、银发消费未来发展空间巨大。[①]

案例分析

数字经济带来的数字消费的个性化、定制化、小众化的特点，随着消费特点的变化，消费结构和消费量也随之出现明显变化。总消费还能仅仅按照社会消费品零售总额计算吗？答案显然是否定的。

在数字经济时代，面对上述新的消费变化趋势，首先，消费需求复杂多变，产品类型和型号极其繁多。典型的产业链如食品产业链、服装产业链等，该类产业链面临的消费者需求难以用简单的类别进行区分，导致产品类型和产品型号数量极大，由此导致任何一个细

---

① 潘亦纯. 商务部研究院专家姜照：数字经济到来促使消费模式发生三大变化 [EB/OL].（2021-08-09）[2022-05-18]. https://new.qq.com/omn/20210809/20210809A0C53A00.html.

分市场大多是由数量众多的中小企业构成,难以形成由少量大型企业占据多数市场份额的局面。其次,新品频繁上市,试错周期短。该类产业链的产品研发侧重从产品规格、型号、成分配比等维度进行扩展,导致新品研发周期短,频繁上市。同时,由于面临大量同类产品的竞争,新品上市试错周期较短,鼓励主导企业通过数字化带动产业链上相关企业的数字化,充分实现数字化升级的区域间外溢效应。

众多共享平台、闲置资源交易平台等模糊了消费与资产的界限,尤其是一些交易平台利用低价格甚至补贴等免费吸引消费者入驻,基于流量、广告等衍生出的其他收入弥补"免费产品或服务",此类产品与服务的消费在传统的测算框架下会被严重低估。尤其是从数字产品的创新效应衍生价值视角来看,数字产品带来的赋能增加值相对难以估值,且消费与投资的融合属性测算消费端的增加值相对难以客观反映实际。①

此外,数字产品的交易成本。数字技术的发展和应用将含搜索成本、复制成本、运输成本和验证成本在内的交易成本大幅降低,其中搜索成本对交易价值的影响最为显著。信息检索便捷使消费者能对可感知的信息进行对比及筛选,匹配到合适的商品,从而更广泛地促进交易,有助于提升资源的匹配和利用效率。搜索成本降低的一个重要影响就是降低了市场的信息不对称程度,进而影响价格离散度和市场效率。在这种情况下,商家愿意提供更多种类的产品,消费者能以更低的成本搜索到心仪的产品,分散、小额但巨量的需求累积可能产生收益较高的新市场,产品销售从主流产品转向利基产品,最终形成长尾市场。②

举一个较容易理解的例子,市场上流通着上百种甚至上千万种图书,但是大部分的图书都很难找到其目标读者。也没有哪一个出版商提前知晓哪一本书会在市场上大卖,会成为一款畅销书,在这上千万种图书当中,每年也许只有几十本会成为畅销书。其他大部分的图书都是需求量不大或者是销量一般的图书。因为这些不受欢迎的图书销量很少,出版、印刷、销售以及储存的成本又非常高,所以没有哪一个出版商愿意去承担这样的风险,商家只会以畅销书为营销的重点。于是,商家千方百计地想做畅销书,保证在市场上大卖,包括我们自己在选择书籍的时候也愿意去选择所谓的畅销书。对于商家来讲,做畅销书,卖畅销书是最保险的。而对于消费者来说,购买畅销书也是获得最高价值的。在这样的情况下,那些冷门的图书因为没有出版商愿意营销,所以就很少在市场上出现了,消费者对冷门图书的需求也将得不到满足。

可是网络书店和电子书的出现为这些冷门图书的销售提供了一个更有效的市场。这些冷门图书也可以说是长尾图书。这些长尾图书在新的市场领域当中,巧妙地避开了销售成本和库存成本的问题,于是所获得的客户消费累积起来远远超过那些所谓畅销书的销售情况。因为畅销书虽然卖得很好,但是毕竟成为畅销书的种类极少,并且数量极少。

---

① 阳镇,陈劲,李纪珍.数字经济时代下的全球价值链:趋势、风险与应对[J].经济学家,2022(2):64-73.

② 孙毅.数字经济[M].北京:机械工业出版社,2022:9-12.

而冷门图书,即这些长尾图书,虽然每一本卖的数量并不是很多,但是它们却占据了绝大部分的市场,即便每一本书只卖出一到两本,它们所得到的利润累积起来也是非常庞大的数据。

简单来说,"长尾"就是指那些不被大多数人关注的商品或是不被多数人关注的人和事。长尾商品和长尾经济在网络时代到来之前,是根本没有办法得到发展的。网络时代的到来解决了商品的储存和销售成本大的问题,成本变小甚至可以忽略不计,在这样的情况下,那些冷门商品,或者说非主流的产品的销售就会成为可能。

问题讨论

(1)数字经济时代,如何拉动消费,从而拉动总需求?

(2)数字经济时代,如果你是企业老板,如何看待长尾市场和传统经济中的爆款产品?

理论提示

(1)消费

(2)长尾市场

(3)总需求

(五)数字新外贸带来外贸投资乘数的影响

案例内容

什么是新外贸,"新"在何处?新外贸,短短3个字却涵盖了外贸出口"新渠道"和"新营销"的两大关键点。世界更小、生意更大,数字化驱动跨境外贸新增长。[①]

线上化需求的新用户。据阿里国际站预测,2020年9月至2021年3月,国际站新买家预计年同比增长200%。受新冠疫情影响,线下渠道受阻,采购环节风险加大、成本提高,这些因素无疑加速了海外各国商家采购从线下到线上的数字化转型步伐。与此同时,随着海外买家越来越适应线上消费渠道,新用户新增的商业长尾采购需求将成为新外贸出口持续逆势增长的增量来源。数据显示,到2020年,75%的商业长尾采购将会转到线上。全球线上商业采购市场规模将在2021年达到12万亿美元,到2027年将达到约21万亿美元,年复合增长率将达到17.5%。由于线上需求的极速增长,使得全球物流业也迎来了新的流通革命,不久前阿里国际站与菜鸟、环世物流合作打造了"文鳐"供应链;基于市场需求的变化,未来3年,阿里国际站还将帮助全球1000万以上新增中小企业跨境采购,达到1000亿美元以上交易规模,搭建新的物流网络和制定新的货运标准,支持100万吨空运和100万标箱海运的运力规模,相当了全球第三大货运平台。

---

① 哈文跨境. 数字化新外贸,已成全球贸易必选项和不可逆转的大趋势 [EB/OL]. (2020-12-31) [2022-03-30]. https://www.sohu.com/a/441693324_99962313.

数字化贸易的新营销。有别于图文帖这种静态模式,外贸出口内容营销也完成了向短视频、在线直播、网红营销以及沟通能力等多媒体内容的升级;内容营销更加偏向于视频化、社区化和智能化投放,也出现了如跨境虚拟主播、阿里电商直播 AI 实时翻译等直播与科技的结合和赋能。新外贸的"新"是动态的、持续优化中发展的,随着市场和行业的变动,汲取新的技术应用于风口,成为中国外贸增量提效的新风口。

2016—2020 年,我国最终消费支出对国内生产总值增长的贡献率始终位居第一,保持在 50% 以上。2020 年中央提出以国内大循环为主体、国内国际双循环相互促进的新发展格局,以及扩大内需战略是基于国际、国内大背景出发的。从国际来看,经济全球化遭遇逆流,国际贸易摩擦与新冠疫情对全球产业链、供应链造成冲击;从国内来看,我国外贸依存度已逐渐下降,同时,我国有着超大规模的消费市场、消费群体,消费潜力仍需释放。

商务部数据显示,2022 年 1—2 月,我国服务进出口总额达 9534.8 亿人民币,同比增长 33.5%,其中服务出口 4567.8 亿元,增长 39.4%;进口 4859 亿元,增长 28.3%,值得一提的是服务出口大于进口 11.1 个百分点,带动服务贸易逆差下降 57.6%,至 183.1 亿元。说明中国整体疫情防控形势和社会经济发展形势,好于我们主要服务贸易合作的国家,而我们所需要的服务,有些国家目前没法提供,所以导致服务贸易,出口增速高于进口增速 11.1 个百分点。

1—2 月知识密集型服务业进出口 3824 亿元,增长 17.9%,其中出口增长 20.3%,知识产权使用费,电信和计算机和信息服务,其他商业服务增长较快,进口增长 1627.1 亿元,增长 15%,其中保险服务增速达 124.8%,旅行服务进出口有所恢复,1—2 月旅行服务进口增长 19.1%。

案例分析

数字化外贸,尤其近年来兴起的网红经济带来长尾效应,打破了企业曾经的固有思维,也建立起了全新的营销模式。在全新的营销模式下企业也不能够再依赖少数的几个大客户,或者是依赖那些曾经的所谓的优质企业合作伙伴,是面向国内国际大众的销售,跨境电商因此成了外贸新业态,主要针对个人的消费,不像传统外贸是大批量、热门产品的销售,这就形成了由美国人克里斯·安德森提出的长尾理论。在长尾理论中,将集中了人们需求的流行市场称之为"头部",将那些小量的、零散的、个性化的需求所形成的非流行市场称为"尾巴"。长尾理论说明,不热销的东西积少成多,会产生非常高的价值,占据的市场份额等同甚至超过那些热销产品。它是网络时代兴起的一种新理论。跨境电商目前依靠直播等挖掘人们的私域流量成了一种新兴的销售形态,但我国的外贸依存度却在下降,对国民经济增长的乘数效应也会下降,因此,国外需求不旺盛,对我国 GDP 的产出影响是巨大的。

数字经济时代就是关注长尾,发挥长尾效应的时代。不单单是从商品的角度来关注长尾效应。其实我们每一个人都可以去关注长尾效应对我们的效益,现在的时代是讲究个人品牌的时代,每一个人都可以将自己打造成一款"网红产品",也就是大家所说的个人IP。网红经济就是一个风口经济,每一个人都可以通过网络获得自己的流量。以前我们会关注很多官方的知识型输出内容,但是现在更多的是支持个人内容输出,包括我们经常浏览的百家号、今日头条、简知等,这些网站就是在支持"长尾"作者的内容输出。长尾书读者的总和一定是可以超越任何一个畅销书的读者数量,这也是长尾效应。

运用跨境电商提高我国外贸水平。随着全球经济的发展,各国都基本打开了对外贸易的大门,经济全球化成为当前全球经济发展的主旋律。随着经济全球化的发展,传统的外贸模式已经无法满足全球市场的要求,也无法适应迅速变化的市场环境,跨境电商的出现弥补了这一不足。跨境电商是基于电子商务衍生的一种特殊外贸模式,可以说跨境电商具有电子商务的特点也具有外贸模式的特征,因此,跨境电商很好地适应了经济全球化的发展。

问题讨论

(1)试分析为什么中国近几年来外贸依存度持续降低?

(2)和改革开放前30年相比,我国目前外贸依存度降低会带来什么样的结果?

(3)比较数字经济时代的出口乘数和传统经济时代的出口乘数效应。

理论提示

(1)外贸依存度

(2)外贸投资乘数

（六）数字经济时代的投资：中美双边直接投资变化趋势

案例内容

美国对华的直接投资。过去30年,随着中国经济的发展,美国对华直接投资的行业结构也发生了变化。早期投资集中在劳动密集型的制造业,但在21世纪初,投资领域转向了食品和汽车等终端消费行业。在过去五年里,美国投资者越来越多地瞄准高科技和先进服务业。

2019年,美国对华直接投资的行业结构出现另外的变化:尽管一些行业陷入中美关系恶化的动荡之中,比如ICT,但其他行业继续蓬勃发展,比如汽车、医疗和生物技术。美国对华投资最多的行业是汽车业(40亿美元)和医疗与生物技术(30亿美元)。汽车业的投资额占到总投资额的近三分之一。绝大多数投资项目都在电动汽车领域,如特斯拉在上海的工厂,通用汽车在上汽的电动汽车项目,从2018年开始,汽车业、医疗和生物技术业规模都显著扩大。2020年,医疗与生物技术受益于一个大项目:安进公司以27亿美元收购百济神州。重大投资项目包括福尼克斯公司的新工厂,贝恩资本收购厦门秦淮科技(ICT)、北京环球影城(娱乐)。

在中国进一步开放银行、证券和保险部门之后,金融和商业服务在 2019 年新宣布的交易数量最多。例如,摩根大通获准在中国设立控股的证券公司;丘博获准增持华泰保险的持股份额;PayPal 在收购了一家中国支付公司的股权后,成为首家在中国获得在线支付许可的外国公司;2020 年初,中美达成第一阶段贸易协定之后,万事达卡(Mastercard)宣布获准在中国开设一家银行卡清算机构。

中国在美的直接投资。在 2016—2017 年中国对外直接投资高峰期间,中国在美国的投资仅集中在某几个行业,包括房地产和酒店、交通和基础设施。近年来,这些行业的组合发生了巨大的变化。2019 年,中国对美 FDI 主要集中在三个领域:消费品和服务、汽车、房地产和酒店业。2019 年,中国对美直接投资最多的两个行业是消费品和服务(20 亿美元)及汽车(6 亿美元)。此外,新冠病毒引发关于全球化风险和供应链重构的讨论。对医疗用品的争夺进一步激起了全球对某些材料过度依赖外国供应的担忧,并引发了关于回流和风险分散的严肃讨论。中国是这场讨论的中心,供应链分散化可能促使美国企业将更多的制造业产能转移出中国。与此同时,供应链去全球化,会推高 FDI 投资,因为跨国公司被迫将业务本地化,并寻求更多的供应商。[①]

案例分析

数字经济时代的投资呈现四大特征:规模经济、网络效应、范围经济、非竞争性,对大市场相对更有利。美国股市在全球范围内吸引投资者的地位毋庸置疑,中国基于人口多、密度大、地域广等特征,可能也会在数字经济时代确立比较优势,孕育较好的投资机会。所以,我们观察到美国对华直接投资中,金融服务业、ICT 行业、娱乐业和汽车行业是他的投资重点,这中间的原因似乎可以解释为,在数字经济时代,美国对上述行业的投资都是紧扣产业数字化和数字产业化这一主线的。

我国数字经济以数据和信息为重要生产要素,并利用数字信息技术与不同经济形态相互交叉与融合,尤其是工业互联网、人工智能、大数据、云计算等新技术与实体经济的深度融合,使得新业态、新组织、新模式的应用潜能无限释放。[②] 数字改变着企业资产结构,企业形成轻实物资产、重人力资本、重数据资产的结构,使人才和创新能力显得更加重要。制造的定制化、个性化与响应及时化,工厂到消费者距离缩短,产品规模化与个性化矛盾得到调和。此外,服务贸易地位日益增强。随着数字贸易的兴起,娱乐业作为产业数字化的代表之一,我国作为人口大国,在数字经济时代具有规模经济效应。

此外,随着新冠疫情的持续影响,全球价值链的快速发展改变了世界经济格局,也改变了国家间的贸易、投资和生产联系。自 2008 年国际金融危机以来,世界经济步入深度

---

① 资料改编于:Vincent.二十一世纪的中美双边对外直接投资[EB/OL].(2022-03-14)[2022-10-25].https://zhuanlan.zhihu.com/p/480491936?utm_id=0.

② 张勋,万广华,张佳佳,等.数字经济、普惠金融与包容性增长[J].经济研究,2019,54(8):71-86.

调整与结构再平衡的状态,由跨国公司主导的全球产业链并未显示继续扩张的趋势,其中有些部分还有明显的收缩,在数字经济时代是否能因为投资的规模化而改变全球产业链的收缩状态,仍是一个可以探讨的问题。数字新技术主要在产业链组织分工边界拓展、交易成本降低、价值分配转移、需求变化倒逼四个方面针对传统产业链数字化转型发挥重要作用。[①]

问题讨论

(1)数字经济时代,中国对外直接投资应该注重投向哪些领域?

(2)评价中美两国在对方的直接投资领域对其国内(GDP)经济增长可能带来的影响。

(3)简要说明数字经济时代的投资,除了利率之外,还应该考虑哪些因素? 为什么?

理论提示

(1)投资

(2)资产定价

---

① 李春发,李冬冬,周驰.数字经济驱动制造业转型升级的作用机理:基于产业链视角的分析[J].商业研究,2020(2):73-82.

第十一章 国民收入的决定：IS-LM 模型

一、基本原理与数字经济时代的适用性分析

（一）基本原理

短期国民收入理论是凯恩斯主义宏观经济学的中心理论,它从总需求变动角度说明均衡国民收入如何决定并产生波动,以及如何向均衡状态调整,主要涉及产品市场、货币市场、劳动市场和国际市场这四个市场的均衡。第十章仅从产品市场均衡的角度分析短期国民收入的决定,本章首次纳入货币市场,探讨产品市场和货币市场同时达到均衡和变动所需的条件。整体上,货币市场的供给和需求决定均衡利率水平,利率变动会影响投资需求,从而影响整个产品市场,最终国民收入的变动又进一步影响货币交易需求,这样在这两个市场的相互影响过程中,产品市场的国民收入和货币市场的利率水平被共同确定。本章主要分析产品市场和货币市场一般均衡的 IS-LM 模型,直到现在,它仍被大多数西方学者视为宏观经济学的核心理论,是分析宏观经济政策的有力工具。

1.IS 曲线

从产品市场均衡要求计划投资等于计划储蓄这一点出发,得到一条反映利率和国民收入水平呈反向变动关系的曲线,即 IS 曲线曲线。处于 IS 曲线上的任何点位都表示计划投资等于计划储蓄,偏离 IS 曲线的任何点位都表示没有实现均衡。当投资意愿、储蓄意愿、政府支出、税收以及进出口发生变化时,IS 曲线就会移动。增加政府支出和减税,属于增加总需求的扩张性财政政策,表现为 IS 曲线右移;减少政府支出和增税,属于降低总需求的紧缩性财政政策,表现为 IS 曲线左移。IS 曲线的斜率由边际消费倾向决定,边际消费倾向越大,投资乘数就越大,从而利率变化带来的影响就越大;从曲线上看,其斜率绝对值就越小,IS 曲线也越平缓。

2.LM 曲线

从货币市场均衡要求货币需求等于货币供给出发,得到一条反映利率与国民收入水

平呈正向变动关系的曲线,即 LM 曲线。凯恩斯主义利率理论视利率为货币的价格,它取决于货币需求和供给。凯恩斯认为,人们之所以产生对货币的偏好,是由于货币是灵活性最大的资产,货币随时可作交易之用,随时可应付未来可能出现的意外支出,也可作投机用,因而人们对货币的偏好就称为流动性偏好;具体来说,人们对货币的需求出于以下三类动机:交易动机、预防动机和投机动机。其中,出于交易动机和预防动机而持有的货币需求与收入成正比,基于投机动机的货币需求与利率成反比。由此得到表示货币市场均衡的 LM 曲线,央行实行增加货币供给的扩张性货币政策,表现为 LM 曲线向右平移;央行实行减少货币供给的紧缩性货币政策,表现为 LM 曲线向左平移。LM 曲线的斜率由货币需求对收入和利率的敏感度决定。如果货币需求对收入变化敏感,则 LM 曲线比较陡峭,表明收入变化对利率的影响程度大。反之则反。当利率极低时,人们不管有多少货币都愿意持有在手中的现象,称为"流动性陷阱"或"凯恩斯陷阱";由于利率已经非常低,因此即使政府增加货币供给量,也不会使利率再下降,此时,货币政策无效。

3.IS-LM 模型

把产品市场和货币市场结合起来,阐释产品市场和货币市场的一般均衡模型,即 IS-LM 模型。IS 和 LM 曲线交点决定的利率和国民收入就是产品市场和货币市场同时达到均衡时的利率和国民收入。IS 和 LM 曲线的移动会使均衡利率和收入发生变动。如果执行扩张性的财政政策,则 IS 曲线右移,均衡国民收入会增加,均衡利率也会因为收入增加而引起的货币需求增加而上升;反之亦反。如果执行宽松的货币政策,LM 曲线会右移,均衡利率下降,均衡国民收入也会因为利率下降引起需求增加而增加。IS 和 LM 曲线把坐标平面分成四个非均衡区域:位于 IS 曲线右上方,存在投资小于储蓄的非均衡,位于 IS 曲线左下方,存在投资大于储蓄的非均衡;位于 LM 曲线右下方,存在货币需求大于货币供给的非均衡,位于 LM 曲线左上方,存在货币需求小于货币供给的非均衡。两两组合,使得四个区域所处的产品市场和货币市场的非均衡状态皆不相同。IS-LM 曲线的交点使产品市场和货币市场达到均衡,但该交点并不意味着劳动市场也达到均衡,即达到充分就业的状态;仅靠市场的自发调节是无法达到充分就业均衡状态的,此时需要政府运用财政政策和货币政策进行调节,以实现充分就业。

(二)数字经济时代的适用性

多年来,宏观经济学一直将 IS-LM 模型作为解释凯恩斯主义经济理论的基本分析工具,它的诞生与世界经济从实物(金属)货币进入信用货币(纸币)经济的时代背景密切相关。由于 20 世纪 30 年代世界性经济危机引发的经济恐慌和金融混乱,迫使西方国家先后脱离金银本位制度,国家发行的纸币不能再兑换为金属货币,信用货币(纸币)应运而生。纸币本身没有价值,是以国家信用为基础发行,具有政府强制性和排他性。在此背景下,凯恩斯突破"投资与储蓄决定均衡利率"的古典经济学分析框架,将利率作为货币的价格,提出"利率是由货币的供给量和需求量决定"的利率理论,更贴近信用货币制度下政府发行纸币的经济现实,克服了长期以来古典经济学将货币供给分为名义货币供给与实际货币供给的"两分法"传统,体现了凯恩斯强调总需求决定均衡国民收入的经济思想。

当前,全球货币制度正在从信用货币(纸币)进入到数字货币时代,数字货币是以区块链技术为基础、通过人为设计且发行流通成本极低的货币,是在实物货币和信用货币之外的第三种货币。自 2009 年初比特币诞生以来,其凭借着去中心化和点对点交易等特性就吸引了多方关注,并催生了大量新型加密数字货币。为应对私人数字货币兴起对央行法定货币绝对地位的影响,全球不少国家正在考虑或正在试点央行数字货币。一百年前世界经济从金属货币进入到信用货币时代,成为后来 IS-LM 模型构建的现实基础;当前,世界经济正逐步从信用货币进入到数字货币时代,如同纸币替代贵金属货币一样,在可以预见的未来,央行数字货币的推广将进一步减少货币发行、流通和回收过程中的成本,所有环节均将通过通信与计算机系统完成,使用者也无需到商业银行的网点换取纸币,仅需利用手机(或其他智能终端)通过网络(甚至离线)便可以使用数字货币,这将对现有的货币形态、金融体系以及货币政策的有效性产生巨大的影响和强烈的冲击,亟需构建反映数字经济时代背景的新一代货币理论。自 2009 年比特币诞生至今,数字货币的发展只有十余年的时间,但正在导致货币供给和宏观经济结构发生快速变化;当前正处于这一巨变的历史进程中,各国对私人数字货币和央行数字货币的态度各不相同,其发行机制还处于探索和博弈的阶段。纵观经济学说的发展,在一段处于快速变化且未来发展方向尚不明确的历史进程中,成熟经济理论体系的形成具有极大的难度,即新的经济思想由于新的经济关系尚未形成和新的经济实践尚未完全展开,它们必然是幼稚而不完备的。因此,在当前新一代货币理论还未诞生的背景下,本章系列案例在讨论"数字货币对宏观经济的影响"的前沿话题时,基本还是借助经典的 IS-LM 模型的理论框架进行适应性分析,在可预见的未来,货币的创造或紧缩手段作用于国民收入的效应,可能由于货币数字化的到来而被缓解,比如调节货币供应量的存款准备金率制度可能会失效,因为现实世界可能已经不需要准备一定量的现金来应对储户的挤兑。当然,可能还有很多其他一些政策效应也会发生改变。我们鼓励师生与时俱进地开展课堂讨论,在研究中共同学习,提升认知,这也契合未来新文科人才培养的需要。

二、案例分析

（一）数字货币的缘起：区块链技术与比特币

案例内容

谈到数字货币，很多人并不是首先想到央行数字货币，而是关注到以比特币为代表的私人数字货币。比特币是与区块链绑在一起同时诞生的。2008 年，中本聪在其论文"Bit-coin：A Peer-to-Peer Electronic Cash System"（《比特币：一种点对点的电子现金系统》）中首次提出了区块链的概念。区块链可以理解为一种公共记账的机制（技术方案），其核心思想是通过建立一组互联网上的公共账本，由网络中所有用户共同在账本上记账和核账，用以保证信息的真实性和不可篡改性。比特币作为一种 P2P（点对点）形式的电子货币，是目前区块链技术最成功的应用；它不需要特定的机构（中央银行）来发行，而是由计算机程序（算法）生成；每个比特币用户的电脑都是一个节点，每个节点都能存储数据，节点之间相互联网，交易信息面向网络中所有节点公开；网络中任何节点既是监管者也是交易者，共同认可交易的合规性，数据存储也是由所有节点一同维护。

自 2009 年 1 月"发行"起，比特币已成为一个没有国界、没有边界却被全球广泛接受的货币系统。到 2017 年，据统计，全球范围内愿意接受比特币支付的实体店数量已达6500 家，大多集中在西欧、北美、日本、澳大利亚等国家和地区，其中不乏 Expedia、Newegg、Reddot、PayPal、微软、戴尔、乐天等大型企业。甚至在中国，也有 6 家公司愿意接受比特币支付。若算上通过比特币第三方支付机构如 Bitpay 等进行交易的店家，则远超 6500 家，已达到十几万家。那么，基于区块链技术的比特币为什么会流行呢？

案例分析

基于区块链技术的比特币为什么会兴起？在现实世界，政府部门、银行、媒体、电商网站等中心化体系盛行的原因在于：第一，受不完善的信用、契约、制度等因素影响，市场失灵现象经常发生，完全竞争市场几乎不可能实现；第二，人与人之间的交流、交易主要依托信息和资金，在信息流通和信用保障不够便利的时代，用户之间直接点对点沟通在缺乏技术支撑条件下成本巨大，安全和效率都是短板，具有鲜明中心化特征的中介组织便应运而生了。中心化体系既具备一定优点，也存在不少问题。其优点在于：第一，将信息和资金汇集到中心节点进行批量处理,在计算机技术的支持下,可以极大地提高效率和节约成本;第二,中介组织通过信息与资金方面的撮合匹配服务,可以获得可观收益,从而有较强动力去保障交易的稳定,不断提高服务质量。当然,其存在的问题也相当突出:首先,不同中心的运作模式和管理体系并不相同,中心之间的互联成本较高;其次,中心化体系缺乏透明,集中存储于中介组织的数据容易遭到篡改和破坏,隐私与安全方面存在诸多隐患;最后,中介组织会对被控制的用户收取一定费用作为收益,人为推高了交易成本。

当前,互联网技术成功实现了信息的去中心化,但无法实现价值与货币的去中心化。现有互联网中的金融体系,多是由政府银行提供或者第三方提供的支付系统,仍然是依靠中心化的方案来解决。这种中心化的信用背书,只能将信用局限在一定的机构、地区或者国家范围内。在全球层面,要实现多个国家的企业和政府完全互信几乎是做不到的。区块链技术就试图解决这一问题,打破中心化体系的信用枷锁,实现全球节点间的信用与货币互联。完备可追溯、去中心化和去信用化是区块链技术的三大特点。首先,区块链的结构设计保证了其记录数据完备可追溯,每个区块都能找到其前后节点,从而可以一直倒推至起始节点,形成一条完整的交易链条,从而存储系统全部的历史数据。其次,区块链存储数据时使用对等网络技术(又称"点对点技术"),无需中间环节和服务器的介入,只需依靠用户群交换信息,从而实现去中心化。再次,对等网络技术让数据能实时记录的同时,实现了在每一个参与数据存储的网络节点中不断实时更新,极大提高了数据库的安全性。最后,区块链使用非对称加密技术,解决了节点间的相互信任问题,可以实现去信用化。显然,区块链技术可以有效解决传统中心化体系存在的隐私安全、缺乏信任和高交易成本等问题,基于区块链技术的比特币在交易过程中省略了银行这一中心,从而实现价值与货币的去中心化,为交易数据的真实性与完备性提供了保障,这契合了未来互联网技术和社会组织演化的方向。[①]

问题讨论

(1)请从经济学原理层面详细阐释过去中心化体系盛行的原因。

(2)为什么说基于区块链技术的比特币可以实现价值与货币的去中心化?

(3)查找资料,谈谈当前区块链技术落地存在哪些问题?

理论提示

(1)货币理论

(2)产业组织理论

(3)交易成本理论

---

① 中国社会科学院工业经济研究所未来产业研究组.影响未来的新科技新产业[M].北京:中信出版集团,2017:29-39.

（二）货币理论争鸣：比特币是不是货币？

案例内容

比特币需要依据特定算法,通过大量复杂的运算才能生成,俗称"挖矿"。"挖矿"就是解方程,比特币创始人中本聪设计了一种有多重解的"大规模复杂方程",每当使用者解出一组解,经各网络节点验证正确且无重复记录后,便可获得一定数量(25 枚)的比特币作为奖励。这种发行方式使每个"解题人"都可能成为比特币的发行方。"挖矿"需下载专用的比特币运算工具,注册任意一个比特币合作网站。在 2014 年,每 10 分钟就有一个数学问题被解出,所以每 10 分钟就会产生 25 枚新的比特币;截至 2019 年 1 月,世界上大约有 1220 万枚比特币。但比特币问题存在"上限",设计比特币体系时,中本聪借鉴了金本位的思路。在经济史里,黄金之所以成为流通货币的一个重要原因在于其稀缺性,即黄金供给总量一直保持缓慢增长的相对稳定状态,从而在某种程度上避免通货膨胀的发生。比特币的生成在设计之初也考虑到这一因素,其算法被设计成随着挖矿参与人数上升,挖矿难度也随之上升的模式;目前,"挖矿"对电脑配置要求越来越高,而"挖矿"奖励也越来越少。在这种算法下,新比特币生成的速度会减缓,随着时间推移每隔 4 年奖励会减半,最终奖在大约 2140 年总量无限逼近于 2100 万这一"上限"。

尽管自诞生以来比特币本身是否存在价值,一直都存在较大争议,但这并不妨碍其价格一路攀升,从 2009 年诞生初期"一文不值","火箭速度"般地上升到约 8000 元人民币/个,到 2021 年曾一度达到 69000 美元的峰值,稳居全球"最值钱"货币之首。然而,比特币的波动率也是所有货币中最高的,其在 2013 年曾"骇人听闻"地狂涨 5429%,但次年就急转直下,年内跌幅达到 56%。币值的不稳定,更让比特币是不是货币的争论,在学界和民间甚嚣尘上。

案例分析

对于货币的本质,不同的经济学派有不同的认识。马克思认为,货币是从商品中分离出来的,固定充当一般等价物的特殊商品;古典经济学派主要从交易媒介功能来认识货币;凯恩斯学派则更加注重从价值贮藏、计价单位来理解货币,认为货币是流动性较强的资产。

任何一种货币,如果大规模流通,就必须履行货币的三个基本职能:价值贮藏、价值尺度以及交易媒介。作为价值尺度和价值贮藏,货币代表着人们普遍接受的某种价值单位。同时,作为交易媒介,货币本质上体现了发行者和持有者之间的债务—信用关系。货币具有两面性,它是发行者的一种债务,也是持有者的一种信用资产。国家是货币发行单位,所以有责任保持币值稳定。历史上的货币,无论是黄金还是美元,如果要成为普遍的通货,必须履行这三个基本职能,从这个角度上看,比特币不是货币。

首先,比特币的币值极其不稳定,现阶段更像一种投资产品,因为没有诸如国家主权等强力信用的背书,缺乏强有力的担保机构维持其价格的稳定,没有任何价值基础,其作为价值尺度的作用还未显现,很难充当一般等价物,无法发挥支付手段和计价单位的功能。其次,比特币的首次发行使得发行者与购买者之间出现信息不对称,很多代币发行本质上是为了追求超额的铸币税,这与主权国家发行货币的初衷相违背。最后,比特币的"挖矿"数量上限为 2100 万个,数量的限制决定了如果比特币成为货币,那么它的有限供给将很难满足日益增长的货币需求,不能承担起货币流通与交易的职能。[①]

问题讨论

(1)货币具有哪些职能?其最基本的职能是什么?

(2)你认为,比特币是货币吗?

理论提示

(1)不同学派的货币理论

(2)货币的基本职能

(三)数字货币的定义与分类

案例内容

自 2009 年比特币问世以来,各种基于分布式账本或区块链技术的数字货币纷纷涌现。例如,2019 年 6 月 18 日,社交网络平台 Facebook 发布了 Libra 白皮书,计划于 2020 年上半年成立数字货币 Libra(又称"天秤币")的理事会,这则消息引起了全球性轰动。Libra 是一种建立在区块链技术基础上,使用资产储备作为担保的全球性数字货币,其宗旨是建立更具包容性的全球金融生态系统,为人们提供一种具有更大限度易用性的通用货币。Libra 的推出,引起了各国政府和央行的高度关注,进一步推动了全球数字货币的潮流。2020 年 2 月中旬,国际清算银行公布一项调查结果:大多数新兴市场经济体正在发展央行数字货币;在 66 个国家(覆盖全球 75% 的人口和 90% 的经济产出)的中国银行中,有 10% 将在未来 3 年内发行央行数字货币,受众群体将占世界总人口的 20%。中国是在内行数字货币方面发展进度最快的主要经济体,而美国联邦储备系统(简称"美联储")曾经表示没有必要发行数字货币,不过进入 2020 年后它的态度有了变化,已经开始

---

① 中国社会科学院工业经济研究所未来产业研究组.影响未来的新科技新产业[M].北京:中信出版集团,2017:29-39.

研究发行数字货币的可行性。^① 那么，什么是数字货币？数字货币有哪些类型？它们之间有哪些区别？这些问题都需要很好地被界定。

案例分析

数字货币(digital currency)是建立区块链技术的基础上的基于节点网络和数字加密算法的虚拟货币，它与传统的电子货币和虚拟货币具有显著的差别。传统的电子货币(electronic currency)是法定货币的电子化，常以磁卡或账号的形式存储在金融信息系统内，以方便储藏和支付为主要目的，价值与法定货币等值；传统的虚拟货币(virtual currency)是基于网络的虚拟性，由互联网平台发行并应用在网络虚拟空间的类似法定货币，又被称为网络货币，例如各大网络游戏公司出品的游戏币、各论坛的积分币等。数字货币的核心特征主要体现在三个方面：①多数基于开放算法的数字货币缺少发行主体，因此没有任何人或机构能够控制它的发行(这里不包括发行受货币当局严格控制的央行数字货币)；②由于算法解的数量确定，所以数字货币的总量固定，这从根本上消除了虚拟货币滥发导致通货膨胀的可能；③由于交易过程需要网络中的各个节点的认可，因此数字货币的交易过程相对安全。

根据发行主体的身份，数字货币可分为私人数字货币(private digital currency)和央行数字货币(central bank digital currency，CBDC)。比较主流的私人数字货币主要包括比特币(Bitcoin)、天秤币(Libra)和以太币(ETH)等。有学者认为，任何以去中心化(decentralization)和分布式账本技术(distributed ledger technology，DLT)为支付特征的电子形式的货币或交换媒介都可以称之为私人数字货币。区块链是比特币的底层技术，是一个共享的分布式账本和数据库，具有去中心化、不可篡改、全程留痕、可以追溯、集体维护、公开透明等特点。这些特点保证区块链的可靠性和透明度，为区块链创造信任奠定了基础。区块链的每一个链都是一个新增账本，然后连接到之前已有的账本上，这就形成了一个不可篡改的账本记录，这个账本存储在整个区块链中被授信的节点里，每个节点都可以复制并保存一个分类账，且每个节点都可以独立更新——这种分布式记账技术解决了信任问题，减少了对银行、政府等中心机构的依赖，也解决了消费者权益、财务诚信和交易速度等问题。根据赋值方式的不同，私人数字货币可以划分为两类：一类是基于区块链的原生代币，又称加密币(cryptocurrency)，通常使用密码学原理来确保交易安全及控制交易单位，以比特币为代表；另一类是在区块链上发行运营，但与链外资产或法定货币挂钩，价格不会在短时间内大涨大跌，具有稳定价值的加密数字货币，又称稳定币(stablecoins)，以 Facebook 发行的天秤币为代表。

第二大类的数字货币是央行数字货币(CBDC)，它是由国家货币机构(通常是中央银

---

① 中国社会科学院工业经济研究所未来产业研究组.影响未来的新科技新产业[M].北京：中信出版集团，2017：29-39.

行)或者国家货币机构授权的机构所发行的数字货币,也称法定数字货币。一般来说,央行数字货币一般承担以下三种职能:一是电子货币,即作为现金和银行存款的补充,主要发挥交易媒介的作用,在此情况下,央行保持数字货币与现金和银行存款间的平价和自由兑换;二是作为通用储备货币取代现金发挥价值储存的作用,在此情况下,央行一般会保持数字货币和银行存款之间的平价,但不是自由兑换;三是充当主权账户货币和记账单位,在此情况下,央行承担了在经济中创造和发行货币的唯一责任。根据发行对象的不同,CBDC可分为批发型CBDC和零售型CBDC:批发型CBDC只在特定范围内面向少数大型金融机构发放;零售型CBDC则是针对普通居民和企业部门发行,应用场景更加广泛。表11-1总结对比了传统法定货币、私人数字货币和央行数字货币的多维区别与差异。

表11-1 私人数字货币和央行数字货币的对比[①]

特征	法定货币	比特币	Libra	央行数字货币
匿名性	匿名	匿名账号、交易信息公开	匿名或实名	可控匿名
信用背书	国家信用	无	一揽子储备资产	国家信用
潜在发行量	可变	算法自身容量(2100万)	可变	可变
价值波动	稳定	极其不稳定	稳定	稳定
发行	央行发行	"挖矿"	Facebook发行	央行发行
管理模式	中心化	去中心化	中心化发行去中心化使用	中心化
流通范围	取决于该国货币在世界和网络的认可程度	全球互联网	全球互联网	取决于该国法币在世界和网络的认可程度
技术架构	不使用区块链	完全区块链	完全区块链	部分区块链

问题讨论

(1)请说明电子货币、虚拟货币和数字货币的差异。

(2)你看好私人数字货币的发展前景吗?

(3)与私人数字货币相比,央行数字货币具有哪些优势和不足?

理论提示

货币的基本职能

---

① 孙毅.数字经济学[M].北京:机械工业出版社,2021:207-214.

（四）数字人民币的发展及其金融维度的影响

案例内容

为了顺应全球数字经济发展浪潮,中国人民银行从 2014 年开始就对数字货币开展研究。2015 年,中国人民银行对央行数字货币发行的业务运行框架、关键技术、发行流通环境、法律制度问题、对经济金融总体影响、法定数字货币与私人数字货币关系以及国际上数字货币发行实践与经验等进行了深入探讨和研究,并发表了一系列研究成果。2016年,中国人民银行正式成立数字货币研究所,举行数字货币研讨会,提出尽快推出数字人民币。2017 年中国人民银行正式启动数字人民币(digital currency/ electronic payment,DC/EP)项目。DC/EP 本质上是一个包含人民币数字化更广泛的数字金融基础设施,其中的支付产品称之为数字人民币(e-CNY)。2019 年 8 月,中国人民银行对外公布了数字人民币研究和发行准备情况,并进行封闭测试。2020 年以来,数字人民币陆续在深圳、苏州、雄安、成都和冬奥会开展场景启动试点和测试工作。2020 年 8 月,商务部发布《关于印发全面深化服务贸易创新发展试点总体方案的通知》,明确提出在京津冀、长三角、粤港澳大湾区及中西部具备条件地区开展数字人民币试点。同时,中国人民银行公开发布《中华人民共和国中国人民银行法(修订草案征求意见稿)》,在法律上明确规定人民币包括实物形式与数字形式,进一步为数字人民币的正式发行奠定法律基础。2021 年,数字人民币试点范围进一步扩大,北京、长沙等地区陆续开展了对数字人民币应用场景的测试和试验。十三届全国人大四次会议表决通过《中华人民共和国国民经济和社会发展第十四个五年规划和 2035 年远景目标纲要》,其中明确提出"稳妥推进数字货币的研发"。这意味着数字人民币的推进已成为当今新发展格局下推动我国经济社会高质量发展、实现国内国际双循环互促局面的战略着眼点。截至 2021 年 10 月 22 日,中国数字人民币试点场景已超过 350 万个,累计开设试点场景 1.4 亿个,数字人民币累计交易金额接近 620 亿元,进一步完善数字人民币生态体系,涉及场景包括公用事业、餐饮服务、交通出行、零售商超、证券及政府服务等领域。当下,数字人民币发行和落地工作正在加速推进。[①]

案例分析

根据中国人民银行副行长范一飞 2020 年 9 月在《金融时报》上发表的《关于数字人民币 M_0 定位的政策含义分析》一文的权威解释,数字人民币是由中国人民银行发行的数字

---

① 黄国平.数字人民币发展的动因、机遇与挑战[J].新疆师范大学学报(哲学社会科学版),2022(1):55-63.

形式的法定货币,由指定商业银行参与运营并向公众兑换,以广义账户体系为基础,支持银行账户松耦合功能,与纸钞和硬币等价,具有价值特征和法偿性,支持可控匿名。在这一框架下,中国央行数字货币的主要特点体现在以下方面:一是,采用中心化管理的双层运营体系。上层是央行对商业银行,下层是商业银行对公众;发行时,央行按照100％准备金制将数字人民币兑换给商业银行,再由商业银行将数字人民币兑换给公众。中国人民银行不直接面对公众,而是依靠商业银行或其他商业机构为公众提供直接服务。二是,主要定位于流通中的现金(M_0)。当前现金使用率呈下降趋势,但绝对数仍在增长;利用新技术对M_0进行数字化,对现在电子支付体系形成补充,衍生出不同于电子支付工具的新功能,从而为数字经济发展提供通用性的基础货币。三是,支持有限度的可控匿名交易。现实中,现钞交易由于其匿名性存在非法交易风险,而公众也存在一定的匿名支付和交易的合理需求。有限度的可控匿名设计是央行强化货币监管与保护个人隐私的平衡举措,可以实现在一定条件下的可追溯,以增强数字人民币资金的安全性。四是,不计付利息。央行将数字人民币定位为流通中的现金,是对M_0的替代,因此不对其计付利息;这一特征决定了其主要功能是定位于小额、高频的交易支付工具,不适于价值贮藏,有助于规避金融脱媒。五是,支持双离线直接支付交易。这一功能为在网络信号临时断开的场景或者偏远地区暂时没有网络信号的场景下交易提供了便利,它使整个数字人民币与实物货币的特性更加贴近。

虽然全球多国已开展数字货币的推进工作,但除少数国家试点外,鉴于其存在技术、经济、金融和贸易等多维度的风险和挑战,至今未见主要经济体央行发行数字货币投入使用。其在金融层面的影响,成为各国央行是否发行数字货币的首要考虑。一是支付层面的双重影响。央行数字货币可以实现类似现金的点对点的即时支付功能,又具备其自身优点,如发行、持有和流通的成本低,具有更好的支付普适性和泛性,便于记录货币转移和买卖交易,防止反洗钱和打击恐怖主义融资等;但其记录的全程性和透明性,很容易引起民众对持有人和交易隐私的担忧,这将大大降低其相对于具有去中心化和隐私保护特征的私人数字货币的竞争力;同时,还与第三方支付模式形成直接竞争关系,甚至可能颠覆第三方支付的业务模式。二是政策层面的双重影响。央行数字货币点对点的支付形式,将使财政政策和货币政策传导得更加精准有效。例如,针对低收入者和中小企业救助款,可以迅速直接地发放到特定群体的电子钱包,达到支持中小企业、保民生和刺激消费等目的。从发行规模上看,央行数字货币等同于现在货币的增量发行,其对宏观经济政策的影响均与此相关;如果其是替代现有货币(M_0)的发行,则对其引入并不会增加货币供应量。当前,除瑞典外,几乎所有国家央行都不准备发行计息的数字货币。整体来看,引入央行数字货币将使货币政策更加敏感,传导更快捷、及时。三是金融系统层面的双重影响。数字技术不依托物理网点,交易更加灵活便捷,有助于提高金融服务的包容性,为普惠金融发展提供支持,增强传统金融基础设施薄弱地区的金融服务覆盖面和便利性,有利于降低金融服务交易成本,使更多低收入群体享受金融服务。央行数字货币对商业银行和金融稳定性也存在一定冲击,它的引入可能导致对传统商业银行的去中介化。此外,央行数字货币的匿名性，很容易使央行和央行数字货币的持有者成为网络攻击的目标，对网络安全造成挑战。[①]

问题讨论

（1）数字人民币的发行是否会改变中国货币供给的结构？

（2）未来央行数字货币的发行对技术创新、经济发展和国际贸易也存在诸多影响，请试谈谈你自己的预测与理解。

理论提示

（1）货币供给层次理论

（2）宏观货币政策影响经济的机制

（五）央行数字货币的传导机制

案例内容

自 2008 年美国引发全球金融危机以来，国际社会对美元霸权的不满和不信任情绪上升。美元作为全球最主要储备货币，美国在发行和进行国际贸易清算方面占据绝对优势。美元霸权的支柱是拥有覆盖全球的美元结算支付网络——纽约清算所银行同业支付系统（Clearing House Interbank Payment System，CHIPS）和环球同业银行金融电讯协会（Society for Worldwide Interbank Financial Telecommunications，SWIFT）。一旦出现全球经济危机和金融动荡，美国则可以借助美元霸权将经济损失转嫁他国。不少国家，包括中国在内，都希望减少对美元的单极依赖，因此，许多国家逐步开始减少美元储备，着手建立本币国际结算体系。2021 年初，全球央行数字货币（DCEP）的布局之路越来越清晰，新冠疫情推动下的新兴经济体变革正在成为趋势。不止中国，国门之外，还有越来越多的国家正在热情地拥抱这一变革：俄罗斯预计将于明年正式启动数字卢布的首批试点；巴哈马也宣布将成为全球首批正式启动央行数字货币的国家之一；欧洲中央银行则表示今年会启动数字欧元的审议程序，但真正落地至少需要五年时间；还有包括日本、加拿大在内的发达国家也将陆续开始研发数字货币。国际清算银行发布报告称，数字货币是各国中央银行应当考虑的变革性工具，但近期内，数字货币充当法定货币依旧存在太大的风险。欧洲中央银行的董事会成员伯努瓦·科尔（Benoit Coeure）表示，"央行若发行通用数字货币，将变革资金供应方式以及金融系统里中央银行的角色。其中存在着未知的变数"。[②] 那么，央行发行数字货币，是否会导致一国货币政策的传导机制发生变化？

---

① 　彭绪庶.央行数字货币的双重影响与数字人民币发行策略[J].经济纵横，2020（12）：77-84.

② 　汪婉.世界各国抢占研发央行数字货币先机［EB/OL］.（2020-08-18）［2022-01-18］. https://www.fx361.com/page/2020/0815/6954169.shtml.

案例分析

数字货币的产生及发展对一国的金融系统将产生巨大的影响,其中尤为重要的影响就是数字货币的发行对一国中央银行货币政策的影响。因此,研究央行数字货币的发行对货币政策的影响机制是非常重要的。央行制定货币政策后,从政策的实施到政策发挥作用必须经历一系列传导过程。货币传导机制描述的是货币政策影响经济变量的这一过程,具体是指中央银行根据货币政策目标,运用货币政策工具,通过金融机构的经营活动和金融市场传导至企业、居民,对其生产、投资和消费等行为产生影响的过程。在宏观经济分析中,传统的货币政策传导机制主要包括利率传导机制、信贷传导机制、汇率传导机制、财富传导机制、资产传导机制(托宾 q 理论)、预期传导机制,其中最为主要的传导效应是利率传导机制和信贷传导机制。利率传导机制是本章的重点内容,在此主要从利率传导机制角度尝试分析央行数字货币的引入将如何影响货币政策的传导机制,进而影响实体经济。

在利率传导机制方面,通过央行数字货币(CBDC)供给 M 的增减影响利率 r(主要是债券利率),利率的变化则通过资本边际收益的影响使投资以乘数方式增减,而投资的变化将进一步影响总收入 Y。用符号可表示为:

$$\text{CBDC}\uparrow - M\uparrow - r\downarrow - I\uparrow - Y\uparrow$$

在这个传导机制中,发挥关键作用的是利率:CBDC 供应量的调整首先影响利率的升降,通过利率这个中介变量,使投资乃至总支出发生变化。如果考虑货币市场与产品市场后续的相互作用,可以进行一般均衡分析,其传导机制如下:

第一,假定 CBDC 供给增加,当产出水平不变时,利率会相应下降,下降的利率会刺激投资,并引起总支出的增加,总需求的增加又推动产出上升——这就是货币市场对产品市场的作用。

第二,产出和收入的增加,将引起货币需求的增加,如果央行没有增加新的货币供给(包括 CBDC),则货币供求的对比会导致下降的利率回升。这是产品市场对货币市场的作用。

第三,利率回升,又会使投资下降,进而总需求减少,产量下降,而产量下降又会导致货币需求下降,利率又会回落。

第四,货币市场和产品市场往复不断的相互作用,最终会逼近一个均衡点,这个点同时满足货币市场和商品市场两方面的供求均衡要求。相较原先的均衡点,新均衡点利率较低,而产出水平较高。

总之,利率是联系货币市场和产品市场的中间变量,其传导机制较为间接,传导效果取决于三个参数的影响:①货币需求的利率系数 h,它决定了货币供给的变动能在多大程度上影响利率;②私人投资对利率的敏感性 d,它决定了利率的变动对私人投资的影响程度;③投资乘数 k_i,它决定了私人投资的变动能够在多大程度上影响国民收入。

当 CBDC 具有生息性时,CBDC 的引入将更显著影响货币政策传导机制。目前,中国人民银行发布的数字人民币(e-CNY)坚持 M_0 定位,不计付利息,以降低与商业银行存款的竞争。数字人民币的投放方式与实物人民币一致,采用双层运营体系且由商业银行承担向公众兑换的职能,等同于人民币现钞或者硬币,属于金融体系基础货币的组成部分。当前,数字人民币转账、支付交易、与商业银行存款转换,以及数字人民币提取现金等均不收取手续费,社会公众可以自由将银行存款兑换为数字人民币,或者将数字人民币兑换成银行存款,这一系列操作均可能引起金融体系货币供应量的变动;如果这一变动规模过大,则可能对金融体系货币供应量形成冲击,通过利率的传导机制影响国家宏观经济政策及金融稳定。因此,央行数字货币,即使不计息,也属于高能货币的范畴。[1]

问题讨论

(1)试根据托宾 q 理论谈谈央行数字货币发行的资产传导机制。

(2)今后央行数字货币的发行落地是否会改变货币政策的作用机制? 谈谈您的观点。

理论提示

(1)IS-LM 模型

(2)货币供给层次理论

(3)宏观货币政策影响经济的机制

(六)数字货币的学术探讨:数字货币对国家货币政策的影响

案例内容

通过以上案例对数字货币的探讨,我们知道,相较于传统货币,数字货币具有发行主体多元、发行流通成本低廉、流通速度较快等比较优势。传统货币的发行权由国家掌握,以发行国的国家信用进行背书,再由中心机构(中央银行)集中发行。而数字货币的发行不追求权威性,发行主体是多元化的。在发行和流通成本上,数字货币的信任机制以非对称密码学为基础,使用者可以直接点对点进行可信任的价值交换,不需要通过中心机构,价值交换的摩擦成本基本为零。由于数字货币没有实物形态,也不会产生印刷、运输、损耗、销毁等费用。同时,数字货币非实物流通的特征,也使其流通变得更快,这将对国家货币政策产生一系列的影响。

当前,"数字货币对宏观经济的影响",正在成为数字经济研究领域热议的话题,有待全球数字货币实践的不断探索与学界研究的持续跟进。

---

[1]　孙毅.数字经济学[M].北京:机械工业出版社,2022:219-226.

案例分析

本章案例（五）仅是运用经典的 IS-LM 模型进行适应性分析。案例（六）分析节选数字资产研究院院长朱嘉明教授的《数字货币已经实现从边缘到中心的历史性转型》一文[①]的部分内容，对"数字货币对国家货币政策的影响"话题进行探讨。传统的货币政策主要基于传统货币经济结构发挥作用，而数字货币的出现可能直接影响传统货币政策传导机制。

（1）利率。数字货币推动零利率、负利率时代的到来。2008 年世界金融危机后，在世界范围内出现利率趋于零的趋势。目前，全世界利率都在下降。美国还维持一定的正利率，欧盟特别是北欧国家早已零利率、负利率，日本也是如此。在亚太地区，2019 年 10 月31 日，汇丰银行美元存款利率从 0.1% 下调到 0.001%，揭开了亚太地区利率零时代的序幕。如果数字货币全面进入现实经济活动，传统货币主权体系解构，会加剧零利率，甚至负利率趋势。因为，理论上的数字货币供给可以无限大，原来可以成为资本的货币资源成本趋零，导致未来资本不再稀缺，原来经典意义的资本有可能走向消亡，其后果是：政府主导的公共投资、公共消费和公共品的扩张；资产价格上涨；科技成为吸纳货币的黑洞。从理论上看，货币需求和数字货币结合，严重干扰了利率与货币需求的函数关系，过去所谓的货币需求是"利率的函数"理论，将不再成立。

（2）"流动性陷阱"。数字货币自然超越所谓的"流动性陷阱"。相较于法定货币，去中心化数字货币和机构数字货币功能单一、种类繁多，难以与法定货币的"利率"挂钩，所以，几乎不存在对任何单一数字货币的无限大需求弹性。加之，数字货币具有天然的透明性，难以转换为"投机性"货币需求；因此，不存在"流动性偏好"，有助于跨越"流动性陷阱"。

（3）IS-LM 模型。数字货币最终导致 IS-LM 模型失灵。根据具有经典意义的 IS-LM 模型，IS 和 LM 曲线的交点是产品市场和货币市场两者达到一般均衡的标志。英国经济学家希克斯在 1938 年，基于凯恩斯主义经济学，提出了 IS-LL 模型，天才地将货币经济和实体经济连接在一起。1949 年，美国经济学家汉森将希克斯的 IS-LL 模型改成 IS-LM 模型。IS 讲的储蓄和投资的关系，LM 讲的是货币偏好和货币供给的关系。不论是 IS，还是 LM 最终都受制约于利率，其模型的核心是利率。如今，距离 1938 年过去了 80 余年，距离 1949 年过去了 70 余年，不论货币理论、实体经济，还是它们之间的关系都已经大为不同。尤其是数字货币对传统货币体系和宏观经济的渗透，打乱了传统的利率和投资，以及货币需求和货币供给之间的逻辑关系，不论是 IS 曲线，还是 LM 曲线的内涵都被改变，价值利率作用衰落，IS-LM 模型所描述的货币市场与商品产出及服务市场的均衡难以存在，进而导致 IS-LM 模型失灵，也就会使得以利率作为调节工具的传统货币政策失灵。所以，传统货币政策需要改变和调整。

---

① 朱嘉明.数字货币已经实现从边缘到中心的历史性转型[EB/OL].（2021-01-20）[2022-02-18].https://www.sohu.com/a/444406312_100217347.

在现阶段,数字货币对宏观经济的影响,主要表现为对传统法币框架下的货币数量和结构的改变。因为这种改变,货币当局不能通过传统的货币政策有效地影响和实现货币需求与供给的平衡。伴随着数字货币的成熟,传统货币市场和资本市场将被解构。

问题讨论

(1)IS-LM 模型所适用的理论前提是什么?

(2)简述朱嘉明教授关于"数字货币推动零利率、负利率时代到来"观点的理论逻辑。

(3)在 2020 年金融街论坛年会期间,中金公司首席经济学家彭文生认为,当前阶段我国央行数字货币主要用于替代现金,是作为一个电子支付手段,它对经济影响非常有限。相较于朱嘉明教授的观点,你更认同谁的观点? 为什么?

理论提示

(1)IS-LM 模型

(2)凯恩斯的利率理论

(3)宏观货币政策影响经济的机制

第十二章　短期经济波动模型：
总需求—总供给分析

一、基本原理与数字经济时代的适用性

（一）基本原理

本章分析总供给与总需求相互作用。AD-AS 模型是在 IS-LM 模型的基础上引入物价因素和劳动力市场均衡，建立了商品市场、货币市场和劳动力市场均衡，是分析总需求和总供给政策的重要模型。价格水平影响总供给与总需求，反过来，总供给与总需求的相互作用也影响价格水平，即说明货币和价格和国民收入间的关系。当总供给与总需求相等时，国民收入和价格水平都处于均衡状态。总需求和总供给理论认为：在长期中，价格能自动调整的，总供给决定国民收入（古典经济学观点）；但在短期中，价格是不便调整的，因此总需求的变动也会影响收入（凯恩斯经济观点）。

在 IS-LM 模型中，价格水平被看成是外生变量，是既定不变的，在这一章要明确考虑价格水平在国民收入决定中起到的作用。一方面，价格水平影响总供给和总需求；另一方面，总供给和总需求的相互作用也影响价格水平。通过 IS-LM 曲线可以推导出总需求和总供给曲线。

1.影响总需求的各种力量

主要包括价格水平和价格以外的财政政策和货币政策等。价格主要通过三个途径影响总需求。首先，它会导致人们持有的实际货币资产偏离合意水平，促使人们改变名义货币资产持有量以应对价格的变化，恢复原有的合意的实际货币资产持有量。其次，它会影响人们拥有各类资产的购买力，从而改变人们持有的实际资产与消费之间的比例关系，使得这个比例偏离合意的水平。为了恢复合意的实际资产持有量，人们会调整对名义资产的持有量，从而影响到利率水平。最后，价格变化会影响到人们的纳税等级，从而影响到税收收入，进而影响到消费支出水平。因此，价格水平的变化会带来总需求的反向变化，总需求曲线是向右下方倾斜的。上述三个方面的影响都导致价格水平与总需求呈反方向

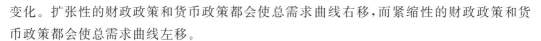

变化。扩张性的财政政策和货币政策都会使总需求曲线右移,而紧缩性的财政政策和货币政策都会使总需求曲线左移。

2.总供给的决定

影响总供给的因素除价格水平以外,还有技术进步、劳动生产率变化、劳动供给变化、资本积累等因素。价格水平影响总供给和总需求的机制不一样。价格水平通过影响实际工资水平影响就业,进而影响总产量。经济学家对价格水平如何影响总供给分为以下两派:

凯恩斯学派认为工资存在黏性,容易上,不容易下。当价格水平下降时,实际工资上升,进而劳动需求和劳动就业量会减少,导致总供给减少。当价格水平上升时分两种情况影响总供给,即经济达到充分就业状态和低于充分就业状态。如果经济未达到充分就业状态,则实际工资水平下降,导致企业雇佣量增加,总供给增加;如果经济已经达到充分就业状态,则名义工资会同幅度上升,实际工资不变,产量不发生变化,这时总供给曲线是垂直的。综上,凯恩斯总供给曲线由两部分组成,水平的和垂直的。

古典学派认为实际工资是劳动力供需决定的,是价格水平不能影响的。市场机制是完善的,名义工资可以得到充分调节,以保证实际工资发生的变化能使劳动供给和需求相等,此时就是充分就业,即物价水平只会影响名义工资不会影响实际工资。因此,古典学派的总供给曲线是一条垂线。

3.外在冲击对宏观经济的影响

主要分为两点:其一是对总需求扰动和冲击的反应;其二是对总供给扰动和冲击的反应。在凯恩斯主义看来,总供给曲线是水平的,只要有需求,就能增加产量,即财政政策有效,货币政策无效。在古典学派看来,总供给曲线是垂直的,因此无论总需求如何变化,对产量和就业没有影响,即货币政策有效,财政政策无效。

（二）数字经济时代的适用性

数字经济时代,由于产业数字化和数字产业化的影响,以及数字货币的存在,使得价格对国民收入的影响较低。总需求管理政策是政府进行逆周期调节、抚平宏观经济波动、保障国民经济稳定运行的重要宏观经济政策。当经济不景气时,决策部门可以通过扩张性的宏观政策来刺激经济;当经济过热时,决策部门则可以实施紧缩性的宏观政策给经济降温。货币政策与财政政策是总需求管理的两大手段,就货币政策而言,中央银行可以通过设定数量型或价格型的中介目标,来调节企业或居民部门用于投资和消费的资金可获得性,以实现对居民消费需求和企业投资意愿的管理;就财政政策而言,政府部门可以通过调节财政支出和税收等,直接或间接地影响全社会的投资和消费需求。尽管货币政策与财政政策的政策工具和内容有所不同,但本质上二者属于总需求管理的一体两面,都是通过影响总需求曲线,使之与总供给曲线相匹配以达到新的宏观经济均衡,从而实现对宏观经济的干预和调节。因此,总需求管理政策的调控效率取决于运用政策工具实现既定目标的经济效果,而这一效果的实现往往会受到市场摩擦、政策协调程度、政策精准性程度、宏观环境不确定性等多方面因素的影响。

数字经济一方面激发了市场活力、释放了市场动能,另一方面也促使人们的经济行为以及经济社会的运行方式发生数字化革新,进而不断改变宏观调控政策工具箱的内容以及政策工具的实施环境。例如,数字技术的发展将有助于降低成本调整厂商的价格,同时数字交易平台规模的扩大会增加线上部门的相对比重,进而导致经济整体价格黏性的下降。又如,数字经济的发展将不断促进支付手段和金融市场的数字化革新,进而可能会对居民的资产选择和货币需求、通货存款比、银行信贷和货币创造过程以及金融市场摩擦等方面都产生较大的影响,这些因素也可能会对总需求管理政策的传导产生影响。

数字经济发展对总需求管理政策调控效率的影响机制主要归纳为五个渠道——价格黏性渠道、通货存款比渠道、金融摩擦渠道、政策精准性与政策时滞渠道、中介目标可测性和可控性渠道。[①]

二、案例分析

(一)"东数西算"能拉动多少总需求?

案例内容

近年来,受益于移动互联网的快速发展和新基建、数字经济等国家战略的密集部署,我国数据中心快速发展,2015 年我国数据中心市场规模仅为 519 亿元,到 2020 年增至 1958 亿元,年复合增长率达到 31.8%,预计到 2027 年,中国数据库市场总规模将达到 1286.8 亿元。未来,随着新基建政策的逐渐落地、互联网及云计算大客户需求的不断扩张,数据中心行业将实现高速增长,预计到 2025 年,我国数据中心市场规模达到 5952 亿元,发展前景广阔。

目前,我国数据中心大多分布在东部地区,由于土地能源日趋紧张,在东部大规模发展数据中心难以为继,而我国西部地区能源充裕,特别是可再生能源,具备发展数据中心、承接东部算力需求的潜力。

工信部发布的《全国数据中心应用发展指引(2018)》对全国主要城市和地区 DC 机架

---

① 刘凯,郭明旭,张兆洋,等.数字经济发展对总序求管理政策的影响渠道及其启示[N].经济观察报,2022-12-13.

供需情况进行了测算。测算结果表明,北上广深等一线城市均存在明显的供不应求,平均缺口率达到 25％。而中西部地区存在一定的产能过剩。其中,西部最为明显,供给超出需求 15％ 以上。

国家发改委联合多部门印发文件,同意在京津冀、长三角、粤港澳大湾区、成渝、内蒙古、贵州、甘肃、宁夏等 8 地启动建设国家算力枢纽节点,并规划了 10 个国家数据中心集群。至此,"东数西算"工程正式全面启动。权威人士指出,"东数西算"工程数据中心产业链条长、投资规模大、带动效应强。通过建设算力枢纽和数据中心集群,将有力带动产业上下游投资,预计启动后将每年拉动 4000 亿元人民币的投资。此前,我国已经陆续出台多项政策,统筹规划数据中心集约化、规模化、绿色化发展。作为新基建代表,数据中心产业链条长、覆盖范围广、带动效应强,有望充分受益"东数西算"工程进一步推进。

"东数西算"工程为何展开?"东数"如何"西算"?"东数西算"工程将为哪些行业带来红利?[①]

案例分析

由于我国西部地区资源丰富,但数据中心需求不高,供给过剩;而东部地区数据中心需求旺盛,但供给受资源和能源限制,供不应求。在算力需求激增的当下,向西挺进成为数据中心发展的必然趋势。"东数西算"可以逐步改善我国数据中心供需失衡的问题,促进算力的全国性调度使用,实现资源平衡,有助于培育我国超大规模数据要素市场。国家发展改革委高技术司副司长孙伟表示,"东数西算"工程的实施将促进数据中心的合理布局、供需优化、绿色集约化和互联互通,有利于推动绿色发展,就近消纳西部绿色能源,持续优化数据中心能效。

当前,数字经济发展速度之快、辐射范围之广、影响程度之深前所未有,正在成为重组全球要素资源、重塑全球经济结构、改变全球竞争格局的关键力量。实施"东数西算"工程,整合优化全国算力资源,推动算力需求与区域优势互补与匹配,加快推动算力建设,将有效激发数据要素创新活力,加速数字产业化和产业数字化进程,支撑经济高质量发展,为我国数字经济发展打造新优势。

实施"东数西算"工程,既是适应数字经济发展的必然要求,也是推动区域协调发展、实现"双碳"目标的重要举措,将有力带动产业链上下游投资,给各类市场主体带来利好。算力需求的不断释放以及算力水平进一步提升,将有助于降低云上用数成本,加快工业互联网、远程医疗、虚拟现实、人工智能等的应用和落地,给企业创新发展、加快数字化转型提供坚实基础,进而激发各类新技术、新产业、新业态、新模式涌现,促进经济社会发展质量变革、效率提升。当数据中心向西部地区集聚之时,数字经济产业在西部地区便有了萌芽乃至发展壮大的可能。

---

①　曹方,张鹏,何颖.构建"东数西算"网络创新体系推动数字经济发展[J].科技中国,2022(7):5-8.

"东数西算"的实施,带来的价值不仅仅是各大科技公司的降本增效,而是全社会效率的提升。"东数西算"节约了电费、土地成本、算力成本,却又提升、统筹、优化了算力资源,一举多得,自然降低了方方面面的运营成本,必然提升广大市场主体的投资创业积极性,进而提升社会效率、提升总需求。实施"东数西算"工程,对于推动数据中心合理布局、优化供需、绿色集约和互联互通,具有多方面意义:一是有利于提升国家整体算力水平;二是有利于促进绿色发展;三是有利于扩大有效投资,数据中心产业链条长、投资规模大,带动效应强;四是有利于推动区域协调发展。

问题讨论

(1)开启"东数西算"工程的原因是什么?

(2)"东数"如何"西算"?"东数西算"工程将为哪些行业带来红利?

(3)实施"东数西算"工程对社会总需求和总供给有什么作用?

理论提示

(1)总需求决定原理

(2)总需求的构成

(二)直播电商激活社会经济总需求和总供给

案例内容

中国直播电商于 2016 年起步,淘宝直播和京东直播都是在 2016 年 5 月上线。经过 3 年的发展,中国的直播电商的规模在 2019 年爆发,标志性事件是 2019 年"双十一"李佳琦直播间创下 10 亿元的销售纪录,当年的直播电商总规模达到了 4338 亿元。2019 年也被称为中国的直播电商元年。两年后,也就是 2021 年,这个数字又涨了约 2 倍,达到 1.2 万亿元人民币。2022 年重点监测电商平台累计直播场次超 1.2 亿场,累计观看超 1.1 万亿人次,直播商品超 9500 万个,活跃主播近 110 万人;而 2020 年,重点监测电商平台累计直播场次 2400 万场,两年的时间里,电商直播场次翻了 5 倍。有市场调研机构预计,2022 年中国直播电商总规模将再翻一倍,达到 2.4 万亿元人民币,约占中国电商总规模的 15%;而据淘宝直播此前发布的《2022 直播电商白皮书》,预计 2022 年全网直播电商 GMV 能够达到 3.5 万亿元左右,占总电商零售额的 23%。可见,在新冠疫情背景下,2020—2022 年是网络直播快速崛起时期,直播电商为经济复苏注入新动能,促进了经济社会的可持续发展。那么,为什么说直播电商是当前中国经济发展的新动能呢?其理论的依据在哪里?

案例分析

当前,"直播＋"成为"互联网＋"竞技的新赛道,是超越传统图文网店销售的。传统的图文网店销售存在两大痛点:一是信息不对称问题,虽然图文电商也有图片展示和产品信息介绍,可以大大提高标准化产品的交易效率,但对非标准化的产品或服务,仍然存在信息不对称难题,如古玩文物、课程讲授等特色化的服务或个性化的产品,在线图文展示则效率不高,不能详尽展示全部产品或服务的细节。二是缺乏即时体验的氛围,直播视频化的互动与传统平面化的展示相比,内容形式更吸引人,更能延长用户的停留时间。信息不对称是现实消费中的一个痛点问题,一方面,直播经济通过减少消费者信息不对称,拓展了消费空间;另一方面,直播带货的主播以个人声誉和品牌为产品背书,可以提高产品知名度和美誉度,而当产品出现问题时主播也要作为责任人进行道歉、赔偿,这种责任绑定是传统电商时代所不具备的。直播电商还可以用现场即时真实的体验激活需求侧的沉默人群。社会总需求侧有很多人有非常强大的需求消费能力,但是他们由于信息不对称而不敢消费,或是由于缺乏体验氛围而不愿消费。直播提供了一个激活的利器,以真实的体验激活他们沉默的需求。前台、中台、后台都是有助于真实的体验,进而打破这样一个沉默结构,促进需求侧、供给侧的连接。具体而言,前台以视觉经济为突破口,通过更加真实的情感体验,将互联网"虚拟世界"与线下"实体经济"连接起来;众多主播充分发挥独特的人力资本,其商品话术和情感劳动使得屏幕上的产品拥有了高度场景化,具备了体验性,有助于促进供需之间的连接。中台是直播电商对流量的优化,直播电商通过"号"运营、"精"技艺、"活"场景等充分发挥了平台的创造力、优化力、链接力,展现了互助价值理念。后台囊括了生产厂家、全国各地销售商、短视频和直播的内容创作者,覆盖产业链条中从生产到销售的产业体系,日渐专业化的内容生产和"视联网"的生态形塑,正在急速拓展应用场景和适用范围。

这里以直播拍卖为例进行说明。直播拍卖的前身是线上拍卖。相比于传统的拍卖所,线上拍卖打破了地域限制,同时提高了透明度,可以让更多人在线了解拍卖品的基本情况。但线上拍卖也有短板,最突出的有两点:一是质量难以保证,二是缺少竞拍氛围。现在在线拍卖平台正在加大对鉴定的投入,比如阿里拍卖与权威检测机构合作,在手表类目上试点"极速正品"项目。手表要先入仓鉴定才能上拍,检测机构不但要检测是不是假货,还要参照现有的标准对手表成色进行定义。检测完成后,再多角度拍照,展示货品的细节和瑕疵点。用户在收货的时候,会收到一份纸质的鉴定报告,上面有一个二维码,可以扫码溯源。在解决拍品质量风险的基础上,平台就用直播营造竞拍氛围。国内最大的文玩竞拍平台——微拍堂,就是通过"直播拍卖＋免费鉴宝"的模式,营造在线竞拍氛围。在直播拍卖中,主播会全方位展示文玩的细节,评论区怎么说就怎么看。主播也会讲解拍品的特点、市场行情或者背后的历史故事,而评论区也时不时会出现更懂行的人,提出各种刁钻的问题,俨然成为文玩学术研讨会。在这个过程中,直播间的人可以实时出价竞拍。这种实时展示、实时互动、实时出价,既会营造出既有趣又紧张的氛围,又可激发拍者情绪消费的热情,这种魅力是在线图文拍卖比不了的。可见,在直播和短视频中,消费者不仅可以更细致地了解产品特征,还可以跟主播实时互动,有效缩短了消费者与商家、消费者与消费者之间的反馈及沟通链路,成为一种新社交、一种新的情感体验方式。

如果说传统电商大大提高了标准品的交易效率,那么直播电商则大大提高了非标准品的交易效率。在中国社会从 4G 向 5G 跨越的过程中,低延时、高带宽通信技术使网络直播快速崛起,也推动了中国个体经济的繁荣发展。抖音降低就业创业门槛,惠及广泛的个人创作者和中小企业,2019 年 8 月至 2020 年 8 月,带动就业机会 3617 万个;与此同时,直播平台不仅创造头部大号,更推动万众创业,赋能中小企业和弱势群体,给予商户特定的指引与服务,指导商户选品、呈现与销售。在平台直播的赋能下,个人发挥自身独特的技术优势开展创新创业,诞生了如直播带课、直播拍卖、直播相亲、直播带岗等众多"非标准品"的供给。在对非标准品的交易撮合上,直播电商比传统电商更有优势。可见,直播电商不仅通过破解传统图文电商的痛点,极大地增加了社会总需求,也在有效扩大了社会总供给,促进社会总需求和总供给的链接,促进双循环的发展,也促进虚拟经济和实体经济的融合,成为当前中国经济发展的新兴动能。[①]

问题讨论

(1)除直播带货、直播带课、直播拍卖、直播相亲和直播带岗外,还有哪些直播新业态?它们解决了传统交易的什么痛点问题?

(2)有观点认为,"直播正在成为其他行业的通用解决方案,甚至是新的基础设施",你是否认同?

理论提示

(1)总需求—总供给模型

(2)信息不对称

(3)体验经济

(三)价格黏性的下降会影响总需求管理政策的有效性吗?

案例内容

近十年来,我国社会总体价格的持续时间正在下降,行业和企业线上价格的调整频率有所提高。有学者从"一淘网"采集数据,对我国商品市场 2010—2013 年的名义价格黏性程度进行估算,发现我国总体价格的持续时间约为 2.7 个月,剔除在线促销的影响因素后增加至 3.4 个月;学者们测度了我国 2016—2019 年的整个 CPI 商品篮子的商品和服务的

---

① 郭倩.网络直播快速崛起,经济复苏注入新动能[N].经济参考报,2021-01-13.

价格黏性,通过中位数法、算术平均法以及加权平均法得到我国商品和服务市场的价格调整周期分别为 44 天、25 天和 47 天。对比前后两个区间段,可以发现,在数字经济快速发展的十年间,我国产品市场的整体价格黏性呈显著下降趋势。

学界还测算了西方国家线上零售部门的价格黏性,发现美国线上价格的调整频率为 1.1 个月至 3.2 个月(购物比价平台,2010 年 5 月—2012 年 2 月),英国线上价格的调整频率为 1.1 个月至 3.4 个月(购物比价平台,2010 年 5 月—2012 年 2 月),巴西线上价格的调整频率约为 1.5 个月(亿万价格项目,2007 年 10 月—2010 年 8 月)。对比 1999—2012 年以及 2013—2019 年两个时间段的价格调整频率,发现随着线上零售部门以及电商平台规模的扩大,西方国家的价格黏性也呈下降趋势,即随着数字技术与实体经济的融合不断加深,西方国家价格调整频率变得更高。

通过我国与西方国家的数据可以发现,市场的价格调整频率与数字经济发展规模存在着较强的相关性。那么,为什么数字经济的发展会导致社会整体价格黏性水平的下降?这是否会影响到传统凯恩斯主义总需求管理政策的有效性呢?

案例分析

数字经济发展导致社会整体价格黏性水平下降,其原因主要有三。第一,相较于线上平台,商场、农贸市场、超市和商铺等传统线下交易的市场场景,往往具有较高的菜单成本,价格变化存在显著的信息传递障碍。原因在于线下厂商改变价格,需要重新印刷产品价格表从而将引起一定的开支和费用,且厂商面对的线下客户(消费者)数量有限,菜单价目变动过多也会引起客户的不快,从而给厂商带来一些不利之处;而线上交易面对广大的消费者群,所依托的大数据、云计算等数字技术,可以使价格调整的成本降到极低,可以随时动态调整价格,社会整体价格黏性出现下降趋势。第二,随着数字经济的不断发展以及线上销售平台规模的扩大,数字化进程从产品市场深入到要素市场,不仅扩大了销售市场,也扩大了采购市场,并通过在线分销渠道拓展了社会分销网络。因此,销售平台的数字化具有一定的加速效应和渗透效应,使可以自由调整价格的线上部门数量迅速上升,市场价格黏性不断下降。第三,即使经济体中仍存在一些价格黏性较高的线下实体部门,但随着社会经济数字化转型的不断加快,同一行业线上部门的价格调整往往可以带动线下部门的价格调整,使得线上线下价格调整的协同性在增强,经济体整体的价格黏性会发生进一步下降。

价格黏性是凯恩斯主义宏观经济调控的微观基础,因此价格黏性的变化势必影响到总需求管理政策的有效性。如图 12-1 所示,价格黏性的下降将使企业生产的调整滞后于社会价格水平的变化,这意味着社会总供给曲线将变得更加陡峭(从 AS_1 变为 AS_2),而依托于名义刚性的总需求管理政策对于经济的刺激效果会明显减弱,即总需求增加(从 AD_1 平移至 AD_2),对均衡产出水平的刺激有限($Y_1Y_3 < Y_1Y_2$)。当经济体的价格黏性不同时,同样力度的总需求管理政策产生的效果具有显著差别,价格黏性的下降会削弱总需

求管理政策的有效性,即价格黏性的下降意味着市场主体可以通过更加频繁调价来平滑宏观调控政策的冲击。

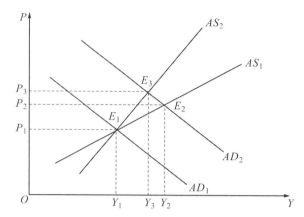

图 12-1 价格黏性下降削弱总需求管理政策的有效性

现实中,消费者往往根据当期可支配收入决定每期的消费,因此当扩张性的总需求管理政策通过带动总需求拉高了名义工资时,由于价格黏性的存在,实际工资也相应提高,从而增加了经验主义消费者的可支配收入,居民总消费可能伴随扩张性政策规模的上升而增加。而随着数字经济与电商平台的发展,社会整体价格黏性下降,因此名义工资与实际工资变动的协同性将增强,消费者不会感受到政策扩张所带来的可支配收入的增加,因此居民总消费的变动幅度会远低于货币政策与财政政策的扩张规模,传统的总需求管理政策的有效性受到削弱。[①]

问题讨论

(1)价格黏性在不同行业和部门之间是否存在差异?请举例说明。

(2)总需求管理政策调控是否要考虑部门和行业的差异?

(3)数字经济背景下,应该如何加强总需求管理政策的协调,以缓解因价格黏性减弱导致的政策调控效率下降的问题?

(4)除价格黏性外,还存在哪些数字经济对总需求管理政策的影响渠道?

理论提示

(1)总需求管理理论

(2)AD-AS 模型

(3)价格黏性

(4)菜单成本

---

① 郭明旭,刘凯,张兆洋,等.数字经济发展对总需求管理政策的影响渠道和启示[J].郑州大学学报(哲学社会科学版),2022(9):32-37,127.

（四）数字经济对推动供给侧结构性改革的作用

案例内容

从 2015 年底的中央经济工作会议提出"三去一降一补"的供给侧结构性改革以来，我国供给侧结构性改革持续稳步推进。在当前增长放缓、资源约束、产能过剩等发展瓶颈下，需求侧消费、投资和出口"三驾马车"对经济增长的拉动作用依旧乏力。供给侧和需求侧的结构性矛盾仍然是我国现阶段经济社会发展面临的主要问题。比如，产能严重过剩已成为我国产业转型升级的关键障碍。按照世界公认标准，产能利用率小于 75% 就是严重过剩。2015 年，我国粗钢产能利用率为 66.99%，铝产能利用率仅为 14.55%。严峻的产能过剩矛盾导致市场竞争更加激烈，企业盈利空间被大幅压缩，削弱了企业发展的动力，致使行业发展进入恶性循环。传统产业中钢铁、水泥、石油化工、家电行业等产品积压、产能过剩问题不仅没有得到根本解决，而且一些战略性新兴行业，如我国的光伏行业也出现了产能过剩的问题。同时，新兴产业创新能力薄弱，技术革新应用较慢，造成企业生产集中在产业链低端，比如碳纤维产业，由于技术工艺水平限制，目前我国只能生产低端的 T300 品级的碳纤维，T400 及以上级高端市场的碳纤维却依赖大量进口。

我国经济发展中出现的结构性矛盾，要求兼顾供给和需求，把改善供给结构作为主攻方向，实现由低水平供需平衡向高水平供需平衡跃升。近年来，伴随着大数据、云计算、物联网、移动互联网、人工智能等数字技术的快速发展，数字经济正在经历高速增长、快速创新，并广泛渗透到其他经济领域，深刻改变着世界经济的发展动力、发展方式，重塑社会治理格局。那么，数字经济对推动我国供需结构改革将发挥怎样的作用呢？[①]

案例分析

中国信通院数字经济报告显示，2021 年，我国数字经济规模达到 45.5 万亿元，较"十三五"初期扩张了一倍多，同比名义增长 16.2%，占 GDP 比重达 39.8%，较"十三五"初期提升了 9.6 个百分点，成为仅次于美国的第二大数字经济体，数字产业化发展迅猛，产业数字化深入推进，成为拉动我国经济增长的核心动力。运用数字经济提升有效供给能力，就是要充分发挥数字技术优势，利用数字技术改变传统产业的商业模式，推动业务流程重组、生产要素重组，进而推动传统产业的转型升级，提升供给能力，这具体体现在四个方面。第一，数字经济可以激发社会生产活力，推动传统产业提高生产效率。以互联网为代

---

① 汪明珠.数字经济助推供给侧结构性改革[J].信息通信技术与政策,2019(10):69-71.

表的数字技术具有实时实地、融合泛在的优势,数字经济创新成果与传统产业的深度融合,提升传统产业技术能力与协调能力,加速企业内部资源整合,实现企业个性化定制和柔性化生产,提升分工协作水平,提高劳动生产效率。第二,数字经济优化资源配置,助力传统产业化解供给过剩。数字技术具有实时连接的特性,能够有效缩短中间环节,打造扁平化的交易平台,打破盲目跟风的生产局面,解决供需关系等信息不对称,实现事前有效预防、事中科学引导、事后严格监管。同时,通过对传统企业内部及企业间生产数据的整合利用,能够有效指导企业的生产经营活动,提高资源和资产设备利用率。第三,数字经济虚拟化企业边界,促使传统产业降低供给成本。数字技术帮助传统企业打造用户聚合平台、多元社交平台,收集用户的个性化需求,实现精准市场定位,改变原有相对固化的生产线和生产体系,兼顾"个性化定制"与"规模化生产"的好处。第四,数字经济激励研发创新,带动新兴产业提高创新能力。以互联网为代表的新一代数字技术迅速崛起,大数据深刻改变了高端存储的发展方向,云计算极大拓展了高性能计算的发展模式,人工智能全面提升了传感感知的技术能力。应用数字化的先进技术,各种新模式、新业态不断涌现,新兴产业得以拓展市场,创新供给能力得到极大提升。

数字经济在提升有效供给的同时,还可以适度扩大总需求。首先,数字技术的发展,可以有效降低传统需求门槛,充分挖掘各领域长尾市场,使小规模、个性化的传统需求得以满足,为消费者和企业提供更细分、更专业、更便利的服务。例如,在金融服务方面,互联网金融的出现,充分挖掘小微客户理财市场,争取了属于二八定律里人数众多、额度较少、个性充分的80%的"长尾"市场。其次,数字经济引领技术变革,丰富新兴需求内容。数字经济的快速发展,实现了大众创业、万众创新,促使创意创新不断涌现,智慧城市、人工智能、绿色生态等新兴需求不断被释放,从产品、应用到服务蕴含着巨大的发展空间,满足人们更加多样化、个性化、便利化的需求,推动社会需求向数字化、网络化、智能化、精细化、高品质方向跃进。最后,数字经济深度融合创新,促进需求全面升级。数字技术与传统行业的深度融合,加快人工智能、云计算、大数据等技术的产业化进程,促进数字技术向生产领域拓展,满足企业个性化的生产需求。同时,数字技术的发展为消费者获取海量信息带来了更多的便利性,消费者逐渐变得更加积极主动,商业模式逐渐从过去的C2B转向C2M,助推社会经济快速向体验经济时代迈进,人们对定制化服务的需求越来越强烈。[①]

问题讨论

(1)我国的供给侧结构性改革理论与西方的供给管理理论有何不同?

(2)请列举企业案例说明数字经济如何推动中国供求结构改革。

(3)西方的AD-AS模型适合于数字经济背景下中国供求结构改革实践的分析吗?

---

① 林航,施雪如,陈晨,等.新科技革命下发达国家制造业回流的机制及中国应对[J].宁德师范学院学报(哲学社会科学版),2021(3):44-50.

理论提示

(1)供给侧结构性改革

(2)AD-AS 模型

(3)长尾市场

第十三章 失业、通货膨胀与经济周期

一、基本原理与数字经济时代的适用性

（一）基本原理

1.失业

对失业原因的解释主要分为三派：古典经济学派、凯恩斯学派和新凯恩斯主义经济学派。古典经济学派对失业原因的解释主要依靠萨伊定律，即一种商品的生产、销售必然为其他商品的生产、销售创造条件，因而商品的供给与需求总是趋于均衡，不会出现生产过剩。而且每一个商品生产者都是理性的，都会尽力扩大生产、销售，这样社会的生产、销售就能达到最高水平，从而实现充分就业；凯恩斯学派对失业原因的解释是基于"有效需求"（即商品总供给和总需求达到均衡状态的社会总需求）理论和三大基本心理定律（即边际消费倾向递减、资本边际效率递减和流动性偏好）；新凯恩斯主义学派继承了原凯恩斯主义学派关于货币工资刚性的假设，认为工资在短期内具有黏性，即工资滞后反映劳动力市场的供求状况及其变化。因此，失业率并不会随劳动需求的变动做出充分调整。对存在工资黏性的原因主要有以下解释。

（1）劳动工资合同论：在一些行业中，由于工会的力量，往往可能签订较有利于雇员的工资合同。这些合同通常附加"工资随生活费上涨而增加，而当经济衰退时工资率并不随之削减"的条款。

（2）隐含合同论：除正式合同外，雇主与雇员之间可能达成工资率相对固定、不随经济波动调整的默契。这种默契被称为隐含合同，它有别于正式合同。该理论认为，雇员一般是回避风险的，即愿意为一个可支付稳定工资的企业工作。

（3）"局内人—局外人"理论：所谓"局内人"是指那些在特定企业工作的人，而"局外人"是那些想到该企业工作的人。这种理论认为，每个企业都需要一支受过培训的劳动者队伍，对新雇员（局外人）的培训通常是由在职雇员（局内人）来完成的。在职雇员担

心培训了新雇员之后,会影响他们与企业讨价还价的地位或者分量,因而不愿意与企业合作培训新雇员。再者,如果企业支付新雇员的工资低,经培训掌握了技能的雇员就可能被出高薪的企业"挖走"。因此,企业只能通过向新、老雇员支付相同的报酬来解决这一矛盾。

（4）效率工资理论:效率工资理论认为,在一定限度内,企业通过支付给雇员比劳动力市场出清时更高的工资率,可以促使劳动生产率的提高,获得更多的利润。

（5）奥肯定律:在经济未达到充分就业水平时,失业率每高于自然失业率1个百分点,经济增长率会比充分就业增长率低2个百分点。其得出的结论是:在GDP没有达到充分就业水平时,实际GDP必须保持与潜在GDP同样快的增长速度,以防止失业率上升。

2.通货膨胀的类型

重点分析了通货膨胀的三种原因,即需求拉上型通货膨胀、成本推动型通货膨胀和结构型通货膨胀。

（1）需求拉上型通货膨胀:指社会总需求超过总供给所引起的一般物价水平的持续显著上涨。

（2）成本推动型通货膨胀:通货膨胀源于总供给的变化,具体是指由于产品成本上升,即原材料价格上涨、工资成本上升和企业要保持一定利润水平,而使物价水平普遍上涨的一种经济现象。

（3）结构型通货膨胀:物价的上涨是由于某些部门的产品需求过多引起的。虽然经济社会的总需求并不特别大,但最初由于某些经济部门的需求过多使物价水平和工资水平上升,这样就给其他部门形成压力,结果使得其他部门的物价水平和工资水平趋于上升,于是出现全面的通货膨胀。

通货膨胀的后果包括:①社会成本:持有货币的"鞋底成本"、"菜单成本"、税收扭曲。②经济成本:对收入与分配的影响和通胀的产出效应。对收入与分配的影响包括不利于靠固定收入维持生活的阶层;不利于债权人,有利于债务人;财产也因通胀原因,有的会升值,有的会贬值。通胀的产出效应分为四类:平衡的和预期到的通胀,产量和就业不会受到影响;平衡的和未预期到的通胀,容易刺激私人投资的积极性,增加产出;非平衡的和预期到的通胀,对经济的影响不定;非平衡的和未预期到的通胀,从长期看会增加生产性投资的风险,提高生产经营成本,使生产性投资下降,不利于经济增长。

3.经济周期

经济周期是市场经济运行中所不可避免的波动,一个经济周期可以分为繁荣、衰退、萧条、复苏四个阶段。

（1）繁荣阶段是国民收入与经济活动高于正常水平的一个阶段。其特征是生产迅速增加、投资增加、信用扩张、物价水平上升、就业增加,公众对未来持乐观态度。繁荣的最高点称为顶峰,这时就业与产出水平达到最高。

（2）衰退阶段是从繁荣到萧条的过渡时期,这时经济开始从顶峰下降,但仍高于正常水平。

（3）萧条阶段是国民收入与经济活动低于正常水平的一个阶段。其特征是投资减少、产品滞销、价格下跌、企业利润下降、信用紧缩、生产减少、失业增加,公众对未来持悲观态度。萧条的最低点称为谷底,这时就业与产出水平跌至最低。

（4）复苏阶段是从萧条到繁荣的过渡时期,这时经济开始从谷底回升,但仍未达到正常水平。

（二）数字经济时代的适用性

上文阐述了不同西方经济学学派对失业原因的理论解释。增加就业,甚至实现充分就业,成为各国政府追求的目标。随着信息时代的到来,以数字技术驱动的数字经济的发展和日趋成熟,对人力资源、劳动技能的要求不断提高,就出现了供给和需求的差距,也出现了一部分劳动力闲置的问题。这一部分劳动力的闲置会给中国经济的发展带来严重的阻碍,不仅不能创造应有的价值,还会占用相应资源。不能实现劳动力的充分利用就意味着发展不能最大化,这种状态势必会对中国经济发展和现代化的进程产生影响。解决不好就业问题,将严重抑制中国的经济发展。数字经济转型为大众创业、万众创新提供了新的契机,以人工智能、5G为代表的新一代数字技术,将产业数字化与数字产业化相互贯通,激活出了新的经济发展潜能,推进我国经济长期稳定增长。数字经济转型必然加快职业流动,带来更多的新业态,非正规就业与灵活就业的比重还会增加,甚至成为未来就业的常态。进入数字经济时代,人力资本折旧或贬值速度加快,人们可能难以一辈子只从事一个职业。对于劳动者而言,要善于学习,提高从事数字化劳动的技能,以适应数字经济对劳动者素质的要求。

经济周期理论让人们意识到一国经济的波动是不可避免的。现如今,数字经济早已作为一种新的经济形态,成为转型发展的推动力,同时也成了全世界新一轮产业竞争的制高点。2020年,新冠疫情突如其来,以数字化的知识和信息关键生产要素的数字经济并未如其他行业一样陷入深度衰退,反而促使新技术、新业态、新模式层出不穷,将有望再度成为后疫情时代世界经济复苏的引擎。

二、案例分析

（一）数字经济：就业机会将发生巨变！

案例内容

数字经济对就业结构造成了巨大影响。从产业就业结构来看,随着数字经济的深入发展,第三产业的就业比例将持续上升。得益于数字化信息技术广泛而深入的应用,第一产业将进一步提高农业的规模化、集约化、智能化水平及农业劳动生产率,并随着机器人等新一代人工智能技术的普及,更多的农业劳动力将会被农业自动化释放出来。例如,借助于大数据进行分析,采用滴灌技术、无人机喷洒农药,可以更精准、高效地施肥灌溉,因此将节约大量农业劳动力。在第二产业,传统制造业就业规模将持续降低。在德国,由于工业机器人等智能化设备在生产中的广泛应用,预计到 2025 年约有 61 万个组装、包装和生产类岗位将被削减。除了由机器替换人之外,在"人工智能＋制造"条件下,工作向智能化制造进一步的过渡将带动人机交互方式的再次升级,工业机器人与工人间更加高效、灵活的协作,将大幅提升制造业生产率。阿里研究院(2017)在报告中指出,人机合作是最优组合,其生产率比只有人或只有机器的团队高出 85％。在第三产业,生产性服务业与高端生活性服务业所吸纳的就业规模将显著增加。与此同时,云计算、大数据、人工智能等技术向生活性服务业全面渗透,推动了养老医疗、体育健康、旅游文化、教育培训等高端生活性服务业的兴起,服务需求的大幅上升拉动了就业需求的显著增加。[①]

案例分析

数字经济是人类社会发展的一种新经济形态,日益成为全球经济发展的新动能。近年来,数字经济在我国也取得蓬勃发展。知识和信息是数字经济的关键生产要素,信息技术是数字经济的基础技术支撑,因此,在数字经济条件下,数字技能成为与听、说、读、写同等重要的基本能力。掌握必要的信息技术,能够对电子文档、电子表格、数据库、多媒体等数字信息进行制作、储存和管理,并能够运用信息技术和互联网技术解决工作中的相关问

① 张车伟,赵文,王博雅. 数字经济:就业机会将发生巨变！[N/OL].社会科学报,2019-02-25[2022-02-20].http://shekebao.com.cn/detail/4/18360.

题已经成为一名合格劳动者的必备素养。数字化技术使得个体和企业只需要宽带连接就可以在在线平台上交易商品和服务,在数字经济时代,企业的边界变得模糊化,企业组织的平台化成为数字经济的典型特征之一。企业组织的平台化打破了传统的稳定捆绑式的雇佣关系,劳动者的工作时间、工作地点、工作内容、雇佣期限等更加弹性化,人力资源市场的供求关系更加富有弹性,择业和创业更加自主灵活。数字化使劳动者可以跨越时空限制,远距离获得工作机会,且就业创业边界逐渐被消弭,形成了基于平台的就业和创业的新途径。大量个体和创业团队能够借助平台模式以较低的成本跨越门槛,借"平台"出海,完成"'按需聚散'的契约履行与价值实现行为"。从劳动者人口特征来看,平台模式具有极大的包容性,为已婚女性、流动人口等就业困难群体也提供了公平、灵活、获得更高收入的就业机会,拓宽了劳动力市场半径,降低了失业概率,稳定了社会基础。

除了产业就业结构的改变外,数字经济的发展应用也会引起区域就业结构的调整。历史经验表明,从短期看,快速的技术变革速度和下降的生产成本会促进产业的区域转移,新一轮产业集聚更容易在率先推动第四次工业革命的国家和地区产生。长期看,随着"工业4.0"的扩张和拓展,工业生产将由后发地区逐渐向科技研发水平较高而生产成本较低的发达地区转移,在产业体系重构的同时,劳动力区域结构也随之重新调整。从国际上看,发展中国家作为全球人力资源库,劳动力技术层次多样化,不仅可以较大程度上弥补本国劳动力需求缺口,在高水平的自动化与智能互联技术广泛应用的背景下,也为劳动力流向发达国家提供了高效便捷的条件。数字经济能够促进各个相关产业的发展,进而带动区域GDP的增长,从而全方位拉动就业增长,降低地区整体失业率。所以在数字经济发展程度较高的地区,失业率会显著低于其他地区。

问题讨论

(1)数字经济的发展如何促进就业?

(2)数字经济的发展是否能够减少摩擦性失业和结构性失业?

理论提示

(1)失业理论

(2)"局内人—局外人"理论

(二)数字经济打开就业新空间

案例内容

在直播间购物等快递送货上门已成为不少人的生活日常。成熟的网购体验背后,少不了互联网营销师、网约配送员等新职业从业人员的大力支持。中国信息通信研究院近日发布的《数字经济就业影响研究报告》指出,数字经济在创造新增就业、优化就业结构等方面发挥日益重要的作用,应深度挖掘数字平台灵活就业的巨大潜力。智能制造工程技术人员、工业互联网工程技术人员、虚拟现实工程技术人员、智能硬件装调员、工业视觉系统运维员……近年来，一批又一批与数字产业相关的新职业得到"官方认证"。蓬勃发展的数字经济相关产业，正悄然改变中国就业结构。

《数字经济就业影响研究报告》指出，数字经济打破了时空界限，形成了协同、开放、多边的经济模式。新就业形态随着数字技术发展而兴起，技术进步为创造新的工作岗位、提高生产率及提供有效的公共服务带来了新机会。

2020年，中国数字经济规模达到39.2万亿元，成为稳定经济增长的关键动力，由此带来数字经济就业规模的快速扩大。中国信息通信研究院发布的报告指出，从总体结构上看，数字产业化就业岗位占比明显高于同期数字产业化实现的国内生产总值占比，高端就业吸纳能力强。从数字经济结构上看，数字产业化领域招聘岗位占总招聘数量的32.6%，占总招聘人数比重为24.2%。

"在线上支付、小程序、智慧零售工具以及高效协同的物流网络等技术助力下，数字生态为残障人士、进城务工人员、家庭妇女、退伍军人等就业重点帮扶人群打开了就业新空间，越来越多的人在数字生态中就业。"腾讯集团公共事务部高级研究员翁航分析指出，以微信小程序为例，2020年，微信小程序开发、产品、运营等工作机会超过780万个，同比增长45.6%。

"数字经济创造了新的就业机会和就业形态，新技术的应用使得数字经济时代下生产效率提高，增加劳动者收入和产品市场需求，加大企业的劳动力需求。"北京大学光华管理学院教授龚六堂说。[1]

案例分析

受新冠疫情的影响，社会经济不景气，总需求不足，很多企业订单减少，销售额下降，企业不得不减少生产，这样势必就出现了裁员、就业岗位数量减少等问题，数字经济成为世界各国应对新冠疫情冲击、加快经济社会转型的重要选择。各国加快新型基础设施布局，以5G、人工智能、物联网、工业互联网、卫星互联网为代表的新型信息基础设施逐步成为全球经济增长的新动能。数字经济便成了推进中国在新发展阶段实现高质量发展的重要力量，更是解决大学生就业难、促进中等收入群体比重增加的重要途径。除了继续保持财政、金融政策和就业政策对中小微企业的支持力度外，更重要的是要稳传统、促创新。稳传统，即重在保护传统商业系统的完整性和再塑生机；促创新，即充分发挥平台经济优势，最大化创造丰富多样的数字化就业机会。数字技术正以前所未有的深度与广度对传统就业形态产生颠覆性影响，带来新就业形态的蓬勃发展，成为"稳就业"的重要手段。数字经济是全新的技术经济范式，因此新就业形态是新"技术—经济范式"下的新就业模式。

---

[1]　高乔.数字经济打开就业新空间[N/OL].光明日报，2021-11-19[2020-02-10]. http://paper. people.com.cn/rmrbhwb/html/2021-11/19/content_25889525.htm.

新就业形态的典型代表是平台雇佣模式,工业互联网平台就业、信息内容平台就业、电商平台就业、劳务平台就业是平台化就业四种主要模式。新就业形态在雇佣关系、组织方式、就业边界等方面都区别于传统雇佣模式,为乡村振兴、区域协调发展、稳定疫情常态化等方面提供了坚实助力。

问题讨论

(1)数字经济是如何创造新的就业机会的?

(2)数字经济解决了大学生就业难问题了吗?

理论提示

(1)失业理论

(2)菲利普斯曲线和预期理论

(三)数字经济与经济周期

案例内容

新冠疫情造成全球经济自二战以来最严重的衰退。即便全球疫情在 2020 年 7、8 月份得到控制,未来的全球经济走势仍具有不确定性。从近期国际机构的预测看,2021 年全球经济下降幅度很可能要达到 6%。但也要看到,人类每一次危机都孕育着新的技术变革和发展机遇。同样,在这次疫情中,以数字技术为基础的新产业、新业态、新模式异军突起,成为对冲经济下行压力的"稳定器",展现出强大的抗冲击能力和发展韧性。在疫情冲击下,世界主要国家都更加意识到发展数字经济的重要性和紧迫性,对信息技术投入和政策支持力度明显加大。可以预期,数字经济将开启新一轮经济周期,成为后疫情时期经济复苏的引擎。

近年来,我国数字技术发展尤为活跃,向生产生活领域和公共治理领域广泛渗透,数字经济异军突起,在经济下行中逆势上扬,成为一道靓丽的风景线。我国已成为数字技术投资大国,大数据、人工智能、自动驾驶等数字技术领域的风险投资位居全球前列,孕育全球三分之一的独角兽企业,数量仅次于美国。移动支付规模居全球第一,7 家互联网企业市值跻身全球 20 强。疫情期间,线上零售、线上教育、远程办公、视频会议等,丰富了 5G 应用场景,进一步推动大数据、人工智能、物联网、区块链等技术创新与产业化应用,展现出巨大发展潜力,有效对冲了经济下行压力。[①]

---

① 王一鸣.数字经济将开启下一轮经济周期[J].智慧中国,2020(7):13-16.

案例分析

受新冠疫情的影响,世界绝大多数国家经济出现下滑或负增长、失业率暴增、通货膨胀严重等问题,各国亟须解决这些问题,数字经济的发展便成为了解决这些问题的一个契机。抓住"数字复苏"的战略机遇,推动经济的数字化、智能化转型,不仅将创造大量投资机会,有效拓展国内需求,还将推动技术创新和产业变革,形成更多新的增长点和增长极。"数字复苏",就是要利用大数据、人工智能、物联网等新一代信息技术,推动产业变革,有效拓展生产可能性边界,突破近年来产业结构服务化带来的经济增长结构性减速的问题,为经济发展拓展新空间。"数字复苏"还可以促进经济转型,把应对疫情冲击转化为推动转变发展方式、优化经济结构、转换增长动力的机会。可以说,后疫情时期推动经济复苏和新一轮增长周期,必将是数字经济加速发展的过程。

后疫情时期,全球经济必将迎来新一轮创新高潮,大数据、人工智能、物联网等,将构建新的产业生态,重新定义全球分工和比较优势,形成更强大的创新活力,并对人类生产生活方式产生广泛而深刻的影响。我们应顺势而为,抓住"数字复苏"的战略机遇,加大数字技术研发力度,推动产业数字化转型和创新发展,重建产业链竞争力,占领数字经济时代国际竞争制高点,为经济发展培育新优势、注入新动能。

问题讨论

(1)怎样理解"数字复苏"的概念?

(2)"数字复苏"如何才能推动一国经济复苏?

理论提示

(1)消费理论

(2)"创新"经济周期理论

(四)"缺芯"与经济周期

案例内容

2021年上半年,"芯片短缺"问题一直停留在热门话题榜。"芯"究竟有多缺呢?就拿最有韧性的苹果供应链来说,受供应链"缺芯"影响,iPhone13不仅创下了苹果从下单到发货的最长等待期,而且还将用于生产iPad及零部件调往iPhone13系列。这足以看出2021年缺芯困局对于厂商们的影响。截至2021年,全球进入"缺芯"状态已经两年了。不仅是汽车缺芯、手机缺芯,就连钢铁、混凝土、啤酒、肥皂等这些看上去和芯片八竿子打不着的企业,也受到了"缺芯"的影响。2021年年中,高盛发布了一份报告,全球有超过169个行业都因为芯片短缺而受到了巨大的影响,随着全球"缺芯"的情况愈演愈烈,芯片的价格也在过去一年里出现了大幅涨价。据央视财经报道，一款德国芯片 2020 年的价格只要 3.5 元，但是今年这款芯片的价格已经涨到了 16.5 元，一个芯片的涨幅高达 5 倍，芯片已经进入了从"买不到"到"买不起"的阶段。那么，展望未来，这种"缺芯"状态还会持续多久？

案例分析

"缺芯"问题，在一定程度上折射出宏观经济波动现象，即经济周期。任何一个国家的经济运行都不可能是直线上升的，经济发展总是呈现出螺旋式上升的轨迹，经济从萧条到复苏、高涨再到衰退算是一个经济周期。美国经济学家熊彼特根据经济周期持续时间的长短，在总结其他经济学家的观点的基础上，将经济周期分为长周期、中周期和短周期。其中，长周期为康德拉季耶夫周期，体现为经济发展中平均为 50～60 年一个周期的长期波动；中周期为朱格拉周期，显示出市场经济存在着 9～10 年的中期波动；短周期为基钦周期，反映了存货投资的周期变动，周期时长为 2～4 年。熊彼特认为，3 个短周期构成 1 个中周期，6 个中周期（18 个短周期）构成 1 个长周期。从历史的经验上看，半导体是一个周期性比较强的行业。它也有大周期和小周期之分。大周期，又叫作产品周期，大概 10 年一轮；大周期会跟着全球经济周期的发展走，因为芯片对于所有电子产品来说，都是必需品，每当有新的科技应用崛起，芯片的需求量就会出现跃升式的增长。过去 40 年，每次大周期都始于下游终端产品的爆发，比如 1990 年代个人电脑、2000 年代功能机和笔记本，以及 2010 年代智能手机等新型终端电子设备的普及，都带动了它们对上游核心配件"芯片"的需求。进入 2020 年代，随着 5G、物联网等新终端的出现，半导体行业也正在迎来新的需求驱动。而小周期，又叫作硅周期。由于宏观经济增长和芯片产能增长之间有一个时滞效应，这就造成了芯片供求的错配，形成一个周期性的缺货涨价潮，这就是芯片产业的小周期。新的产能一般要 2 年以上的时间来部署，所以从需求爆发到新产能全力开工生产，这期间会经历 2 至 3 年的涨价潮；等新的产能集中释放之后，往往又会陷入 2 至 3 年的行业低潮。

2020 年，本来就处于新一轮芯片供应紧张的开始，而当年的全球公共卫生事件再次加剧了供求错配的情况。从需求端来说，新冠疫情的暴发，居家办公和学习成为新趋势，因此各类手机、电脑等电子消费产品的销量飞速增长，从而加大了全球芯片的需求；从供给端来说，疫情导致工厂开工不足，产能受到极大的影响。这种情况已经持续了将近 2 年。从全球因素来看，美国修改芯片规则，结果对全球供应链交易产生了影响，厂商们采购变得更加困难，随后晶圆厂材料涨价，代工厂的成本也明显上涨，恶性循环下就出现了芯片涨价这一幕。总之，半导体是一个周期性行业，新需求驱动的大周期，叠加供需错配导致的小周期，全球"缺芯"的主要原因在这里。

站在 2022 年的时间节点上，近年"缺芯"问题会得到缓解吗？目前业内有三种看法。一种观点认为，半导体的需求增长远远没有结束，一直到 2022 年底都会处在一种供给非常紧缺的状态。第二种观点认为,这一轮小周期里,半导体的需求已经到顶了,在2022年内,需求就会下探,芯片供应的紧张会有所缓解。第三种观点介于以上两种观点之间,原因在于2021年至2022年初手机等消费电子领域景气度下降,手机芯片出现了需求疲软和供给产能松动,消费电子的周期相对见顶,但汽车、服务器及物联网等新兴领域依然保持高景气,5G终端的芯片需求仍保持在高位,消费电子领域和新兴终端领域需求的一降一升,全球"缺芯"问题会得到缓解,但需求仍较强劲。当然,以上判断还需更多地考虑全球化下的政治及经济因素。[①]

问题讨论

(1)全球"缺芯"还将持续多久？简述下你的理论判断。

(2)半导体行业的大周期和小周期与宏观经济学中的长中短周期有什么区别和联系？

(3)从长远来看,中国如何解决"缺芯"问题？

理论提示

(1)经济周期理论

(2)供求理论

（五）科技行业的生命周期

案例内容

观察数字产业的核心指标是技术。在这个行业里,技术迭代非常快速,无论是公司的成长周期,还是行业的市场格局,都处在非常快速的变动之中。今天看到的巨头公司,可能三五年前还什么都没有,而现在看来不起眼的小公司,可能几年之后发展壮大。老话说"三十年河东,三十年河西",在数字产业里,往往是"三个月河东,三个月河西"。以云计算为例。2006年,亚马逊云计算平台AWS推出第一项服务,宣告了现代云计算这门技术的诞生。之后,云计算概念迅速被市场热炒,进入了泡沫期。到2009年,云计算处在泡沫的最高点,但是随后,云计算的市场关注度一路下滑,2014年,到了泡沫破裂的最低点,云计算行业的大部分公司都没有盈利。从2015年起,云计算行业又开始爬升,走向繁荣,真正走向收入和盈利的持续增长。科技行业迅速迭代,是否可以找到有迹可循的生命周期呢？找到这样的规律,无论对国家的战略技术的确定,还是科技企业投资业务的拓展,都大有裨益。

---

① 武超则.芯片产业链1:"缺芯"还将持续多久？［EB/OL］.（2022-03-17）［2022-12-18］. https://www.dedao.cn/share/packet?packetId＝OPBmvgrRAmKaoMEFg1njcnJz4bloEwjD&uid＝eq7YGkXeuy67SExRgXmv2g.

案例分析

成立于 1979 年的全球最具权威的 IT 研究与顾问咨询公司高德纳公司曾总结各类信息技术走向市场成熟所经历的阶段,提炼出其过程的共性特征,提出著名的科技行业生命周期理论,叫作"高德纳技术成熟度曲线",又称为技术循环曲线、光环曲线,或者技术炒作周期。它描述技术创新从萌芽到成熟的五阶段发展过程:技术萌芽期(technology trigger)、期望膨胀期(peak of inflated expectations)、泡沫破裂低谷期(trough of disillusionment)、稳步爬升恢复期(slope of enlightenment and climbing the slope),以及进入高速发展阶段而形成实质生产的生产成熟期(entering the plateau of productivity),如图 13-1 为高德纳公司提出的 2019 年技术成熟度曲线。技术成熟度曲线的横轴为"时间",表示一项技术将随时间发展经历各个阶段。技术成熟度曲线的不同纵向形状显示在技术发展过程中预期随时间的膨胀和收缩情况,是由市场对技术未来价值的评估决定的。

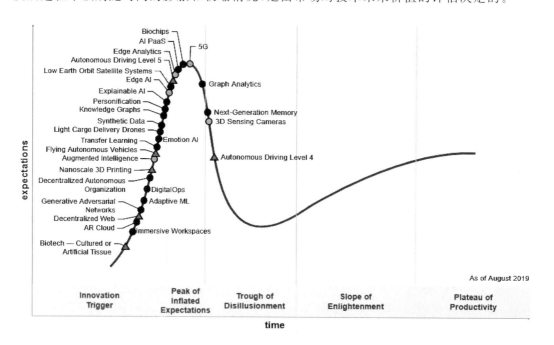

图 13-1　2019 年高德纳公司发布的技术成熟度曲线

第一阶段:技术萌芽期,市场对它的期望值从 0 开始爬升。第二阶段:期望膨胀期,这个阶段市场对它寄予很高的期望,但其实技术还不是很成熟,市场往往会将它炒作过热。第三阶段:泡沫破裂低谷期,一旦泡沫破裂,市场对它的期望就会从山顶跌到谷底。第四阶段:稳步爬升恢复期,只要是有可靠的技术,在这个阶段,市场期望值会重新爬升。第五阶段:是进入高速发展阶段而形成实质生产的生产成熟期,在这个阶段,行业才会迎来真正的繁荣和持续的增长。

以区块链行业为例,该行业几经起落,曾经火爆全球,也曾经被认为是最大骗局。经历了短暂的热度之后,业界最初对区块链行业不看好,认为其只是噱头,是一种完全的投机行为。当时,投资区块链,只能看作是一种主题投资,是一种暂时性的炒作。但是,2019年以来,区块链技术飞速发展,已经成为一种全球主流的底层技术,在金融、货币、版权等领域应用广泛。这时候再看区块链,就不能当它是一种短期的投机性话题,而是已经成为一种确定性的趋势。区块链技术的发展历程完美地吻合了"高德纳技术成熟度曲线"。再以云计算的龙头 AWS 为例,在这个行业大背景下,它的发展轨迹同样是跟着行业周期走的。从 2002 年成立到 2014 年,整整 12 年,AWS 都没有实现盈利。但在这十几年里,AWS 的收入增长趋势特别明显,营收占整个亚马逊营收的比重也在上升。2015 年,亚马逊 AWS 业务实现了首次盈利,一举扭转了亚马逊 20 多年来的亏损状况。从那以后,AWS 保持了 30%到 50%的年均复合增长。实现盈利后,AWS 的利润进入爆发期,利润率也开始稳步提升。到 2021 年,AWS 的总收入虽然只占亚马逊的 13%,但却为亚马逊贡献了 55%的利润,亚马逊已经实实在在成了一家云服务公司。

科技领域变化快,但是也有如"高德纳技术成熟度曲线"这样的成熟模型可以参考和套用。几乎每一项新兴且成功的技术,在真正成熟之前,都要经历一轮或几轮泡沫期过程,在不断的波折和起伏中,通过累积和迭代,最终走向稳定和繁荣。科技行业生命周期理论启示我们,不要脱离行业去单独为一家科技公司的发展质量做出判断,而要把行业生命周期所处的阶段和行业的发展阶段相匹配,找出那些处于生命周期中最好阶段的行业和与之相匹配的公司进行投资。在国家层面,政府可以考虑将战略技术与技术成熟度曲线结合,更加细致地分析战略技术涉及的细分技术;这些细分技术可能会对社会、经济、组织层面带来不同程度的影响,提前对这些技术可能会带来的影响进行研究,有利于对战略技术的发展趋势进行预测,协助我国在全球技术竞争背景下进行提前布局,获得技术优势。[①]

问题讨论

(1)科技行业的生命周期与经济周期是否有关联? 谈谈你的看法。

(2)请根据科技行业生命周期理论,预测下当前一项新兴的数字技术将在未来什么时候走向成熟期?

理论提示

(1)经济周期理论

(2)科技周期理论

---

① 全珺,李猛.高德纳公司十大战略技术发展趋势分析(2010—2020 年)[J].创新科技,2020 (11):9-16.

（六）中年程序员离开大厂进工厂

案例内容

面对新科技革命带来的结构性失业等就业困境，我们普通公民该如何应对？这里我们来分享一则"中年程序员主动离开大厂进工厂"的新闻，以期为身处数字经济大潮的你能获得一些职业发展方面的启示。

当前，实体产业正在成为很多国内互联网资深技术人才的跳槽首选。比如2021年底，动力电池巨头宁德时代在四川宜宾投资建工厂，招聘现场人山人海，很多大厂技术人员也来投简历，应聘高技术岗位，其中主要以中年程序员为主。这个火爆场面，堪比春运，把"程序员离开大厂进工厂"的话题直接推上了热搜。乍一听，似乎很疑惑，程序员离开大厂进工厂，不是自降身份吗？大厂福利好、待遇高，年终奖发到手软，还有下午茶、团建之类的，总之，听起来就很高端大气上档次。据《中国青年报》之前做过的就业调查，在各个行业中，互联网行业最受"00后"欢迎，64.33%大学生希望毕业后能进入互联网行业工作，其中近八成工科生将其作为自己毕业后的求职目标。而工厂呢？工作环境脏乱差不说，工资待遇低，社会地位也低，怎么想都觉得不是一个好的选择。那么，中年程序员为什么会离开大厂进工厂呢？

案例分析

出现"中年程序员离开大厂转战工厂"的就业趋势，是几个因素合力影响的结果。

第一，从人才需求上看，当前中国制造业正在加速智能制造和数字化转型，这就让传统制造行业产生了大量高技术岗位的需求。以消费互联网为代表的新经济给社会发展带来的边际效用正在降低，过去它给民众带来巨大的获得感，但随着科技树上"低垂的果实"逐渐被采摘，用户量触顶，如果继续原来的发展轨道，信息技术、互联网领域自身的发展就会进入"窄道"，互联网为社会进步所能提供的动能将不断减少。要为社会发展找到新动能，应该继续向科技要方法；互联网行业要"向上升级"，就要关注"高悬的果实"，看到新科技变革工业、医疗、教育等传统领域的远景，勇啃产业互联网这根硬骨头，推进互联网、智能技术在产业中的应用，创造扎根社会肌理、惠及更多人的数字红利。可见，大厂资深程序员主动进工厂，是顺应了中国互联网行业发展重点从消费互联网向产业互联网转型的趋势，反映出我国制造业数字化发展的旺盛势头及对程序员等技术人才的求贤若渴。2021年底人社部数据显示：到2025年中国制造业十大重点领域人才总量将接近6200万人，人才需求缺口将近3000万人，缺口率高达48%。

在薪酬待遇上，像宁德时代、"蔚、小、理"造车新势力这样的企业直接对标一线大厂；

像三一重工、徐工集团这样的传统重工业龙头,也在大量招聘数据挖掘、JAVA工程师等,薪资可以达到3万~3.5万或16薪。此外,当前先进的高精尖工厂,也可以提供更人性化的工作环境,更技术化的工作内容,更具前景的职业未来,现实工作场景往往是技术蓝领手持纸笔和平板电脑,看看仪表盘、记录数据等,工作内容和白领没什么区别。所有这些,对中年资深程序员的吸引力颇大。

第二,从人才的供给来看,互联网行业"35岁职场红线"也增强了大厂中年程序员的转业谋职的动因。35岁职业危机在互联网行业表现得特别明显,即过了35岁,技术人员如果还没有升到管理岗,被裁员的风险就比较大。尤其在当下,互联网流量红利见顶,各大平台出现了增长放缓甚至亏损,中年技术人员的用人成本往往较高,时不时地就爆出一波裁员潮。这也增强了大厂中年程序员的转业谋职的动因。而传统制造行业的平均年龄比互联网行业要大得多,对35岁以上的"高龄"程序员相对比较友好,也看重他们从大厂带来的IT行业先进经验。是留在大厂成为随时可能被"优化"的对象,还是进入传统制造行业担任技术骨干,对中年程序员是一道利弊很明确的选择题。

第三,现实中,不少资深程序员选择投身传统行业,还带有很强烈的个人实现的需求。根据马斯洛需求层次理论,人的需求从低到高分别为:生理(食物和衣服)、安全(工作保障)、社交需要(友谊)、尊重和自我实现,高层次的需求比低层次的需求具有更大的价值;低层次的需求得到满足后,它的激励作用就会降低,高层次的需求会取代它成为推动行为的主要原因。很多人工智能技术,在工业领域有更好的应用场景。不少技术高管,并没有被裁的风险,之所以愿意投身传统制造业,是因为推动产业智能化工作可以获得更高的价值感。因此,有一大批对技术应用抱有热情的大厂程序员,离开舒适的办公室,到离应用场景更近的地方去,到产业最需要的地方去。[①]

问题讨论

(1)如何理解产业互联网是中国互联网行业发展的下半场?

(2)"35岁中年危机"还存在于哪些行业? 为什么?

(3)就你所学的专业,谈谈如何在数字经济时代顺应行业发展的趋势。

理论提示

(1)失业理论

(2)供求理论

(3)马斯洛需求层次

---

① 李方圆,徐玲. 程序员为什么离开大厂进工厂? [EB/OL]. (2022-03-02)[2022-03-23]. https://www.dedao.cn/share/course/article?id=Ozpeyw8lG6QaXkn66vJRd1ZoA75NLB.

（七）电子商务抑制通货膨胀

案例内容

2008 年全球金融危机之后至新冠疫情暴发的 10 余年间，全球经济正逐渐步入复苏阶段，以美国和欧元区为代表的发达经济体经济增长态势正在不断加强。然而，经济的走强并未拉动通货膨胀率显著回升。以日本为例，虽然其经济已有好转迹象，但通胀率仍保持稳定。对此，日本央行相关人士表示，抑制通胀的其中一个原因就是电子商务的崛起。有日本零售商抱怨称，以亚马逊为代表的电商崛起，令其不愿意上调价格，甚至选择降价，以应对线上零售商的挑战，增强竞争力。美国、韩国等央行也认为"亚马逊效应"在抑制通胀方面发挥了作用。比如 2018 年 3 月，美联储主席鲍威尔就曾表示亚马逊是美国过去十年时间里，通货膨胀下降的原因之一。就中国而言，在 2012—2021 年的 10 年间中国真实通货膨胀率平均在 2.229% 左右，长期维持在低通胀水平。其中受疫情影响，通胀率最高的年份为 2020 年，也仅为 3.3%。2022 年 CPI 比上年上涨 2.0%，低于 3% 的预期目标。对此现象，京东集团副总裁、京东数字科技首席经济学家沈建光于 2021 年 6 月 23 日的博智宏观论坛月度研判会上也指出，中国的零售电商对遏制通胀起到了非常好的作用。随着全球数字经济的发展，数字经济如何影响通货膨胀逐渐成为一个值得研究和探讨的问题。

案例分析

数字经济时代，电商平台迎来了快速发展，也带来了消费者消费习惯和消费市场供需特征的变化，由此对物价产生影响。麻省理工学院开发的 BPP 项目（billion price project），通过搜集互联网上的商品价格信息，证实电商平台的发展能够起到降低通货膨胀的作用；研究发现，商品线上和线下的价格出现较大程度的趋同，同时不同地区的消费者可以享受相同的价格，称为"统一定价"，其中亚马逊线上商品在不同地区进行统一定价的比例高达 91%，而线下零售商则为 78%。整体上，电商平台稳定物价有以下四条渠道。

一是电商平台可以拓宽市场边界，降低信息不对称对交易的影响。消费者不仅能够跨地区买到商品，而且不会因为地区原因受到"价格歧视"。对于消费者而言，电商平台打破了传统线下零售的"地域分割"，支持消费者在更广泛的区域内购买商品；对于商户而言，电商平台也能通过打破市场分割，改变厂商的定价模式，促进"统一定价"。这对保持整体物价稳定非常有利。

二是电商平台可以促进市场竞争，抑制商品价格上涨。从零售商方面来看，电商平台通过提供各种商品的实时价格和优惠信息，提高零售供应商之间的竞争程度，降低商品定价的溢价水平。从消费者方面来看,电商平台让商品之间可替代性增强,降低了消费者对单一商品的"价格黏性"。比如,线上猪肉商品价格的环比变化更加频繁、降价次数更多,显示出较小的"价格黏性"。

三是电商平台可以增强线上线下价格的联动性。随着线上消费占比逐渐增加,伴随着消费品生产企业以及零售商多渠道、多元化的销售策略,线上商品和线下商品重合程度不断提升,线上商品的价格变动会传导到线下商品价格,使得两者之间的联动性增强。

四是电商平台可以促进形成理性预期,降低突发事件下的价格波动。以 2020 年新冠疫情为例,在疫情的重大冲击下,消费者容易产生"过度恐慌"心态,进而被诱发囤积商品行为,从而加剧价格上涨预期。得益于电商平台迅速在全国范围内进行市场供需匹配,同时将需求信息向供应商传递,及时补充急缺用品的生产,进而有效降低了供需缺口对价格的冲击。此外,电商平台可以精准地预测需求,大幅降低库存,从而降低成本、提高效率。结合以上四点,可以看到电商平台可以让价格变动更有弹性,从而对货币政策产生实质影响。[1]

问题讨论

(1)电商平台将对央行货币政策的实施产生怎样的影响?

(2)传统的通胀理论是否可以解释数字经济背景下通货膨胀表现出的新特征?

(3)2022 年,美国经历了高通胀,通胀率一度高达 9.1％,其主要成因是什么?

理论提示

(1)通货膨胀理论

(2)信息不对称

(3)价格歧视

(4)价格黏性

(5)理性预期

（八）平台外卖员会消失吗？

案例内容

随着互联网电子商务的快速发展,外卖员已成为一个城市生活不可或缺的一种职业。以前提到外卖员,想到更多的是送餐,但今天的外卖员服务,变得更加多元化和具象化,比如说,超市购物可以送货上门,买菜买药订餐也可以送货上门,这一服务对消费者来说,更加便捷,只需手机浏览,确认下单即可,从而节省了时间和体力。尤其是在新冠疫情期间,

---

① 沈建光.电商平台抑制通胀的"亚马逊效应"［EB/OL］.(2021-11-04)［2022-02-23］. https://zhuanlan.zhihu.com/p/429467064.

人们日常外出受到影响,外卖员工作显得越发重要,对确保人们正常的居家生活和工作发挥着重要的作用。有数据显示,2020 年疫情期间,中国一个在岗的外卖骑手,平均每日可减少居民出行约 25 次,由此可见,外卖员不仅方便了消费者的日常生活,也为城市运转提供了重要保障。2020 年初,网约配送员入选《中华人民共和国职业分类大典》,外卖骑手作为现代城市生活的"新基础设施"得到了认可。

《2020 年上半年骑手就业报告》显示,2020 年上半年,美团平台上的有单骑手达到295.2 万人,同比增长 16.4%;来自国家建档立卡贫困户的新增骑手近 8 万人;45.7% 的骑手月收入为 4000~8000 元,7.7% 的骑手月收入超过 1 万元;四分之一的骑手学历在大专以上,其中本科生 17 万人,研究生近 6 万人。外卖员工作已成为城市底层人群的重要工作选择。

随着近年智能技术的发展,也有人担心外卖员工作在将来可能被取代。抬眼望去,曾经的出租车司机也是香饽饽,但网约车出现使其逐渐没落;曾经的公交车售票员也很威风,今天乘车只需刷卡都不要现金,当然更不需要售票员了;还有曾经的人工客服一天打几百个电话就不得了,现在智能语音机器人越来越普及,一天能接打上万个电话,可以全年无休,其效率完胜人工客服。这些变化不就是近几年发生的吗?[①]

案例分析

外卖员短期内会不会消失?这个问题要从外卖服务的需求和供给替代来分析。新冠疫情过后,我们对外卖服务的需求是否会继续增长?目前看还是会的,尤其是深受互联网影响的年轻人,对外卖的依赖性更强;疫情期间养成了许多人在家办公和生活的习惯,这些人对外卖服务的需求短期内不会大量减退。另外需要考虑的是,外卖服务的可替代性强吗?现在送外卖,最重要的就是时效性,超时可能会被消费者投诉,最后面临被罚款的结果,所以,很多外卖员为了提高效率,经常闯红灯,不惜违反交通规则,这是外卖平台竞争下的一个恶果。随着智能科技的发展,未来无人机和机器人派送或成为趋势,它们不会闯红灯,时效性和精准性可能更高。比如近年来部分科技公司已经在无人配送车方面获得了公开道路行驶的资质,但从整体技术发展水平以及相关法律看,短期内,无人机和机器人配送还面临着很多的局限性,所以不会全面取代外卖员。但从长期来看,社会发展越来越智能,使用外卖机器人成本将低于使用外卖员的成本,也不排除一部分外卖员会被机器人取代。智能化是大趋势,谁也无法阻挡。随着未来"15 分钟社区生活圈"的基础设施逐渐完善,消费者对外卖的时效、精准性和运送量将有更多的要求,比如及时运送十几箱水,这就对外卖员的装备和身体素质提出了新的挑战。现在的电瓶车和徒手操作该如何适应新的派送体系,这也是未来需要面对的挑战。根据体验经济理论,随着平台经济的进一步发展,未来许多产品或服务会被"初级产品化",很多基础性、重复性甚至危险性的工

---

① 肖哲.外卖员职业会不会消失[N].工人日报,2022-11-26(3).

作都会逐渐被机器取代,其出路就在"体验化",从工业经济上升到服务经济,并进一步到达体验经济。因此,现有的外卖人员既要立足当下做好眼前的工作,也要有危机意识,多学习,提前做好准备,要让自己的服务更具体验性。比如医药配送员,其服务不止步于基础配送,还可能为消费者提供现场合意的医疗知识建议和必要关怀,就可以使其服务上升为体验,这是人工智能难以替代的。

问题讨论

(1)智能技术还会影响到当前哪些行业?请做出你的预测。

(2)请为未来外卖员职业的转型升级提供一些建议。

理论提示

(1)供求理论

(2)体验经济理论

第十四章　经济增长和经济发展

一、基本原理与数字经济时代的适用性

（一）基本原理

1.经济增长与经济发展是两个不同的概念,但彼此相互联系,经济发展包含经济增长的内容。宏观经济学中,经济增长被定义为产量的增加,这里,产量既可以表示为经济的总产量(GDP 总量),也可以表示为人均产量(人均 GDP)。经济增长的程度可以用增长率来描述。

2.经济增长的源泉可以归结为劳动、资本的增长和技术的进步,以及人力资本的增加。

3.在新古典增长理论中,因为假设资本边际报酬递减,在人口增长、技术和储蓄率既定时,经济增长最终将进入稳定状态,此时总产量、资本存量都按照人口增长速度增长,人均产量和人均资本保持不变。

4.储蓄率提高和技术进步都可以提高稳态条件下的人均产量水平,而且持续的技术进步才能持续地提高人均产量水平。

5.在内生增长理论中,技术进步、人力资本积累和人均产量增长可以相互促进,从而实现持续的人均产量增长。

6.促进经济发展的源泉有人力资源、自然资源、资本的形成和积累、技术和创新。

（二）数字经济时代的适用性

1.数字经济是技术进步的典型体现

近年来,以大数据、人工智能、移动互联网为代表的新一代信息技术迅猛发展,数字经济已成为引领全球经济社会变革、推动我国经济增长的重要动力。从农业经济时代到工业经济时代,再到当前的数字经济时代,人类掌握的技术一直在进步,数字经济发展中主流的技术包括大数据、人工智能、云计算、物联网、5G、区块链等数字技术。数字技术持续的研发和创新是数字经济时代的主要特征,数字经济的出现和快速增长本身就是技术进步的结果,数字经济的发展催生新的产业集群,包括大数据、人工智能、云计算、物联网、网络信息安全等系列产业。数字经济通过数字产业集群以及横向和纵向产业关联,借助产业协同和反馈效应,提高整个经济体系的创新效率。同时,数字信息产业具有渗透性、外溢性、互补性特点和较高的技术提升及广泛的应用潜能,具有较大的纵向和横向外部性,能渗透到生产、分配、流通和消费等各环节,为经济增长开辟新空间。

2.数字经济影响资本积累

从数字经济内涵来看,其是以现代信息网络作为重要载体、以信息通信技术的有效使用来提升效率和优化经济结构的一系列经济活动。数字经济主要分为数字产业化和产业数字化。计算机制造、通信设备制造、电子设备制造、电信、广播电视和卫星传输服务、软件和信息技术服务等行业作为数字经济的基础产业,互联网零售、互联网和相关服务等几乎全部架构在数字化之上的行业,可看作数字经济范畴。可以看出,数字经济大多属于资本密集行业,需要持续投入,这在国家新基础设施建设布局中得到集中体现。当前,数字经济仍处于起步阶段,未来加速数字产业链的培育过程,还需要大量资本投入,数字经济的发展本身就是资本积累的一种体现。

3.数字经济时代人力资本需要重新配置

数字经济背景下的新技术、新产业以及新生产方式对传统的生产方式提出挑战,一方面,大量的简单劳动被替代;另一方面,具备专业素质和职业技能的人才缺口较大,因此经济社会发展对人力资本需求也发生变化。相对于农业经济和工业经济,数字经济发展以资本、技术和知识密集型产业为主,对人力资本的需求体现在“质”上,需要对人力资本进行重新配置。通过人力资本的重新配置,劳动生产率得以全面提高,进而带动居民收入增加、工业服务业利润增长、储蓄率提高、投资增加,形成一系列促进经济增长的正循环。

4.数字经济激活消费新市场

数字经济在释放消费潜力方面,线上消费模式打破了时空限制,使原本买不到,或者是没有时间买的消费得到满足,随时随地在线购物让消费潜力得以释放。随着生活水平的提高,人们对消费品的质量有更高要求,要求有个性化的、多样化的、高品质的消费产品,这对购物渠道、购物场景等提出了更高要求。同时,年轻一代的消费需求增长得非常快,尤其是来自第二、三、四线城市以及中小城市的年轻消费者,需求增长很快,因此丰富下沉市场广大群体的购物渠道和购物选择非常必要。此外,数字经济背景下的网红经济、直播经济等新消费模式为中国数字经济注入新活力,也重塑了中国消费市场。尤其是在新冠疫情困扰之下,消费市场面临新抉择,新技术为消费市场提供了加速转型升级的主动力。新技术对消费的支撑也将延伸到制造业、资本市场和贸易层面,形成万物互联的新态势。在此态势下,消费市场、投资与贸易能够在互联互通中形成促进经济可持续增长的增能效应。

5.数字经济与高质量发展

自 2017 年以来,"数字经济"一词已经连续多年被写入政府工作报告,从最初的"促进数字经济加快成长"到如今的"加快数字化发展,打造数字经济新优势,协同推进数字产业化和产业数字化转型,加快数字社会建设步伐"。数字经济已经飞速成长为我国经济发展的关键引擎和推动高质量发展的新优势。我国经济已由高速增长阶段转向高质量发展阶段,必须坚持质量第一、效益优先,推动经济发展质量变革、效率变革、动力变革。数字经济与高质量发展内涵高度契合。其中,数字经济以其高成长性、强渗透性、广覆盖性以及智能共享、跨界融合等特性,深刻影响着传统经济的生产方式、商业模式和发展路径,对于推动三大变革、引领高质量发展具有深远的战略意义。发展数字经济很好地体现了创新、协调、绿色、开放、共享发展理念。具体来看,数字经济是新技术革命的产物,是一种新型经济和新资源配置方式,体现了制度创新、商业模式创新和技术创新,其内在特征就是创新;数字经济为低收入群体、贫困群体、落后群体参与现代经济活动以及共享改革发展成果提供平等的机会,对于区域、人群的均衡发展意义重大,因而具有跨越时空的普惠性特征;数字经济的效率提高能够减轻传统经济的高消耗、高污染问题,减少对生态的损害,有助于形成低碳、绿色、可持续的经济发展模式;数字经济起源于互联网,因而天生具备互联网开放共享的特性。

数字技术在经济社会各领域的融合应用主要表现为用数字技术改造提升农业、工业、服务业等传统产业,是为产业数字化。可以说,数字经济的内容不仅仅涵盖着信息产业本身,更包括数字技术在各行各业的应用,是在数字技术开发利用集成基础上开展的全部产业、贸易、金融、消费等经济活动。农业经济时代的关键生产要素是劳动力和土地,工业经济时代的关键生产要素是资本和技术,而数字经济时代,数据成为关键生产要素。数据作为新型生产要素进入价值创造环节,不仅推动了土地、资本、劳动力等传统生产要素的流动和共享,更实现了全新的价值创造,带来经济社会各领域全要素生产率的提升。研究显示,以"数据驱动型决策"模式运营的企业,其生产力普遍可以提高 5%~10%。数字经济作为农业经济、工业经济之后的新型经济形态,呈现出高成长性、广覆盖性、强渗透性以及跨界融合、开放共享等与生俱来的特性,它更容易形成规模经济和范围经济,实现全域性的经济增长,也体现了更明显的经济发展特征。随着数字经济与经济社会的交汇融合,数据呈爆发式增长态势,每年增长 50%,每两年翻一番,成为企业经营决策的新驱动、商品服务贸易的新内容、社会全面治理的新手段,带来了新的价值增值。中国信息通信研究院发布的《中国数字经济发展研究报告(2023 年)》指出,2022 年中国数字经济规模达到 50.2 万亿元,占 GDP 比重达到 41.5%,数字经济进一步实现量的合理增长。

二、案例分析

（一）新冠疫情背景下的数字经济

案例内容

新冠疫情发生以来，国家的经济增长受到严重威胁，尤其是线下实体经济。在这场疫情大考中，从"云办公"到"云上课"，从智能制造到5G新基建，从帮助企业化危为机到赋能现代化治理……数字化技术的加速应用成为抗疫"利器"，也在成为新经济增长点。迎"疫"而上，数字经济新动能加速崛起，彰显中国经济的韧性和潜力。当前，从中央部委到地方，加快推动数字经济做大做强，通过打造"新基建"、发展新商业、提升城市治理水平，为经济的持续增长和高质量发展提供动力。

数字技术已经渗透到经济社会的各个方面。每天清晨，打开生鲜App买完菜，上个在线健身课程、听个"云演唱会"、休息之余进入直播间拼购……这是"80后"小李宅居在家的常态。在东亚前海证券金融科技部，每个交易日早上八点到九点，开启多达数十个业务系统并进行初始化和联调已经成为日常工作。疫情期间，东亚前海证券90%的会议和培训场景，都通过腾讯会议来完成，现在使用腾讯会议已成为常态。作为智能移动办公平台，钉钉也在第一时间推出在线办公指南，并免费开放302人同时在线的视频会议，助力钉钉平台上1000万家企业组织、2亿上班族能够正常开工。与"云办公"一同盛行的还有"云上课"。

疫情背景下，更多居民通过线上电商平台满足自己的生活服务需求。以互联网平台为代表的新经济企业充分发挥数据、科技、资本等优势，孵化出无人配送等新模式，有力地推动我国服务业供给侧数字化进程。在制造业一线，以工业互联网、人工智能为支撑的智能制造，更好地经受住了疫情冲击，恢复速度也明显加快。不仅如此，数字政府和智慧城市在抗疫中作用凸显，城市治理体系也因此不断完善。比如，为实现精准抗疫、有序复工，各地政府和企业创造性地推出"健康码"。目前，依托全国一体化政府服务平台共享信息，全国绝大部分地区"健康码"已可实现"一码通行"。这些仅是数字技术赋能经济恢复的一个个缩影。

数字经济新动能崛起。受疫情影响一度遭遇"卖难"的农产品，也借助数字技术迅速打开市场通道。农业农村部日前组织召开的农产品产销对接视频会商会，组织产销主体视频协商、网络签约，促成采购量5.035万吨，金额达3.358亿元。不少电商平台也致力于推动更多农产品"触网"。2020年2月10日，拼多多开通"抗疫助农"专区，截至3月27

日中午 12 时,已累计售出滞销农产品 4300 万单,总计超过 16.25 万吨,覆盖 230 多个国家级贫困县。

虽然疫情对传统消费和产业造成较大冲击,但压力下也蕴含巨大潜力和机遇,线上消费和智能经济爆发式增长,对冲了部分负面影响,为经济高质量发展开拓了新空间。国家发展改革委高技术司司长伍浩表示,疫情让我们对信息技术深度融合与数字化转型所带来的巨大效益认识更深。"未来一段时期,数字经济将成为拉动经济增长的一个重要引擎,各行业各领域数字化转型步伐将大大加快。"

案例分析

索洛的新古典增长模型中总量生产函数可以表示为包含 4 个变量的方程,即 $Y = A \times F(K, L)$。索洛利用该生产函数估算了各因素对经济增长的贡献,经济增长率主要取决于资本增长率、劳动增长率和技术进步率。

索洛模型中,当人均资本存量和人均产出水平维持在高水平,且人均产量水平达到稳定状态时,高经济增长率不能够保持,经济增长速度会落回之前水平。经济的长期增长取决于劳动增长率和技术进步率。索洛和肯德里克利用 20 世纪美国经济增长的数据进行增长核算,验证了索洛模型所揭示的经济增长的动力,并指出技术进步对经济增长的贡献最大。此外,库兹涅兹也发现,知识存量的增加、劳动生产率提高和经济结构的变化是影响经济增长的主要因素。通过上述分析发现,虽然影响经济增长的因素很多,但是技术进步是影响经济增长速度的关键因素。

每一次的技术进步都势不可挡,每一次的发展契机又都转瞬即逝。放眼全球的数字经济浪潮,能不能抓住机遇,加速向以网络信息技术产业为重要内容的经济活动转变,成为各国经济发展的关键之举。有统计显示,未来几年,数字经济在全球经济的占比将达到 22.5%,到 2020 年,将产生超过 44 ZB(1 ZB 相当于十万亿亿字节)的数据。面对如此庞大的资源,不少国家纷纷开始了一轮新"淘金热"。德国发布"数字战略 2025",明确了德国制造转型和构建未来数字社会的思路;英国出台《数字经济战略(2015—2018)》,旨在建设数字化强国;日本提出建设"超智能社会",最大限度将网络空间与现实空间融合。

对于中国来说,数字经济既是中国经济提质增效的新变量,也是中国经济转型增长的新蓝海。受到资源、环境的双重约束,中国以往粗放式的增长模式难以为继。近年来,我国经济增速不断下降,从 2010 年的 10.64% 到 2015 年的 7.04%,再到 2020 年的 2.3%,受新冠疫情影响较小的 2019 年为 5.95%。面临经济增速下滑的趋势,我国急需寻找经济增长的新动力和增长点。数字经济作为继农业经济和工业经济之后的新型经济,表现出与以往经济增长不一样的趋势。如图 14-1 所示,2014 年以来,我国数字经济规模持续增长,从 16.2 万亿元增长到 2020 年的 39.2 万亿元,占 GDP 的比重上升到 38.6%。此外,数字经济增速达到 GDP 增速 3 倍以上,成为稳定经济增长的关键动力。

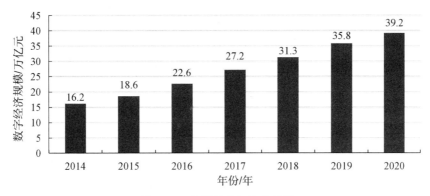

图 14-1　中国数字经济发展①

问题讨论

(1)近十五年来我国经济增长速度发生了什么变化？为什么？

(2)我国的经济增长源泉是什么？近些年发生哪些变化？

(3)未来维持我国数字经济增长的持续动力是什么？

理论提示

(1)经济增长核算

(2)索洛模型

(3)数字经济的内涵

（二）"新基建"拉动密集投资

案例内容

"十四五"规划纲要将新型基础设施建设作为拓展投资空间的重点,地方也纷纷出台"十四五"规划纲要,明确未来五年 5G 建设目标,加速推进大数据中心、工业互联网等一批重大项目建设。据统计,在多重政策红利催化下,"十四五"时期新基建相关投资有望超过十万亿元。

国家发展改革委表示,将出台"十四五"新型基础设施建设规划,拓展 5G 应用,加快工业互联网、数据中心等建设。工信部提出,将按照需求牵引、系统布局、适度超前的原则,加大投资力度,持续推进 5G、工业互联网、数据中心建设,打造高速、移动、安全、泛载的新型基础设施。国资委日前提出,要加快国有资本布局优化和产业结构调整,把发展的

---

① 中国信息通信研究院.中国数字经济发展白皮书［R/OL］.(2021-04-23)［2022-03-01］. http://www.caict.ac.cn/kxyj/qwfb/bps/202104/P020210424737615413306.pdf.

着力点放在实体经济上,稳步推进战略性重组和专业化整合,加大新型基础设施投资力度等。

地方方案也加紧出台。据不完全统计,目前已有北京、天津、上海、重庆、四川、湖北、浙江、江苏、安徽等近 20 省区市出台地方"十四五"规划纲要,谋划新型基础设施重大工程,进一步明确未来五年 5G 建设目标,数量从几万个到数十万个不等。例如,湖北省"十四五"规划纲要提出,建成 13 万个以上 5G 基站、浙江省提出,到 2025 年,全省建成 5G 基站 20 万个,实现行政村以上地区和省内高速、高铁等交通干线 5G 网络覆盖。此外,多地密集上马一批新重大项目,加快新型基础设施建设正成为扩大有效投资的重要选项。4月 6 日,河南下发 2021 年度 5G 项目清单,共计 559 个项目,总投资 580 多亿元。湖南日前发布 2021 年"数字新基建"100 个标志性项目名单,总投资 216.06 亿元,单个项目投资基本在 2000 万元以上,其中 1 亿元以上的 25 个,10 亿元以上的 5 个,30 亿元以上的 2个。广州发布 2021 年科创领域"新基建"方案,首批投资 1681 亿元,其中明确,今年将推进超算中心、数据中心与云计算中心建设。

与此同时,围绕工业互联网、大数据中心等重点领域,一批重点项目也集中出炉。北京提出实施新型基础设施支撑行动,加快建设工业互联网标识解析国家顶级节点、国家工业互联网大数据中心;建设人工智能超高速计算中心、一体化大数据平台、区块链共性平台等数据智能基础设施。安徽提出实施"新基建+"行动,到 2025 年建成工业互联网平台200 个以上,加快合肥华云信创云数据中心、淮北大数据中心、阜阳大数据中心等重点项目建设。

在业内看来,系列利好政策的推动下,未来五年新基建将带来大规模、长期性的新增有效投资。根据中国信通院数据,2021 年新基建预计投资约为 1.78 万亿元,整个"十四五"时期投资预计约为 10.53 万亿元。其中,服务于工业领域的新基建有望成为投资部署的重点,包括 5G、物联网、工业互联网等网络基础设施,如云计算、数据中心、智能计算中心等算力基础设施等。

企业的资金投入也将进一步加大。以 5G 为例,2021 年电信央企的相关投资稳步增长。从中国移动、中国联通、中国电信三大运营商公布的计划显示,5G 相关的资本开支预算合计达 1847 亿元,同比增长 2.44%。此外,中国铁塔 2021 年与 5G 相关的投资预期安排 184 亿元。新基建具有技术迭代快、无形资产多等特征,需持续引入增量资金提供支持。[①]

案例分析

从本案例可以看出,国家非常重视新基建,并将其作为"十四五"时期的重大战略,各地也纷纷投资进行新基建。那么,新基建为什么成为投资的热门?对经济有什么影响呢?

---

① 　郭倩.新基建项目竞相上马 十万亿投资大幕将启[N].经济参考报,2021-04-13.

新基建与同期发展的数字经济有什么联系？这些问题都值得深入分析。

当我们从工业经济迈向数字经济，基础设施的内涵也随之革新。过去，大量经济活动建立在以铁路、公路、机场等为代表的传统基础设施建设上。如今，5G 网络、工业互联网、物联网等网络基础，数据中心等数字基础，人工智能等运算基础，成为必要而普遍的新型基础设施。加快新基建进度，不是简单的基础设施建设，而是与产业化应用协调推进，既能增强基建稳增长的传统属性，又可以助推创新和拓展新消费、新制造、新服务。因而，提升传统基础设施智能化水平、新型基础设施产业化水平，既是国家通过投资促发展，也是企业面向未来谋布局。

从长期来看，经济增长是由供给方面的力量决定的，既是总供给潜在能力的增加（体现为长期垂直的总供给曲线持续右移），也是潜在供给能力的实现（表现为经济总是处在总需求曲线和长期供给曲线的交点）。当总需求小于总供给时，经济就容易出现通货紧缩的情况，导致经济发展不景气，需要采取一些政策刺激需求来实现潜在的生产能力，将闲置的设备利用起来以便生产供人们使用的产品，并拉动就业、促进发展。2008 年世界经济危机以来，我国在传统基建领域进行了大量的投资，经济增长速度保持在高位，但是经过连续多年大规模投资，交通、能源、水利等传统基建领域的存量基数已经很高，再维持高速增长并不现实。与之相反，面向未来的"新基建"却是刚刚起步、发展空间巨大。据预测，单是 5G 网络，到 2025 年的建设投资便将累计达到 1.2 万亿元。尽管眼下新基建的投资规模还比不上传统基建领域，但后劲十足。2021 年中共中央政治局常务委员会召开会议，指出"加快 5G 网络、数据中心等新型基础设施建设进度"。可以预计，新基建将逐步带动数字经济的繁荣，不断孕育新的建设需求，进而撬动更大规模投资，形成正向循环。因此，新基建是稳投资、扩内需、拉动经济增长的重要途径。

与传统基建不同的是，新基建与数字经济相互作用，具有更多的优势。近年来，我国一直致力于抓住新一轮科技革命机遇，大力发展数字经济，推动产业优化升级。在此基础上，进一步加快新型基础设施建设，将会使得 5G 手机、车联网终端、智能家居等新产品更受市场青睐，"栖息在云端"的新技术更有用武之地，也将加速信息技术与实体经济深度融合，使我国产业的数字化、网络化、智能化转型步伐更加稳健。可以看出，新基建也是促升级、优结构、提升经济发展质量的重要环节。

总的来看，加快建设新型基础设施，不仅有利于扩大有效投资、带来新的经济增长点，还能助力实体经济转型升级、激活发展新动能，可谓一举多得，正当其时。同时，我们也要把握新基建与传统基建的异同点，科学施策、精准发力，把步子迈得又快又稳。

问题讨论

(1) 什么是新基建？与数字经济相关的新基建有哪些？

(2) 新基建为什么是拉动经济增长的重要途径？

(3) 与传统基建相比，新基建在促进经济发展方面有哪些优势？

理论提示

(1) 消费、投资、出口三驾马车

（2）总供给和总需求关系

（3）新基建与数字经济

（三）数字经济的价值创造与效应

案例内容

近年来,随着全球互联网产生的数据流量激增,以及互联网与人工智能、物联网、云计算、大数据等新一代信息技术的融合发展,全球数字经济迅速发展。根据中国信息通信研究发布的《全球数字经济新图景（2019 年）》,其测算的 47 个国家数字经济总规模超过 30.2 万亿美元,占 GDP 比重高达 40.3%,其中约半数国家数字经济规模超过 100 亿美元。2018 年美国数字经济规模达到 12.34 万亿美元,排在全球第一位;中国数字经济以 4.73 万亿美元的规模紧随其后;德国、日本、英国、法国依次列第三至六位。从发达国家和发展中国家的角度来看,发达国家数字经济的整体规模大于发展中国家,数字经济在 GDP 中的占比也要高于发展中国家,但发展中国家数字经济的增长速度要快于发达国家。

从国内来看,数字经济成为我国国民经济高质量发展的新动能,数字经济增加值规模由 2005 年的 2.6 万亿元增加至 2019 年的 35.8 万亿元。与此同时,数字经济在 GDP 中所占的比重逐年提升,由 2005 年的 14.2% 提升至 2019 年的 36.2%。据统计显示,在产业数字化方面,2019 年产业数字化增加值规模约为 28.8 万亿元,2005—2019 年年复合增长率高达 24.9%,占 GDP 比重提升至 29.0%,成为支撑国民经济发展的重要力量。在数字产业化方面,2019 年数字产业化增加值规模达到 7.1 万亿元,同比增长 10.54%,占 GDP 比重为 7.2%。在数字化治理方面,治理规则逐步完善、治理手段进一步优化、治理方式加快创新。在数据价值化方面,随着数字化转型加快,数据对提高生产效率的乘数效应凸显,成为新生产要素。从数字经济的内部结构来看,数字产业化的占比逐年下降,在数字经济中占比由 2005 年的 50.9% 下降至 2019 年的 19.8%;相反,产业数字化在数字经济中的占比逐年提升,由 2005 年的 49.1% 提升至 2019 年的 80.2%。数字经济在不断发展的过程中,对经济增长的贡献也在不断提升。据统计,2014—2019 年,数字经济对经济增长的贡献率均在 50% 以上,其中 2019 年数字经济对经济增长的贡献率为 67.7%,数字经济对经济增长的贡献均高于三次产业对经济增长的贡献。

从国内各地发展情况来看,2019 年数字经济增加值超过 1 万亿元的省市包括广东、江苏、浙江、上海、北京、福建、湖北、四川、河南、河北、安徽、湖南等;辽宁、重庆、江西、陕西、广西等省区市数字经济增加值规模超过 5000 亿元。从数字经济在 GDP 中的占比来看,北京、上海数字经济在 GDP 中的占比已经超过 50%;广东、浙江、江苏、福建数字经济在 GDP 中的比重超过 40%;重庆、湖北、辽宁、河北、广西、四川、江西、贵州等地数字经济在 GDP 中的比重超过 30%。[1][2]

案例分析

通过案例可以看出,数字经济无论是在国外还是国内,已成为经济增长的重要引擎。近几年中国的数字经济规模仅次于美国,全球排名第二。2021 年,中国国家统计局公开发布了《数字经济及其核心产业统计分类(2021)》,从"数字产业化"和"产业数字化"两个方面,将数字经济分为数字产品制造业、数字产品服务业、数字技术应用业、数字要素驱动业和数字化效率提升业五大类。面向数字经济日益清晰的现实产业图谱,需要由表及里,重点关注其背后的价值创造机理与效应发挥路径。相比一味地投入资源发展,辨明战略方向更为重要。唯有把握数字经济的增长本质,方能正确理解数字经济时代所谋所求,从而有的放矢地安排资源倾斜,在全球数字经济的竞争新局中掌握主动权。

数字经济带来了一种全新的模式变革,自动化与机械化对劳动力市场产生替代性冲击,伴随新业态的诞生,消遣娱乐甚至得以成为人们的一种职业选择。从这一维度出发,我们不应仅仅将数字经济简单地与技术进步画上等号,更为关键的是数字经济重新定义了价值创造的过程。传统经济增长的实质是将物作为锚,简单重复的劳动力也属于被物化的人力资源,而数字经济则是将人作为锚,并以数据来衡量人的行为习惯、创造力、影响力的潜在价值。如果说传统经济是以土地使用权、物权和债权为核心的存量分配体系,那么数字经济则是以人的技术知识、创造力、影响力等作为数权核心资产的流量分配体系。因此,数字经济所带来的增长可以不受现实资源与物理空间的限制,帮助我们摆脱存量博弈的囚徒困境。

数字经济与传统经济的价值创造过程不同。如图 14-2 所示,对于传统经济,初始阶段的要素投入与产出几乎成正比,通过实物资源消耗来换取经济快速增长,但是当受到资源、环境约束后,粗放型的经济增长模式将难以为继。对于数字经济,初始阶段投入较难但立即产生可观收益,如现代信息网络、新基建、消费者习惯的培育以及算力算法的创新性突破都需要耗费大量的时间、人力和物力。这意味着,与传统经济的"即投即用"相反,数字经济在收益上存在一个"真空期",只有在基础设施成型后才能发挥价值创造的作用。值得强调的是,当数字经济发展迈过"真空期"后,由于数据的边际复制成本几乎等于 0,其本身作为要素不具有排他性,因此数字经济能够打破传统生产要素的边际收益递减的陷阱,表现出数字经济的倍增效应和乘数效应,从而源源不断发挥价值。

---

① 前瞻产业研究院. 2020 年中国数字经济发展报告[EB/OL].(2020-08-10)[2023-12-20]. https://bg.qianzhan.com/report/detail/2008191709558723.html.

② 中国信息通信研究院. 全球数字经济新图景(2019 年)[EB/OL].(2019-10-11)[2023-12-20].ht-tp://www.caict.ac.cn/kxyj/qwfb/bps/201910/t20191011_214714.htm.

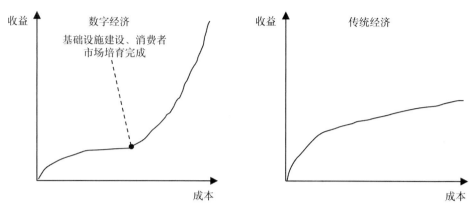

图 14-2　数字经济与传统经济的成本收益曲线对比

根据数字经济价值创造的机理,发展壮大数字经济的关键在于两个数:基数和指数。对于基数,主要是指基础设施的完善程度和先进性程度,如新基建的建设为大数据、5G 等数字技术叠加效应、乘数效应的发挥奠定基础。对于指数,关系到后续增长的潜力与空间,需要在保证存量基础上不断寻求增量,才能释放出行业更充裕的发展空间。那么,如何从基数和指数两方面来发展数字经济?

首先,通过提升数字化生产力来稳固基数。当前,我国数字经济在消费端创造了诸多奇迹,培育了许多世界级的互联网公司,未来还需要面向更高数量级的工业互联网,这就需要发展更强大的数字化生产力来支撑。其次,构建对应的数字化生产关系以提升指数。生产力决定生产关系,生产关系反作用于生产力。数字经济生产力乘数效应的发挥,有赖于生产关系的妥善处理。如通过数字监管来治理平台垄断、实现隐私保护等,实现数字经济时代的机会均等、规则均等与权利均等,以此释放出数字生产的巨大潜力,提升经济增长速度。

问题讨论

(1)数字经济如何测算?

(2)数字经济是如何发挥乘数效应带动经济增长的? 举例说明。

(3)数字经济如何创造价值? 试举例说明。

理论提示

(1)边际收益递增

(2)生产力与生产关系

(3)乘数原理

（四）"双十一"网购创纪录

案例内容

2020年，随着10月全国就业目标提前达成，居民消费能力及信心得到提振。11月消费数据显示，社会消费品零售总额39514亿元，同比增长5%，增速比10月加快0.7个百分点。其中，除汽车以外的消费品零售额35497亿元，同比增速达4.2%。

由于11月中上旬正值"双十一"购物节，内需潜力得到持续释放，多家网购平台创造消费纪录。据统计，11月11日0点0分26秒，天猫"双十一"刷新订单创建新峰值，达到58.3万笔/秒。这一新纪录是2009年天猫第一次"双十一"的1457倍；而在11月1—11日，京东"11.11全球热爱季"累计下单金额超2715亿元，打造新纪录。

从前11个月网购数据也可看出，网上销售额增速继续扩大。据统计，前11个月，全国网上零售额105374亿元，同比增长11.5%，增速比前10个月提高0.6个百分点。其中，实物商品网上零售额87792亿元，增长15.7%，占社会消费品零售总额的比重为25%；在实物商品网上零售额中，吃、穿、用类商品分别增长32.9%、5.9%和17.1%。

时近年末，"十三五"收官在即，脱贫攻坚进入决胜关口，来自贫困县的30余万商家加入天猫"双十一"。数据显示，在11月1—10日，贫困县商家的成交额同比增长74%，其中尚未脱贫摘帽的52个贫困县商家的成交额同比增速达122%。

"随着经济逐步恢复到常态化的增长，消费仍会成为国民经济的主要支撑引擎。"付凌晖指出。值得关注的是，12月11日，中央政治局会议明确，要扭住供给侧结构性改革，同时注重需求侧改革。这也是中央层面首次提出需求侧改革。付凌晖表示，当前中国经济已进入新的发展阶段，构建以国内大循环为主体、国内国际双循环相互促进的发展格局。要令国内大循环为主体，就要积极建立完备的内需体系，这也离不开扩大国内需求，发挥消费的基础性作用。在他看来，推动需求侧改革，也将有利于释放消费潜力。当前国内消费的发展对经济的带动作用在逐步增强，消费规模扩大、消费结构升级的趋势非常明显，但是消费的水平和品质仍有较大的提升空间。例如，提升居民消费能力完善消费环境均面临不少制约，仍需通过改革的方式加以解决。[①]

案例分析

经济学上常把消费、投资和净出口比作拉动经济增长的三驾马车。改革开放以来，我国采取投资和出口导向型经济增长模式取得了巨大的经济效益，面对当前世界经济低迷、

---

① 陶凤，刘瀚琳，王晨婷.11月消费升级显著中国经济加速增长［N］.北京商报，2020-12-16(4).

竞争激烈的国际环境,过去那种过度依赖投资和出口导向型获得经济增长的模式不再适用。消费是所有经济行为有效实现的最终环节,消费的拉动作用较投资的拉动作用更具持续性,唯有消费需求的扩大才是经济增长持久长效的拉动力。从数据上来看,2020年最终消费率接近55%,2011—2019年,我国消费率平均为53.4%,2020年尽管受到新冠疫情的冲击,最终消费支出占GDP的比重仍达到54.3%,高于资本形成总额11.2个百分点。

从理论上来讲,消费属于国民收入的一个重要组成部分。在货币市场上,利率和产品市场价格不变的情况下,国民收入决定着消费数量,当不考虑货币市场条件下,国民收入可以通过社会总供给等于社会总需求来进行调节,最终实现均衡。这意味着,当不考虑货币市场情况下,消费需求主要受到国民收入影响。当前主流的消费理论,如凯恩斯绝对收入理论、持久收入理论等均认为,个体收入是影响其消费水平的主要因素。疫情之后随着就业改善、收入提高,居民消费能力及信心得到提振。但可以看到,以互联网为主体的数字经济在增加全社会消费规模中发挥了重大作用,数字经济已成为激活消费新市场的关键。

与主流的消费理论不同,数字经济对居民消费的影响主要体现在三个方面:第一,数字经济发展丰富了居民消费渠道。传统经济时代居民主要通过线下实体店消费,此时收入是消费的主要影响因素。但是,地域的局限性使得居民可消费的产品和服务多样性受限,如广大农村地区和偏远落后地区。而且,外部环境冲击也会对居民线下实体消费产生影响,如新冠疫情冲击大幅降低了线下消费规模。而数字经济的跨时间、跨地域性能够为消费者提供更多样化的产品和服务。第二,数字经济发展降低了居民的信息不对称性。传统经济中供给方掌握的产品信息比需求方更多,需求方在选定需要的产品前花费高额搜寻成本,市场效率低下。而在数字经济背景下,消费者一方面能在线搜寻到更多信息,产品质量等,市场透明度提高。另一方面,大数据驱动的个性化推荐降低了搜寻成本,提高了消费者效益。第三,数字经济丰富了居民消费方式。数字经济背景下,消费场景从线下向线上延伸并实现两者的融合,消费对象从实物向服务转变,消费体验从大众化向个性化探索,如无人超市的人脸识别技术创新了线上与线下融合方式,"直播经济"改变了线上消费风格,智慧物流的不断升级持续改善人们的网购体验。

从案例中还可以看出,数字经济不仅扩大了消费规模,还对消费结构升级有积极作用。在高质量发展阶段,不仅要重视消费规模的扩大,更应该重视消费结构升级。国际上,城市化时期发达国家通常将生活质量持续提高作为高质量发展的综合评估指标;20世纪70年代以后,这些发达国家在公共服务均等化和消费结构升级支持下,完成了由产品生产向要素升级的转换,形成了公共服务支出高水平、人力资本高端化与创新发展的良性循环。[①] 当消费结构中的科教文卫这类高端消费比重提升时,将从根本上改变消费的

---

① 袁富华.服务业结构升级、效率补偿效应与高质量城市化[J].人民论坛·学术前沿,2021(6):40-50.

特征。科教文卫的消费主要是为了积累人力资本和预防风险,教育支出、健康支出和社会保障支出,都会对于个人和家庭有积极影响,这些需求端变量从长期看有持续获益性特征。因此,科教文卫等高端消费支出项目适合进行跨期投资。从长期角度来看,正是因为消费和公共服务支出包含了动态的效率性,在城市化阶段发达国家能实现高质量消费和效率提高双赢的良好局面,进而构建了如下的良性循环:公共服务支出水平提高,促进消费结构高端化,加速高端人力资本积累,进而实现提高效率和高质量发展。

发达国家城市化中,居民科教文卫等项目在消费结构中越来越具有投资的含义,因此消费科教文卫等高端消费项目成为有助于未来整体经济效率提高的一种储蓄转化途径。普遍来看,发达国家的高消费基本经过两个阶段:一是通过消费物质和服务等一般性商品来实现资本积累和增长服务;二是通过科教文卫的消费来实现高质量生活和跨期的人力资本积累。在后一种的科教文卫消费,已经属于跨期的效率补偿范畴,它的重要意义在于能够对抗未来的不确定性和最终实现可持续发展。从高质量发展阶段的内生动力培育机制来看,中国转型时期的一个突出问题是通过消费结构升级来实现高层次人力资本积累不足,同时囿于低层次消费比重过高导致低层次人力资本过剩,这个突出问题已成为抑制中国高质量发展的关键瓶颈。在城市化经济发展阶段,只有通过消费升级提升效率才能保证城市化的可持续发展。国家大力发展教育,有助于促进消费结构升级,是一种科学的战略性布局。因此,中国现阶段的供给侧结构性改革,本质上可以看作突破工业化时期"增长—消费"循环的不可持续性,最终以消费结构升级来发挥效率补偿效应的经济增长模式。

问题讨论

(1)"三驾马车"如何拉动经济增长?

(2)数字经济如何影响消费升级?试举例说明。

(3)如何理解消费升级的效率补偿效应和经济增长之间的关系?

(4)数字经济背景下的消费和传统理解的消费有何异同?

理论提示

(1)知识消费

(2)人力资本积累

(3)消费、投资

第十五章 开放经济的宏观经济学

一、基本原理与数字经济时代的适用性

（一）基本原理

当今世界是全球化的世界，全球化贸易使各个国家的情况变得更好。一个开放的经济体和封闭的经济体是不同的，本章重点关注开放经济下的宏观经济。

1.开放经济条件下国家间经济交往中的基本概念

国际收支平衡表是国民经济核算体系中基本核算表的组成部分，其是反映一定时期一国（或地区）同外国的全部经济往来的收支流量表，是对一个国家与其他国家进行经济技术交流过程中所发生的贸易、非贸易、资本往来以及储备资产的实际动态所做的系统记录，是国际收支核算的重要工具。其也可综合反映一国的国际收支状况、收支结构及储备资产的增减变动情况，为制定对外经济政策，分析影响国际收支平衡的基本经济因素，采取相应的调控措施提供依据。按照国际货币基金组织《国际收支手册》，国际收支平衡表的标准组成包括三个基本部分：经常账户、资本和金融账户。

BP曲线。BP曲线反映国际收支平衡时收入和利率之间的关系。国际收支平衡是指国际收支余额（BP）等于零。国际收支余额包括两部分，一是经常项目（CA），经常项目主要衡量一国出口与进口的差额，是实际汇率（正相关）与可支配收入（负相关）的函数；二是资本金融项目（KA），该项目反映两国之间长短期资本的流动情况，其主要受利率（正相关）影响。

要保持国际收支平衡，利率与国民收入一定要同方向变动，因为利率提高会引起外资流入使资本项目出现盈余，此时需要通过提高国民收入来增加进口，使经常项目逆差才能抵消资本项目盈余。因此BP曲线向上倾斜。BP曲线上的任何一点均代表国际收支平衡，凡是不在BP曲线上的点，都表示国际收支处于失衡状态。在BP曲线左上方的点，均表示国际收支盈余，而BP曲线右下方的点，均表示国际收支赤字。BP曲线斜率取决于两个因素:一是边际进口倾向(m 越大,BP 曲线越陡峭);二是国际资本流动的利率弹性(资本流动速度越快,BP 曲线就越平坦)。一般情况下假定 m 为常数,BP 曲线的形状主要取决于国际资本流动的利率弹性。因此,BP 曲线存在两种极端情况:一是没有资本流动的情况下,利率变化对国际收支没有直接影响,也就是说资本流动对利率的弹性为零,这时 BP 线是一条位于某一收入水平上(使经常项目余额为零的收入水平)的垂直于横轴的直线。二是资本完全自由流动的情况,这时资本流动对于利率变动具有完全的弹性,即任何高于国外利率水平的国内利率都会导致巨额资本流入,使国际收支处于顺差,此时 BP 线为一条位于国际均衡利率水平上的水平直线。

2.蒙代尔-弗莱明模型

分为价格不变的蒙代尔-弗莱明模型和价格变动的蒙代尔-弗莱明模型。蒙代尔与弗莱明进一步扩展了米德对外开放经济条件下不同政策效应的分析,说明了资本是否自由流动以及不同的汇率制度对一国宏观经济的影响,这被称为蒙代尔-弗莱明模型(简称 M-F 模型)。蒙代尔-弗莱明模型是"IS-LM 模型"在开放经济中的形式,是一种短期分析,假定价格水平固定;同时,又是一种需求分析,假定一个经济的总供给可以随总需求的变化迅速做出调整,即假定经济中的总产出完全由总需求方面决定。蒙代尔-弗莱明模型的目的是要证明固定汇率制度下的"米德冲突"可以得到解决。在该模型中,经常项目净差额是实际收入(Y)和汇率(E)的函数;资本项目净差额是本国与外国利差的函数;实际收入(Y)是货币政策和财政政策的函数,它随政府支出(G)的增加而增加,随利率的提高而减少。

该模型的基本结论是:货币政策在固定汇率下对刺激经济毫无效果,在浮动汇率下则效果显著;财政政策在固定汇率下对刺激经济效果显著,在浮动汇率下则效果甚微或毫无效果。M-F 模型认为,固定汇率制度下货币政策之所以无效,是由于在这种制度下,当央行企图通过增加货币供应量使得 LM 曲线从 LM_1 向 LM_2 方向右移的方式来降低利率、刺激总需求时,本国利率水平一旦下降到 CM 曲线之下,在资本自由流动的条件下,会引起资本外流,并对外汇汇率产生升值压力。在固定汇率制度下,央行为了维持汇率的稳定,会被迫向外汇市场卖出外汇,买入本币,这会使货币供应量减少,使 LM 曲线反过来向左上方移动,并返回其初始位置,从而使央行增加货币供应量、降低利率、刺激总需求、增加产出的努力发生逆转,并最终失败。因此,在固定汇率下,货币当局不能自主决定货币供应量和 LM 曲线的位置,也不能有效地影响利率水平,所以货币政策是无效的。

虽然蒙代尔-弗莱明模型代表了内外均衡调节的最高理论成就,但是随着研究的深入,发现蒙代尔关于内外均衡调节政策组合存在两个重要缺陷:其一,它遗漏了关于国际资本市场中存量均衡的讨论,因为在模型中,蒙代尔认为国际资本流动是利差的唯一函数,因而只要存在利差,资本就会一贯地流动从而弥补任何水平的经常项目不平衡,而在现实中各国间的利差普遍存在。其二,在外部均衡标准上,蒙代尔非常强调资本账户,而国际资本流动是利差的唯一函数,因此如果一国出现国际收支逆差,只能通过提高国内利率以吸引资本流入,但这既是一个挤出私人投资,又是依靠对外债台高筑的取得外部均衡的政策。因此无论是货币主义的以储备衡量的外部均衡标准——国际收支平衡,还是蒙代尔强调的资本账户的外部均衡标准都存在缺陷。

（二）数字经济时代的适用性

(1)在一国国际收支达到平衡的时候,即指该国官方储备差额等于零,经常项目收支差额与资本项目收支差额之和应为零。用公式表示为:

$$BP=(X-M)+(AM-AX)=0,或\ M-X=AM-AX \qquad (15.1)$$

其中 X 为出口,M 为进口,AX(asset export)为金融资产流出;AM 为金融资产流入(asset import);$(M-X)$ 为经常项目逆差,$(AM-AX)$ 为资本项目净流入,15.1 等式两边相等时,国际收支达到平衡。

(2)一国的进口量的大小取决于该国国民收入,因此 M 是国民收入 Y 的增函数,用公式表示为:$M=M(Y^*)$,而出口由外国实际收入决定,与本国收入无关,因此可将出口 X 视为不变。

(3)资本项目受利率变量 i 的影响,本国利率相对越高,金融资产流入就越多,流出越少,函数表达式为 $AX=AX(\bar{i})$ 及 $AM=AM(\overset{+}{i})$,经常项目为 $NM=M(Y^*)-X$,是国民收入的增函数,而资本净流入项目 $NF=AM(\overset{+}{i})-AX(\bar{i})$ 是本国利率的增函数。

于是,我们得到 $M(Y^*)-X=AM(\overset{+}{i})-AX(\bar{i})$,该式表示利率是一国资本账户净流入与否的关键影响因素,而国民收入高低是影响一国经常项目逆差的关键,如果经常项目账户为逆差,则资本项目必须为净流入,才能保证国际收支账户平衡,也就意味着一国国民收入越高,其国内利率也会越高。那么在数字贸易中,是否还存在这样的规律?

改革开放 40 多年来,中国快速而全面地融入经济全球化进程,取得了开放发展的巨大成就,这主要是得益于中国把握了 20 世纪 80 年代以来全球要素分工深度演进带来的战略机遇。但是相对于发达经济体而言,中国之前在参与国际分工时一直在以廉价劳动力等初级要素取胜,发达国家主导了前一轮技术革命和产业革命,从而成为经济全球化的主要推动者、全球经济规则的制定者。

伴随人工智能、云计算、大数据等新兴科技的发展,数字经济已经成为当前和未来经济发展的重要趋势,数字技术也必将在重塑全球价值链、产业链和供应链,推动全球要素参与新一轮分工和全球化发展等方面,发挥重要作用。随着数字经济的发展,数据成为重要的生产要素并日益凸显其价值。与其他生产要素相比,数据由于其特殊属性对以要素分工为特征的当代国际分工不仅具有强化作用,而且会推动其向新的方向演进。数字技术的强势崛起推动了产业深度融合,并在引领服务经济蓬勃发展的基础上,构建起服务贸易发展的基石,进一步推动国际分工向服务业领域的拓展和深化。2020 年新冠疫情的全球大流行期间,在线教育、远程医疗、协同办公、跨境电商等服务的广泛应用,不仅体现了数字技术在抗疫方面的积极作用,同时也显示了其对推动和促进服务贸易发展方面的重要作用。

数字贸易是数字经济的重要组成部分,也是数字经济国际化的最主要体现。《"十四五"经济社会发展规划和 2035 年远景目标纲要》提出,要提升贸易数字化水平。传统贸易中的贸易对象多是由标准工序加工而成的实物,在使用过程中会逐渐磨损而失去效用。数字贸易中的贸易对象包括以数字化为载体的数据信息,具有不易破坏、几乎零成本复制、可共享、高互动性等特征,极大地拓展了现有服务贸易的深度和广度。

数字贸易由信息通信技术赋能,以数据流动为关键牵引,以现代信息网络为重要载体,以数字平台为信息枢纽和有力支撑,是国际贸易创新发展的一次巨大飞跃,是贸易模式的一种革命性变化。作为新的国际贸易形态,数字贸易内涵不断丰富,虽然各方对其定义表述尚不统一,但对其本质内涵的认识趋于一致。经济合作与发展组织(OECD)、世界贸易组织(WTO)和国际货币基金组织(IMF)将其定义为通过数字订购和数字交付开展的贸易,通常认为包括跨境电子商务、数字服务贸易、商业存在等方式。[①] 与传统贸易相比,数字贸易特征突出表现在两方面:一是贸易方式的数字化,二是贸易对象的数字化。贸易方式的数字化,是指面向贸易全流程、全产业链的数字化转型,是数字技术在货物与服务贸易领域的广泛应用,由此催生出跨境电商、智慧物流、线上展会等新业态。同时,通过在线交付促进各类服务贸易,特别是文化、教育、研发、咨询等实现跨境服务提供。贸易对象的数字化,是指以数据形式存在的要素和服务成为国际贸易中的重要交易对象,大体分为三类:信息通信技术(ICT)服务贸易,包括电信服务、信息服务、软件复制和分发的许可证等;ICT 赋能的服务贸易,包括数字金融、数字教育、数字医疗、工业互联网等;具有商业价值的数据要素跨境流动。

数字经济时代,数字贸易规则将成为全球经贸规则高标准化发展的重要内容和方向之一,这也是全球要素分工在数字经济推动下进一步深化发展和演变的现实要求。实际上,在目前发展得如火如荼的区域贸易协定中,数字贸易规则都在不同程度上表现出来。例如《全面与进步跨太平洋伙伴关系协定(CPTPP)》等均在不同程度上涉及电子商务或者数字经济章节内容。更具有代表性的是《数字经济伙伴关系协定》,则充分考虑了数字经济和电子商务的各个方面,推动经贸规则朝着更具数字特征的方向发展。总之,在数字经济日益成为世界经济主导形态的新发展阶段,在数字技术不断渗透到各产业领域并与各产业领域融合发展,数字产业化和产业数字化均将进一步夯实数字贸易发展的基石,推动全球要素分工进一步深度演进和发展。因此,在高标准经贸规则谈判过程中,数字贸易以及数据跨境流动等问题必将成为主要议题和焦点,并已经成为全球要素分工演进新趋势下国际经济秩序重构的重要方向和内容。

和传统贸易相比,数字贸易在交易方式、交易内容等方面都有很大的不同,具体详见

---

① 张琦. 数字贸易给世界经济带来深刻变化[[N].经济日报,2022-05-27(11).

表 15-1。由此可以看出,在数字经济时代,由于贸易的方式、贸易内容,以及参与主体不一样,而导致汇率和 BP 曲线的移动并不完全像传统开放经济条件下那样移动。马述忠等(2020)认为跨境电商出口目的国货币的汇率上升(即该国货币贬值)会导致中国对该国的跨境电商出口金额与出口数量减少,这与汇率变动对一般出口贸易的影响方向一致。汇率变动对中国跨境电商出口贸易的影响不仅表现为直接效应,还表现为空间溢出效应(间接效应),而这种空间溢出效应可能是经济全球化联系越加密切的金融制度、汇率变动的价格传递效应、国家间经济协调与贸易合作等诸多错综复杂的影响因素相互作用的结果,汇率变动对跨境电商的影响覆盖支付结算、物流配送等多个环节,中国在发展跨境电商的同时需要强化汇率风险管理意识,并完善汇率风险管理体系,以规避汇率变动带来的预期风险。[①]

表 15-1 传统贸易和数字贸易的发展差异

	传统贸易	数字贸易
特征	国际分割生产;大额贸易;随着任务外包,服务角色发生变化	生产、物流和消费拆分;实物和数字化服务的小额贸易;改变服务的可贸易性;产品和服务包
关键因素	生产制造、交通物流	数据和数字化技术
驱动因素	运输成本和协调成本的降低	运输成本、协调成本和信息共享成本的降低;数字化的发展
贸易方式	固定交易场所,面对面实体交易、电话、邮件;通过陆运、海运和空运传递;跨境交易结算系统	电子商务、社交媒体、数字化平台等;通过物流、快点、海外仓、保税仓、数字化方式传递;线上交易结算
贸易内容	最终品、中间产品和服务、生产要素	基于数字化平台的货物和服务、数字产品和服务、数字化知识和信息
参与方	主要是发达国家、新兴经济体、大型企业	发达国家、发展中国家、中小微企业及个人广泛参与
贸易政策议题	市场准入;贸易便利化;关税和非关税壁垒	数据跨境流动;本地化、内容审查;互操作性;知识产权保护

---

① 马述忠,曹信生,张洪胜.汇率变动对跨境电商出口的影响及空间溢出效应研究[J].浙江大学学报(人文社会科学版),2020,50(1):14-36.

二、案例分析

（一）冬奥场景成为数字人民币试点的重点领域

案例内容

2021 年 12 月 27 日召开的 2022 年中国人民银行工作会议要求,全面提升金融服务与管理水平,稳妥有序推进数字人民币研发试点。截至 2021 年 10 月 22 日,数字人民币个人钱包开立 1.4 亿个,对公钱包 1000 万个,累计交易笔数 1.5 亿余笔,累计交易金额约 620 亿元。据不完全统计,2021 年,全国至少已有北京、深圳、苏州、上海、雄安、成都、海南、长沙、西安、青岛、大连 11 地派发了数字人民币红包,累计金额超 3.4 亿元。

研究机构认为数字人民币是冬奥会最确定的科技"名片",冬奥会有望成为数字货币应用落地的重要里程碑。冬奥安保红线外交通出行、餐饮住宿、购物消费、旅游观光、医疗卫生、通信服务、票务娱乐这七大类场景实现数字货币全覆盖。在张家口赛区,冬奥安保红线内数字货币支付场景基本全覆盖。已建成场馆的支付场景 100% 落地,其余场馆场景也已完成签约和对接。

数字人民币不是一些人理解的加密资产,而是人民币的数字化。数字人民币其实并不神秘,本质是电子化的现金。数字人民币是由央行发行的数字形式的法定货币,由指定运营机构参与运营并向公众兑换,以广义账户体系为基础,支持银行账户松耦合功能,与纸钞、硬币等价,具有价值特征和法偿性,支持可控匿名。"数字货币能像纸钞一样流通,它的定位就是现金的替代,跟现金一样是法定货币,有国家信用背书,具有无限法偿性,任何人都不能拒绝接受。"中国人民大学财政金融学院副院长赵锡军说。

"理论上讲,使用央行数字货币后,没有监管部门看不到的交易行为,现金流完全可追踪。"北京大学国家发展研究院金融学教授徐远认为,数字人民币要在线上流通,随之带来两个重要特点:一是需要依靠加密技术确保数字货币的安全性;二是现金流和信息流数据可实时进入数据库,变得有迹可查。

以数字人民币为代表的新技术创新将成为碳中和进入用户日常生活场景的重要突破口。该试点推出的共享单车骑行活动上线三个月,吸引了超过 800 万用户报名参加,累计骑行超过 4200 万公里,与驾驶燃油车相比,减少碳排放量约 11400 吨。有业内人士表示,以数字人民币为代表的新技术创新将成为碳中和进入用户日常生活场景的重要突破口。业界普遍认为,数字人民币有条件成为绿色金融的重要抓手,在推动绿色低碳生活方面具有一定价值。

数字人民币在规模化前提下，可以节约货币流通成本，节约印制现钞所需要的纸张，因而本身就是绿色低碳的货币工具和支付工具。"数字人民币无论是在国内用于绿色金融产品市场、用于绿色金融激励政策执行，还是跨境使用，用作国际化的绿色金融产品交易的货币工具，都是新的机遇，都可能产生新的放射性的蓝海效应。"中国银行原行长李礼辉认为，数字人民币将改变支付市场的格局，在微信支付、支付宝等市场化支付手段主导的移动支付市场中，增加官方的支付手段，有利于相互竞争、相互促进，进一步提高支付的效率和可靠性。①

案例分析

随着科学技术的发展，技术对货币演化的影响将进一步深入，信用货币的种类越来越多，包括银行支票、股票、电子货币，构成现代经济的重要特征。特别是以大数据为基础的虚拟现实（VR）和增强现实（AR）技术进入市场，进一步加剧社会经济的复杂性，无论从哪方面看，由虚拟现实和增强现实构建的虚拟王国，正在成为现实社会重要的一部分。在网络联系的虚拟现实世界，进行任何一种经济试验比以前都要容易得多，因而完全有可能出现大规模的全面的经济试验，进而带来数字经济革命。数字经济革命对货币的影响是极为明显的。新的现实世界，产生新的货币需求。与数字经济相适应，数字货币应运而生。通过应用数字技术，对货币进行数字化处理，形成一种替代各种货币形式的交易媒介（替代货币），这就是数字货币（digital currency）。央行数字货币可被视为继央行隔夜存款、纸币之后第三种形式的基础货币。②

数字货币体现区块链技术优势。传统的"三记账法"，通过清算中心集中对账、清账、支付结账再到结算，数字、手续繁多，难免出现"双花攻击"重复记账问题。区块链技术具有分布性特点，可提供随机平行的记账方法：根据具体需要，随机在市场按条件选择公共账本监护人。这种"去中心化"有助于人与人关系更加自由与公平，但也增加了市场的不确定性。数字货币还体现为人工智能优势。常规技术发展能够创造新的数据流，为政策研究提供信息，但这些数据缺乏标记，使数据的可利用性大受影响。数字货币在现代区块链等技术基础上进一步应用人工智能技术，有可能解决标记数据稀缺问题，较好地跟踪市场轨迹，有助于机器学习和各种应用程序预测和绘制社会经济发展状况，更好地反映数字经济特征。但是，每个国家在相当一段时间都仍然会拥有货币主权，数字货币在国际上的互操作性极为复杂。③

---

① 数字人民币：弯道超车［N］.中国纪检监察报，2021-12-30(4).

② BINDSEIL，ULRICH. Tiered CBDC and the financial system［Z］.European Central Bank，working paper series 2351，2020.

③ 邹力行.数字货币与全球化［J］.东北财经大学学报，2022(1)：31-40.

从经济学和金融学角度看,货币运行机理涉及两组重要的均衡式。

第一组是经济学均衡式。从经济学角度看,良性发展总需求等于总供给,也就是说:实际货币余额市场总需求(LM)与物品劳务市场总供给(IS)必须相等。这就是著名的 IS-LM 均衡模型。这个模型把两个市场众多因素之间的相互作用结合在一起,给了我们一组方程式。

IS 曲线:
$$Y=C(Y-T)+I(r)+G \tag{15.2}$$

LM 曲线:
$$M/P=L(r,Y) \tag{15.3}$$

在 IS 曲线,物品劳务市场总供给 Y 是消费函数 $C(Y-T)$、投资 $I(r)$ 和政府购买 G 之和;IS 代表投资和储蓄,表示物品劳务市场的情况。在 LM 曲线,M 代表货币供给,P 代表物价水平,M/P 为货币流动函数 $L(r,Y)$,是实际货币余额供给;LM 代表流动性和货币,表示货币供求变动情况。由于利率影响投资,又影响货币需求,因此利率成为联系 IS-LM 均衡模型两个部分的重要工具。由于涉及流动性和货币,我们还需要考察第二组方程式。

第二组是金融学均衡式。从金融学角度看,影响货币供给量的关联因素:
$$MB=C+R \tag{15.4}$$

其中,MB、C、R 分别表示基础货币、流通货币、商行储备金总量。分别用 RR、ER、RD、D 表示法定准备金、超额准备金、法定准备金率、活期存款,则有 $R=RR+ER$,$RR=RD \times D$。将此二式代入式(15.4)则有:
$$MB=C+R=RR+ER=C+RD \times D+ER \tag{15.5}$$

用 M、m 分别表示货币供给量、货币乘数,则有 $M=m \times MB$,由此式可推出:
$$m=M/MB \tag{15.6}$$

这两组均衡式告诉我们:货币供给与收入水平密切相关。当今社会,金融发生很大变化,但这个基本的货币运行原理仍然对添加数字货币后的货币市场和物品劳务市场有重要的指导作用,突出表现在包括数字货币在内的货币供给量与基础货币之间仍有货币乘数关系。

在数字经济中,决定基础货币量的核心力量,仍然是物品劳务市场总供给 GDP,货币发行增量速度(基础货币发行率)需要与 GDP 挂钩。实体经济的价值可通过货币形态展现出来。包括数字产品服务在内的物品劳务市场情况仍然可通过 IS 曲线的投资和储蓄反映;包括数字货币在内的实体经济价值数量和流动情况仍然可通过 LM 曲线表示。在 IS-LM 均衡模型中,只有当货币发行数量与实体经济的发展水平相一致,物品劳务市场与货币余额市场才能处于均衡。引入数字货币之后,无论发行数字货币还是兑换数字货币,数字货币一旦进入流通环节,可直接影响流通货币的结构和速度,进而影响经济中储蓄水平、基础货币、货币供应量三者关系,影响货币乘数效用,影响整个市场。虽然近几十年发达国家货币乘数效用逐渐减弱,1994—2014 年货币乘数从 3 降到 1.8,新兴国家广泛采用先进手段,其货币乘数效用总趋势也在减弱,但货币乘数的功能仍然在发挥作用,特别是会计机制(accounting mechanism)显示出更强的作用。因此,数字货币的功能和应用等同于央行在公开市场增加一个新的操作窗口,此举必然影响一系列资产负债表 T 型账户。资产负债表 T 型账户是所有金融机构运作的基础。为了增加市场的流动性、改进货币结构、提高货币机制运行效率,央行增发一定量的数字货币,这样在央行的 T 型账户负债端就增加了一笔负债,商行或企业的 T 型账户资产栏也增加了一笔以数字货币形态表现的金融资产。这个过程虽然很复杂,但仍可用剥离后的精版 T 型账户表示(如表 15-2 所示):在商行或企业负债栏列,数字货币转换为类似于活期存款的流动资金,或可称之为新型活期存款。作为一般等价物,货币的五大职能分别有价值尺度、流通手段、贮藏手段、支付手段和世界货币。央行数字货币与传统货币相比,在货币价值尺度的职能方面是相同的,但在流通手段、贮藏手段、支付手段和世界货币等方面,差别较大。

流通职能方面,央行建立免费的数字人民币价值转移体系和金融基础设施,不向发行层收取流通费用,商业银行也不向客户收取数字人民币兑出和兑回的服务费。支付职能方面,相当于一个带有即时结算功能的网上银行,基本没有储藏成本,可以保值不能增值。数字货币出现后,单位交易对货币的总需求是减少的,减少的程度依赖于交易成本的节省程度;数字货币的出现,不改变货币需求对交易额和利率的弹性水平。利率越高,持有央行数字货币或现金的机会成本越大,会减少对数字货币的持有;如果银行存款或债券的风险提高,相应会增加对数字货币的持有,增加程度取决于风险大小。央行数字货币交易和当前我国第三方支付交易都会增加对基础货币的需求,央行数字货币的应用一定程度上分流了第三方支付的部分场景,能够缓解第三方支付垄断客流和信息流的程度,重塑支付市场格局。[①]

表 15-2　数字货币资产负债表

央行账户		商行或企业账户	
资产	负债	资产	负债
与 GDP 挂钩的基础货币 (央行准备金)	数字货币量	数字货币量	新型活期存款

如表 15-2 所示,央行的负债由于新添一定数量的数字货币,央行的资产也就相应增加。按会计原则,在这个信用创造和操作转换过程中,利用数字技术,货币运行机制有了改进,但货币运行机理的规律性原理并没有根本的改变。数字货币提高了货币流通速度,也提高了既定货币供给和物价水平时的收入水平。但当货币供给水平并非既定,而是惯常的有增无减时,数字货币实际很容易提高通货膨胀水平。这说明包括数字货币在内的货币供给与收入水平密切相关。央行理论上还可利用数字货币建立对所有人提供全天候

---

① 朱微亮,董超,蔡然.央行数字货币与货币供需关系[J].金融市场研究,2021(10):39-49.

开放的支付结算平台,进一步体现技术优势。但是,这里的数字货币也是一种由央行或授权机构发行的法定货币,是金融机构信用创造的货币,是一种信用货币。因技术先进而引起的货币替代,并没有改变信用货币的内涵,也必须遵循货币运行机理,确保实物市场和货币市场均衡或基本均衡。

当今世界经济大变革,为中国发展提供重要机遇,中国金融力量成长很快。近年来,我国外汇储备规模保持在 3 万亿美元以上,2023 年年末外汇储备保持在 3.2 万亿美元以上,连续 17 年稳居世界第一。银行业总资产增加很大,1983 年只有 3661 亿元,2020 年达到 319.70 万亿元。人民币国际化取得积极进展,2021 年,银行代客人民币跨境收付金额合计超 17.60 万亿元,同比增长 38.7%。中国资本市场从改革开放初期的零起步成为目前世界第三大市场,在全球占比达到 7.5%。这不能不说,中国资本市场是一支令人敬畏的力量。

但是,美国金融霸主地位并没有发生根本变化。自布雷顿森林体系解体以来,美元在国际货币体系中的地位始终稳固,历次经济金融危机不仅没有动摇美元的国际货币地位,反而呈现"经济下行压力越大,国际金融市场越动荡,美元的垄断地位越加巩固"的局面。在全球结算货币中,2020 年美元占 39%,人民币占 4%。在外汇交易中,2020 年美元为 88%,人民币为 4%。人民币债券相较发达国家 67 家债券具有 130~300 BP 的利差。在全球外国货币储备中,美元 2021 年为 59%。2021 年,人民币支付金额占所有货币支付金额的 2.5%,人民币占全球外汇储备之比 2.3%,在主要国际支付货币中人民币排在第五位。美国资本市场仍然是最有影响力的市场,仅纽约证券交易所证券交易额 2020 年为 309 万亿美元,占全球股票市值 40%。美国高度重视数字经济时代保持美元的全球货币霸权地位。数字货币有可能改变美元霸权体系的形态,将一部分美元代币化,用数字美元代替绿色美钞。但美元霸权体系的核心利益不容易改变,且可能增强。2020 年,"数字美元是美联储的直接负债","将美元代币化,使数字美元成为一种新的更具活力的央行货币"。2021 年,美联储主席鲍威尔表示,美国不会与中国竞争开发 CBDC;美国证券交易委员会(SEC)表示,中国计划中的数字人民币不会取代美元。在这样的情况下,中国应该更多地研究美元霸权体系的基本原理以及成为国际金融主导国所需要的基本条件。

问题讨论

(1)数字货币会不会取代传统货币的地位?

(2)数字货币对国际货币体系的冲击是什么?

(3)数字货币会对国际贸易产生怎样的影响?

理论提示

(1)国际货币体系

(2)在国际经济交往中商品与货物流动同资本流动的关系

（二）数字人民币落地条件日益成熟，跨境支付概念股大涨

案例内容

跨境支付（CIPS）概念股今日大涨，创业板新晨科技拉升封板，中油资本、贝肯能源涨停，信安世纪、海联金汇、普联软件、四方精创等大幅走高。中国人民银行近日发布的第一季度支付体系运行总体情况显示：一季度人民币跨境支付系统业务量保持增长，人民币跨境支付系统处理业务 84.43 万笔，金额 22.35 万亿元，同比分别增长 11.69％和 27.80％，日均处理业务 1.41 万笔，金额 3725.01 亿元。[①]

案例分析

由于每个国家在法律中对支付行为有不同的法律界定，且差异巨大，庞大的复杂体系机遇与挑战并存。当前全球的跨境支付体系已经成为一个非常复杂的网络体系。就基本概念来说，跨境支付是在两个以上的国家与地区之间，由于有经贸活动、投资活动或者其他经济活动，而产生国际的债权债务关系，这种关系需要特定的支付工具和支付系统完成货币转移与交付。

第一，从结构的角度看，涉及跨境的证券清算结算体系。大额资金的跨境支付系统，小额资金的跨境支付体系，不同的活动都有大量的参与者。这些参与者形成了一个全球比较稳固的网络，最底层的是 SWIFT（环球银行金融电信协会），它并不做清算，是做信息交换和生态。还有部分国家在全球有影响力的本币支付系统，比如说美国的支付系统 CHIPS，服务了全球 95％以上的跨境美元交易。除此之外，还有大量的涉及证券支付结算的同步交收设施，比如 CLS，这是很重要的外汇清算方面的组织，在小额跨境支付方面还有大量的卡组织。

在中国，与之相应的大额跨境系统就是 CIPS 系统，小额有银联。就跨境支付服务的客户端来看，有 B2B、C2C、B2C、C2B 等。这套长期形成的庞大系统，它的惯性很大。很多支付系统都可以做信息交换，为什么都要通过 SWIFT 做呢？里面有惯性问题，也涉及诸多影响因素。

第二，当前这样一个跨境支付体系既面临机遇又面临挑战，近几年在 G20 框架下，包括 BIS、FSB 等国际组织对跨境支付越来越重视。根据国际清算银行（BIS）的统计，2022 年全球跨境支付资金规模超过 29 万亿美元。我们国家人民币跨境收付包括经常项目和

---

① 数字人民币落地条件日益成熟 跨境支付概念大涨［EB/OL］.（2022-8-12）［2023-12-17］. https://baijiahao.baidu.com/s?id=1740941939108911340&wfr=spider&for=pc.

资本项目,这个市场本来就非常庞大,现在随着数字经济的发展,数字化时代跨境贸易突飞猛进,与之相应就会在跨境支付领域带来了新的巨大增长空间。

法定数字人民币的跨境清结算体系将是 SWIFT 强有力的竞争者。法定数字货币跨境支付和结算体系可以省去第三方中介环节,实现点对点的直接对接,其实质相当于各交易方通过数字货币直接建立起"价值链",并通过分布式账本建立起一个数据"信息网",从而在大大降低成本的同时,快速完成交易支付,这将极大地提升国际清结算的效率,还可以有效革除目前 SWIFT 系统由各商业银行的美元信息流构建起来的第三方信息中介"信息链",将货币流通的网络扁平化,实现支付系统底层全面的互联互通,大幅度减少兑换的环节,提高跨境资金的流动性,解决传统的跨境汇兑在链条长、到账慢、效率低等方面的问题。通过区块链技术构建分布式共享账本和数据库的法定数字货币跨境支付和结算体系,具有去中心化、不可篡改、公开透明等特点,这些基于其技术核心的特点确保了体系的信用。随着体系的不断发展,更多的国家和组织参与到体系的建设中,也能为世界经济发展提供数字化国际货币合作平台,推动国际储备货币制度、国际汇率体系与国际收支平衡机制的数字化创新。

数字货币的本质是数字科技在金融领域的应用,是建立在信息技术和算法程序上的金融运行系统。较早在实际运用中被证明是成功的系统,其内在技术和运行逻辑越能够被其他国家的系统所接受和借鉴。数字货币领域的标准之争关乎国家安全的根本利益,法定数字人民币在全球的首先推出并顺利运行,可以尽快地占据技术和应用制高点,能够有效提升数字时代人民币的国际话语权。[①]

第三,当前这样一个庞大而复杂的体系,受到来自技术和规则方面的冲击,有可能会松动一些,发生一些新的变化。一方面是来自新技术的挑战。谈数字货币,以及与之相应的所谓分布式交易清算规则之前,事实上新技术已给全球跨境支付体系带来一些变化。比如说在庞大的网络体系下,一些非银支付机构、非银支付平台在发挥作用;比如在零售端有一些大量汇款服务平台,对于小额跨境支付提供了更高效的服务等。近年来,分布式账户技术及其衍生的变种,都带来了深刻而复杂的影响。其中,BIS 越来越重视各央行推出的法定数字货币探索,希望利用这些新技术、新现象来解决过去传统、庞大的全球跨境支付体系当中一些高成本、低效率、不透明、标准化不足,以及各种各样的政治约束。除此之外,跨境支付的制度规则,也面临大量协调的新空间,尤其是对于部分非美元国家来说,更需积极探索。

面对当前这种全球跨境支付新格局,我们可以做以下几件事情:一是这样一个跨境支付清算基础设施的建设需要经济金融双向开放、人民币国际化反过来与之相融合,深港通、沪港通等都与跨境创新安排密切相关。二是需要积极探索和拥抱各类新技术,或许在将来能够得到一些"换道超车"的机会。三是想办法在现有的庞大网络体系占有一席之

---

① 石建勋,刘宇. 法定人民币对人民币国际化战略的意义及对策[J].新疆师范大学学报(哲学社会科学版),2021(4):136-145.

地。四是适度支持整治、规范过的领先支付企业,使其利用自身优势条件参与到全球清算体系中,更好地服务国家战略。

伴随着人民币国际化进程,我国的 CIPS 可以充分利用新技术、探索新规则,多发挥全球网络中的影响力,积极参与全球央行法定数字货币的探索。与多国央行一起,依托新技术、新手段,团结成"朋友圈"推进国际货币体系结算。

问题讨论

(1)简述我国数字人民币对跨境贸易的影响。

(2)试析我国数字人民币在未来国际结算中的作用以及对美元国际货币地位的影响。

理论提示

(1)货币流动速度

(2)数字人民币

(3)购买力平价

(三)传统国际贸易的数字化重构

案例内容

2022 年,新冠疫情影响持续,全球消费行为逐步转移到线上,跨境电商正成为稳外贸的重要力量。海关总署数据显示,2021 年前三季度,我国跨境电商进出口额在 2020 年 1.7 万亿元基础上猛增 20%。作为外贸新业态新模式的重要内容,跨境电商备受各界关注,从中央到地方出台的一系列支持政策也给市场注入了强心剂。当前,跨境电商进入新的发展窗口期,包括传统外贸在内的诸多企业纷纷涌入这一高景气赛道。有数据显示,目前我国共有跨境电商相关企业 3.2 万家,三年来注册量呈逐年增长趋势。其中,2021 年前三季度共注册跨境电商相关企业 7943 家,两年平均增长率高达 90.6%,市场逐渐壮大。

疫情发生以来,"宅经济"快速发展,线上贸易需求量逐步增加,跨境电商作为外贸新业态和高质量外贸的典型代表,进入了高速发展窗口期。有研究机构发布的《B2C 跨境电商平台"出海"研究报告》显示,全球约有 26% 的 B2C(企业到消费者)跨境电商交易发生在中国。

资本市场也持续看好跨境电商的发展潜力,仅 2021 年 7 月,一级市场在跨境电商领域的融资总额就高达 58.5 亿元。特别是拥有私域流量的跨境电商平台拥有更多的话语权,发展前景被持续看好,频获资本市场青睐。例如,Cider 在 2021 年 6 月完成了 2200 万美元的 A 轮融资;母婴出口电商平台 PatPat 吸引了今日资本、软银愿景基金等资本的投资,并在 2021 年先后获得三轮融资。

此外,跨境电商企业出口渠道更加多元化,有的依托大型电商平台开展业务,有的自建独立站开拓市场,还出现了直播带货、DTC(直面消费者)等新型商业模式。"DTC 品牌的核心竞争力是以消费者为核心,培养品牌忠诚度,并能够利用数据反馈快速迭代的品牌效率机制。"通过 DTC 模式,品牌在营销、建设等方面有更多便利性。

跨境电商迅猛发展的背后,是我国数字经济综合实力的提升和政策长期蓄力的支持。2021 年,国家相继出台多项跨境电商相关支持政策,鼓励行业创新发展,并从资金、人才、政策、税收和技术等方面加大对跨境电商产业的支持力度:

2021 年 7 月,国务院办公厅发布《关于加快发展外贸新业态新模式的意见》,围绕跨境电商、市场采购、外贸综合服务企业、保税维修、离岸贸易、海外仓等 6 种新业态新模式提出多重支持举措。11 月,商务部等三部门印发了《"十四五"电子商务发展规划》,进一步提出了中国跨境商务交易额预期目标,明确了电子商务智能化、数字化、合规化等政策发展方向。陆续出台的系列支持性政策规范和引导了跨境电商产业的发展方向,对于行业发展信心具有明显的提振作用。12 月进一步鼓励跨境电商等外贸新业态发展,增设跨境电子商务综合试验区。培育一批离岸贸易中心城市(地区),按照市场化方式加大对建设使用海外仓的支持,优化跨境电商零售商品进口清单、扩大进口类别,在交易、支付、物流、通关、退税、结汇等环节也有望获得先行先试的机会。商家着手独立站建设,在内容创意、整体视觉等方面进行品牌升级,积极探索差异化的市场突破口。让"买全球"更便利、"卖全球"更畅通,未来,跨境电商将大有可为。[①]

案例分析

之所以出现跨境电商井喷式增长,除了疫情作为客观原因刺激外,主要原因是数字贸易带来的诸多变化。

一是数字化贸易和传统的贸易存在着很大的不同。在数字经济时代,贸易的整个流程和传统贸易相比出现了很大的变化,表现出了诸多新的特征。当前,世界各国及不同机构对数字贸易的理解并不一致,在全球范围内也无权威精确地定义。并且,随着数字技术对经济贸易的影响加大,数字化贸易所触及的边界还在不断发展。从直观上讲,数字化贸易和传统的贸易也存在着很大的不同。在数字经济时代,贸易的整个流程和传统情形相比出现了很大的变化,表现出了诸多新的特征,即贸易方式数字化和贸易对象数字化。其中,贸易方式的数字化是指信息技术与传统贸易开展过程中各个环节深入融合渗透;贸易对象的数字化是指数据和以数据形式存在的产品和服务贸易。[②]

二是平台开始在贸易过程中扮演越来越重要的角色。传统贸易中,贸易的开展多是在贸易各方之间单独进行的。数字贸易时代,互联网平台开始成为贸易过程中的关键角色,这种交互形式的改变对整个贸易过程的效率带来很大的提升。如果贸易是一对一进行的,那么很多有关贸易的合同需要单独拟定,由此会产生很大的签约成本。同时,企业

---

① 陈晴.助力稳外贸跨境电商风头正劲[N].中国商报,2022-01-05(3).
② 张宇,蒋殿春.数字经济下的国际贸易:理论反思与展望[J].天津社会科学,2021(3):84-92.

之间的违约行为通常很难被制约,因此带来的纠纷会给贸易的参与者带来很大的困扰。除此之外,很多与贸易相关的配套工作也需要贸易的双方自己进行投入,这在经济上也会造成很大的浪费。而如果贸易是经由平台开展的,那么这些问题就可以迎刃而解。

此外,数据也作为一种特殊的商品开始兴起。在数字经济时代,数据作为一种要素,自然要在市场中,包括跨国市场中进行流动,这就使得它本身也成了国际贸易中的一个重要产品。经济数字化至少包含两大领域:"数据赋能"涵盖跨境商务,数字技术的运用为实体经济行为增添了方便和活力,载体以实物类商品为主;"数字可交付"则包括电信、计算机和信息服务、文化娱乐、知识产权、保险和金融服务等服务贸易行为,载体以信息等知识类商品为主。[①] 由此,我们将数字贸易定义为:以数字技术和信息技术为依托,以电子信息产业的产品和可在线传输的数字产品与服务为交易标的,或在交易活动中广泛采用数字与信息技术的商品与服务的贸易活动。

根据数字技术在贸易以及生产过程中的参与程度可将数字贸易划分为三个层次:一是数字化产品与服务,此类产品与服务可以借助网络和信息技术实现数字化的存储、传输与交易,属于数字贸易最基本的表现形式。二是与数字技术本身相关的软硬件产品与服务,包括硬件设备与软件开发,信息传输与电信服务的提供等,该领域与传统贸易活动存在较多重叠,但为现代数字技术提供了重要支撑,且在形式上呈现出软件与硬件融合的特征。三是贸易的数字化,即运用数字化技术为贸易活动提供信息和交易支持,如信息搜寻、撮合与对接,信用保障与资金划转等。此类交易虽然在交易标的上仍表现为传统的货物贸易,但成交过程中大量应用数字化和信息化技术,并由此极大地促进了相关贸易活动的发展,因此也可归入广义的数字贸易范畴。广义的数字贸易和传统贸易存在以下联系和区别。

1.比较优势的内生化:"先发优势"与战略性贸易政策

根据古典及新古典贸易理论,一国参与国际贸易并能够在某一领域实现出口的先决条件是在该领域的生产率或密集使用的要素方面占据比较优势。数字贸易的发展同样有赖于特定的比较优势,但其内涵发生了一些改变。

首先,数字贸易的发展进一步扩大了比较优势的内涵。一方面,数字经济使很多传统意义上的比较优势弱化,由于数字经济本身的虚拟性和无形性特征,其对有形物料投入的需求较低,对劳动者素质的要求更高,普通资源禀赋以及低技能劳动力在比较优势体系中的重要性趋于下降;另一方面,相对于传统贸易,数字贸易条件下的比较优势增添了很多新的元素,如数字基础设施的完备程度、与数字技术相关的劳动力和人力资本以及与数字监管相关的制度和法律法规等。

其次,除新的比较优势元素的引入外,数字贸易对经典贸易理论的冲击还源于数字要素本身的内生化特性,即数据要素禀赋将不再作为一成不变的外部条件存在,而是会随着

---

① 查道炯.数字经济治理:国际政治经济学视角[C]//北京大学平台经济创新与治理课题组.平台经济:创新、治理与繁荣.北京:中信出版集团,2022:240.

生产和贸易规模的扩张不断自我强化,从而使比较优势呈现出内生性和动态发展的特性,相关国家的进出口结构乃至全球的贸易格局也会在这种具有内生性特征的比较优势作用下呈现出"强者恒强"的特征。

此外,比较优势的内生性与自我强化可能还会进一步引发一个政治经济学层面的问题,即数字经济下的国际贸易是否依然有助于各国经济的收敛? 在完全竞争市场与要素可自由流动的假设下,传统贸易理论认为,国际贸易会引发各国要素报酬和收益率的均等化。然而在数字贸易中,一方面,数据要素在使用过程中的零边际成本特性,使得要素报酬均等化机制近乎失灵;另一方面,数据要素本身的内生性导致一国一旦形成微小的竞争优势,就可以借助规模经济效应使这种优势不断强化。因此,长期来看,各国之间的贸易规模乃至收入水平不仅不会收敛,反而存在着不断扩大的可能。

如果数字贸易最终会造成各国贸易规模与收入差距的不断加大,那么"第一步"的选择,即在数字贸易领域率先建立优势就显得异常重要,这无疑会使人们更加质疑古典以及新古典贸易理论"放弃政府干预,完全借助市场本身的力量实现'公平'贸易格局"的观点,并动摇"自由贸易"的理论基础。事实上,早在 20 世纪 80 年代前后,以 Krugaman[1] 和 Helpman[2] 为代表的新贸易理论就在不完全竞争和规模经济的理论框架下探讨了以政府先期干预为特征的战略性贸易政策的合理性。在数字贸易条件下,由要素内生性导致的贸易规模自我强化无疑会使上述战略性贸易政策的重要性进一步凸显,借助战略性贸易政策和产业政策的力量,通过大量前期投入抢占产业发展先机将成为数字贸易条件下各国的现实政策选择。

2.从"规模经济"到"范围经济"

数字贸易中,由于数据要素的内生性,不仅企业的生产会呈现出更明显的规模经济特性,数字要素的低成本跨部门共享也会带来显著的范围经济,由此对现有国际贸易理论形成冲击。

首先,规模经济和范围经济不仅会进一步强化贸易活动中比较优势的内生性,而且会使相关领域的比较优势呈现簇生特征,即在某一具体领域所拥有的比较优势会凭借要素的通用性和共享性迅速扩散到其他领域,从而使企业在一系列相关产品与服务市场中建立比较优势,形成围绕同一类数据要素和技术特质的产业聚合体。这种簇生比较优势将使企业的贸易形态同时兼具产业间和产业内的特点,任何一种专注于产业间和产业内贸易的理论在描述其贸易特征时都会片面。

其次,范围经济使同一生产者不同产品之间的关系从传统的替代关系转变为互补关系,由此将颠覆多产品生产中的技术设定,并引发企业生产和贸易决策的一系列变化。数

---

① 　KRUGMAN P R. Increasing returns,monopolistic competition and international trade[J]. Journal of international economics,1979(9):469-479.

② 　HELPMAN E. International trade in the presence of product differentiation,economies of scale and monopolistic competition:a Chamberlin-Heckscher-Ohlin approach[J].Journal of the international economics,1981(3):305-340.

据要素的低成本跨部门共享特性使产品之间不存在共同要素的争夺问题,甚至当数据要素可以通过某种产品内生获得时,一种产品的产出增加还能够提高其他产品产出,传统的产品转换曲线设定由此将面临彻底的颠覆并动摇经典的最优化分析的前提。此时各国由禀赋条件所导致的产品间分工将不复存在,在相同的产品结构下进行复杂的产业内交换,甚至在规模经济的驱使下由一国完全垄断所有相关产品的生产可能成为数字贸易的典型形态。

最后,范围经济还会进一步引发国际贸易活动中定价策略的复杂化。由于数据要素的共享性,一种产品的生产可以通过积累数据的方式为另一种产品提供支持,即便不考虑价格补偿,单纯的产品生产本身也会为生产者带来一定的正向收益。落实到实践层面,这一情形可能会衍生出更为复杂的定价机制,如对于某类以数据挖掘和信息获取为主要目的的市场,企业可以以极低的定价甚至免费的方式吸引消费者,由此获得可观的数据要素积累,并将这些数据信息应用于另一市场以实现企业整体盈利。

3."数字鸿沟"与数字贸易中的技术扩散

在古典和新古典主义贸易理论中,产品生产并不存在特殊的技术壁垒,因此贸易活动带有一定的"普适性"特征——任何国家或者企业都可以根据自身相对比较优势,从专业化的生产中获益,这一情况适用于工业化早期或简单的产品生产。随着制造业技术复杂度不断提升,技术壁垒逐渐成为国家或者企业参与贸易活动的重要障碍。相比之下,数字经济环境下技术壁垒对国家和企业参与生产和贸易活动的阻碍作用将变得更加具象化,并被形象地称为"数字鸿沟"。一方面,数字贸易会面临更大的规模壁垒。数字经济条件下可能并不存在若干企业并存的完全竞争或垄断竞争市场结构,取而代之的更多是寡头垄断甚至完全垄断的竞争格局,企业的市场进入难度、生存难度都将远高于传统经济。另一方面,数字贸易活动会面临更多的技术壁垒和专利壁垒。由于数字经济依托于高度复杂的电子信息技术,无论是硬件还是软件产品,都具有远高于传统制造业的技术门槛,同时数字经济下的强竞争压力也会使相关产业有更高的研发密集度和技术更迭频率,而且数字产业具有高固定成本与低边际成本并存的特征,这进一步加大了企业参与生产与贸易活动的资金和技术壁垒。与此同时,许多发达国家的数字企业通过先行者优势主导了产业技术革新的路径,并通过在可能实现技术突破的节点预先申请专利的方式制造知识产权壁垒,对后进国家实行技术封锁,加大了企业突破技术壁垒的难度。此外,国家之间在数字基础设施以及人力资本方面的差异也将成为数字鸿沟无法弥合甚至逐渐扩大的重要原因。

尽管存在上述困难,数字贸易环境下更低的学习成本带来的强技术溢出与扩散效应也为后发国家实现技术的追赶甚至反超提供了机遇。首先,数字经济条件下产业技术更新换代的频率更高,颠覆性的创新往往会抹平技术优势国家的领先优势,使后发国家获得弯道超车的历史机遇。其次,数字经济本身的可复制性和易传播特征使得技术的封锁和控制更趋困难,特别是对于软件源代码等以数字为载体,或以商业模式创新为主要形态的技术而言,贸易过程中有更大的概率被后进者效仿。最后,数字经济下产品的多样化使领先者的技术优势更加难以维持,后发者在现有产品基础上进行微小的改动或创新都可能实现对市场的成功切入,并借助数据内生化的"滚雪球"效应迅速做大,甚至动摇领先者的技术优势和垄断地位。

正是由于数字贸易和数据有着跟传统贸易太多的不一样,使得各国政府(包括中国)都在积极探讨和研究数字贸易规则,并且数字贸易规则也成为各类贸易谈判(CPTPP、RCEP)中的重要组成部分。尤其我国作为拥有全产业链的制造业大国,积极推动跨境电商发展当然是促进经济增长的应有之义。

问题讨论

(1)与传统贸易相比,数字贸易减少了哪些成本?

(2)数字贸易成本的影响因素有哪些?

(3)中国应做好哪些准备来应对数字贸易时代的挑战?

理论提示

(1)开放经济的相关概念

(2)国际贸易理论

第十六章　宏观经济政策

一、基本原理与数字经济时代的适用性

（一）基本原理

1.对实践中西方各国的宏观经济政策目标进行归纳和分析

主要内容分别是充分就业、物价稳定、经济增长和国际收支平衡。由于经济体系内在的规律，宏观经济政策的各项目标可能存在冲突。相应地，为了更好地实现宏观经济政策目标，政府可以通过总需求管理来调控经济。

2.财政政策及其相关工具

财政政策工具包括财政支出和收入两个方面。其中财政支出主要是由政府购买、转移支付和公债利息构成，财政收入主要由税收、公债和行政事业收费构成。政府可以利用积极和自动的两种政策工具来调控经济，其中积极的政策又称为相机抉择，主要指政府根据经济形势的变化和自己的判断调整财政收入和支出的各个方面。自动稳定的政策主要是指政府不主动调整的政策，尤指利用财政政策的内在属性来稳定经济。不同的经济学流派对如何使用财政政策存在争议，而争议的焦点主要体现在赤字和公债的应用上。古典学派主张保持财政收支平衡，他们认为可以利用财政政策来维持内在稳定机制。凯恩斯主义者则认为应积极利用财政政策来实现充分就业，其认为可以通过充分就业预算盈余或赤字的概念来实现功能性财政。

3.货币政策及其相关工具

中央银行经常使用的货币政策工具包括公开市场业务、法定准备金和再贴现率、信贷配给、窗口指导等。货币政策影响货币供给原理的机制是基础货币具有创造货币的作用。财政政策与货币政策对经济的影响取决于 IS 曲线和 LM 曲线的斜率。在货币政策问题上，凯恩斯主义者主张采取主动的货币政策，即采取相机抉择的政策，这种政策主张根据宏观经济是否实现充分就业来决定如何调整货币供应量，以实现充分就业

的目标。但是新自由主义学派主张采取被动的货币政策,即按照既定的规则来对货币数量进行调整。

4.财政政策与货币政策各自的局限性

其中的局限性之一是财政政策和货币政策的作用都存在着时滞性,而财政政策的时滞时间要短于货币政策。

（二）数字经济时代的适用性

近年来,我国深入实施数字经济发展战略,新一代数字技术创新活跃、快速扩散,加速与经济社会各行业各领域的深度融合,有力支撑了现代化经济体系的构建和经济社会的高质量发展。同时,数字经济政策不断深化和落地。随着数字经济的不断发展,宏观经济政策仍然具有适用性。比如说,在数字经济背景下,宏观经济政策的各项目标如充分就业、物价稳定、经济增长和国际收支平衡等可能存在冲突,但仍然适用,仍然是政府进行宏观经济管理的目标。政府可以通过总需求管理政策来调控数字经济,实现宏观经济政策目的。扩张性的财政政策对数字经济的影响仍然具有挤出作用。公众的预期仍然影响着宏观经济政策的作用。供给管理政策是对供给方面的因素进行调整,包括人力政策、收入政策和指数化政策。数字经济时代,人力政策等供给管理政策仍然适用。

其中,财税扶持政策仍有较大优化空间,需探索构建财税助力数字经济提质增效的新机制。财政是国家治理的基础和重要支柱,在推进数字经济加快发展进程中可以发挥重要的促进作用。然而,目前我国数字经济相关财税制度并不完善,财税政策没有充分体现促进数字经济发展的内在需求,现行税制和税收征管体系与数字经济之间的适应性有待提升。数字基础设施建设是国家"新基建"战略的重要方面,财政政策不仅要关注硬性基础设施的普惠性发展,还要关注应用场景的打造以及数据的互联互通,引导社会资本积极参与到数字基础设施的项目建设中来。我国拥有数字经济发展的庞大市场和深厚基础,未来应进一步优化税收制度,为数字经济持续健康发展营造良好的政策环境。同时,随着数字经济的发展,比如数字人民币的出现,将使货币政策的传导机制和效应弱化。

二、案例分析

（一）政府如何应对数字化引发的失业问题？

案例内容

2020 年 1 月 1 日开始,高速公路全面实行 ETC 联网收费,每个收费站只留一个人工收费,其余全部改成自动收费,这意味着很多的收费员将失业。对于收费员这份工作,由于其工作本身比较轻松,而且比较稳定,在国人的心目中,可谓是一个不错的"铁饭碗"了。然而,令人始料不及的是,社会的变化如此之快,这个所谓的"铁饭碗"也变得不再那么铁了! 一个 36 岁的收费员结束了十几年的收费生涯,最终被人工智能所替代,他哭诉称"做了十几年的收费员,除了收费,别的什么都不会。"就像在历史上,那些马车夫不会提前想到,自己的工作有一天会被蒸汽机取代一样;现代的收费员,也不会预见到,自己的工作会突然被 ETC 所代替。当前,数字化浪潮正在重塑所有的行业;在未来,谁又能知道,自己的工作不会被数字化夺走呢?

那么,高速公路收费员失业属于哪种类型的失业? 未来政府将如何应对由数字化所引发的失业问题?

案例分析

高速公路收费员失业属于结构性失业,它是指社会经济结构(包括产业结构、产品结构、地区结构等)发生了变化,现有劳动力的知识、技能、观念、区域分布等不适应这种变化,与市场需求不匹配而引发的失业。受当前新一轮科技革命的影响,高速公路收费员岗位被智能化技术所取代,而收费员却不能马上适应新兴行业的工作岗位,从而导致失业。

世界经济论坛预测,到 2030 年,全世界将有 2.1 亿人因为新一轮数字化、工业化、自动化、智能化和全球化变革而被迫更换工作。据专业机构预测,在可预见的未来,新技术将取代简单重复性的工作,50% 员工面临失业风险;数字化改造传统行业,全球平均 35% 岗位技能也会发生变化。据 Gartner 调研,企业需要员工具备数字技能,但 70% 员工未掌握所需数字技能;LinkedIn 调查显示,65% 的企业学习和发展专员表示,技能重塑以填补技能断裂缺口是当前企业的首要任务。在此过程中,政府也需要发挥重要作用,避免发生因社会和企业数字化转型导致的大规模失业。首先,大力发展服务业是吸纳第一、二产业剩余劳动力,解决由数字化所引发的失业问题的重要途径。随着技术进步和经济增长,服务业,特别是其中的体验业在国民生产总值和劳动就业结构中所占的比重越来越大,社会呈现社会劳动者从第一、二产业物质生产部门向第三产业众多的非物质生产部门转移的规律。其次,政府财政拨款,鼓励职能部门及其社会中介机构加强对失业劳动者职业技能的培训是解决结构性失业的重要条件。通过职业技能,特别是加强数字技能培训,不断提高劳动者就业能力,但使由夕阳产业转向新兴朝阳产业部门的转业者具备能够胜任的技能素质,结构性失业问题才能得以解决。再次,政府实行全民基本收入制度,对于减贫、避免经济危机和提升社会创新能力等方面,具有一定的正面作用。全民基本收入,又称为无条件基本收入,是一种社会福利保障制度(政府转移支付)。这种福利政策在部分国家与地区已经有其雏形,它对未来新科技革命的深入发展产生的结构性失业问题具有一定的缓解作用。最后,建立充满活力、有序统一的劳动力市场,减少政府和地区对劳动力流动的限制,使低技能的劳动者可以到合适的地区去就业。政府除了对中年失业人员进行免费技能培训,还应当开发一些公益性岗位对其进行妥善安置,等等。

问题讨论

(1)面对数字化引发的结构性失业问题,政府还可以出台哪些政策?

(2)请结合你所学的专业,谈谈未来数字技术对你所学专业的影响,以及你该如何做准备?

理论提示

(1)失业类型划分

(2)财政政策工具

(二)国家及多地数字经济政策能否适应经济的转型升级?

案例内容

随着新一轮科技革命和产业变革的到来,发展数字经济已经成为大势所趋。"十三五"时期,我国深入实施数字经济发展战略,不断完善数字基础设施,加快培育新业态新模式,在数字产业化和产业数字化方面均取得积极成效。2022年数字经济的发展再次被提至重要高度,国务院印发的《"十四五"数字经济发展规划》(以下简称《规划》),将数字经济和农业经济、工业经济摆在了同等的时代价值位置,明确数字经济是继农业经济、工业经济之后的主要经济形态,并且提出到2025年,数字经济迈向全面扩展期,数字经济核心产业增加值占GDP比重达到10%的发展目标。2015—2022年我国和各地数字经济行业重要政策如表16-1所示。[①]

———————————

① 资料来源:作者根据搜集文件整理。

表 16-1 2015—2022 年我国数字经济行业重要政策

时间	政策/会议	相关内容
2015.11	《中华人民共和国国民经济和社会发展第十三个五年规划纲要》	实施国家大数据战略,推进数据资源开放共享。
2017.10	十九大报告	加强应用基础研究,为建设科技强国、质量强国、航天强国、网络强国、交通强国、数字中国、智慧社会提供有力支撑。
2017.12	中共中央政治局第二次集体学习	推动实施国家大数据战略,加快完善数字基础设施,推进数据资源整合和开放共享,保障数据安全,加快建设数字中国。
2019.5	《数字乡村发展战略纲要》	将发展农村数字经济作为重点任务,加快建设农村信息基础设施,推进线上线下融合的现代农业,进一步发掘信息化在乡村振兴中的巨大潜力,促进农业全面升级、农村全面进步、农民全面发展。
2019.8	《国务院办公厅关于促进平台经济规范健康发展的指导意见》	大力发展"互联网+生产"。适应产业升级需要,推动互联网平台与工业、农业生产深度融合,提高创新服务能力,在实体经济中大力推广应用物联网、大数据,促进数字经济和数字产业发展,深入推进智能制造和服务型制造。
2019.10	十九届四中全会	推进数字政府建设,加强数据有序共享,依法保护个人信息。
2019.10	《国家数字经济创新发展试验区实施方案》	浙江省、福建省、广东省、重庆市、四川省、河北省(雄安新区)等启动国家数字经济创新发展试验区创建工作。通过3年左右探索,数字产业化和产业数字化取得显著成效。
2020.3	《工业和信息化部办公厅关于推动工业互联网加快发展的通知》	深化工业互联网行业应用,促进企业上云上平台,同时加快工业互联网试点示范推广普及,推动工业互联网在更广范围、更深程度、更高水平上融合创新。
2020.3	《中小企业数字化赋能专项行动方案》	加快发展在线办公、在线教育等新模式新业态,培育壮大共享制造、个性化定制等服务型制造新业态,提高生产性服务水平;搭建供应链、产融对接等数字化平台,帮助企业打通供应链,对接融资链;强化网络、计算和安全等数字资源服务支撑,加强网络、数据安全保障;推动中小企业实现数字化管理和运营,提升智能制造和上云用云水平,促进产业集群数字化发展。
2020.4	《关于构建更加完善的要素市场化配置体制机制的意见》	明确将数据作为一种新型生产要素写入政策文件。提出加快培育数据要素市场,推进政府数据开放共享,提升社会数据资源价值,加强数据资源整合和安全保护。

续表

时间	政策/会议	相关内容
2020.4	《关于推进"上云用数赋智"行动,培育新经济发展实施方案》	大力培育数字经济新业态,深入推进企业数字化转型,打造数据供应链,以数据流引领物资流、人才流、技术流、资金流,形成产业链上下游和跨行业融合的数字化生态体系。
2020.7	《关于支持新业态新模式健康发展激活消费市场带动扩大就业的意见》	积极探索线上服务新模式,激活消费新市场;加快推进产业数字化转型,壮大实体经济新动能;鼓励发展新个体经济,开辟消费和就业新空间;培育发展共享经济新业态,创造生产要素供给新方式。
2021.1	《工业互联网创新发展行动计划(2021—2023年)》	2021—2023年是我国工业互联网的快速成长期,提出新型基础设施进一步完善、融合应用成效进一步彰显等目标;解决工业互联网发展中的深层次难点、痛点问题,推动产业数字化。
2021.3	《中华人民共和国国民经济和社会发展第十四个五年规划和2035年远景目标纲要》	加快建设数字经济、数字社会、数字政府;充分发挥海量数据和丰富应用场景优势,促进数字技术与实体经济深度融合,赋能传统产业转型升级,催生新产业新业态新模式。
2021.9	《中共中央 国务院关于完整准确全面贯彻新发展理念做好碳达峰碳中和工作的意见》	进一步推动行业、企业共同建设工业互联网,往数智方向转变。
2021.10	《物联网新型基础设施建设三年行动计划(2021—2023年)》	到2023年底,在国内主要城市初步建成物联网新型基础设施,物联网连接数突破20亿。
2022.1	《"十四五"大数据产业发展规划》	围绕夯实大数据产业发展基础,着力提升产业供给能力和行业赋能效应,打造数字经济发展新优势。到2025年,我国大数据产业测算规模突破3万亿元。
2022.1	《"十四五"数字经济发展规划》	到2025年,数字经济迈向全面扩展期,数字经济核心产业增加值占GDP比重达到10%。

在《规划》的引领下,各地政府也提出了数字经济发展的目标。数字经济已成为我国经济增长的新引擎和新动能,特别是在变局和疫情下,是我国稳增长的重要支撑,长远来看,数字经济是我国经济转型升级的重要推动力,对于就业、民生和产业意义重大。多地加大部署数字经济。各地数字经济发展政策与规划如表16-2所示。[①]

---

① 资料来源:作者根据搜集文件整理。

表 16-2 　全国各地数字经济发展政策和规划

省区市	政策/规划	相关内容
北京	《北京市加快新场景建设培育数字经济新生态行动方案》	通过实施应用场景"十百千"工程,建设"10十"综合展现北京城市魅力和重要创新成果的特色示范性场景,复制和推广"100十"城市管理与服务典型新应用,壮大"1000十"具有爆发潜力的高成长性企业,为企业创新发展提供更大市场空间,培育形成高效协同、智能融合的数字经济发展新生态,将北京建设成为全国领先的数字经济发展高地。
上海	《上海加快发展数字经济推动实体经济高质量发展的实施意见》	大力推动关键核心技术突破,吸引培育一大批成长性好、有发展潜力的优质企业,全力打造数字经济发展新亮点。强化责任落实,通过政策创新、体制创新,为数字经济发展营造良好环境,推动数字经济成为上海经济发展重要增长极。
天津	《天津市促进数字经济发展行动方案(2019—2023年)》	到2023年,初步形成智能科技创新能力突出、融合应用成效显现、数字经济占GDP比重全国领先的发展新格局,数据成为关键生产要素,数字化转型成为实现天津高质量发展的主导力量,力争把滨海新区打造成为国家数字经济示范区。
重庆	《重庆建设国家数字经济创新发展试验区工作方案》	重庆将用3年左右时间,围绕制约数字经济创新发展的关键问题,大力开展改革创新、试点试验。力争到2022年,数字经济总量达到万亿级规模,占GDP比重达到40%以上。
黑龙江	《"数字龙江"发展规划(2019—2025年)》	到2025年,"数字龙江"初步建成,信息基础设施和数据资源体系进一步完备,数字经济成为经济发展新增长极,数字政府运行效能显著优化,社会治理智能化发展水平大幅提升,数字服务红利普惠全民,有力支撑黑龙江经济社会发展全面实现质量变革、效率变革和动力变革。
吉林	《"数字吉林"建设规划》	到2025年,"数字吉林"体系基本形成,大数据、云计算、人工智能、"互联网十"成为创新驱动发展的重要支撑,以新技术、新产业、新业态、新模式为核心的新动能显著增强,经济社会运行数字化、网络化、智能化不断提升,数字红利充分释放,数字经济推动高质量发展的作用充分体现。
辽宁	《加快数字经济发展的实施意见》	以"数字产业化和产业数字化"为主线,大力培育数字经济新模式、新业态。
河北	《河北省数字经济发展规划(2020—2025年)》	争取到2025年,全省数字技术融合创新及信息产业支撑能力显著增强,电子信息产业主营业务收入突破5000亿元,产业数字化进入全面扩张期,两化融合指数达到94,共享经济、平台经济等新模式、新业态蓬勃发展,基本建成全国的数字产业化发展新兴区、制造业数字化转型示范区、服务业融合发展先行区。
山西	《山西省加快推进数字经济发展的若干政策》	到2022年,全省数字经济创新发展基础进一步筑实,信息产业保持高速增长,数字经济规模突破5000亿元;到2025年,全省数字经济迈入快速扩展期,与数字经济相适应的政策法规体系建立完善,全民数字素养明显提升,数字经济规模达到8000亿元。

续表

省区市	政策/规划	相关内容
河南	《2020 年河南省数字经济发展工作方案》	2020 年，全省数字经济快速发展，数字经济规模占国民生产总值的比重达到 30％以上。数字经济核心区加快建设，国家大数据综合试验区成效显著；城市治理、社会服务等重点领域数字化转型与融合创新取得突破性进展，数字经济与实体经济融合发展水平显著提高。
湖北	《关于加快发展数字经济培育新的经济增长点的若干政策措施》	提出实施 5G 万站工程、产业数字化改造工程、万企上云工程、大数据开发应用工程、线上新经济培育工程，建设公共卫生应急体系信息化建设示范、新一代人工智能创新发展示范区、"5G＋"工业互联网创新发展示范区、信息技术应用创新示范区、新一代信息技术与传统产业融合发展示范区，为数字经济提供了全速冲刺的跑道。
山东	《山东省支持数字经济发展的意见》	到 2022 年，数字经济与经济社会各领域融合的广度、深度显著增强，重要领域数字化转型率先完成，数字经济规模占地区生产总值比重年均提高 2 个百分点。
湖南	《湖南省数字经济发展规划（2020—2025 年）》	争取到 2025 年，全省数字经济规模进入全国前 10 强，突破 2.5 万亿元，数字经济占 GDP 比重达到 45％，数字经济基础设施能力全面提升，数字治理体系初步完善，湖南成为全国数字经济创新引领区、产业聚集区和应用先导区。
内蒙古	《内蒙古自治区人民政府关于推进数字经济发展的意见》	到 2025 年，全区数字基础设施进一步完善，产业融合创新取得重大进展，数字化治理能力有较大提高，数字化公共服务能力进一步增强，数字经济对国民经济发展先导作用和推动作用得到有效发挥。
江苏	《关于支持数字经济政策的若干优惠政策》	到 2025 年，数字经济强省建设取得显著成效，数字经济核心产业增加值占地区生产总值比重超过 10％，数字经济成为江苏高质量发展的重要支撑。
安徽	《支持数字经济发展若干政策》	支持数字技术创新，建设工业互联网创新中心；大力培育数字经济平台；打造数字经济产业生态，建设数字经济特色园区；大力发展"数字＋"服务等。
浙江	《浙江省数字经济五年倍增计划》	坚持数字产业化、产业数字化，全面实施数字经济五年倍增计划，深入推进云上浙江、数字强省建设。支持杭州打造全国数字经济第一城、乌镇创建国家互联网创新发展综合试验区。
江西	《江西省"十四五"数字经济发展规划》	到 2025 年，江西省数字经济核心产业增加值占全省 GDP 比重达到 10％以上，其中 VR 产业规模达到 1500 亿元，物联网产业规模达到 2500 亿元，形成一批在国内外具有较强竞争力的产业链。

续表

省区市	政策/规划	相关内容
福建	《福建省人民政府办公厅关于加快全省工业数字经济创新发展的意见》	到2020年,产业规模持续壮大,电子信息产业规模超过1.2万亿元,年均增长12%以上。创新能力显著增强,以数字技术创新为主要动能的工业新生态初步建立。到2025年,工业数字经济生态更加完善,产业规模与创新能力走在全国前列。
广东	《广东省培育数字经济产业集群行动计划(2019—2025年)》	建成"国家数字经济发展先导区",力争2022年数字经济规模达7万亿元,占GDP比重接近55%,并为此将具体实施包括数字湾区建设在内的七大重点工程。
广西	《广西数字经济发展规划(2018—2025年)》	到2025年,全区发展形成具有较强核心竞争力的数字经济生态体系,带动实体经济实现大幅跃升,成为面向东盟的数字经济合作发展新高地和"一带一路"数字经济开放合作重要门户。
海南	《智慧海南总体方案(2020—2025年)》	聚焦产业数字化和数字产业化两大主攻方向,加快数字经济和实体经济深度融合,做好海南经济体系提质增效大文章。加快推动新型工业、特色农业、海洋经济、航运物流、金融、会展等优势产业数字化转型,不断壮大以互联网为核心的数字产业集群,着力营造宽松便利的开放化营商和创新创业环境,促进海南产业经济多元化发展。
陕西	《陕西省推动"三个经济"发展2020年行动计划》	加快数字经济示范区建设,推进互联网、电子商务、大数据、物联网、人工智能、区块链等新业态加快发展。支持西安创建国家数字经济创新发展试验区,认定首批省级数字经济示范区、示范园,推进国家跨境电子商务综合试验区、国家数字出版基地、国家数字服务出口基地等建设。
甘肃	《甘肃省数据信息产业发展专项行动计划》	到2020年,丝绸之路信息港初步建成,数据信息产业生态体系基本建立,成为甘肃经济社会发展的绿色新引擎。到2025年,在甘肃形成"一带一路"数字经济高地,丝绸之路信息港成为服务和支持中西亚和中东欧及蒙古的通信枢纽,成为区域信息汇聚中心和大数据服务输出地的重要载体,把甘肃建成网络强省、数字经济大省。
宁夏	《宁夏回族自治区政府工作报告》	2020年要推动数字经济"领跑新赛道"。支持银川中关村双创园、石嘴山网络经济园、中卫西部云基地等高水平发展,培育软件服务、5G商用等业态,加快人工智能、物联网、区块链等应用,力促数字经济深融合、大发展。
青海	《青海省数字经济发展实施意见》	提出构建独具青海特色的"1119"数字经济发展促进体系,基本完成"一核三辅"数字经济布局搭建,形成"主题鲜明、重点突出、覆盖全面"的管理体系;"数字政府"建设实现创新应用,提高政府业务和决策效率;高速、移动、安全、泛在的新一代信息基础设施更加完善;数字产业进一步发展,产业数字化进一步深入。

续表

省区市	政策/规划	相关内容
新疆	《新疆维吾尔自治区信息化和工业化深度融合"十四五"发展规划》	大力发展数字经济。推进"天山云谷"等应用服务,推动数字产业化和产业数字化,促进数字经济和实体经济深度融合。推动数字技术在种养殖等领域广泛应用,引导信息技术和现代农业融合,加快发展数字农业。支持工业大数据技术应用创新,推进数字技术在产业链各环节融合应用,大力发展物联网、区块链技术。加快数字技术与服务业融合发展,推进服务业数字化。
四川	《四川省人民政府关于加快推进数字经济发展的指导意见》	以"数字产业化、产业数字化、数字化治理"为发展主线,四川明确数字经济发展目标——2022年全省数字经济总量超2万亿元,成为创新驱动发展的重要力量。
贵州	《贵州省"十四五"数字经济发展规划》	建成以投资规模超千亿的数据中心集聚区、产值规模超千亿的电子信息制造业产业集群、营收规模超千亿的软件和信息技术服务产业集群为引领的数字产业体系。到2025年,培育10家产值规模50亿级电子信息制造业企业,6家收入规模50亿级软件和信息技术服务业。
云南	《"十四五"数字云南规划》	到2025年,数字基础设施趋于完善,数字经济成为经济发展重要增长点,数字社会服务模式快速创新,数字政府运行与治理效能显著提升,为人民群众提供安全、舒适、便利的现代化和智慧化生活环境。
西藏	《西藏自治区数字经济发展规划(2020—2025年)》	提出发展电子商务与智慧物流,将引导快递企业积极参与全区数字经济发展,争取相关优惠政策落地实施。

案例分析

"各地布局数字经济,是县域经济转型发展的内在要求。但推动地方数字经济持续健康发展,应强化顶层设计,优化政策体系。"[1]一是应因地制宜,因企施策,在全国数字经济总体格局下,立足本地资源禀赋、产业结构和发展规划,打造差异化优势,促进数字经济与实体经济的融合发展。二是应数字化转型政府引导与企业主导发展并重。加快推进一体化数字政府建设,提升数字治理和政务服务水平,带动数字产业发展。三是应充分发挥数据要素价值,推动公共数据有序开放和共享,加强多方数据融合。"各地都在推进数字经济的发展,但是未来数字经济发展应该突出更多地域特色,一方面,大城市将吸附更多数字经济产业,另一方面,中小城市将发展特色数字产业,有重点推进数字产业的发展。"[2]

---

[1]　无锡数字经济研究院执行院长观点(2022年);王登海.数字经济成多地政策发力点[EB/OL].(2022-02-19)[2022-12-12].https://finance.sina.com.cn/jjxw/2022-02-19/doc-ikyakumy6743965.shtml.

[2]　工信部信息通信经济专家委员会委员,中南财经政法大学数字经济研究院执行院长盘和林的观点(2022年);文献来源同①。

推进数字经济与实体经济深度融合,不仅是实现我国产业基础高级化与产业链现代化的重要途径,而且是我国"十四五"及中长期经济实现高质量发展的必然选择。"数字产业化和产业数字化本身就是实体经济的重要组成部分,从整体来看,数字经济与实体经济是相互融合、相互促进、相互渗透、相互驱动进化的,最终实现生态共赢。"①数字经济通过导入技术和数据要素,变革实体经济的生产要素和生产工具,并构建网络状、开放合作式的产业生态体系,使得各相关方可以实现自组织、自生长、自净化,推动新价值的创造并分享创造出的新价值,进而形成互利共生、合作共赢的关系。

"数字经济赋能实体经济,数字经济也就是实体经济。通过产业数字化,数字技术赋能实体经济,能够帮助实体经济转型升级,产生新动能,缔造新业态。通过发展数字产业,通信、芯片制造、消费电子等都获得长足发展,所以数字经济就是实体经济,其是实体经济的重要组成部分。"②数字经济和实体经济融合发展,关键是要将数字经济定位为实体经济,要树立发展数字经济就是发展实体经济的观念。

问题讨论

(1)您认为各地的数字经济政策对数字经济的发展是有利的还是不利的? 为什么?

(2)案例中的政策是不是总需求管理政策?

理论提示

(1)总需求管理政策

(2)财政政策工具

(三)我国数字经济发展的财税政策如何促进数字治理能力提升?

案例内容

数字经济的快速发展培育壮大了经济增长新动能,做大做强数字经济对于我国构建现代经济体系、实现高质量发展具有非常重要的意义。进一步完善数字经济的扶持政策,构筑数字经济发展的后发优势,促进我国数字经济核心竞争力的形成,是新时期需深入研讨的课题。其中,财税扶持政策仍有较大优化空间,需探索构建财税助力数字经济提质增效的新机制。

数字经济发展要求相关单位加快数字政府建设,健全数据交易、知识产权保护、隐私保护等的法律法规,为数据利用与信息制度提供法律依据。例如,2018 年贵州省出台的

---

① 无锡数字经济研究院执行院长观点(2022 年)。

② 工信部信息通信经济专家委员会委员,中南财经政法大学数字经济研究院执行院长盘和林的观点(2022 年)。

《贵阳市大数据安全管理条例》表明当地政府开始重视数据交易平台的安全管理。"新基建"赋能政府治理能力,持续推进人工智能、区块链、大数据等新型信息技术在政府治理中的应用,提升政府治理效能。在数字时代,网络行为的治理与管制属于政府治理范畴,按数字世界的行为规则规范个人行为,成为数字治理体系现代化建设的重要组成部分。加强财税政策对数字经济的引导作用,建立多元化覆盖创新链与产业链的政府资金投入机制。财政资金拨款推动数字监管保护平台建立,完善网络空间法治安全。各级政府统筹整合信息化建设、电子政府等财政资金,设立"数字政府"资金,集中支持电子政务、大数据应用、数字监管平台等重点项目。完善数字中国法治体系,加大对技术专利、数字版权、数字产品内容、个人隐私的保护。税收政策引导相关平台建立合理的税收征收机制,以提升数字平台的工作效率。投入财政资金加强各部门新型基础设施建设,提高服务水平。数字经济的快速发展,对税收征管机制提出了新的要求,应加快推进我国数字税收法律体系的建设,坚持税收法定原则,将数字经济纳入征税范围,明确征税形式和应收税额。同时,加大对税收的扶持力度,政府在制定税收优惠政策时应该考虑到数据生产要素的特殊性、数据获取的成本等。

案例分析

财政是国家治理的基础和重要支柱,在推进数字经济加快发展进程中可以发挥重要的促进作用。然而,目前我国数字经济相关财税制度并不完善,财税政策没有充分体现促进数字经济发展的内在需求,现行税制和税收征管体系与数字经济之间的适应性有待提升。数字基础设施建设是国家"新基建"战略的重要方面,财政政策不仅要关注硬性基础设施的普惠性发展,还要关注应用场景的打造以及数据的互联互通,引导社会资本积极参与到数字基础设施的项目建设中来。

现行税收政策在促进数字经济发展方面发挥的作用有限,我国拥有数字经济发展的庞大市场和深厚基础,未来应进一步优化税收制度,为数字经济持续健康发展营造良好的政策环境。一是应增强数字产业税收政策的针对性。数据作为关键生产要素是数字经济时代的重要特征。基于此,税收政策的制定应充分考虑数据要素的特殊性,依据企业获得、应用数据所产生的成本、收益,在应纳税所得额中增加数据要素的抵扣项。同时,要加大对数字基础设施建设的政策支持力度,把数字基础设施作为公共基础设施项目纳入企业所得税优惠目录中。此外,还要完善针对传统产业数字化改造项目的税收政策,充分发挥产业融合在数字经济发展中的重要作用。

二是应扩大数字产业税收政策的受益范围。现行的产业税收优惠政策以标准认定为主,导致一些新兴的平台类企业被政策"忽略",许多传统企业虽然在应用数字技术,但无法享受到相应的税收优惠。为了进一步发挥税收对数字经济产业的引导作用,可考虑把优惠方式转变为以抵扣和减免为主,使税收优惠政策惠及应用数字技术的各类企业。也就是说,只要该企业从事数字经济相关的业务,无论其处于哪一个行业领域,都可以享受减免应纳税所得额、费用抵扣、税率优惠等相应的税收优惠,让数字技术创新不再局限于某一类型的企业,从而使税收政策更具有普适性。此外,对于一些新型的平台组织,如平台类软件企业和平台类高新技术企业等,在设置认定标准的同时,可适当放宽其适用条件和范围。

问题讨论

(1)举例说明我国数字经济相关的财税政策如何促进数字经济的快速发展?为什么?

(2)我国数字经济相关财税制度还存在哪些不足?试举例说明?

理论提示

(1)自动稳定器

(2)相机抉择

(3)边际税率

(4)财政政策相关工具

（四）公平的支出税构想可能实现吗?

案例内容

人类历史上,一直有一个关于税收的困境。目前主要的税收方式有两种:第一种叫收入税,即按照税法规定,对一国居民就其所得(收入)依率计征的一种税。其计征税率有累进税率、累退税率和不变税率;整体上,收入越多,交税越多。但它不好征管。有的人收入明明很高,但是,很多收入来源通道没有被监管,反而不交税。就我国现实而言,很多小商小贩以及部分人的各种兼职等额外收入几乎是不交什么税的,即便是赚得比较多,超过了5000元的个人所得税起征点,由于国家税务系统无法监控到,也就没有交过税。另外一种叫消费税,是典型的间接税,它以消费品的流转额作为征税对象的税种,把税直接加在商品上,是政府向消费品征收的税项,多数在生产或进口环节缴纳。这就意味着,穷人富人买东西,交的税一样多。有人觉得,这也不公平。

其实,早在1776年,经济学家就想解决税收公平性的问题。他们设计了一种理想的税收方式,称为支出税(亦称"消费支出税"或"个人支出税")。也就是,按居民的实际支出收税。比如,你一个月就花两千,直接免税。花五千,加一点,花一万,继续往上加。总之,花得越多,交的税越多。你要是光挣不花,也没问题,不用交税。最早提出对消费支出课税的学者是英国古典经济学家霍布斯,他于1651年就主张,对个人征税最好是向消费收税,而不是向财富征税,以制止私人挥霍浪费。早在第二次世界大战前,英国的马歇尔、美国的费雪等著名经济学家都曾提出实行消费支出税的主张。它的最为详尽的阐述者则为现代英国经济学者卡尔多和美国经济学者马斯格雷夫。他们认为,支出税较普通的商品课税和所得课税,更符合"受益原则"和"纳税能力原则",它对储蓄和投资具有独特的鼓励作用。由于实施消费支出税存在许多征收技术上的困难,所以至今并未付诸实践。[①]

为什么说支出税的征收符合公平性的原则?在数字经济蓬勃发展的今天,200 多年前经济学家的支出税构想有可能实现吗?

案例分析

首先,个人生活水准的高低,消费支出的大小,足以代表其经济状况,也足以测定其纳税能力,即以支出数额为课税的依据,符合公平的原则。经济学家认为,所谓公平或平等,应由享受的程度来判断,注重实际的消费,而不仅仅是个人的收入所得。其次,支出税具有直接税的功能,它与所得税(收入税)一样,没有转嫁问题的发生,纳税人就是税收负担人,赋税归宿比较明确,不容易扭曲,这也符合公平的原则。与消费税(价内税)相比,支出税是对所得收入用于消费的部分课税,而不是在购买货物时的课税,因而不会使物价上涨,厂商也无法将支出税列入成本而加价。再次,支出税的征收对整个社会也有益处。举例来说,支出税相对于收入税(累进税率),更可刺激劳动的积极性,如对那些只图累积财富而不欲用尽当期所得的人,征收支出税会使之加倍工作。最后,支出税还具有鼓励储蓄投资的功能。由于支出税对于所得收入中的储蓄投资部分不征税,而只对超过某一限度的消费支出额课税,因而支出税具有激发投资、奖励储蓄的功能;而且对过度或者奢侈性的消费,也可以起到抑制作用,使减少消费,增加储蓄,有利于经济长远发展。

在数字经济时代到来之前,支出税的征收技术上的复杂性和困难,远超过收入所得税。因为支出税的课征,要求纳税人申报事项较多,同时征收人员的审核调查工作也更为繁重。一般来说,所得税的课征仅有两项步骤,即先计算所得额,然后计算法定免税扣除额。而在传统经济时代,由于难以监控到消费者的每项支出,支出税的课征,还须增加若干其他的步骤,如调查须调查储蓄与投资、赠与或遗赠、资产的购入与售出等数据资料,在征收上相当复杂。[②] 当前数字货币的诞生,使支出税的征收在中远期内可能得到实现。从税收征管角度看,围绕数字人民币的特性开展征管业务探索,对便利纳税人缴费人办税缴费、优化税收营商环境、促进税收征管数字化升级和智慧税务建设等,均具有重要意义。根据数字人民币"支付即结算"的特征,通过进一步完善相关机制及技术,将可实现纳税人缴纳税款及时入库,提升征管效率;根据数字人民币"可控匿名"的特性及"依法可溯"的原则,可在法律法规明确规定的情况下,有效跟踪资金流向,从而更好地开展税务稽查工作,提高税收征管数字化、智能化水平。当数字人民币广泛推广之后,个人的每笔收入和支出都在央行和税务部门的监控之中,如果超过了税法监控的起征点,就需要按照规定缴纳税收了。这破解了支出税的监控和征收技术难题,将使支出税的征收都更加便捷和简化,同时扩展税收来源。

---

①　李万甫.西方消费支出税简介[J].涉外税务,1990(2):31-33.

②　丁森.论个人支出税和现金流量公司税[J].税务与经济,1999(5):21-25.

最后,值得一提的是,数字人民币的推广对于实体经济也是一件好事,因为随着近些年来电商的快速发展,实体门店逐渐呈现出衰落的态势,其中的重要原因是,政府之前对于电商领域并没有征收电商税(或数字税),造成了电商和实体门店没有在一个公平的环境下竞争。随着数字人民币的推广和电商税的开征,这种局面可能会得到扭转,尤其对于那些采取刷单等不正当方式获取市场优势地位和偷税漏税的行为更是一种打击,使得线上和线下门店经济竞争处于公平的地位。

问题讨论

(1)数字货币的出现,对政府发行国债会产生什么影响?

(2)数字技术的进步,还可能使历史上哪些经济政策构想得以实现?

理论提示

(1)税收理论

(2)财政政策

拓展延伸

参考文献

[1]徐玲,李方圆.互联网大厂为何争抢经济学家?[EB/OL].(2022-10-27)[2022-12-18].
https://www.dedao.cn/share/course/article?id=Ozpeyw8lG6QaXknQ8eJRd1ZoA7
5NLB.

[2]马慧,李方圆.赛马时代结束,超级 App 登场[EB/OL].(2022-11-03)[2022-12-18].
https://www.dedao.cn/share/course/article?id=R2Mo65zY4QZ3Vnm3LLKqEdNA
a98jGB.

[3]伍世安,傅伟,杨青龙.互联网时代免费经济现象的经济学基础探析[J].价格月刊,2020
(6):34-39.

[4]YE G, PRIEM R L, ALSHWER A A. Achieving demand-side synergy from strate-
gic diversification: how combining mundane assets can leverage consumer utilities
[J].Organization science,2012,23(1):207-224.

[5]宋立丰,郭海,杨主恩.数字化情景下的传统管理理论变革:数据基础观话语体系的构
建[J].科技管理研究,2020(8):228-236.

[6]傅春荣.细数被共享经济改变的这五年[EB/OL].(2021-05-14)[2023-12-17].https://
m.gmw.cn/baijia/2021-05-14/1302292325.html.

[7]蒋政.谁在抢占方便面市场?[EB/OL].(2022-04-02)[2023-12-17].https://m.gmw.cn/
baijia/2021-05-14/1302292325.html.

[8]高盛云.短视频平台成瘾性违背边际效益递减规律浅析:以抖音短视频为例[J].通讯世
界,2019(2):218-219.

[9]赵文泽,冯珺.新冠肺炎疫情背景下的新就业形态研究:以"共享员工"模式为例[J].产
业经济评论,2020(6):16-31.

[10]杰里米·里夫金.零边际成本社会:一个物联网、合作共赢的新经济时代[M].北京:中
信出版社,2014.

[11]王龙君.关于"共享经济"与"零边际成本社会"的思考:读杰里米·里夫金的《零边际
成本社会》[J].湖北科技学院学报,2018(4):17-20.

[12]慧博云通上市!余杭上市公司达 28 家[EB/OL].(2022-10-13)[2023-10-14].https://
m.thepaper.cn/baijiahao_20288580.

[13]马述忠,房超,梁银锋.数字贸易及其时代价值与研究展望[J].国际贸易问题,2018

(10):16-30.

[14]裴长洪,倪江飞,李越.数字经济的政治经济学分析[J].财贸经济,2018(9):5-23.

[15]王巍.质疑边际报酬递减规律:网络信息产业的边际收益递增现象分析[J].经济工作导刊,2002(7):9-10.

[16]刘瑾.纺织服装业数字化提速[EB/OL].(2022-07-11)[2023-10-18].https://m.gmw.cn/baijia/2022-07/11/35873926.html.

[17]焦勇,刘忠诚.数字经济赋能智能制造新模式:从规模化生产、个性化定制到适度规模定制的革新[J].贵州社会科学,2020(11):148-154.

[18]夜猫速读.大国技术竞争的规律是什么?[EB/OL].(2022-05-05)[2023-10-20].http://www.360doc.com/content/22/0505/18/79520218_1029900643.shtml.

[19]陈春花,尹俊.新个体经济新在何处[J].人民论坛,2021(1):19-23.

[20]肖潇.我国新个体经济发展探析[J].中国高校社会科学,2022(3):73-78.

[21]于民星,冯雪,毕延浩.运营成本上升,外卖涨价将成常态[J].中国食品,2019(16):63-65.

[22]孙明月."外卖自由"正离我们远去,你吃的外卖涨价了吗?[J].财富生活,2019(2):12-14.

[23]德培论道.数字化转型重塑企业竞争力!数字化转型经典案例[EB/OL].(2022-04-27)[2022-12-18].https://baijiahao.baidu.com/s?id=17312680845181991898&wfr=spider&for=pc.

[24]国家市场监督管理总局行政处罚决定书:国市监处〔2021〕28号[EB/OL].(2021-04-10)[2023-12-20].https://www.samr.gov.cn/xw/zj/art/2023/art_4966dda92ab34c398615f5878c10c8f1.html.

[25]李强治,王甜甜,刘志鹏.我国平台经济领域"二选一"现象的成因、影响及对策[J].信息通信技术与政策,2022(1):51-56.

[26]钟伟.警惕数据寡头终极垄断[J].新金融,2020(1):14-18.

[27]刘佳.人工智能算法共谋的反垄断法规制[EB/OL].(2022-01-18)[2023-12-20].https://www.jfdaily.com/sgh/detail?id=637283.

[28]梁彦红,王延川.数字市场背景下的算法合谋[J].当代经济管理,2020,42(9):93-97.

[29]张文辉.基于博弈论视角下电商企业价格战分析[J].内蒙古统计,2020(6):24-26.

[30]大数据宰人!为什么iPhone买会员价格会比安卓手机贵?[EB/OL].(2018-03-22)[2023-12-21].https://www.sohu.com/a/226161592_115318.

[31]蔡钰.社区团购:影响下半场的四种力量[EB/OL].(2022-06-22)[2022-12-18].https://www.dedao.cn/share/trialReading?trialReadingId=xe3WMdD1ARZm4vrYagp69jo4RsokSJZBqFWy52rNGK8l3BwVjLzn8NGoEOb926yK&type=65.

[32]蔡钰.盒马:人货场的"场"还重要吗[EB/OL].(2022-06-20)[2022-12-18].https://www.dedao.cn/share/trialReading?trialReadingId=W5l3BxdbLD627v1kMGPB59

J73sXZilB7bsBRm5Le9v826JQKZ8OV9gnezErXj0mR&type＝65.

[33]马慧,李加亮.国产浏览器的机会在哪儿？[EB/OL].(2022-06-27)[2022-12-18].ht-tps://www.dedao.cn/share/course/article?id＝DAgOBQ46R1rnXRQz7RJdLzGqEZ3aY7.

[34]EISENMANN T R,PARKER G,VAN ALSTYNE M W. Strategies for two-sided markets[J]. Harvard business review,2006,85(10):92-101.

[35]刘家明,蒋亚琴,王海霞.互联网平台免费的逻辑、机理与可持续性[J].价格理论与实践,2019(10):116-119.

[36]李南南,马慧.免费模式的本质是什么？[EB/OL].(2022-12-30)[2023-01-22].ht-tps://www.dedao.cn/share/course/article?id＝Lpy0edZAG5mnK0wGovXzD9BkoajY4x.

[37]谷业凯.数据成"金矿"开掘正当时[N].人民日报,2020-07-22(6).

[38]王林,赵丽梅,耿学清.新"零工时代"[N].青年时讯,2021-03-12(5).

[39]田雪原.我国的人口红利消失了吗[N].人民日报,2013-01-25(10).

[40]陈煜波,马晔风.数字人才:中国经济数字化转型的核心驱动力[J].清华管理评论,2018(1):30-40.

[41]贺林平."AI医生"医术靠谱吗？诊断确诊率堪比年轻医生[N].人民日报,2019-02-13(1).

[42]冯珺,宋瑞.新冠肺炎疫情对我国旅游业的影响:评估与建议[J].财经智库,2020,5(2):32-50,141.

[43]高文书.新冠肺炎疫情对中国就业的影响及其应对[J].中国社会科学院研究生院学报,2020(3):21-31.

[44]李玉莹.新基建对七大领域全产业链的带动效应[N/OL].光明日报,2020-04-03[2022-12-18].http://dzb.cinn.cn/shtml/zggyb/20200403/vA1.shtml.

[45]陈华罗.为什么互联网巨头、地产大佬们都要去养猪[N/OL].新京报,2020-05-14[2022-12-20].https://www.bjnews.com.cn/detail/158945131415043.html.

[46]蔡钰.大公司干嘛扎堆去养猪[EB/OL].(2020-09-28)[2022-10-18].https://www.dedao.cn/share/course/article?id＝Lpy0edZAG5mnK0wGovXzD9BkoajY4x.

[47]蔡钰.谁在开掘万亿规模的预制菜市场[EB/OL].(2021-02-02)[2022-10-18].ht-tps://www.dedao.cn/share/trialReading?trialReadingId＝L5j3kVb67WzO2qGK1vPdYoGJ7izaUVDLGcbDLodyKvkl9YwmEM9oZdnlAJx8eXy0&type＝65.

[48]蔡钰."丁真的世界"被数字农业改变[EB/OL].(2021-07-29)[2022-10-18].https://www.dedao.cn/share/course/article?id＝2m845Ln7q69yKOOdZYKrkebvGDYjgl.

[49]王飞."数字税"的实践与评价:基于平台经济学视角[J].税收经济研究,2021(4):21-27.

[50]周文,韩文龙.平台经济发展再审视:垄断与数字税新挑战[J].中国社会科学,2021

(3):103-118.

[51]马慧,李加亮.为啥"抄水表"也需要高科技?[EB/OL].(2022-05-31)[2022-01-18]. ht-tps://www.dedao.cn/share/course/article?id=7NqeGmE2w4bnK4E9xoVP31lv5W Z9rj.

[52]孙毅.数字经济学[M].北京:机械工业出版社,2021.

[53]Admin.数字经济时代,大数据归属权到底是属于谁的?[EB/OL].(2019-03-05)[2022-03-18].https://www.chinacpda.com/news/16925.html.

[54]王振江.互联网时代信息产品"免费"模式的应用分析[J].山西农经,2018,36(8):7-8.

[55]NAN G, WU D, LI M, et al. Optimal freemiumstrategy for information goods in the presence of piracy[J]. Journal of the association for information systems,2018,19(4):266-305.

[56]饭饭大管家.生鲜电商购物有效降低信息不对称性赢得供需双向信任[EB/OL].(2022-01-12)[2022-10-18]. https://www.360kuai.com/pc/91526559f9fe09e53?cota=3&kuai_so=1&sign=360_57c3bbd1&refer_scene=so_1.

[57]香帅.火热的社区团购有前途吗?[EB/OL].(2021-01-02)[2022-10-30]. https://www.dedao.cn/share/trialReading?trialReadingId=qKYBO4Xn5z2rL7x30dp7jvgA ZILWHmLbDSjdB412kWaYmEwyWeo6DZgRbA8kmGl1&type=65.

[58]吴伯凡.瓜子二手车"始乱终弃"的商业模式[EB/OL].(2021-01-09)[2022-10-30]. https://www.dedao.cn/share/trialReading?trialReadingId=Vedrz8joAvklDKgxM2 QZOr4KmtabIJmKZIXL0r8lRj671yP9yYLm6BZO5nJRbEaX&type=65.

[59]徐玲,马慧.互联网时代,为什么垄断与自由竞争共存?[EB/OL].(2022-04-05)[2022-11-18]. https://www.dedao.cn/share/course/article?id=e1k8gp2WGMzqJ 3m28BK5YmP6DOjxAL.

[60]许宪春,王洋,刘婉琪.GDP核算改革与经济发展[J].经济纵横,2020(10):74-85.

[61]闫德利.数字经济的兴起、特征与挑战[J].新经济导刊,2019(2):58-65.

[62]刘诗瑶.人工智能,会"砸"谁的饭碗?[EB/OL].(2017-04-21)[2023-12-21].http://theory.people.com.cn/gb/n1/2017/0421/c40531-29225902.html.

[63]汤志华.OECD关于数字经济下消费者通胀测度研究的经验与启示[J].调研世界,2020(1):58-64.

[64]吴应宁.数字经济引起结构性失业机理探析[J].现代商业,2021(6):106-108.

[65]国家统计局.数字经济及其核心产业统计分类(2021)[EB/OL].(2021-05-27)[2023-12-21].https://www.gov.cn/gongbao/content/2021/content_5625996.htm?eqid=81301c8d 00006a2a00000003647454bc.

[66]数贸电子.数字产业化和产业数字化的区别是什么?[EB/OL].(2023-07-17)[2023-12-21]. https://baijiahao.baidu.com/s?id=1771637747900305991&wfr=spider&for=pc.

[67]王永珍.福建省再安排6000万元推进"全闽乐购"消费[N/OL].福建日报,2020-04-01

[2022-03-15].https://pt.xmsme.cn/cont.aspx?id＝105546.

[68]王永珍."全闽乐购惠聚榕城"再发 3000 万元消费券[N/OL].福州日报,2021-05-26[2022-03-15].https://pt.xmsme.cn/cont.aspx?id＝105546.

[69]中新经纬.两会热议数字经济,政协委员鼓励应用隐私计算等新技术[EB/OL].(2022-03-04)[2022-10-20]. https://baijiahao.baidu.com/s?id＝1726354724049232320&wfr＝spider&for＝pc.

[70]潘亦纯.商务部研究院专家姜照:数字经济到来促使消费模式发生三大变化[EB/OL].(2021-08-09)[2022-05-18]. https://new.qq.com/omn/20210809/20210809A0C53A00.html.

[71]阳镇,陈劲,李纪珍.数字经济时代下的全球价值链:趋势、风险与应对[J].经济学家,2022(2):64-73.

[72]哈文跨境.数字化新外贸,已成全球贸易必选项和不可逆转的大趋势[EB/OL].(2020-12-31)[2022-03-30].https://www.sohu.com/a/441693324_99962313.

[73]Vincent.二十一世纪的中美双边对外直接投资[EB/OL].(2022-03-14)[2022-10-25]. https://zhuanlan.zhihu.com/p/480491936?utm_id＝0.

[74]张勋,万广华,张佳佳,等.数字经济、普惠金融与包容性增长[J].经济研究,2019,54(8):71-86.

[75]李春发,李冬冬,周驰.数字经济驱动制造业转型升级的作用机理:基于产业链视角的分析[J].商业研究,2020(2):73-82.

[76]中国社会科学院工业经济研究所未来产业研究组.影响未来的新科技新产业[M].北京:中信出版团,2017.

[77]黄国平.数字人民币发展的动因、机遇与挑战[J].新疆师范大学学报(哲学社会科学版),2022(1):55-63.

[78]彭绪庶.央行数字货币的双重影响与数字人民币发行策略[J].经济纵横,2020(12):77-84.

[79]汪婉.世界各国抢占研发央行数字货币先机[EB/OL].(2020-08-18)[2022-01-18]. https://www.fx361.com/page/2020/0815/6954169.shtml.

[80]朱嘉明.数字货币已经实现从边缘到中心的历史性转型[EB/OL].(2021-01-20)[2022-02-18].https://www.sohu.com/a/444406312_100217347.

[81]刘凯,郭明旭,张兆洋,等.数字经济发展对总需求管理政策的影响渠道及其启示[N].经济观察报,2022-12-13.

[82]曹方,张鹏,何颖.构建"东数西算"网络创新体系推动数字经济发展[J].科技中国,2022(7):5-8.

[83]郭倩.网络直播快速崛起,经济复苏注入新动能[N].经济参考报,2021-01-13.

[84]郭明旭,刘凯,张兆洋,等.数字经济发展对总需求管理政策的影响渠道和启示[J].郑州大学学报(哲学社会科学版),2022(9):32-37,127.

［85］汪明珠.数字经济助推供给侧结构性改革［J］.信息通信技术与政策,2019(10):69-71.

［86］林航,施雪如,陈晨,等.新科技革命下发达国家制造业回流的机制及中国应对［J］.宁德师范学院学报(哲学社会科学版),2021(3):44-50.

［87］张车伟,赵文,王博雅.数字经济:就业机会将发生巨变![N/OL].社会科学报,2019-02-25［2022-02-20］.http://shekebao.com.cn/detail/4/18360.

［88］高乔.数字经济打开就业新空间［N/OL］.光明日报,2021-11-19［2020-02-10］.http://paper.people.com.cn/rmrbhwb/html/2021-11/19/content_25889525.htm.

［89］王一鸣.数字经济将开启下一轮经济周期［J］.智慧中国,2020(7):13-16.

［90］武超则.芯片产业链1:"缺芯"还将持续多久?［EB/OL］.(2022-03-17)［2022-12-18］.https://www.dedao.cn/share/packet?packetId＝OPBmvgrRAmKaoMEFg1njcnJz4bloEwjD＆uid＝eq7YGkXeuy67SExRgXmv2g.

［91］金珺,李猛.高德纳公司十大战略技术发展趋势分析(2010—2020 年)［J］.创新科技,2020 (11):9-16.

［92］李方圆,徐玲.程序员为什么离开大厂进工厂?［EB/OL］.(2022-03-02)［2022-03-23］.https://www.dedao.cn/share/course/article?id＝Ozpeyw8lG6QaXkn66vJRd1ZoA75NLB.

［93］沈建光.电商平台抑制通胀的"亚马逊效应"［EB/OL］.(2021-11-04)［2022-02-23］.https://zhuanlan.zhihu.com/p/429467064.

［94］肖哲.外卖员职业会不会消失［N］.工人日报,2022-11-26(3).

［95］中国信息通信研究院.中国数字经济发展白皮书［R/OL］.(2021-04-23)［2022-03-01］.http://www.caict.ac.cn/kxyj/qwfb/bps/202104/P020210424737615413306.pdf.

［96］郭倩.新基建项目竞相上马 十万亿投资大幕将启［N］.经济参考报,2021-04-13.

［97］前瞻产业研究院.2020 年中国数字经济发展报告［EB/OL］.(2020-08-10)［2023-12-20］.https://bg.qianzhan.com/report/detail/2008191709558723.html.

［98］中国信息通信研究院.全球数字经济新图景(2019 年)［EB/OL］.(2019-10-11)［2023-12-20］.http://www.caict.ac.cn/kxyj/qwfb/bps/201910/t20191011_214714.htm.

［99］陶凤,刘瀚琳,王晨婷.11 月消费升级显著中国经济加速增长［N］.北京商报,2020-12-16(4).

［100］袁富华.服务业结构升级、效率补偿效应与高质量城市化［J］.人民论坛·学术前沿,2021(6):40-50.

［101］张琦.数字贸易给世界经济带来深刻变化［N］.经济日报,2022-05-27(11).

［102］马述忠,曹信生,张洪胜.汇率变动对跨境电商出口的影响及空间溢出效应研究［J］.浙江大学学报(人文社会科学版),2020(1):14-36.

［103］数字人民币:弯道超车［N］.中国纪检监察报,2021-12-30(4).

［104］邹力行.数字货币与全球化［J］.东北财经大学学报,2022(1):31-40.

［105］朱微亮,董超,蔡然.央行数字货币与货币供需关系［J］.金融市场研究,2021(10):39-49.

［106］数字人民币落地条件日益成熟 跨境支付概念大涨［EB/OL］.(2022-08-12)［2023-12-17］.https://baijiahao.baidu.com/s?id=17409419391089 11340&wfr=spider&for=pc.

［107］石建勋,刘宇.法定人民币对人民币国际化战略的意义及对策［J］.新疆师范大学学报(哲学社会科学版),2021(4):136-145.

［108］陈晴.助力稳外贸跨境电商风头正劲［N］.中国商报,2022-01-05(3).

［109］张宇,蒋殿春.数字经济下的国际贸易:理论反思与展望［J］.天津社会科学,2021(3):84-92.

［110］查道炯.数字经济治理:国际政治经济学视角［C］//北京大学平台经济创新与治理课题组.平台经济:创新、治理与繁荣.北京:中信出版集团,2022:240.

［111］李万甫.西方消费支出税简介［J］.涉外税务,1990(2):31-33.

［112］丁淼.论个人支出税和现金流量公司税［J］.税务与经济,1999(5):21-25.

［113］KRUGMAN P R. Increasing returns, monopolistic competition and international trade［J］. Journal of international economics,1979(9):469-479.

［114］HELPMAN E. International trade in the presence of product differentiation, economies of scale and monopolistic competition: a Chamberlin-Heckscher-Ohlin approach［J］.Journal of the international economics,1981(3):305-340.

［115］王登海.数字经济成多地政策发力点［EB/OL］.(2022-02-19)［2022-12-12］.https://finance.sina.com.cn/jjxw/2022-02-19/doc-ikyakumy6743965.shtml.

附录：数字经济相关辩题

在研究和实践中不断学习，是当前新科技革命背景下新文科人才培养的应有之道。数字经济的发展产生了不少与数字货币、数字税和数字资产定价等相关前瞻性、探索性的问题，由于实践的时间尚短，它们尚未定性且富有争议，难以在有限的课堂时间内充分展开，比较适合通过征文赛、辩论赛和学术讲座等第二课堂活动予以开展，通过辩论和交流廓清迷雾，坚守价值并寻求破解之道。本附录收集的辩题大多来自国内外关于数字经济主题的相关赛事和文献，它们综合了经济学、管理学、社会学、伦理学、法学和哲学等多学科视角，可以为新文科复合性人才的第二课堂活动提供一些有益参考。

辩题 1：经济数字化背景下，数字货币能否取代第三方支付方式？

论题背景：新冠疫情加快了全球的经济数字化，无接触交易和付款已成为很多人的生活常态。世界各地的央行，包括中国都在开发数字货币，以改善人们的支付方式。但这也在一定程度上"危及"到了"支付宝""微信"等第三方支付方式的存在和发展。那么，在当今经济数字化的时代背景下，数字货币能否取代第三方支付方式？

正方观点：

经济数字化背景下，数字货币必将取代第三方支付方式。

反方观点：

经济数字化背景下，数字货币难以取代第三方支付方式。

辩题 2：当今中国是否应该向大型跨国互联网企业征收数字经济税？

论题背景：2018 年 3 月欧盟委员会发布"关于对提供某些数字服务所产生的收入征收数字服务税的共同制度指令的提案"，拟调整对大型互联网企业的征税规则，赋予成员国对发生在境内的互联网业务所产生的利润进行征税的权利。法国是最先开征数字税的国家，但受到美国的强烈抵制。欧盟也正在加紧制定数字税征收法案。但由于缺乏广泛共识及合作基础，各国对推行"数字税"的态度不同，政策也各有侧重。那么，当今的中国，是否应该向大型跨国互联网企业征收数字经济税？其时机是否成熟？

正方观点：

当今中国应该向大型跨国互联网企业征收数字经济税。

反方观点：

当今中国不应该向大型跨国互联网企业征收数字经济税。

辩题 3：数字经济时代，我们更应关注隐私还是便利？①

论题背景：在数字经济时代，以免费服务套取用户数据似乎成了互联网行业的常规操作，全方位的便利体验也将用户推向温水煮青蛙的境地。《隐私政策》的一揽子授权成为 App 的第一道门槛，用户面临要么接受、要么走开的选择困境。2018 年，一句"中国用户往往愿意用隐私换取便利"掀起批评声浪，也将个人信息与隐私问题置于聚光灯下，但同时，数字经济的发展的确从总体上增加了用户的福利。在数字经济时代，我们更应关注隐私，还是便利？

正方观点：

数字经济时代，我们更应关注隐私。

反方观点：

数字经济时代，我们更应关注便利。

辩题 4：个性化推荐是否有利于用户消费选择？

论题背景：近年来，个性化推荐算法进入大众生活的方方面面：资讯、商务、娱乐……私人定制不再高不可攀，反而日渐成为互联网消费的基本配置。随着搜索、浏览、购买、评价等行为记录与个人信息的积累，用户画像逐渐清晰，算法可以主动为用户的衣食住行、书影视音提供千人千面的推荐方案。那么，对于用户的消费选择而言，个性化推荐是一种免费的精准帮助，又或是无形的金钱陷阱？

正方观点：

个性化推荐有利于用户消费选择。

反方观点：

个性化推荐不利于用户消费选择。

辩题 5：数据可携带权是否有利于市场竞争？

论题背景：数据是新时代的石油，是互联网科技企业的核心竞争力之一。在互联网发展的大势下，应用商店琳琅满目，各类平台争相抢夺用户。2018 年，欧盟《一般数据保护条例》第 20 条提出了"数据可携带权"，对于在平台上产生的个人数据，用户有权获得备份，并将这些数据转移到其他平台。用户数据对企业的价值不言而喻，当用户有权携带个人数据游走于平台之间，这对市场竞争是否有利？

---

① 辩题 3、辩题 4、辩题 5、辩题 6、辩题 7 和辩题 8 皆来源于 2019 年 5 月 11—13 日清华大学智能法治研究院、清华大学法学院主办的第一届全国高校数字经济辩论赛（2019·个人信息保护专题）。

正方观点：

数据可携带权有利于市场竞争。

反方观点：

数据可携带权不利于市场竞争。

辩题6：自动化决策是否会加剧歧视？

论题背景：随着个人信息的广泛收集和算法的不断进化，"自动化决策"开始应用。基于精细的用户画像，系统可以自动对个人事项进行分析和评价，并在没有人工干预的情况下对用户做出重大决策。比如，根据用户的信用记录，自动通过/拒绝信用卡申请或贷款申请；根据用户的工作记录，自动通过/拒绝职位晋升或岗位应聘；根据用户的服刑记录，自动通过/拒绝减刑或假释。那么，自动化决策会加剧歧视吗？

正方观点：

自动化决策会加剧歧视。

反方观点：

自动化决策不会加剧歧视。

辩题7：社交账号是否适用继承？

论题背景：对现代人而言，社交早已从有限的现实空间扩张到无限的网络空间。微博、微信、知乎、豆瓣、领英、小红书……各类社交软件记录着我们的生活、观点、情绪、经历等方方面面。随着个人数据的不断积累，每个人不仅是线下世界的物理性"自我"，也在线上世界形成了数字性"自我"。那么，当逝者安息，TA的社交账号能否像财产一样被亲属继承？还是让"数字遗体"在网络之墓中永远安睡？

正方观点：

社交账号适用继承。

反方观点：

社交账号不适用继承。

辩题8：算法能否匹配真爱？

论题背景：千年之前，父母之命、媒妁之言，相亲传统延续至今。十年之前，百合网、珍爱网、非诚勿扰、相亲大会，互联网与电视媒体打破了个人社交的边界，扩大了真爱搜索的范围，提升了两两匹配的效率。不久之后，"真爱算法"或将带来一次"爱情革命"，通过用户画像的精准比对，算法将从茫茫人海中找出你的Miss/Mr. Right。真爱是在人群中多看了你一眼的小鹿乱撞？还是严丝合缝的数据计算？

正方观点：

算法能匹配真爱。

反方观点：

算法不能匹配真爱。

辩题 9：兴趣推荐的内容分发模式，对用户获取信息利大于弊，还是弊大于利？

论题背景： 在信息爆炸的移动互联网时代，人们如何更高效地接收感兴趣的信息成为重要的问题。在连接内容和内容消费者之间的内容分发，成为其中重要的一环。不少信息平台依靠算法分发程序，根据用户个体的历史行为，计算对内容特征的偏好程度，进而推荐与用户特征偏好匹配的内容，比如今日头条。这种内容分发模式，一方面能使用户更容易获得感兴趣的信息，另一方面又可能导致信息茧房效应，其利弊都显而易见。

正方观点：

兴趣推荐的内容分发模式，对用户获取信息是利大于弊。

反方观点：

兴趣推荐的内容分发模式，对用户获取信息是弊大于利。

辩题 10：元宇宙是否让城市更健康？①

论题背景： 元宇宙（metaverse）是利用科技手段对现实世界的虚拟化、数字化过程，从而产生与现实世界交互映射的、具备新型社会体系的数字生活空间。它的出现，将会极大地改变现有城市的空间结构、功能、形态和人际关系。可以预见，元宇宙技术将创造新的社会形态，这可能会带来新的社会和经济问题，也可能会更加便利人类生活、优化城市空间。那么，元宇宙技术是否有利于城市的健康发展呢？这是一个值得现代城市管理者关注的问题。

正方观点：

元宇宙有利于城市的健康发展。

反方观点：

元宇宙不利于城市的健康发展。

辩题 11：美颜技术的普及对社会审美是好事，还是坏事？

论题背景： 当今中国美颜技术得以普及，并在电商、教学和会议等直播领域得以广泛应用，让我们获得各种各样的审美体验。但也有人发现，美颜技术会引导主流审美，导致对其他审美的挤压，并阻碍人们对美的发现。美颜技术的普及对社会审美是好事，还是坏事？这是一个值得探讨的时代问题。

---

① 本辩题来源于 2022 年 1 月 8 日中国城市科学研究会健康城市专业委员会、同济大学健康城市规划与治理一流学科团队、健康城市实验室联合举办的第七届城市发展战略与政策辩论赛。

正方观点：

美颜技术的普及对社会审美是好事。

反方观点：

美颜技术的普及对社会审美是坏事。

辩题 12：全民基本收入制度是否适合当下的中国？

论题背景： 当今世界技术变革"黑天鹅"事件频发的双重冲击下，将会扩大社会的贫困群体；并且随着新科技革命的深入发展，未来将产生大量的结构性失业人群。在此背景下，全民基本收入制度对于减贫、避免经济危机和提升社会创新能力等方面，具有一定的正面作用。全民基本收入，又称为无条件基本收入，是一种社会福利保障制度。这种福利政策在部分国家与地区已经有其雏形。那么，全民基本收入制度是否适合当下的中国？伴随着社会各界支持的声音，也有众多学者提出了反对的意见。

正方观点：

全民基本收入制度适合当下的中国。

反方观点：

全民基本收入制度不适合当下的中国。

辩题 13：微信红包使年味更浓，还是更淡？

论题背景： 微信官方在 2019 年发布的最新数据显示有 8.62 亿人收发红包，相较 2018 年增长了 7.12%。微信红包逐渐普及，使用范围越来越广。在日益繁荣的微信红包使用情况下，这种看似繁荣的微信红包使用，使我们不得不思考微信红包的使用是否让年味更淡了。

正方观点：

微信红包使年味更浓。

反方观点：

微信红包使年味更淡。

辩题 14：当前元宇宙是新科技赛道还是资本游戏？①

论题背景： 近年，元宇宙概念一炮而红，触动着资本市场的敛财神经，网易、腾讯、微软、脸书等国内外科技巨头纷纷下场布局。"元宇宙"概念的提出始于 1992 年，近年元宇宙之所以会火，和 VR/AR 技术风靡不无关系；同时，云计算、芯片、5G 和人工智能技术的高速发展，也刺激了元宇宙的概念复苏。当前，关于元宇宙的讨论仍在继续，有人充满乐

---

① 本辩题来源于 2022 年 5 月 10 日广东财经大学数字经济学院主办的数字经济学院第一届"沁湖思辨"大学生辩论赛。

观与向往，也有不少怀疑的声音。

正方观点：

当前元宇宙是新科技赛道。

反方观点：

当前元宇宙是资本游戏。

辩题 15：大数据时代让人更自由还是更不自由？①

论题背景：以海量数据样本和信息专业化处理所著称的"大数据"技术，不仅在生产领域内被广泛运用，也通过信息服务逐渐渗透到我们的生活中。过去的信息垄断逐渐被瓦解，信息逐渐脱离特定群体的掌控，进而越发贴近个人的真实需求，与个人联系起来。当信息背后的"操纵者"逐步让位，信息输出的权力由越发可靠的大数据所掌握时，有人乐观地预言，"人类信息自由的时代已经露出曙光"；也有人悲观地认为，"自己被大数据剥夺了自由，被禁锢与替代"。

正方观点：

大数据时代让人更自由。

反方观点：

大数据时代让人更不自由。

辩题 16：解决网络暴力应先提升网民素养，还是应先进行平台管理？

论题背景：一段时间以来，从侮辱谩骂到造谣诽谤，从侵犯隐私到对立攻击，网络暴力时有发生，既污染网络世界、荼毒社会风气，也带来精神压力、造成心灵创伤。一次次猝不及防的"语言风暴"，掀起舆论波澜，席卷正常生活，甚至酿成了不少悲剧。治理网络暴力，既需要提升网民的道德水平和整体素质，也亟须对平台严格落实法律监管。那么，解决网络暴力，应该优先提升网民素养，还是优先对平台进行管理呢？

正方观点：

解决网络暴力应该先提升网民素养。

反方观点：

解决网络暴力应该先进行平台管理。

辩题 17：知识付费热潮是否会加剧了当代人的焦虑？②

论题背景：随着互联网的不断发展，人们获取知识的途径越发多元，"知识付费"成为

---

① 本辩题来源于 2021 年 9 月 11 日武汉大学经济与管理学院主办的武汉大学珞珈论语辩论赛。

② 本辩题来源于 2022 年 12 月 4 日由中共上海市教育卫生工作委员会、上海市教育委员会、上海市司法局、上海市法治宣传教育联席会议办公室、共青团上海市委员会、上海市青少年服务和权益保护办公室主办的"尚法杯"2022 年上海市高校大学生法治辩论赛决赛。

很多年轻人提升自我的一剂良药。与此同时,随着当代信息更新速度不断加快,年轻人想要抓住机会领先时代,却感受到自身知识储备与时代要求之间的差距。知识付费热潮是缓解了当代年轻人日趋严峻的焦虑,还是加剧了这种焦虑?这是一个值得探讨的问题。

正方观点:

知识付费热潮加剧了当代人的焦虑。

反方观点:

知识付费热潮没有加剧当代人的焦虑。

辩题18:网络语言是丰富了,还是冲击了传统语言文化?

论题背景:计算机网络技术的飞速发展带来了信息传播革命,极大地影响着人们的学习、工作和生活,大量的网络用语也融入了我们的生活,人们在不知不觉中运用它们进行交流。网络语言为我们提供了一种更为方便、快捷的交际工具,使我们的日常交流方式有所改变,同时,也冲击着我们的生活,给我们的学习、工作和生活带来一些问题。

正方观点:

网络语言丰富了传统语言文化。

反方观点:

网络语言污染了传统语言文化。

辩题19:算法分发与社交分发,哪种内容产品推荐模式更有利于消费者?

论题背景:在现在信息大爆炸的时代,信息更新迭代的速度远超过人们接受信息的速度。如何有效地接受自己需要的信息、对自己来说有价值的信息,成为现代产品应用需要攻克的现实问题。目前,内容产品推荐模式主要有两类,一是算法分发,一般是通过平台自定义规则进行的内容分发,让机器琢磨用户的兴趣和偏好,然后给用户推送内容;二是社交分发,主要通过各类社交软件,建立起来或强或弱的人与人之间的关系连接,从而构成了以人对人为模式的圈层式的传播方式。

正方观点:

算法分发模式更有利于消费者。

反方观点:

社交分发模式更有利于消费者。

辩题20:平台是否应当将部分数据收益分给数据的主体?[①]

论题背景:平台是数字经济中撮合市场供需双方交易的中间组织,越来越多的平台开

---

① 辩题20、辩题21、辩题22、辩题23、辩题24、辩题25和辩题26皆来源于2022年5月14—16日清华大学智能法治研究院、清华大学法学院主办的第二届全国高校数字经济辩论赛(2022·个人信息与数据保护专题)。

始利用其积累的用户数据发展广告投放、数据服务等产品，由此让平台借助数据而取得了市场利润。在此背景之下，有观点认为平台应当向用户（数据主体）返利，主张平台将获取的利润返给用户以促进社会分配的公平；也有观点认为，用户享受了许多的免费互联网服务，用户之上的数据价值已经通过数据换服务的方式做了回报。

正方观点：

平台应当将部分数据收益分给数据的主体。

反方观点：

平台不应将部分数据收益分给数据的主体。

辩题 21：商业机构获取公共数据应当付费，还是免费？

论题背景：公共数据是指政务数据以及与公共利益有关的个人数据、企业数据，目前主要体现为政府部门控制的各类数据。在基于大数据的科技创新和经济发展过程中，公共数据是具有普遍应用价值的数据。一种观点认为，公共数据是政务信息，是用纳税人的钱而产生的公共产品，应当免费向包括商业机构在内的各类需求方提供。另一种观点认为，公共数据的形成和利用与传统的政务信息不同，只有收费模式才能鼓励公共数据的质量提高和开放范围的扩大。

正方观点：

商业机构获取公共数据应当付费。

反方观点：

商业机构获取公共数据应当免费。

辩题 22："同意制度"能否保护个人信息权益？

论题背景：同意制度是指取得个人同意可以成为处理个人信息的合法性基础。一种观点认为，同意制度根植于人在科技发展中的主体地位，是对个人意志最为彻底的尊重，获得个人同意后就可以合法地收集、分析、对外提供个人信息，我们应当充分认可"同意"能够保护个人信息权益。另一种观点认为，用户没有时间阅读和理解隐私/授权协议，用户在个人信息处理过程中所做出的同意不具有实质意义，我们不能依赖"同意制度"来保护个人信息权益。

正方观点：

"同意制度"能保护个人信息权益。

反方观点：

"同意制度"不能保护个人信息权益。

辩题 23：人脸识别技术的使用是否会增强安全？

论题背景：人脸识别技术广泛应用于身份验证、身份对比、行为分析等场景之中。由于人脸信息的唯一性,在安全验证方面占据优势,同时在加强治安防范,以及实现社会的动态化管理方面发挥了重要作用。也正是由于人脸信息的唯一性,使得其引发或者可能引发的隐私以及人格侵犯问题成为该技术应用中最大的担忧。一方面,人脸识别技术进步的同时,其反向攻破技术如深度伪造也在精进,人们开始质疑人脸识别验证的准确性和可靠性。也即,人脸识别技术并不总是安全的,甚至会因其使用敏感个人信息而带来更大的伤害。另一方面,安全从来都不是绝对的状态,而是应当处于风险可控,对人脸识别技术的安全性要求也应当处于合理可控水平。

正方观点:

人脸识别技术的使用可以增强安全。

反方观点:

人脸识别技术的使用不会增强安全。

辩题 24:个人信息是否可以被直接用来有偿交易?

论题背景:随着大数据时代的发展,各类个人信息已成为网络黑市上倒卖的"热门产品"。根据《最高人民法院、最高人民检察院关于办理侵犯公民个人信息刑事案件适用法律若干问题的解释》,违反法律、行政法规、部门规章有关公民个人信息保护的规定,非法获取、出售或者提供公民个人信息可以构成侵犯公民个人信息罪。该解释打击个人信息交易的同时,也为个人信息交易预留了合法的空间;但是在立法上能否规定个人信息成为有偿交易对象引发了不同的意见。目前鲜有立法明确规定个人信息可以被直接交易,同时存在很多主张放开个人信息交易的意见。

正方观点:

个人信息可以被直接用来有偿交易。

反方观点:

个人信息不可以被直接用来有偿交易。

辩题 25:个人信息保护独立监督机构中,是外部成员还是内部成员的监督效果更好?

论题背景:根据《个人信息保护法》第 58 条的规定,提供重要互联网平台服务、用户数量巨大、业务类型复杂的个人信息处理者,应当成立主要由外部成员组成的独立机构对个人信息保护情况进行监督。即,外部成员和内部成员共同参与形成大型互联网平台的个人信息保护独立监督机构,其中的外部成员可以是行业的专家、消费者代表等,内部成员可以是平台的个人信息保护负责人、技术或者法务部门负责人等。我国目前还没有形成成熟的个人信息保护独立监督机构运行模式,请预测:在个人信息保护独立监督机构中,外部成员还是内部成员的监督效果更好?

正方观点:

外部成员对个人信息保护的监督更有效。

反方观点：

内部成员对个人信息保护的监督更有效。

辩题 26：个人信息权利保护是否应该依靠第三方受托组织集中管理？

论题背景：我们每天使用各类互联网服务会上传、产生大量的个人信息，我国《个人信息保护法》第四章规定了个人在个人信息处理活动中的权利，其中包括知情权、决定权、复制权、转移权、删除权、更正权、要求解释权等一系列权利。在面对个人信息海量产生的情况下，用户面临如何有效、便捷管理个人信息的抉择。国内外个人信息管理行业开始诞生一批可以根据委托而代理大量用户进行个人信息集中管理的数据经纪人，他们宣称能够以忠诚的态度和专业能力代替个人行使个人信息权利，能够基于用户事前授权乃至结合用户画像技术来高效地管理个人信息权利。与此同时，个人信息是一项与人格紧密相关的权利，不少观点认为个人信息的每一次收集对象、处理目的、使用范围都关涉用户的重大权益，让受托组织来管理个人信息存在极大的伦理风险和效率疑问，只有用户亲自做出决定才能避免个人信息被商业利益所裹挟。

正方观点：

个人信息权利保护应该依靠第三方受托组织集中管理。

反方观点：

个人信息权利保护不应该依靠第三方受托组织集中管理。

辩题 27：数据在全球范围内自由流通是利大于弊，还是弊大于利？①

论题背景：在当今新科技革命背景下，数据作为一种新兴的生产要素，已成为全球学界的共识。数据价值的实现在于其高效流通使用和赋能实体经济；只有它在更大范围内流通、聚合、加工之后，才能产生乘数倍的价值。有论者认为，数据在全球范围内的自由流通有利于科学研究，提高人民生活水平和维护社会稳定；但另外的观点认为，数据的自由流通可能会对国家安全造成巨大威胁，给大众带来广泛的隐私风险。

正方观点：

数据在全球范围内自由流通是利大于弊。

反方观点：

数据在全球范围内自由流通是弊大于利。

---

① 本辩题来源于 2022 年 5 月 15 日暨南大学学生会主办的第三十届"暨南园"院际辩论赛。

后　记

　　本书从立意到成稿历经了近两年的时间。主编张美涛和副主编林航不断地和编写组成员交流碰撞思路,几易其稿,今天终于定稿,实属不易!

　　当前,我们正在经历着以数字技术为主导的新一轮科技革命,数字经济俨然成为业界和学界探讨的热门话题。作为理论经济学的教学、科研工作者,我们有责任和使命在课堂上建立起经典经济学理论与数字经济实践的连接,去思考数字经济对新古典经济学理论分析框架产生的影响。本书正是我们编写组站在西方经济学理论教学的一线对该问题进行思考和探索的成果。

　　本书以案例集的形式呈现,坚持守正创新的原则,既运用经典经济学理论对数字经济新兴问题和新现象进行一定的学理回应,也尽量参考国内外学者的新近研究成果,探讨数字经济实践对垄断、不完全信息等新古典经济学经典命题的冲击,以期丰富新时期我国高校经济学案例教学,助力理论经济学教师带领学生观察并理解数字经济世界运行的底层逻辑。

　　本书共分为十六章,主要以马克思主义理论研究和建设工程重点教材《西方经济学》为蓝本,按照教材的各章顺序,以"章节内容总结—数字经济时代的适用性—案例内容—案例分析—延伸思考"为写作逻辑撰写各章内容。书中讨论了数字经济时代的稀缺性和以往稀缺性的区别,数字经济时代老年人的银发需求被忽略以及如何帮助老年人跨越数字鸿沟,稠密市场与各大电子商务平台的公共物品属性及其外部性,通过对人脸的笑容采集可以对喜剧定价,借助免费游戏可以对保险定价,长尾经济对"二八定律"的撼动,数字货币的使用可能使传统的 IS-LM 模型失灵,甚至凯恩斯的"流动性陷阱"都可能不存在了,电子商务可能会有平抑物价、阻止通货膨胀的作用,等等。总之,在书中我们尽心收集了数字经济时代各种有趣的现象和案例以飨读者,可以为枯燥的理论经济学教学带来一丝热闹的课堂讨论气氛。有的案例问题至今尚无定论,课堂上师生可以依照自己的理解给出答案,以利于研究性、探索性的学习。在本书的最后,我们还在附录中提供了一些数字经济主题的辩题,为各高校开展经济学第二课堂研学活动提供一定的素材。

　　数字经济的发展速度一日千里,书中的一些案例,也许在本书与大众见面时,已不新鲜,甚至其理论分析会滞后于实践发展。比如,ChatGPT 技术正在吞噬着各种原本认为因属脑力劳动而不会被替代的工作,社会结构性失业将越发严重。但是,就像太阳明天总要照常升起一样,技术进步的力量是无法抗拒的!当今世界正经历着百年未有之大变局,无论是技术上的,还是环境上的,抑或国与国之间的,不管喜欢与否,你都得去适应它、拥抱它,与其共生!

本书的主要撰写者与任务分工如下:张美涛担任主编,负责统稿、增补相关章节案例,并撰写第八章和第十章;林航担任副主编并撰写第七章、第十一章;林晓怡、张美涛撰写第一章、第十五章;江琳撰写第二章、第十六章;方志玉、林航撰写第三章、第十二章;林航、何光辉撰写第四章、第十三章;郑建清撰写第五章、第九章;聂昌腾撰写第六章、第十四章。在此,编写组还要感谢叶舒润、陈盈两位老师以及两位本科生何煜颖、罗美如同学对于成书的辛苦付出与所做的努力!

任何一本书的写作、编辑与出版都离不开许多前人的研究,我们在写作过程中也参考了大量的图书、网络、视频、报纸、杂志等相关资料,凡属专门引用的参考文献都注明了出处,并在此对有关文献的作者表示衷心的感谢!书中如有疏漏之处还望读者见谅!

本书在出版过程中,还得到了业内人士、专家以及出版社编辑等多方人士的大力支持和热心帮助,我们在此表示衷心的感谢!由于时间仓促,作者水平有限,书中难免有纰漏,欢迎广大读者批评指正,以方便编写组后续进一步修订和完善。(编写组邮箱:zmtfjsxy@fjbu.edu.cn)

本书编写组
2024 年 2 月